최장집의
한국 민주주의론

지은이

김용복金容福, Kim Yongbok _ 경남대 정치외교학과 교수
이승원李勝源, Lee Seoungwon _ 서강대 국제한국학선도센터 연구교수
이광일李光日, Lee Kwangil _ 한신대 연구교수
박영균朴榮均, Park Youngkyun _ 건국대 통일인문학연구단 HK 교수
진태원陳泰元, Jin Taewon _ 고려대 민족문화연구원 HK 연구교수
하승우河昇佑, Ha Seungwoo _ 풀뿌리자치연구소 이음 운영위원
고병권高秉權, Goh Byeonggwon _ 수유너머R 연구원
이지문李智文, Lee Jimoon _ 연세대 국가관리연구원 전문 연구원
황병주黃秉周, Hwang Byoungjoo _ 국사편찬위원회 편사연구사
김정한金廷翰, Kim Junghan _ 고려대 민족문화연구원 HK 연구교수

문화동역학라이브러리총서 05

최장집의 한국 민주주의론

1판 1쇄 발행 2013년 5월 20일 **1판 2쇄 발행** 2013년 9월 30일
지은이 도래할 한국 민주주의 기획연구팀 **펴낸이** 박성모 **펴낸곳** 소명출판 **출판등록** 제13-522호
주소 서울시 서초구 서초동 1621-18 란빌딩 1층
전화 02-585-7840 **팩스** 02-585-7848 **전자우편** somyong@korea.com **홈페이지** www.somyong.co.kr

값 29,000원   ⓒ 김정한, 2013

ISBN 978-89-5626-804-0 94340
ISBN 978-89-5626-851-4 (세트)

이 저서는 2007년 정부(교육과학기술부)의 재원으로 한국연구재단의 지원을 받아 수행된 연구임(NRF-2007-361-AL0013).

고려대학교 민족문화연구원
문화동역학 라이브러리 05

최장집의 한국 민주주의론

The Theory of Korean Democracy by Choi Jangjib

김정한 편저

문화동역학 라이브러리 문화는 복합적이고 역동적인 구성물이다. 한국 문화는 안팎의 다양한 갈래와 요소가 상호작용하는 과정을 통해 끊임없이 변화해왔고, 변화해 갈 것이다. 고려대학교 민족문화연구원이 주관하는 이 총서는 한국과 그 주변 문화의 복합적이고 역동적인 양상을 추적하고, 이를 통해 한국 문화는 물론 인류 문화에 대한 새로운 통찰과 그 다양성의 증진에 기여하고자 한다. 문화동역학(Cultural Dynamics)이란 이러한 도정을 이끌어 가는 우리의 방법론적인 표어이다.

민주주의라는 단어에 엉겨 있는 한국 역사의 한 조각은 '타는 목마름'이다. 김지하가 "오직 한 가닥 있어 / 타는 가슴 속 목마름의 기억이 / 네 이름을 남몰래 쓴다 민주주의여"라고 했듯이 한때 민주주의를 열망하던 절박하고 애틋한 시대가 있었다. 하지만 오늘날 민주주의는 더 이상 타는 목마름으로 남몰래 쓰는 이름이 아니다. 오히려 한국 사회에는 '민주주의'가 흘러넘칠 뿐 아니라 '우리는 모두 민주주의자이다'라고 할 만큼 민주주의는 누구도 거부할 수 없는 이념이자 제도이며 운동으로 받아들여지고 있다. 그러나 인민의 통치라는 민주주의의 이상과 그 현실 체제 사이의 거리는 너무 멀고, 우리가 원한 것은 이것이 아니라는 의혹과 실망이 민주주의에 대한 냉소를 부추겨왔다. 1987년 6월 항쟁 이후 유례없이 짧은 기간에 비약적인 민주화를 성취한 한국은 세계 학술계에서 바람직한 민주주의의 모델로 연구되기도 했지만, 우리가 몸소 느끼는 인식은 어딘가 많이 부족하고 가야할 길이 멀다는 위기감이다.

한국 사회가 성취한 민주주의와 그에 대한 불만 사이에서 최장집은 '민주화 이후의 민주주의'와 '민주주의의 민주화'라는 중요한 연구 주제를 제시한바 있다. 민주주의 제도에서 배제된 사회적 갈등을 정치적으로 대표할 수 있도록 정당체제를 개혁해야 한다는 최장집의 체계적이고 정교한 논변은, 역동적인 한국 정치를 이해하는 표준적인 준거로서 학계와 시민사회에 신선한 충격을 던져주었다. 이제 최장집이라는 이름을 언급하지 않고 한국 민주주의에 관해 말하는 것은 불가능하다고 해도 과언이 아니다. 반면에 그의 지론과는 다르게 민주주의를 더 급진적이고 근본적으로 사유해야 한다고 믿는 반론과 이견이 꾸준히 제기되어왔지만, 대개 일방적인 찬성과 반대의 입장 표출이거나 산발적인 토론에 머물면서 이른바 '최장집 논쟁'은 적극적인 연구 성과로 축적되지 못했다.

이 책은 최장집의 한국 민주주의론을 본격적인 연구 대상으로 삼아 학술 토론의 장을 새롭게 열어야 한다는 취지로 기획되었다. 물론 여전히 활발하게 지적 활동에 임하고 있는 '살아 있는 학자'의 이름을 토론과 논쟁의 무대에 올리는 일은 예외적일 뿐 아니라 적지 않은 부담이 있는 것이 사실이다. 하지만 한국의 대표적인 민주주의 이론가인 최장집이 제시한 담론의 성과와 한계를 정리하고 비판적으로 평가하는 작업을 통해 한국 민주주의 연구를 심화시킬 수 있는 중요한 계기를 마련할 수 있으리라고 믿는다. 그리고 더 나아가 민주주의의 이념, 제도, 운동을 보다 풍요롭게 사유하고 연구할 수 있는 토대를 만드는 밑바탕이 될 수 있으리라고 기대한다.

이 책에 수록된 논문들은 고려대 민족문화연구원의 '도래할 한국 민주주의' 기획연구팀이 2011년 11월에 개최한 '최장집의 한국 민주주의론' 심포지엄과 그 후속 워크숍, 그리고 민족문화연구원 인문한국(HK) 사업단이 매주 주최하는 '월요모임' 등에서 발표된 바 있으며, 여기에 일부 새로운 필자들이 기획 취지에 부합하는 논문들을 선뜻 집필해주셨다. 이 자리에서 열 명의 젊은 연구자들이 제출한 다양한 입장과 쟁점들을 모두 정리할 수는 없지만, 독자들의 이해를 돕기 위해 간략히 소개하는 일이 편저의 책임을 맡은 이의 소임일 것이다.

먼저 1장에서 김용복은 최장집의 한국 민주주의론의 주요 논점에 해당하는 정당정치 및 정치개혁과 관련하여 그동안 최장집에게 제기된 비판과 쟁점들을 고찰하면서 '최장집 논쟁'의 전체적인 구도를 밝혀주고 있다. 그는 사회경제적 균열을 반영하지 못하는 정치적 대표체제의 문제를 해결하기 위해 정당개혁이 필요하다는 최장집의 주장에 동의하지만, 한국 정당정치에 거시 구조적으로 접근함으로써 미시적인 경험 연구가 부족하고, 이 때문에 최장집의 적절한 문제제기와 분석적인 논의가 구체적인 토론과 심화된 연구로 이어지지 못한다고 지적한다. 2장에서 이승원은 현대 민주주의가 정당체제를 통해 작동한다는 최장집의 주장은 정치의 영역과 주체의 범위를 제약한다고 비판하고, 이를 급진적으로 확장하기 위해서는 정당체제의 발전이 아니라 그것을 대체할 수 있는 새로운 정치 형태에 대한 상상이 필요하다고 강조한다. 그는 특히 대의민주주의 제도에 필수적인 절차들을 준수하며 합의에 도달하는 시간을 견뎌낼 수 없는, 절박한 삶의 문제에 직면해 있는 이들이 '정당정치의 희생자'로 배제되는 과정에 주목하면서 정당정치의 환상에서 벗어나 정당이라는 틀이 담아낼 수 없는 수많은 정치적 갈등과 삶의 요구들을 직시해야 한다고 촉구한다.

3장에서 이광일은 노동운동 연구와 담론에 관한 최장집의 주요 저술과 논문들을 체계적으로 검토한다. 그는 최장집의 대표적인 논점 가운데 하나인 '노동 없는 민주주의'가 실제로는 노동운동에 대한 '중산층의 연민과 두려움'이라는 이중성을 표현하고 있으며, 최장집의 노동담론은 미국 정치학(특히 정치 발전론)의 경계를 벗어나지 않는다고 결론 내린다. 오히려 최장집의 '노동 없는 민주주의'는 노동정치의 가능성을 축소하고 제한하며, 그럼에도 불구하고 최장집이 진보적인 정치학자로 인지되는 이유는 급진 정치학이 이론적으로 빈곤하기 때문이라고 지적한다. 4장에서 박영균은 보다 본격적으로 맑스주의적 입장에서 비판을 전개한다. 그는 최장집이 자본주의와 결부된 대의제의 일반적인 위기를 한국적 특수성으로 간주하는 한계를 드러내면서도, 그 대안으로는 정당민주주의에 대한 일반론을 제시하는 비대칭적인 논변을 구성하고 있으며, 정당체제를 실질적으로 바꿀 수 있는 힘과 동력에 대한 고민이 부족하다고 지적한다. 또한 정당정치의 제도개혁보다 사회적 시민권을 확보하는 사회세력화가 더 중요하고, 현실주의를 내세워 민주주의의 이상인 자기 통치 원리를 배제할 것이 아니라 '민주주의 이후의 민주화'를 이념적으로 확장해야 한다고 강조한다.

5장에서 진태원은 매우 독특하게 최장집의 민주주의론을 프랑스의 정치철학자인 발리바르의 이론과 비교한다. 최장집과 발리바르는 '민주주의의 민주화'라는 문제설정을 공유하면서, 민주주의를 완성될 수 있는 형식적 틀이 아니라 끊임없이 개선하고 보완하거나 해체하고 재구성해야 하는 것으로 보는 역동적인 관점을 갖고 있다. 하지만 최장집이 초역사적 보편성을 갖는 메타민주주의 모형으로서 자유주의적 민주주의를 고집한다면, 발리바르는 민주주의의 틀 자체가 구조적으로 변화하는, 민주주의 자체의 혁명적 변화 가능성을 승인한다는 점에서 두 사람이 가리키는 '민주주의의 민주화'는 서로 다른 방향을 향해 있다. 이 논문은 최장집 이론의 장단점을 비교사상의 맥락에서 파악할 수 있는 길을 제시하고 있으며, 앞으로 보다 깊이 있는 토론을 위한 참고 문헌으로 유용할 것이다.

6장에서 하승우는 보다 근본적인 차원에서 최장집의 이론을 성찰하고 있다. 그는 최장집이 정치사회와 시민사회를 구분한 후에 정치사회의 주요 행위자를 정당으로 제한하는 서구의 대의민주주의 모델을 답습하고 있으며, 이는 시민들이 참여하는 정치의 장을 축소시킬 뿐 아니라 대중들의 집단행동에 대한 두려움을 내포하는 '민주적 엘리트주의'의 산물이라고 비판한다. 또한 최장집은 근대국가와 산업화를 당연한 것으로 전제하고 산업 발전과 경제 성장을 필연적인 것으로 받아들이고 있으며, 근대적인 주권 개념으로는 해결할 수 없는 기후 변화, 식량 위기, 에너지 위기와 같은 세계적 차원의 문제를 고려하지 못한다고 지적하면서 '국경을 가로지르는 민주주의'를 요청한다. 7장에서 고병권도 주권 개념의 한계를 벗어나 민주주의를 다른 방식으로 이해할 수 있는 길을 모색한다. 그는 대의기구가 사회적 갈등을 대의하지 못하는 이유는 최장집이 말하듯이 대의제의 미완성 때문이 아니라, 대의제 자체가 인민들의 정치적 개입을 방지하기 위한 체제이기 때문이라고 주장한다. 따라서 대의기구의 권력을 키우는 것은 민주주의의 확대로 연결되지 않으며, 오히려 정당이라는 대의제도를 벗어난 데모스의 힘과 능력을 표현하는 것이 바로 민주주의이다. 그는 '인민주권과 그것을 대의하는 대표체제' 모델은 대의 불가능성을 드러내는 '대의제 바깥에 있는 사람들'을 인식할 수 없으며, 인민이라는 동질성이 깨지고 주권의 행사 자체가 문제시되는 영역에서 데모스의 목소리를 듣고 그 힘을 동력으로 삼는 정치를 사유해야 한다고 역설한다.

8장에서 이지문은 민주주의의 위기를 극복할 대안으로 추첨제를 적극적으로 도입해야 한다고 주문한다. 비례대표제를 포함하는 선거제도 개혁을 통해 정치적 대표성을 제고하는 것으로는 기존 제도정치의 틀을 바꿀 수 없으며, 국민의 정치 참여를 '투표를 통한 대표자 선택'에 한정하는 것이다. 오히려 대의민주주의에서 대표자를 선택하는 유일한 방식인 선거제 자체를 추첨제로 대체함으로써 새로운 의회권력을 창출하고 민주주의의 핵심 가치들을 실현할 수 있다. 그는 추첨제가 사회운동의 요구와 쟁점을 제도정치로 수용하는 방법이며, 정당을 약화하기보다 오히려 강화하는 수단이라고 주장한다.

9장에서 황병주는 최장집이 미국 유학을 마치고 돌아온 1980년대 초중반 이후 발표된 그의 저술들을 연대순으로 따라가면서 민중 개념의 외연과 내포가 변화하는 과정을 추적한다. 그에 따르면, 본래 최장집이 제시한 민중민주주의popular sector-based democracy는 사회운동의 민중민주주의people's democracy와 자신의 입장을 구별하기 위한 방책이면서도 당대의 급진적인 이론적, 실천적 지형의 영향력을 수용하고 있었지만, 1991년에서 1993년 사이에 민중 개념에서 계급적 문제의식을 삭제하고 민주주의 개념에서도 민중이란 용어를 탈락시킴으로써 자유주의적인 시민 개념을 전면에 내세우기 시작했다. 하지만 최장집의 '민중에서 시민으로'의 변화는 '국민국가–산업화–민주화'라는 역사의 보편적 모델을 상정하고 자유주의적 민주주의만을 절대화하고 이상화하는 한계를 드러낸다.

마지막으로 10장에서 김정한은 세계적인 범위에서 진행되는 '민주주의의 탈민주화' 시대에 최장집의 민주화 기획이 유효성을 상실했으며, 제도정치에 과도한 자율성을 부여하는 그의 '정당-정부 의지주의'로는 민주주의의 위기를 돌파할 수 없다고 지적한다. 더구나 '최장집 논쟁'은 정당정치와 사회운동을 분리시켜 사고하는 경향을 강화했는데, 이는 최장집이 한편으로 '운동에 의한 민주화'를 비판하면서, 다른 한편으로 자유주의와 공화주의를 끌어들여 변혁적 이론과 급진적 실천에 대해 적극적인 '이념 논쟁'을 전개했기 때문이다. 하지만 '정당으로 돌아가라'는 입장과 '사회운동으로 돌아가라'는 주장은 모두 한계가 있으며, '민주주의의 민주화'를 위해서는 정당정치와 사회운동의 새로운 결합, 더 나아가 당 좌파와 사회적 좌파의 연대가 필요하다. 그는 정당정치와 사회운동 두 차원에서 기존의 대표의 틀을 허물고 실질적인 대표를 구성함으로써 정치권력과 경제권력을 통제할 수 있는 또 다른 민주화 기획으로 나아가야 한다고 제안한다.

물론 이 책에 옥고를 주신 필자들의 문제의식과 구체적인 쟁점들은 여기서 소개한 것보다 훨씬 다채롭고 풍부하다. 정치학, 역사학, 사회학, 철학 등 여러 분야의 젊은 연구자들이 하나의 주제를 갖고 글을 쓰는 일은 쉽지 않다. 한국의 민주주의를 고민하는 많은 분들의 '비판적인 독서'를 기대하고 싶다.

이 책을 펴내는 '도래할 한국 민주주의' 기획연구팀은 탈식민화 이후 최근까지 한국 정치의 전개 과정을 민주주의의 이념, 제도, 운동이라는 복합적인 틀을 통해 비판적으로 평가하고, 한국 민주주의에 관한 새로운 담론과 이론적 모델, 나아가 제도개혁의 전망을 모색하는 연구를 진행하고 있다. 그동안 '최장집의 한국 민주주의론'을 비롯해 '탈근대, 탈식민, 탈민족—포스트 담론 20년의 성찰', '한국문학 속의 민주주의, 민주주의의 눈으로 본 한국문학' 등의 연속 심포지엄을 개최하여 새로운 연구 주제를 발굴하고 한국학 연구의 지평을 확대하기 위해 노력해왔으며, 올해 상반기에는 '포퓰리즘과 한국 민주주의'라는 주제의 심포지엄을 준비하고 있다. '도래할 한국 민주주의' 기획연구팀의 연구책임을 맡고 계신 진태원 선생님과 자잘한 일처리를 위해 함께 수고해주신 함돈균 선생님이 없었다면, 그만큼 즐겁게 연구하고 토론할 수 있는 기회와 시간을 얻지 못했을 것이다.

이 한 권의 책으로 인연을 맺을 수 있도록 서로 별다른 이해관계도 없이 기꺼이 발표를 맡아주시고 귀중한 논문을 보내주신 여러 선생님들에게 기획연구팀을 대표해서 감사드린다. 또한 처음 심포지엄을 기획할 때부터 많은 조언을 해주시고 격려를 보내주신 박상훈 선생님에게도 감사드린다. 후학들이 비판적으로 토론할 수 있는 체계적인 연구 성과를 꾸준히 펴내고 계시는 최장집 선생님에게는 멀리서 안부 인사를 전하고 싶다. 여러 모로 설익은 연구자들에게 민족문화연구원의 한 귀퉁이를 내주셨던 김흥규 선생님과 조성택 선생님에게는 기획연구팀이 태생적 빚을 지고 있으며 앞으로 더 왕성한 연구로 갚아나가고자 한다. 그리고 기획연구팀의 연구 활동에 모자람이 없도록 지원을 아끼지 않으시는 최용철 민족문화연구원 원장님에게도 감사드린다. 언젠가 먼 미래에 지금 시절을 돌이켜볼 때가 온다면, 민족문화연구원에서 만난 여러 선생님들이 가장 먼저 떠오를 것 같다. 개인적인 연구와 강의로 바쁜 와중에도 늘 서로의 연구 주제에 관심을 기울여주시고 허물

없이 대화를 나눌 수 있는 민족문화연구원의 모든 선생님들에게 마음 깊이 고마움을 전한다.

2013년 4월 김정한

차례

책머리에 : 도래할 한국 민주주의를 위하여   3

1장   **한국 민주주의의 발전과 정당정치** 15 ———————————— 김용복
최장집의 정당민주주의론에 대한 비판적 고찰

2장   **현대 정치의 '주체', '공간', 그리고 민주주의** 49 ———————— 이승원
최장집의 '정당민주주의'에 대한 비판적 고찰을 기반으로

3장   **최장집의 노동운동(정치) 연구와 담론에 대한 비평** 95 ———— 이광일

4장   **'민주주의 이후의 민주화론'에 대한 맑스주의적 비판** 139 ——— 박영균

5장   **최장집과 에티엔 발리바르** 173 ————————————————— 진태원
민주주의의 민주화의 두 방향

6장 최장집 민주주의 이론의 편견과 한계 215 —————————————— 하승우

7장 민주주의—정체와 그 외부 247 ————————————————— 고병권

8장 추첨제 관점에서 본 최장집의 제도민주주의론 비판 279 ————— 이지문

9장 최장집의 민중—민주주의와 자유주의 319 ————————————— 황병주

10장 최장집의 민주화 기획 비판 375 ——————————————— 김정한
정당정치와 사회운동의 새로운 결합을 위하여

필자소개 406

1장 │ 한국 민주주의의 발전과 정당정치* │

최장집의 정당민주주의론에 대한 비판적 고찰

김용복

1. 들어가며 – 한국 정당정치의 위기와 최장집의 정당 연구

현대 민주주의는 대의민주주의이고 정당정치가 그 근간을 이루고 있다. 그래서 샤츠슈나이더는 "민주주의를 만드는 것은 정당이며, 정당을 빼 놓은 현대 민주주의는 생각할 수 없다"고 까지 말하였다.(Schattschneider 1942) 정당정치를 통한 이익의 대표와 갈등의 조정이 민주주의를 심화시키는데 있어 핵심적인 요소라고 할 수 있다. 사르토리도 "사회와 정부를 연결하는 핵심적인 매개구조"로서 정당의 역할을 강조하였다.(Sartori 1976)

민주화 이후 한국의 정당정치는 모든 정치활동의 중심적인 역할을 담당해왔지만, 사회경제적 갈등을 조정하고 해결하거나 사회통합을

---

* 이 글은 고려대학교 민족문화연구원이 발행하는 『민족문화연구』 제56호(2012.6.30)에 게재되었음을 밝힙니다.

이루는 데 있어서는 뚜렷한 한계를 보여 왔다. 촛불집회가 상징하듯이 국민들은 정당정치의 밖에서 자신들의 목소리를 내었으며, 이른바 '안철수 현상'에서 드러났듯이 정당에서 희망과 대안을 찾기 어려웠다. 정치 불신의 중심에는 정당정치가 있었으며, 정치개혁의 주요한 대상 역시 정당이었다.

1987년 민주화이행은 한국 정치의 자율적인 영역을 확대, 강화시켜 왔다. 특히 활성화된 정당과 의회의 역할은 대통령과 행정부의 정책결정 과정을 크게 변화시켰다. 권위주의시대와 달리 민주화 이후에는 정당정치가 정치의 중심이 되는 것이 당연하였다. 그러나 현실은 그러하지 못하였다. 사당화된 정당, 빈번한 정당의 이합집산, 취약한 대표기능 그리고 정당들의 대통령에 종속 등 정당정치는 민주주의 공고화에 근간이 되지 못하였다. 정당들이 시민사회의 핵심적인 갈등을 집약하고 정부정책을 통제하는 기능을 충실하게 수행하지 못하였다. 그래서 정당정치는 최소기준인 선거정치상의 역할과 최대기준인 원활한 대표기능 사이의 중간지대에 머물러 있었다고 평가되었다.(장훈 2010 : 16)

더욱이 최근의 정치 현상에는 과히 정당정치 위기론이라고 불릴 만한 새로운 변화와 도전이 표출되고 있다. 국민들과 괴리되어 있는 정당카르텔 현상, 대중정당의 쇠퇴, 시민과의 연계의 약화, 선거에서 정당지지의 유동성 증가, 안철수 현상으로 대변되는 기성정당정치에 대한 불만과 새로운 정치모색, 세계화와 정보화에 의해 진전되고 있는 새로운 갈등의 표출과 초국가적 정치의 등장 등이 그것이다. 이러한 현상은 기존의 정당정치가 제대로 작동되고 있지 못하기 때문에 나타나는 현상일 수도, 아니면 정당정치의 틀을 뛰어넘는 새로운 정치 현상일 수도 있다.

그동안 한국에서의 정당 연구는 서구에서 개발된 개념을 통해 한국 적실성을 판단하거나 한국 정당정치의 보편적 특성을 보여주려는 시도들이 일반적이었다. 그래서 기존의 정당 연구들은 서구중심주의 및 협애한 연구주제에 머물러 있으며,(김용호 2008) 접근방법의 한계로 인하여 기대수준이 못 미치는 상황이고,(장훈 2010) 한국 정당정치의 고유성에 대한 고민이 적다(강원택 2009)고 평가되기도 하였다. 한 연구에 의하면, 그동안 한국 정당정치에 대한 연구는 크게 두 방향에서 이루어져 왔다. 거시적 접근과 미시적 접근이 그것이다. 미시 제도론적 접근은 미국의 행태주의적 방법론에 입각하여 최근 다양한 측면에서 정당정치의 경험적 연구들을 양산하고 있다. 반면에 거시 구조적 접근을 대표하는 학자가 최장집이다. 최장집의 정당정치 연구는 계급구조, 국가성격, 국가-시민사회의 관계와 같은 요소들이 정당정치를 좌우하는 핵심적인 요소로 보는 거시적인 접근이며, 이는 분명한 이념적 정체성을 기반으로 하는 정책정당이 주도하는 정당정치를 이상적인 상태로 파악한다는 점에서 '강한 정당론'을 대표한다는 것이다. 이러한 강한 정당론은 20세기 초반 서유럽에서 출현한 대중이념정당을 이상적 모델로 상정하는 유럽중심주의에 기반하여 있다고 한다.(장훈 2010 : 16~17) 이러한 주류 정치학의 논의와는 달리, 비주류 정치학에서는 정당정치에 대한 경험적, 실증적 논의가 매우 빈약한 것이 현실이다.

이 글은 한국 민주주의의 심화에 오랜 관심을 갖고 한국 민주화와 민주화 이후 민주주의 연구에 천착한 최장집의 정당정치론을 정리하고, 이를 비판적으로 조명하는 데 그 목적이 있다. 최장집은 거시적인 관점에서 한국의 정당정치 위기를 정당민주주의를 발전시킴으로써 극복할 수 있다고 오랫동안 주장한 학자였다. 이러한 최장집의 정당민주주의론을 기존 학계의 논의를 토대로 재조명하여 쟁점과 한계를 비판적으로 고찰하고 시사점을 도출하려는데 이 논문의 일차적인 목적이 있다. 2절에서는 최장집의 정당일반론, 3절에서는 최장집이 본 한국 정당정치의 특징을 소개할 것이다. 그리고 4절에서는 최장집의 정당민주주의론에 대하여 시각, 쟁점, 과제 등을 비판적으로 검토할 것이고, 5절은 이를 요약정리하고 시사점을 도출할 것이다.

2. 민주주의론과 정당 – 최장집의 정당민주주의론

최장집은 현대 민주주의는 대의민주주의이고, 현실에서 대의제의 근간은 정당정치라는 확고한 입장을 견지한다. 즉 현대 대의제 민주주의는 정당정부party government인데, 정당이 제대로 작동이 되지 않는다면, 국가의 기능과 역할이 확대되는 결과를 가져올 것이라고 경고한다. 즉 정당이란 매개체 없이 이익을 표출하는 것은 국가관료제나 거대한 사익집단 등과 같은 강자의 이익을 과대대표하는 결과를 낳을 것이라고 한다.(최장집 외 2007 : 31) 왜냐하면 거대한 국가를 통제할 수 있는 유일한 방법은 정당을 통해 시민의 힘을 조직하는 것이기 때문이라고 한다.(위의 책 : 33) 같은 맥락에서 포퓰리즘을 설명하는데, 포퓰리즘이란 민중적 열정, 에너지, 동력이 사회의 자율적 중간집단, 즉 정당이나 이익집단 또는 어떤 목표와 가치를 추구하는 운동 등으로 매개되지 않고 표출되는 현상을 말한다.(위의 책 : 37) 즉 정당을 통하지 않을 때, 한편으로 국가의 과잉 다른 한편으로 포퓰리즘의 표출이란 현상이 나타난다고 지적한다.

따라서 한 국가의 민주주의 발전에는 정당의 발전이 필수적이라고 주장한다. 민주주의에는 사회의 다양한 갈등과 이익을 정치적으로 포괄할 수 있는 정당, 정당체제의 제도화가 무엇보다도 중요하다고 인식한다. 왜냐하면 어느 사회이건 사회는 이해의 다양성에 따라 갈등과 균열이 있는데, 정당이란 정치의 틀 안에서 사회의 주요 갈등과 균열을 대변하고 조직하는 가장 중요한 조직이기 때문이다.(최장집 2008 : 61) 민주주의의 질적 향상은 민중적 삶의 현실 개선에 대해 천착하고 민주주의사회에서 발생되는 갈등과 경쟁을 정당정치 속으로 끌어들여 활성화할 때 이루어질 수 있을 것이라고 강조했다. 정당을 통하지 않고 사회의 의사가 어떻게 대표되고 조직될 수 있는지는 매우 어려운 문제이다. 그래서 정당 없이 민주주의는 없다는 주장도 제기되는 것이다.

이러한 입장은 민주주의의 절차적인 측면을 강조한 것이다. 절차적 민주주의는 대표성-책임성의 원리에 기반하여 있으며, 이러한 대표의 경쟁적 선출과 관련되는 정치적 대표성과 책임성의 문제가 민주주의 발전에 핵심적인 요소라고 보았다.

이는 최장집이 민주주의를 절차적, 최소주의적으로 정의하는 것과 관련된다. 절차적 민주주의와 실질적 민주주의를 구분 짓는 것은 민주주의를 이해하고 발전시키는데 혼란의 원천이 되었으며, 민주주의를 정부형태로서 이해하기보다는 도덕적 가치로 이해하려는 것이라고 비판한다. "이런 인식은 민주주의를 이해하는데 있어 운동의 전통이 강한 한국 진보파들의 급진적이고 이상주의적 비전을 반영하고 있다"
는 것이다. 그는 이러한 이해 방식은 민주주의를 너무 이상적이고 주
관적으로 이해하는 것이기 때문에 선거를 통한 정부의 선출을 핵심으
로 하는 체제로서 민주주의의 의미와 내용에 대해 오히려 둔한히 하거
나 무관심하게 된다며 이러한 구분보다는 절차적 민주주의를 강화함
으로서 그 결과로 실질적 민주주의를 가져온다는, 후자가 전자의 효과
라는 현실적 이해가 필요하다고 주장한다. 이를 "정치적 평등을 핵심
으로 하는 민주주의는 경제적 불평등을 줄임으로써 실현될 수 있다는
말은, 곧 민주주의의 사회적 기반을 강화함으로써 민주주의를 강화한
다는 말"이라고 표현하였다.(최장집 외 2007 : 103)

　　그러나 최장집은 주장은 정당체제가 사회균열을 잘 반영하게 될 경
우, 실질적 민주주의 내용들이 정당 간 정책경쟁에 잘 반영되어 실현
될 수 있을 것이란 것이다. 그래서 절차적 / 실질적 이분화 논의를 극
복해야 한다는 주장으로 이어진다. 그렇지만 이에 대해 여러 이견이
존재한다. 그는 민주주의 개념은 단계론적 이분법은 극복을 주장했으
나, 오히려 내용적 이분법의 지나친 강조에 대한 부작용을 지적한 것
이상의 의미를 찾기가 어렵다. 더욱이 최장집의 주장은 절차적 민주주
의를 토대로 실질적 민주주의의 성취로 나아가자는 단계론적 인식에
기초하고 있기도 하다. 절차적 민주주의의 진전이 실질적 민주주의의
담보로 이어지지 않는다는 사실은 우리의 경험에서도 알 수 있다. 민
주화 이후 절차적 민주주의가 어느 정도 진전이 되고 있지만, 민주주
의의 질(실질적 민주주의)이 더 나빠졌다고 최장집도 인정하고 있기 때문
이다.

결국 정당은 일반 대중들이 정치에 참여할 수 있는 통로를 제공하고, 사회균열과 갈등을 대표하고 조직하며, 다른 정당과의 선거경쟁을 통해 그들의 권익을 실현하고 또한 정당 간 협력을 통해 정치제도를 작동시키는 민주주의의 핵심 메커니즘이라고 정의된다.(위의 책 : 144)

그리고 이러한 정당들 간에 경쟁의 소재는 바로 사회적 갈등이라고 하였다.(최장집 2009 : 46) 그런데 사회균열이 정당정치에 반영되는 방법에 대한 대조적인 두 시각이 있다. 유럽적인 시각과 미국적인 시각이다.(위의 책 : 50~51) 립셋과 로칸Lipset & Rokkan으로 대표되는 유럽적인 시각은 사회균열이 정치적 갈등으로 나타나고, 정당과 정당체제의 제도화를 가져온다는 이른바 수요자 중심의 이론이다. 반면에 샤츠슈나이더Schattsschneider 등으로 대표되는 미국적 시각은 정치의 능동적인 측면을 강조한다. 정당들이 선거경쟁에서 승리할 수 있는 다수연합을 창출하기 위해 그러한 갈등에 초점을 두고 대중을 동원한 결과, 특정갈등이나 균열이 정치적 우위을 갖고 정당정치에 반영된다는 이른바 공급자 중심의 이론이다. 이는 정당구조의 두 가지 다른 패턴에서 나온 것인데. 유럽의 정당들은 계급기반을 중심으로 한 정당구조인 반면에, 미국의 정당들은 여러 이익집단들의 경쟁과 결합으로 나타나는 정당구조이기 때문이다.(최장집 외 2008 : 65) 최장집은 기본적으로는 유럽적 시각에서 한국의 사회균열과 정당정치를 분석하고자 한다.

한편 최장집은 정당정치의 분석을 위해서 정당 간 정당정치inter-party system를 정당체제로, 정당 내부의 정당정치intra-party politics를 개별정당조직으로 구분한다.

정당체제란 정당 간 경쟁 구도를 의미하는데, 사회적 갈등과 균열이 조직되고 대표되며 선거가 어떤 경쟁 축을 중심으로 조직되느냐에 따라 결정된다.(최장집 외 2007 : 106) 이는 정당체제는 물질적 또는 계급적 기반을 배경으로 하는데, 사회경제적으로 형성된 사회적 균열구조는 정당체제로 이전된다는 의미이다. 이는 립셋과 로칸이 말한 "갈등의 정당체계로의 이전" 혹은 "현대 민주국가의 정당들은 기본적으로 민주적 방식으로 전환된 계급투쟁을 대표한다" 등과 같은 의미이다. 정당체제의 민주화란 정치참여의 확대와 심화를 통해 실현된다. 즉 사회적 갈등의 민주적이고 정상적인 표출과 그 해소를 위한 정당의 제도화가 중요한데, 이는 정당체제의 사회적 기반을 확대하는 것으로 결국은 경쟁적인 정당체제의 틀을 만드는 문제로 집약된다는 것이다.

한편 개별정당의 조직은 정당의 성격, 의사결정구조, 조직 등과 관련된다. 정당 내부의 민주화도 중요한 문제이지만, 정당정치의 분석에서 더욱 중요한 것은 정당 간 경쟁의 체제가 얼마나 민주적이냐 하는 문제이다.(위의 책 : 53) 정당 내부의 민주화보다 정당의 반응성이 더욱 중요하며 우선적이라는 것이다. 물론 정당조직의 민주화도 중요하다. 그런데 이와 관련해서는 정당 내부의 요인을 고려되어야 한다. 즉 최장집은 "민주주의는 정당체제와 관련된 개념이지 개별정당조직에 이르기까지 일률적으로 규정해야 하는 원리는 아니다"(위의 책 : 53)라고 이를 요약하였다.

3. 한국 정당정치의 특징 – 보수성과 정당체제의 비제도화

최장집의 정당민주주의론은 명료하다. 한국의 정당들은 조직적으로 엘리트정당, 이념적으로 보수정당 중심의 폐쇄적인 정당체제이며, 정당이 제도화되지 않아 유동성이 크다고 본다. 이를 개혁하기 위해서는 대중정당으로의 건설이 필요하다는 것이다. 그러나 장훈의 지적처럼 경험적 연구가 뒷받침되지 않아서 다소 추상적인 논의에 머물러 있는 한계를 보인다.[1](장훈 2010)

첫째, 한국의 정당정치는 보수정당체제라는 왜곡된 대표성을 가지고 있다. 한국의 여야당체제는 사회의 이익과 요구를 광범위하게 대변하지 못하고 기득권 보수층을 대변하여 왔다. 민주화 이전의 권위주의 시기에는 국가의 억압에 의해 계급정치의 등장이 통제되었지만, 민주화 이후에도 정당체제는 노동과 농민이란 사회의 저변층의 이익과 가치가 조직되고 대표될 수 있는 구조를 갖지 못하였다. 민주화 이후의 정당들은 국가–재벌 연합이 주도하는 경제성장정책을 어떻게 효율적으로 성취할 것인가, 기존의 사회경제체제를 어떻게 안정적으로 유지할 것인가에 대한 정책수행 과정에서의 기술적인 차이를 둘러싸고 경쟁하여 왔다.(최장집 외 2007 : 110~111)

이러한 보수정당체제는 왜 만들어졌을까? 먼저 최장집은 한국 정당체제의 기원을 냉전반공체제에서 찾는다.(최장집 2005 : 128) 따라서 냉

---

1   그러나 최장집은 한국의 민주주의문제를 거시적이고 구조적인 차원에서 연구해왔기 때문에, 정당정치에 대한 연구와 논의도 그러한 논의의 일부분에서 거론되고 있다는 점도 이해되어야 할 것이다.

전질서 속에서 정당 간 경쟁은 협소한 이념의 범위 내에서 이루어져 왔다. 그리고 이러한 이념적 제약은 사회적 약자인 노동을 대표하지 못하는 정당체제를 낳았으며, 민주화와 탈냉전 이후에도 이러한 특징을 지속되고 있다고 한다.(최장집 2009 : 57) 그런데 왜 이런 보수정당체제가 민주화 이후에도 지속되고 있는 것일까? 최장집은 민주화이행의 보수적 성격에서 일차적인 원인을 찾는다. 한국의 민주적 이행은 운동에 의한 민주화와 협약에 의한 민주화라는 두 과정이 결합되어 이루어졌지만, 권위주의체제를 해체한 힘과 민주주의의 제도화를 가져온 힘이 괴리된 것이 한국 민주화의 가장 큰 특징이라는 것이다.(최장집 2005 : 127) 따라서 한국 민주주의의 제도화는 정치엘리트 사이의 협약에 의해 주도되었고, 이 협약은 냉전 보수엘리트들이 주도하였기 때문에, 민주화이행 과정에서 이념적 공간이 좁게 형성되었고 이것이 보수지배 정당체제로 귀결되었다는 것이다.

더불어 보수정당체제의 원인을 주체 내지 행위자의 관점에서 보면, 민주화를 주도하고 이를 통해 사회변화를 희망했던 개혁적 민주세력들이 그들의 가치와 이상, 열정과 에너지를 정치적으로 조직화하여 정당을 형성하는데 실패하였기 때문이라고 진단한다.(최장집 2009 : 91) 즉 민주화운동세력이 정치세력화에 실패하고 기존 정당들에 흡수, 통합되면서 보수 양당체제의 경로로 나아간 것이 정당체제의 대표성이 취약하게 된 이유라는 것이다.

그렇기 때문에 민주화 이후 한국의 정당들은 그것이 보수적이든 진보적이든 그 이념적 호칭과는 별개로, 시민들의 실생활문제와 직결되고 그에 기초한 대안적 경제정책과 사회정책을 갖지 못했다.(최장집 2008.6.16)

둘째, 최장집은 한국 정당정치의 유동성이 매우 높아 정당체제의 제도화에 실패하였다고 주장한다.(최장집 2009 : 91) 민주화 이후의 한국 정당정치는 이합집산이 심하여 정당제도화의 불안정성이 매우 높다. 이러한 정당체제의 유동성은 사회적 갈등을 폭넓게 대변하지 못하는 허약한 체질의 정당체제에 기인한다. 정당 이합집산 과정에서 드러난 주요한 특징은 대통령후보를 중심으로 한 정당의 창당과 해산이다. 이렇게 개인을 중심으로 한 선거정치가 지속될 수 있었던 것은 지역주의가 선거경쟁의 주요한 기반이었으며, 지역주의도 정치지도자와의 일체감 속에 유지되었기 때문이다. 개인화된 지역주의가 정당정치의 유동성을 강화하였고, 대통령 선거를 계기로 정당재편을 낳았던 것이다. 결국 지역적 기반에 의존한 개인 중심의 정당들은 대선 과정에서 더욱 유동적이 될 수밖에 없으며 이는 정당정치의 퇴보와 민주주의를 취약하게 만들어왔다.

이러한 견해는 다수의 학자들도 동의하고 있다. 김용호도 과거 권위주의 시기에는 민주-반민주 간 경쟁 구도가 중심이었지만, 민주화 이후에는 지역경쟁 구도로 대체되었고, 그 이후 한국 정당정치는 지역정당 간 연합과 이탈의 연속으로 이어졌다고 평가한다. 따라서 한국의 정당정치는 민주화 이전보다 민주화 이후에 더욱 불안정하게 되었다고 한다.(김용호 2009 : 435) 그래서 한국의 정당정치는 여전히 유동적이고 구조화되어 있지 못하기 때문에, 즉 체계성systemness이 부족하기 때문에, 정당체계party system 또는 정당체제라고 부르기 어렵다고 한다.(위의 글 : 440)

셋째, 한국의 정당체제는 지역정당체제이다. 지역정당체제는 지역균열구조에 기인한 것이지만, 그것보다도 정치엘리트와 정당이 대중을 손쉬운 방법으로 동원한 결과로 만들어졌다. 지역정당체제는 이념적 정향이 보수적이다. 지역정당체제는 민주 대 반민주 균열은 반영했지만, 좀 더 보편적인 사회경제적 균열은 불충분하게 대표하는 과도기적 정당체제로서 의미를 가진다.(최장집 외 2007 : 120)

그런데 반호남지역주의를 본질로 했던 지역균열은 김대중 정부의 집권과 더불어 호남의 소외로부터 발원하는 진보성과 이를 토대로 한 반체제적 특성은 현저하게 약화되었다고 한다. 지역균열은 민주화 이후 김대중 정부 수립 때까지는 중요한 균열로 작용하였지만, 지역균열은 사회경제적 내용을 결여함으로써 신자유주의하에서 급격하게 변하는 사회현실을 담을 수 없었다. 현재의 지역균열은 호남에 있어서나, 반호남지역주의를 활용하는 정당이나 세력에 있어서나 퇴영적이며, 기존 정당의 정치엘리트들이 갖는 기득권을 정당화하는 이념적 기제로 활용되고 있다고 한다.

이어 최장집은 노무현 대통령의 지역구도 극복을 위한 연정론에 대해 비판하면서, 지역주의문제를 정당정치의 시각에서 조명하였다.(최장집 2005) 지역주의는 그 자체로 독자적이고 지배적인 사회균열이 아니라, 보수 중심의 한국 정당체제의 종속변수라는 것이다. 따라서 지역주의를 극복하기 위해서는 현재의 정당체제를 민주화하여, 고용확대, 노동인권, 사회보장, 산업구조 개선 등의 의제에 기반을 둔 정치적 대표체제 즉 정당체제를 형성하는 것이 바람직한 경로라는 것이다.

넷째, 한국 정당의 조직적 특징은 비민주적인 엘리트 중심의 선거전문가 정당이지, 대중정당이 아니라고 주장한다. 그래서 한국의 정당정치는 사회경제적 문제를 풀지 못하는 한계를 가지고 있다는 것이다. 그동안 여러 차례 정당발전의 계기가 있었지만, 대중정당이 만들어지지 못하였다는 것이 문제라고 한다.(최장집 외 2008 : 60)

결국 최장집은 현재와 같은 정당체제가 지속되면, 정치의 불안정성, 사회적 갈등이 빈번하게 표출하게 된다고 주장한다. 한국 정당체제의 불안정성은 보수적 지지층의 응집성은 일정하게 유지되는 반면에, 자본주의 시장경제에서 노동자이익을 대변하는 정당이 사회경제적 균열에 안정적으로 뿌리내리면서 정치 사회의 중심적인 행위자로 기능하지 못하기 때문에 생겼다고 설명한다.(최장집 외 2007 : 117) 그래서 민주화 이후 정치와 정당을 바라보는 부정적인 인식이 더욱 커졌으며, 정당정치는 점점 퇴행하여 왔다고 한다.[2] 이를 극복하기 위해서는 정당체제가 사회현실에 뿌리를 내리도록 해야 하며, 대중정당으로 바뀌어 가야한다고 주장하였다.

그렇지만 최장집은 한 포럼 발표에서 한국의 정당민주주의에 대하여 다소 비관적인 전망을 표출하기도 하였다. 즉 한국의 민주주의는 버나드 마넹의 분류에 따르면, 권위주의 시기에서 특징적으로 보였던 명사정당적 성격에서 정당민주주의의 발전단계를 제대로 거치지 못하고, 곧바로 미국과 같이 대중매체의 영향력이 강하고 여론조사가 압도적으로

---

2 최장집은 심지어 정당정치는 노무현 때보다 김대중, 김영삼 때가 더 나았다고 주장한다.(최장집 외 2008 : 41) 이는 아마도 노무현 대통령의 정치스타일과 임기 중 이루어진 정당개혁의 평가와 관련되어 있다고 생각이 된다. 노무현 대통령은 정당을 기반으로 집권하였음에도 불구하고 사기업의 CEO처럼 정부조직의 혁신과 생산성을 높이는 관리자의 역할에 치중함으로써 정치의 경계를 좁히고 탈정치화에 앞장섰다는 것이다. 이렇게 정당정치를 부정하거나 우회 혹은 초월하는 것은 결국 정당정치의 기능을 축소시키고 민주주의를 약화시킬 것이라고 비판하였다.

중요하게 작용하는 청중민주주의적 단계로 넘어가는 것 같은 현상을 보여주고 있다고 평가하였다.[3] 버나드 마넹은 민주주의발전을 명사대표 중심의 의회주의, 정당민주주의, 그리고 최근의 청중민주주의의 단계를 거친다고 주장하였다.(마넹 2004 : 248~283) 청중민주주의란 스타들이 무대 위에서 연출하고, 청중들은 그들의 퍼포먼스를 환호하는 공연이 벌어지듯이 정치도 엘리트들이 제공하는 정책메뉴나 레퍼토리에 청중석에서 환호하는 수동적 시민의 내용을 갖는 것으로, 공연자-청중 간 관계로서 민주주의가 이해되는 것을 의미한다. 이러한 평가는 정당민주주의의 필요성에도 불구하고, 미디어와 여론조사가 중요한 역할을 하는 최근의 정치 현상에 대한 다소 비관적 견해를 제시한 것으로 보인다.

4. 대중정당론과 제도개혁론

-쟁점과 대안에 대한 비판적 고찰

한국 정당정치에 대한 최장집의 주장은 정당체제의 안정적인 제도화와 대중정당의 건설로 요약될 수 있다. 여기서는 이러한 견해에 대한 다른 학자들의 비판을 몇 가지 쟁점으로 나누어 고찰할 것이다. 최장집의 주장에 대한 주요한 비판으로는 계급적, 이념적 기반을 갖는 19~20세기 초 대중정당들에 대한 분석에 근거하고 있다거나,(주인석 2009) 유럽중심주의적 시각,(장훈 2010) 대통령제하에서 적합한 정당조직은 대

---

3 '포럼 오늘'의 100차 공부방에서 「한국의 정당정치와 젊은 세대」라는 제목으로 발표한 발제문.(2011.12.8) www. forumtoday.co.kr 참조.

중정당이 아니라 원내정당이라는 비판,(정진민 2007) 한국적 정당정치의 특수성에 대한 고민이 필요하다는 지적(강원택 2009) 등이 있다. 이러한 비판과 쟁점고찰의 기저에 있는 공통된 질문의 핵심은 과연 최장집의 정당론이 변화된 환경 속에 놓인 한국의 정치현실에 적실성 있는 대안이 될 수 있는가이다.

1) 기본적 시각

먼저 제기되는 문제가 최장집의 유럽중심주의적 시각이다. 한국의 정당정치는 서구와는 다른 역사와 특징을 보여 왔기 때문에[4] 유럽모델도 미국모델도 한국적 현실에 적실성이 떨어진다는 것이다. 서구와 동일한 경로를 따를 거라고 가정하여 정당개혁 모델을 제시하는 것도 문제이다. 더불어 최근 세계화와 정보화는 과거와는 다른 정치 환경과 사회경제적 균열을 만들어 놓았으며, 이에 따라 정당체제와 정당조직도 유연하고 다양한 가능성을 열어놓았다고 한다. 정당정치가 확립된 서구 민주주의에서는 인터넷의 등장이 반드시 정당의 기능을 약화시키지 않았다고 한다. 그러나 한국의 경우에는 인터넷 정치가 취약한 한국 정당정치의 기반을 더욱 약화시켜 왔다고 주장된다.(위의 글 : 134) 즉 과거와는 다른 조건과 한국적 특수성을 고려한 정당 연구가 되어야

---

[4] 한국 정당은 서유럽처럼 대중정당적 기반으로부터 변화되어 온 것이 아니며, 정당의 국가 재정에 대한 의존도 오래전부터 시작되었고, 정당이 시민사회로부터 이탈하여 국가로 옮겨간 것이 아니라, 국가로부터 출발하여 민주화와 함께 점차 시민사회 쪽으로 옮겨가는 모습도 보이고 있다고 한다.(강원택 2009)

한국적 현실에 적실성이 있을 것이라고 비판한다.

따라서 현재의 한국 정당이 "여전히 유동적이며, 무정형의 정당으로 대중정당, 포괄정당, 카르텔정당, 선거전문가 정당의 요소를 모두 조금씩 가진 잡동사니에 불과하다"라는 주장은,(김용호 2008 : 74) 한국 정당정치의 후진성과 과도기적 특징을 보여주는 것이기도 하지만, 다른 한편으로는 한국 정당정치의 압축성, 혼합성, 다양성을 보여주는 의미 있는 진단이라고도 보인다. 그래서 포괄정당으로의 변화가 단순한 이념적 변신이나 지지기반의 확충을 위한 것이라기보다는 이를 넘어서는 정당의 조직적 특성이 근본적으로 변한 것을 의미한다는 주장(김수진 2008)도 제기되는 것이다.

둘째, 계급정치의 중요성에 대한 논란이다. 최장집은 한국의 현실에서는 서구와 동일한 측정방법을 통해 탈물질주의 가치의 증가와 아울러 계급투표가 퇴조한다는 잉글하트의 명제를 입증하기 어렵다고 하였다.(최장집 외 2007 : 152) 비슷한 입장에 서있는 학자들은 한국 사회에서 계급균열이 부재한 이유를 권위주의 정부의 지속적인 계급정당 통제로 인한 것이라고 설명하기도 하였다. 민주화 이후 사회적 균열에 기초한 계급정당이 등장할 가능성이 높아지고 있다고 주장된다. 나아가 계급투표의 중요성이 감소하고 있다는 주장에 대하여, 잘못된 방법론의 채택에 의해 계급투표의 중요성이 실제로 감소한 것이 아니며, 잘못된 방법론에 의한 해석의 오류일 뿐이라고 비판한다.

그러나 최장집의 견해에 비판적인 입장에서는 최근 계급투표의 중요성이 감소하고 있어서, 계급적 균열에 기초한 최장집의 정당론은 그 적실성이 약화되었다고 주장한다. 김수진(2008)은 계급정치의 부재를 민주주의의 비정상적인 또는 예외적인 전개 과정으로 파악하는 비판 이론가들과는 달리 이 현상을 시대적으로 불가피할 뿐만 아니라 일반적인 이행의 한 유형으로 설명한다. 나아가 지구화로 인하여 계급이 파편화, 해체됨에 따라 계급정당은 이념적, 조직적 기반 자체를 상실하였다고 주장한다. 장훈(2010)은 자본주의사회의 계급정치를 부정할 수는 없지만, 계급정치가 정당정치에 반영되는 다양한 경로가 존재하며, 그 구체적인 모습은 지구화에 따른 새로운 사회적 갈등구조와 분단체제라는 특성 위에서 나타날 것이지 유럽식 계급정치가 재현되는 것은 아니라고 주장한다.

계급정치의 부재 혹은 약화와 계급정치의 가능성을 주장하는 견해는 상반된 시각이며, 정당정치의 모델도 다르다. 계급정치가 사회경제적 균열구조의 정당체제로의 이전을 의미한다면 근본적으로 부재하거나 약화되지는 않을 것이다. 왜냐하면 한국 정당정치에서 계급균열이 제대로 반영된 경험이 미약하기 때문이다. 그렇지만 지구화와 정보화, 그리고 여전히 강고하게 유지되고 있는 분단체제라는 최근의 정치적 조건은 다양하고 새로운 계급정치의 가능성을 고려할 필요성을 보여준다. 이러한 가능성을 염두에 두고 열린 정당개혁의 연구가 요구된다고 할 것이다.

셋째, 최장집이 가지고 있는 정치결정론적 인식에 대한 비판이다. 즉 최장집이 "한국 사회의 많은 문제점들을 해결하기 위한 방안으로 정치의 중요성, 구체적으로 사회적 균열에 기초한 정당체계의 발전"을 압도적으로 강조한 나머지 "정치가 잘 되면 다른 모든 것도 실타래 풀리듯이 해결 된다"는 정치결정론적 태도를 보인다는 것이다. (이관후

2008) 그렇지만 그러한 정치결정적론 사고는 많은 문제를 안고 있다. 정보화의 진전으로 직접 민주주의적 요소가 확대되고 있는 최근의 현실에서 정당민주주의가 유일한 대안이라고 주장할 수 있겠는가 하는 의문이 제기되고 있다. 또한 정당체제의 변화는 그것에 결코 우호적이지 않은, 현재 정당을 대신하고 있는 언론과 시민사회에 포위되어 있다. 그리고 그동안 취약한 정당정치를 대신한 것이 운동의 정치였다. 중요한 한국 사회의 변화를 낳은 데에는 사회운동의 영향력이 컸었다. 언론과 시민사회의 역할 그리고 사회운동의 영향력은 정당정치의 영역을 넘어서는 또 다른 고민이자 과제이다. 더욱이 세계화의 시대에 외부적 영향력은 정당정치의 한계를 드러내어 왔다. 민주화 이후 한국 민주주의가 질적으로 나빠졌다고 지적하는데, 그러한 현상을 야기한 중요한 원인 중의 하나가 신자유주의의 압력이었다. 신자유주의적 영향력을 정당정치의 제도화와 정상화로 제약하는 데에는 한계가 뚜렷하다. 정치결정론적 인식은 능동적인 주체로서 정치의 역할과 정당정치의 중요성을 강조하는데 기여하였지만, 자본주의의 구조적 힘, 세계화와 정보화 그리고 시민사회와 사회운동의 영향력 등에 포위되어 있는 정치와 정당의 한계를 경시할 우려도 있다고 지적된다.

2) 대안과 쟁점

여기서는 한국 정당정치의 발전을 위해서 제안한 대중정당론과 제도개혁, 그리고 운동의 정치 등에 대한 최장집의 주장에 대해 다른 학자들의 견해를 참조하면서 비판적으로 고찰하고자 한다. 그런데 먼저 지적해야 할 점은 최장집은 한국 사회를 거시적 관점에서 분석하고 대안을 제시하였기 때문에, 구체적인 방법론을 제시하는 데에는 미흡하였다는 것이다. 즉 문제제기와 분석적 논의는 매우 좋지만, 문제해결에 대한 구체적인 접근과 방안에 대해서는 한계를 드러내었다. 대의민주주의 속성상 정당은 언제나 개혁의 대상이면서 동시에 개혁의 유력한 주체이기 때문에, 정당개혁에는 많은 어려움이 있다. 또한 개혁의 정치적 효과도 실증적인 분석을 통해 제시될 필요가 있다. 구체적인 이행론과 방법론이 결여된 채 낙관적인 기대만을 제시하는 것은 실천적인 문제에서 어려움에 직면하게 된다. 그럼에도 불구하고 최장집이 제기한 문제의식은 많은 관심과 논쟁을 불러왔다. 이 글에서는 대중정당 건설과 제도개혁에 대한 방안, 정당개혁과 촛불집회에 대한 평가를 중심으로 쟁점을 고찰한다.

첫째, 대중정당론과 원내정당론을 둘러싼 논쟁이다. 일반적으로 정당유형은 간부정당cadre party, 대중정당mass party, 포괄정당catch-all party, 카르텔정당cartel party, 선거전문가정당electoral-professional party 등으로 나뉜다.(Kattz · Mair 1995; Panebianco 1988) 간부정당은 의원 개개인을 위한 조직으로, 당원은 대규모 일반대중이 아니라 특권이나 명성을 가진 소수의 귀족이나 명망가들로 이루어지며, 선거운동에 필요한 자원 역시 이들 소수에게 의존한다. 따라서 의원 개개인의 독립성과 자율성이 매우 강하다는 특성을 보인다. 대중정당은 이러한 간부정당과는 달리 지부조직을 기반으로 관료적이며 위계적인 조직을 가지고 있다. 당원 역시 일반대중에게 열려있어 규모가 크며, 매우 동질적인 성격을 지닌다.

이에 따라 대중정당은 이념적인 성격이 강하고, 이념에 기반한 정책과 공약을 중시한다. 대중정당의 주요 자원은 당원이 내는 당비에 의존하며, 선거운동도 당원에 의존한다. 모든 정당 활동의 핵심은 당원이며, 정당 내 의사결정도 당원에 의사에 따라 상향식으로 이루어진다.

최장집은 대중정당론을 주창하는 대표적인 학자이다. 정당정치를 제도화하기 위해서는 명실상부한 대중정당을 건설해야 한다는 것이다. 이것이 정당정치 제도화의 일차적 조건이자, 최소한의 요건이라는 것이다. 물론 대중정당은 엘리트 혹은 간부정당과 원내정당은 원외정당과 대조되는 용어이지만, 한국 정당개혁을 둘러싼 논쟁의 초점이 대중정당 건설과 원내정당화로 맞추어져 있기 때문에 이러한 대립 구도가 나타났다. 대중정당은 지역을 대표하는 지역대표의 축과 사회운동이나 직능집단을 대표하는 기능대표의 축을 중요한 하부기관으로 삼고 있다. 최장집의 의문은 왜 한국에 계급균열 중심의 대중정당체제가 출현하지 못했는가이다. 무엇보다도 한국 민주화의 보수성이 계급정치의 전면화를 가로막고, 대중정당의 등장에 구조적 제약을 주었다고 한다. 그리고 원내정당화로의 개혁은 정치의 영역을 좁히는 반정치적 결과를 낳고 있다고 비판하였다.

그러나 이에 대한 반론도 많다. 장훈은 중심부 자본주의의 힘에 의해 왜곡된 사회관계를 갖게 되는 주변부 자본주의 사회에서, 견실한 조직을 갖춘 대중정당에 의해 노동-자본의 균열구조가 대표되는 강한 정당체제가 등장한 사례는 거의 찾아보기 힘들다고 주장한다. 더욱이 분단체제의 특성과 아울러 지구화라는 새로운 변동의 압력을 받고 있는 한국 사회가 고전적인 대중정당을 정착시킬 하부구조를 갖고 있다

고 보기는 어렵다고 주장한다.(장훈 2010 : 20)

원내정당론을 주창한 대표적인 학자가 정진민이다. 정진민은 대통령제, 유권자들의 교육수준, 민주국가들의 일반적인 정당변화의 추세 등을 고려하며 원내정당으로의 개혁이 바람직하고 현실적이라고 주장한다.(정진민 2007 : 116) 원내정당론이란 의회 내 의원을 중심으로 활동하는 정당으로 정당의 원내 의원 모임인 원내교섭단체가 정당 그 자체와 동일시될 수 있는 정당형태를 의미한다. 그래서 원내정당론은 일상적인 정치활동의 원내집중화와 자율적인 의원의 이익통합적 합의 그리고 의원과 유권자의 개방적이고 수평적인 네트워크를 강조한다. 그렇지만 개별 의원들의 영향력이 강화될수록 유권자와의 소통은 약화되는 경향이 있는 것도 현실이다.(김영태 2009 : 136)

원내정당화하면 정당의 책임성이 약화되는 것은 분명하다. 최장집은 정당의 책임성을 강조하였는데, 정당이 선거경쟁에서 이념적 정체성과 정책적 비전을 선명하게 제시하고, 유권자가 정당에게 이념적, 정책적 지향을 위임하고 구속함으로써, 유권자-정당 간에 구체적이고 직접적인 관계가 형성될 수 있다고 보았다. 그러나 정진민은 원내정당이라도 정당의 반응성이 중요하다고 주장하였다. 여기서 반응성이란 당원에 대한 책임성보다는 선거경쟁에서 이기기 위해 유권자들의 선호를 고려하여 정책을 개발하고 경쟁한다는 의미이다. 따라서 대중정당모델은 엘리트주의적 정당의 성격을 갖는데 비해, 원내정당은 반엘리트주의적 정당형태를 보인다는 것이다.

또한 정진민은 현행 대통령제하에서는 의원 개인과 원내정당의 자율성을 허용하는 원내정당이 바람직하다고 주장하였다. 대통령제하에서는 의회의 원활한 작동을 위해 전환의회transformative가 필요하지만, 내각제하에서는 무대arena로서의 의회가 요구된다는 것이다.[5] 무대의회는 정책결정이 의회 밖에서 이루어지고 의회는 주로 정당 간 찬반 토론을 위한 무대의 역할을 행한다는 것이다. 이렇게 원내정당 중심의 정당정치로 전환될 때 사회적 갈등의 해소와 통합이라는 의회의 기능도 활성화될 수 있다고 한다. 특히 대통령제하의 분점정부divided government인 경우에는 대통령의 설득, 의원들의 자율성 확보가 원활한 국정운영을 위해서는 필수적이라고 할 수 있다.[6] 우리나라도 민주화 이후 분점정부의 등장이 빈번해지고 있다. 이러한 분점정부가 출현하는 원인을 대체로 다음과 같은 요인에서 찾을 수 있다.[7] 첫째, 대통령 선거와 국회의원 선거가 분할된 경우에는 분점정부가 출현할 가능성이 매우 높다. 일반적으로 두 선거가 동시에 실시될 때에는 대통령의 소속당이 과반수 의석을 획득할 가능성이 높지만, 대통령 선거 이후에 국회의원의 선거가 실시될 경우에는 중간평가 선거로서 기능하기 때문에 야당이 더 많은 득표를 할 가능성이 높아진다. 둘째, 한국의 지역주의적 투표

---

5 폴스비Nelson Polsby는 전환의회transformative와 무대의회arena로 구분하였다. 전환의회는 사회적 요구를 정책으로 전환시키는 독자적 능력을 가진 의회인 반면, 무대의회는 정치체제 내의 주요 정치세력들이 상호작용할 수 있는 공식적 환경만을 제공하는 의회를 말한다.(Polsby 1975)

6 일반적으로 정당의 역할을 고려하여 의회-행정부의 관계양식을 구분하면, 다음과 같다. 첫째, 당내양식intra-party mode으로 여당지도부와 여당 평의원이 대립하는 경우이며, 둘째, 여야대립양식opposition mode으로 여당과 야당이 대립하는 경우이며, 셋째, 비정당양식non-party mode으로 의회가 독립된 행위자로 행정부를 상대하는 경우이며, 넷째, 정당 간 양식inter-party mode으로 연립정부를 구성하는 정당 간에 나타나는 양식이며, 다섯째, 교차정당양식cross-party mode으로 주로 정책적 이슈를 둘러싸고 상임위를 중심으로 여야정당을 교차하여 형성하는 경우를 의미한다. 미국과 같은 대통령제 국가에서는 일반적으로 교차정당양식과 비정당양식이 나타난다.

7 분점정부의 출현과 관련된 미국 내 논의는 백창재 1998 참조.

성향도 분점정부를 등장하게 만든 요인이다. 유권자들의 지역주의적 성향은 다당제적인 경향을 지속시켜 왔으며, 한 정당이 과반수 의석을 획득하기 어려운 정치 구도를 형성하여 왔다. 이러한 상황일수록 대통령은 의회의 협조를 얻을 수 있는 리더십을 발휘해야 한다. 대통령리더십은 분점정부하에서 협상능력과 설득력을 활용하여 의회의 다수당 의원들이 대통령의 정책을 지지하도록 만드는 힘이다. 그래서 대통령의 권력은 헌법적이거나 제도적인 권한이 아닌 설득력에서 나온다고 주장되기도 한다.(Neustadt 1990) 그러나 이러한 것이 가능하기 위한 정당정치의 조건이 전제되어야 할 것이다. 정진민은 그것이 바로 원내정당화라고 주장한다.

하지만 원내정당화 역시 많은 과제를 안고 있다. 정당체제의 제도화가 되지 않았을 경우, 원내정당화는 유권자와 분리된 엘리트정당, 카르텔정당으로 제한될 가능성이 매우 높다. 대통령제하에서 요구되는 것이 원내정당화보다는 먼저 정당체제의 제도화 즉 유동성이 적고 대표성이 확대되는 방향으로 정당체제가 안정화되는 것이 우선적으로 중요하다. 그 위에다 민주적 정당구조가 이루어져야 의회정치 내에서 협상과 타협의 예술이 발휘될 수 있고, 또한 정당정치 차원에서 뒷받침될 수 있을 것이다. 원내정당화로는 한국 정당정치가 가진 문제들을 해결하기 어려울 수 있다. 정당체제가 제도화되지 못한 상황에서 원내정당화를 추진하는 것은 오히려 정당정치의 기반을 훼손시키고, 정당 밖의 정치를 불러일으킬 가능성도 있다고 생각된다. 반면 최장집이 제안하는 대중정당건설도 엄밀하게 말하면, 정당체제의 제도화 문제라기보다는 정당 내부의 조직문제이다. 사실 다양한 조직을 가진 정당들이 경쟁하고 그 정당들이 다양한 사회적 균열을 반영하고 대표할 때 정당체제의 제도화는 진전되는 것이다. 특정정당이 대중정당을 지향한다고 정당체제의 유동성과 대표성 문제가 해결되는 것은 아니기 때문이다.

둘째, 정당정치의 발전을 위한 제도개혁이다. 이에는 권력구조와 선거제도의 개혁이 중요하다. 일반적으로 권력구조에 따라 정당의 조직과 역할, 기능이 달라진다고 주장된다. 최장집은 이에 대해 정교한 논리를 제공하지는 못했지만, 한국의 대통령제는 정당체제의 불안정성을 낳은 원인이라고 지적하였다. 즉 민주화 20년의 경험은 대통령제하에서 정당이 발전하고 정당체제가 제도화되는 것이 매우 어려운 일임을 보여주고 있다. 한국의 정치는 사회적 갈등과 균열로 말미암은 다당제적 요구가 존재하는 반면에, 대통령직 획득을 위한 양당제적 압박이 정당체제의 불안정성을 끊임없이 자극하는 특징이 있다는 것이다. (최장집 외 2007 : 183) 개혁의 핵심은 기존 대통령중심제를 바꾸는 것이다. 현재 대통령 1인에게 너무 많은 권력이 집중된 반면, 이를 견제할 힘은 약하다. 대통령이 모든 것을 독식하는 권력구조인데도 대통령이 정치발전에 전혀 기여하지 못하고, 정치적 혼란을 야기하는 일이 되풀이되고 있기 때문이다. 최장집은 의회중심제가 대통령제보다는 우월하다고 하지만, 정당의 제도화가 선행되지 않으면 의회의 역할이 제대로 작동되지 않기 때문에 현재의 상황에서는 준대통령제가 보다 현실적이라는 견해를 피력하였다. 프랑스식 준대통령제는 의회중심제의 요소와 대통령제의 요소를 혼합한 것이다. 대통령은 국민 직선으로 뽑고, 의회 다수당이 총리를 맡아 대통령을 견제한다. 이런 제도에서는 정당의 역할이 커진다. 그러나 가능하다면 의회중심제가 더 바람직한 권력구조라고 하였다. 현재 정당이 너무 허약하여 어렵긴 하지만, 오히려 의회제를 통해서 정당을 강화시킬 수 있다는 접근법도 필요하다는 것이다. 어떠한 권력구조라고 하더라고 그것이 정당발전에 도움이 되어야 한다는 것이 중요하다고 하였다.

또한 사회균열이 정치적 표현을 갖기 위해서는 그것이 제대로 대표되는 것이 필수적인데, 이는 정당체제의 제도화와 연관되어 있다. 정당체제의 변화를 이끌어 내기 위해서는 선거제도의 개혁이 핵심적이다. 최장집은 결선투표제의 도입과 비례대표제의 확대, 정당명부식 비례대표제나 독일식 비례대표제의 도입이 필요하다고 주장하였다. 이러한 선거제도의 변화는 한국의 정당체제의 온건 다당제로의 변화를 낳을 것이라고 하였다.(최장집 2005 : 216~219) 이러한 제도는 정당정치의 발전에 도움이 되는 선거제도이다.(최장집 외 2008 : 61) 이러한 주장은 선거제도의 변화를 통해 대중정당의 발전을 가져오고, 결국은 의회중심주의로의 개혁이라는 권력구조와 정당정치의 변화를 추구하는 입장으로 보여 진다. 최장집이 생각하는 우리나라의 현실적으로 가장 이상적인 정당 구조는 '2.5당 제'이다. 기존 보수정당과 개혁적인 정당이 두 축을 이루면서 노동문제와 소외계층을 대변하는 진보정당이 병립하는 정당체제를 말한다.[8]

그러나 선거제도 개혁과 관련된 최장집의 주장은 더 이상 구체화되지 않았다. 비례대표제의 도입이 대중정당의 건설과 어떠한 연관성이

---

8 최장집, 「운동의 힘 제도화 하는 '좋은 정당' 필요」, 『한겨레』, 2008.6.20.

있는지, 우리나라 현실에 적합한 비례대표제는 무엇인지, 그리고 그러한 비례대표제의 도입이 어떠한 정당체제의 변화를 낳을지에 대한 실증적 분석 등 진전된 논의가 아쉬운 부분이다.(김용복 2009 참조)

이처럼 최장집은 권력구조의 문제도 선거제도의 개혁도 정당발전에 초점을 맞추어 전개한다. 우리 사회에 무엇이 바람직한 정부형태냐는 논의를 기반으로 정부형태-선거제도-정당제도에 대한 체계적인 고민은 결여되어 있다. 또한 선거제도의 개혁이 중요함에도 불구하고, 이에 대한 구체적인 대안제시와 그것이 가져다 줄 정치적 효과에 대한 관심은 미약하다. 한국적 현실에 토대한 정부형태-선거제도-정당체제에 대한 체계적인 논의와 대안은 아마도 후학에게 맡겨져야 할 과제인 듯하다.

셋째, 2004년에 추진된 정당개혁에 대한 논란이다. 참여정부에서 정치개혁의 일환으로 추진되었던 정당개혁은 저비용 고효율이란 경제논리하에 진행되었다. 개혁의 주요 내용은 국민경선제의 도입, 중앙당의 축소와 지구당 폐지 등이었다. 이러한 개혁의 성과를 놓고, 찬반양론이 제기되었다. 시장주의적 개혁을 찬성하는 입장에서는 비효율적인 정당구조를 개선하였고, 깨끗하고 돈 안 드는 정치의 토대를 만들었다고 주장하였다. 그러나 최장집은 부정적인 입장을 보였다.(최장집 외 2008 : 55) 지지자로부터 자율적인 원내정당화와 지구당 폐지, 미국형 예비경선제를 모델로 한 국민경선제 등은 정치의 영역을 축소해온 반정치적 개혁이었다고 주장한다. 특히 국민참여경선제는 미국의 개방형 예비선거제open primary를 모델로 한 것이었는데, 기본적으로 정치인 또는 정치활동가들이 정당을 중심으로 결집하고, 정당을 통해 민중과 접촉하는 것을 약화시켰다. 미국에서도 그랬듯이 정당 중심의 정치를 강화시키지 않고 후보자 중심의 정치를 강화시키는 효과를 가져왔다.(위의 책: 56) 그래서 주요 정당들의 조직구조는 '후보자 중심-자본집약적 정당'으로 변모하여 갔다는 것이다. 국민경선제는 제도화된 당과 사회 사이의 경계를 거의 없애거나 극도로 낮추어 당의 제도화를 더욱 어렵게 하는 효과를 보일 것이라고 주장하였다.(최장집 외 2007 : 140) 결국 2004년의 정당개혁은 정치를 축소시키고, 시장효율성을 중시한 정치개혁이었다고 할 수 있다. 강원택도 그러한 맥락에서 구조적, 조직적 연계의 약화라는 환경 속에서 추구된 정당개방화의 노력이 공직후보 선출에서 여론조사의 확대도입으로 이어지면서 정당정치는 더욱 그 기반을 잃어버리고 있다고 주장하였다.(강원택 2009 : 135)

이러한 정당개혁은 정당정치의 다양성을 봉쇄하였다는 점에 문제가 있다. 대중정당모델, 원내정당모델 혹은 그 외의 다른 형태의 정당을 따를 것인지에 대해서는 각 정당이 갖고 있는 지지기반, 정체성 등에 의해 자율적으로 결정해야할 문제이지 법제도적으로 일률적으로 규정할 사안은 아니다. 그러한 의미에서 당원을 근간으로 할지, 유권자와 공직자를 중심으로 할지는 각 정당의 정체성과 이념에 맞게 다양하게 결정할 수 있어야 한다고 생각한다.

또한 참여정부에서 추진되었던 당정분리론도 비판의 대상이었다. 그동안 '제왕적 대통령'을 비판하면서 주요한 정치개혁의 과제 중에 하나로 제시된 것이 당정분리이었다. 대통령의 지나친 정당개입은 의회정치를 예속화시키고, 정당의 기능을 위축시켜 왔다. 당정분리를 통해 정당정치를 활성화시키고, 그에 기초하여 행정부를 견제하는 의회의 기능을 제고하여, 대통령의 권한과 역할을 견제하고자 한 것이었다. 권위주의 시기뿐만 아니라 민주화 이후에도 역대 정권들은 여당과의 '당정일원화'를 추구하여 왔다. 이 과정에서 대통령이 여당 총재를 겸임하고 당의 공천권을 행사함으로써 대통령이 행정부와 여당을 통한 의회를 모두 지배하여 왔다. 의회의 행정부 예속화는 대통령을 견제받지 않는 권력으로 만들었고, 많은 비리와 전횡을 결과하였던 것이다. 민주화 이후에도 이러한 '제왕적 대통령'의 문제들이 지속되었고, 이에 당정분리를 통해 정당의 자율성 확대 및 의회정치를 활성화시키려는 정치개혁의 요구가 제기되었던 것이다. 그러나 이러한 당정분리론은 오히려 정당을 배제한 청와대의 독단적인 국정운영을 가져올 수 있는 가능성이 높았으며, 참여정부의 빈번한 당정갈등(혹은 당청갈등)으로 나타났다. 이는 책임정치라는 측면에서 뚜렷한 한계를 보였다. 당정분리 원칙에 따라 정책결정 과정에서 정당이 주도권을 행사하지 못한 채, 정부에 일방적으로 끌려 다니는 것은 정당 특히 대통령을 배출한 정당으로서 매우 무책임한 정치라는 비판을 받았다. 또한 정당이 국정운영에서 배제되면 정당의 정책과 노선에 반하는 대통령의 정책 추진이나 정치활동은 그 어디에서도 견제되지 못한다. 참여정부의 한미 FTA 추진이 소수의 경제관료와 청와대가 폐쇄적인 의사결정을 통해 추진했다는 비판도 이에 해당된다.(최장집 외 2007)

사실 당정분리의 핵심은 책임정치의 방기가 아니라 제왕적 대통령의 정당통제를 막는 데 있다. 이는 정책과 노선의 분리가 아니라, 정당의 자율성을 제고시키기 위한 노력의 일환이었지만, 대통령의 독단적인 국정운영의 논리를 제공해주기도 하였다. 결국 당정분리안보다는

정당의 자율성을 보장하여, 정당민주화의 기본인 공천권과 정당운영
은 정당에게 맡기면서, 정책과 인사는 행정부와 여당이 협조하고 조정
하는 것이 책임 있는 정당정치라고 할 수 있다.

넷째, 촛불집회와 같은 운동의 정치에 대한 견해이다. 촛불집회는 민
주화 이후 한국 사회에서 민주주의의 제도가 제대로 작동하지 못했기
때문에 발생한 대표적인 사건이다. 민주주의가 제도로 작동하지 않은
것은 강력한 국가와 제도적으로 강력한 대통령이 허약한 입법부·허약
한 정당에 대해 압도적 우위를 갖는 구조적 특성 때문이다. 결국 촛불
집회는 민주주의의 제도들이 무기력하여 작동하지 않고, 민주주의의
중심적 메커니즘인 정당이 제 기능을 못할 정도로 허약할 때 그 자리를
대신한 일종의 구원투수와 같은 역할을 수행했다.(최장집 2008.6.16) 그
러나 '촛불집회'와 같은 사회운동은 ① 대안 형성이 어렵고 ② 이슈의
위계질서를 세워 일상적으로 정책을 추구하기 힘들며 ③ 정책 이슈 때
마다 거리 시위에 나설 수 없는 일이고 ④ 장기적으로 유지될 수 없고
⑤ 시민사회 내 갈등을 유발한다고 지적했다.

그래서 운동의 정치는 한계가 있다는 것이다. 민주주의의 발전을 위
해서는 사회갈등에 뿌리내린 좋은 정당이 서로 경쟁하는 체제가 중요
한데, 오늘의 정치현실은 그렇지 못하며, 시민사회의 갈등도 제도의
정치에 제대로 반영되지 못하고 있다. 이러한 허약한 정당구조 때문에
무력한 정당을 대신하여 운동이 그 역할을 대행하고 있는 것이 한국
사회의 현실이다. 그렇지만 최장집은 운동의 정치만으로는 실질적인
사회변화를 이룰 수 없다고 주장하였다. 현대 대의민주주의에서는 선
거가 중요하며, 선거에서 다수를 점해야 집권할 수 있어 변화를 가져

올 수 있다. 따라서 운동은 제도화를 지향해야 하고, 정당은 운동을 기반으로 삼으려는 변화가 필요하다고 한다. 강력한 국가권력, 보수적 헤게모니(주도권), 재벌 지배구조 등이 버티고 있는 한국에서 이런 노력 없이는 보수적 지배질서를 바꾸기 힘들다는 것이다.

그럼에도 불구하고 그동안의 역사에서 실질적인 사회변화를 이끈 것은 운동의 정치였으며, 운동의 정치에 의해 정당정치의 영역이 넓어져 왔던 현실에 대한 인식은 필요하다. 정당정치가 활성화되면 운동의 영역을 줄어들겠지만, 자발적인 참여의 한 형태로서 운동의 정치는 역할과 의의를 가지고 있다고 생각된다. 제도권의 정치가 모든 사회적 갈등을 대표할 수는 없는 현실에서는 운동의 정치와 정당정치의 상호보완적인 긴장관계는 지속될 것이기 때문이다.

5. 나오며 – 정치개혁의 과제

최장집의 정당민주주의론은 대의민주주의의 한계를 명확히 인식하고 있다는 점에서 현실주의적인 견해이다. 최장집의 지적처럼 정치개혁의 핵심은 정치적 대표체제의 문제이며, 이는 정당개혁으로 집약된다.(최장집 2006 : 92~93) 현재 한국 정당체제는 협애한 이념적 대표체제와 보수 독점적 엘리트 카르텔의 성격을 가지고 있다. 보수양당체제와 엘리트 카르텔이 유지되는 범위 안에서의 변화는 정치개혁이 아니다. 정치개혁의 목표는 정당체제의 사회적 기반을 확대하는 것이어야 하고, 사회의 요구로부터 괴리된 정당체제를 개혁하여 정치와 대중사회가 소통하는 데에 두어야 한다. 이 소통의 중심적 메커니즘이 정당이 며, 정당의 활성화는 민주주의를 발전시키는 데에 매우 중요하다. 따라서 현대 대의민주주의의 핵심인 정당정치와 의회정치를 고려하지 않은 채, 그 대안을 찾으려는 노력은 정치적 수사에 그칠 가능성이 높다. 여기서 최장집의 정당민주주의 연구가 주는 함의를 발견할 수 있다.

이를 위해서는 우선적으로 정당정치의 제도화를 위한 노력이 중요하다. 지역정당체제를 대신하여 정책적, 이념적 정당경쟁이 가능하게 만드는 정당개혁도 필요하다. 이를 위해서는 비례대표제의 확대라는 선거제도의 개선도 고려해야 할 것이다. 사회경제적 균열을 정당정치를 통해 의회에 반영하는 것이 정당정치의 유동성을 극복하는 근본적인 방법일 것이다. 정당 내부의 개혁을 통해서 정당민주화를 정착시키는 것도 중요한 과제이다. 이러할 때, 당정관계는 대등한 차원에서 책임정치를 구현하는 방향으로 정립될 수 있을 것이다. 이러한 맥락에서 권력구조의 개혁도 선거제도와 정당정치를 종합적으로 고려해야 한국적 상황에 적실성 있는 방향으로 추진될 수 있을 것이다.

최장집처럼 한국 정당정치를 거시 구조적으로 연구하려는 입장들은 보다 구체적이고 경험적 연구들을 진행할 필요가 있다. 현실의 정당정치가 요구하는 다양한 문제들에 대해 보다 적극적으로 개선책을 내놓는 것이 경험적 연구의 빈곤이라는 비판에서 자유로워지는 길일 것이다. 중요한 문제제기와 분석적 시각을 제시한 최장집의 연구를 경험적이고 미시적인 차원에서 보완하고 풍요롭게 하는 후속의 연구들이 나오기를 기대해본다.

참고문헌

강원택, 「한국 정당연구에 대한 비판적 검토―정당조직유형을 중심으로」, 『한국정당 학회보』8권 2호(통권15호), 2009.

김수진, 「정당정치와 계급정치, '노동없는 민주주의'의 예외성에 관한 고찰」, 『세계지 역연구논총』 26집 3호, 2008.

김용복, 「한국선거와 비례대표제의 적실성」, 『한국정당학회보』 3권 1호, 2004.

______, 「정당정치 발전을 위한 선거제도 개혁―비례대표제의 확대와 석패율제도의 도입」, 『기억과 전망』 20호, 민주화운동기념사업회, 2009.

김용호, 「한국 정당연구의 학문적 정체성 확립을 위한 성찰」, 『한국정당학회보』 제7 권 2호(통권 13호), 2008.

______, 「건국 이후 정당다원주의의 전개 양상과 향후 과제」, 이정복 편, 『21세기 한 국정치의 발전방향』, 서울대 출판부, 2009.

김영태, 「정당과 민주주의」, 민주화운동기념사업회 연구소 편, 『민주주의강의 3―제 도』, 민주화운동기념사업회, 2009.

박찬욱·박홍민, 「김대중대통령시기 국회와 행정부의 관계」, 『의정연구』 16호, 의회 발전연구회, 2003.

백창재, 「여소야대와 정부의 통치능력―미국경험의 교훈」, 『국가전략』 제4권 2호, 1998.

손호철, 「16대 대선과 한국사회의 발전진로」, 『16대 대선의 선거과정과 의의』, 서울 대 출판부, 2003.

유진숙, 「한국 정당연구이론 동향분석―정치경제학적 접근을 중심으로」, 『국가전 략』, 17권 3호, 2011.

이관후, 「어떤 정당민주주의인가―최장집의 정당민주주의론과 한국정치」, 서강대 사회과학연구소 최장집교수 토론회 발표문, 2008.9.17.

이동윤, 「한국정당연구의 비판적 검토―논쟁적 비판을 위한 재검토」, 『한국정당학회 보』9권 1호(통권 16호), 2010.

이현출, 「한국 국민의 이념성향―특성과 변화」, 『한국정치학회보』39집 2호, 2005.

장성훈, 「한국 분점정부에 관한 연구―의회-행정부 관계를 중심으로」, 건국대 대학 원 정치학 박사논문, 2004.

전용주, 「17대 국회, 행정부, 정당 관계의 변화－대통령의 대국회, 대여당영향력에 대한 논의를 중심으로」, 『의정연구』 12권 1호, 2006.

정진민, 「민주화이후의 정치제도－원내정당화를 중심으로」, 『국가전략』 13집 2호, 2007.

______ · 황아란, 「민주화 이후 한국의 선거정치」, 『한국정치학회보』 33집 2호, 1999.

조성대, 「2007년 대통령선거와 한국 정당구조의 재편」, 『2007년 대통령선거와 지역 정치 학술회의 발표논문집』, 한국지방정치학회, 2007.6.1.

정성훈 · 고경민, 「참여정부에서의 의회－행정부 관계와 대통령의 리더십」, 『정신문화연구』 제28권 3호(통권 100호), 2005.

정하용, 「클린턴 전통의 재평가－정책영역과 대통령의 성공」, 『국가전략』 제12권 4호, 2006.

주인석, 「한국 정당발전의 유형화에 대한 비판적 검토－조직 변화의 실제와 개혁방안간의 모순」, 『한국정당학회보』 8권 1호, 2009.

최장집, 「촛불집회가 할 수 있는 것과 할 수 없는 것」, 경향신문주최 '촛불집회와 한국 민주주의' 긴급 시국대토론회 개회사, 2008.6.16.

손호철, 『해방 60년의 한국정치, 1945~2005』, 이매진, 2006.

심지연, 『한국정당정치사－위기와 통합의 정치』, 백산서당, 2004.

장훈, 『20년의 실험－한국 정치개혁의 이론과 역사』, 나남출판, 2010.

최장집, 『한국현대정치의 구조와 변화』, 까치, 1989.

______, 『한국 민주주의의 이론』, 한길사, 1993.

______, 『한국 민주주의의 조건과 전망』, 나남출판, 1996.

______, 『민주화 이후의 민주주의』, 후마니타스, 2005.

______, 박상훈 편, 『민주주의의 민주화』, 후마니타스, 2006.

______, 『한국 민주주의, 무엇이 문제인가』, 생각의나무, 2008.

______, 『민중에서 시민으로－한국 민주주의를 이해하는 하나의 방법』, 돌베개, 2009.

______ 편, 『위기의 노동－한국 민주주의의 취약한 사회경제적 기반』, 후마니타스, 2005.

______ 외, 『어떤 민주주의인가－한국 민주주의를 보는 하나의 시각』, 후마니타스, 2007.

______, 『우리는 무엇을 할 것인가』, 프레시안북, 2008.

함성득, 『대통령학』(제2판), 나남출판, 2003.

마넹, 버나드, 곽준혁 역, 『선거는 민주적인가』, 후마니타스, 2004.

岩崎正洋, 「統治形態をめぐる民主主義論の展開」, 日本政治學會 編, 『55年體制の崩壊』(年報政治學), 東京 : 岩波書店, 1996.

Anderson, Christopher, "Parties, Party Systems, and Satisfaction with Democratic Performance in The New Europe", *Political Studies* XLVI, 1998.

Katz, R. S. · P. Mair., "Changing Models of Party Organization and Party Democracy-The Emergence of the Cartel Party", *Party Politics* Vol. 1, No. 1, 1995.

Polsby, N. "Legislatures", *Handbook of Political Science* Vol. 5, MA : Addison-Wesley, 1975.

川人貞史 外, 『現代の政党と選擧』, 有斐閣, 2001.

Burns, James, *Leadership*, N.Y. : Harper & Row, 1979.

Elgie, Robert, *Political Leadership in Liberal Democracies*, London : Macmillan Press, 1995.

Panebianco, A, *Political Parties-Organization and Power*, Cambridge University, 1988.

Neustadt, Richard, *Presidential Power and Modern Presidents-The Politics of Leadership from Roosevelt to Regan*(4th ed.), New York : Free Press, 1990.

Sartori, G, *Parties and Party System-A Framework for Analysys*, Cambridge : Harvard University Press, 1976.

Schattschneider, E. E, *Party Government in the United States*, New York : Holt, Rinehart & Winston, 1942.

2장 | 현대 정치의 '주체', '공간', 그리고 민주주의

최장집의 '정당민주주의'에 대한 비판적 고찰을 기반으로

이승원

1. 들어가며

한국은 현재 비단 민주주의의 위기뿐만 아니라, 정치의 위기에 처해 있다. 현대 정치 공간에서 민주주의가 대의제적 특징을 유지해야한다는 주장을 받아들인다 하더라도, 그 대의제를 제도적으로 대표하는 정당과 의회정치가 과연 바람직하게 작동하고 있는가에 대답은 최근 한국 정치상황을 바라보고 있으면 그리 분명하지 않다. 2011년 서울시장 보궐 선거에서 민주당이 후보를 내지 못한 채 무소속 박원순 후보가 당선되었던 현상이나, 2012년 대통령 선거 시기 한국 정치 전면에 등장한 '안철수 현상'이 만들어내는 기존 정당체제에 대한 커다란 도전의식은 정당체제를 유일한 정치모델로 삼아온 한국의 제도정치 역사에 쉽지 않은 질문을 던지고 있다. 정당만이 현대 정치의 유일한 주체이자 공간이 될 수 있는가? 또 다른 정치의 가능성은 존재하지 않거나 현실적으로 무의미한 것인가?

대의민주주의로 표현되는 현대 정치의 위기는 곧 삶의 문제, 생존의 문제이기도 하다. 내 고통, 그리고 서로의 갈등을 해결하기 위해 필요한 자원이 무엇인지, 그리고 어떤 과정을 거쳐야 필요한 자원에 접근 가능한지 답과 방향을 제시하지 못하는 것이 정치의 위기이다. 기존 정당체제에 실망한 자들은 정치의 위기, 즉 자신의 생존의 문제를 해결하기 위해 카리스마적 지도자를 꿈꾸기도 하고, 정당정치의 개혁과 변화를 요구하기도 한다. 그러나 연쇄적 죽음의 원인과 목숨을 건 마지막 절규의 이유가 분명함에도 불구하고, 한국의 정당체제는 이에 대해 신속하고 진지하게 반응하지 않는다. 언제나 스스로를 새롭게 포장하며 등장하는 정당들은 그 지도력과 개혁의 방향이 '지금 당장' 죽어가는 생명에게 향하고 있지 않다. 죽음과 절규는 해결되는 것이 아니라, 오히려 정당정치라는 거대한 장막에 의해 가려지면서 눈앞에서 사라질 뿐이다.

2012년 대선 시기 주요 정당들은 '인혁당사건', '정수장학회'나 '전임 대통령의 대북발언' 등 잠시 '정지된 사건들'에 대해서는 '국정조사권'까지 운운하며 서둘러 모든 정치적 쟁점의 핵심처럼 다루었다. 그와 달리, 그 정당들은 정작 지금 당장 삶과 죽음을 오가는 비정규직문제, 부채문제, 빈곤층보호문제 등에 대해서는 가급적 천천히 그리고 최대한 본질과 핵심을 건드리지 않은 채, 자신들이 언제나 그 문제에 대해서 '숙고'하고 있다는 모습만 유지하고 있다. 최악의 노동현실과 삶의 양극화 늪에 빠진 노동자들 — 을 포함한 수많은 '인간'들 — 의 연쇄적

인 자살이 결코 사적인 비밀이 아니라 분명한 권력-구조적 문제임에
도 불구하고 의회가 논의하는 것은 '당 개혁' 이상을 넘어서지 못하고
있다.

　이러한 현실에서 이 글은 민주주의와 정치가 무엇인지에 대한 원론
적이고 추상적일 수 있는 작업으로부터 그 위기에 대한 대응을 시작하
려고 한다. 그리고 이 작업은 오래전부터 현대 민주주의를 '정당정치'
의 틀에서 사고할 것을 강조해온 최장집의 문제의식을 검토하면서 진
행될 것이다. 최장집은 오래전부터 '위기'와 '민주주의'를 화두로 한국
정치에 대한 해석과 나름의 전망을 제시하고 있기 때문이다. 이 글은
최장집이 제기하는 몇 가지 정치학적 문제의식을 다루면서, 정치의
'주체', '공간', 그리고 '민주주의'의 의미를 현재 한국의 정치와 민주주
의의 위기에 대한 대응의 차원에서 재검토하려고 한다.

2. 정당'만'으로 충분한가?

　현대 정치에서 정당은 그람시에 의해 '근대 군주'로 묘사될 정도로
주요한 정치적 주체이다.(그람시 2004 : 136) 특정한 사회에서 정당은 개
인 혹은 집단들 사이의 다양한 갈등들을 의제화하고 제도화함으로써
풀어나가는 역할을 한다. 또한 정당은 분명한 기능이 있는 각 부품들
이 조립되어 반복적으로 움직이는 자동화 기계가 아닌, 특정한 가치와
목적에 동의한 개개의 사람들이 모여서 만든 집단적 결사체인 만큼,
리더십의 성격과 수준에 따라 정당의 활동방향과 영향력은 달라질 수

밖에 없다. 리더십은 단지 정당 내부의 결속력뿐만 아니라, 특정한 정당이 사회 내에서 정치적 영향력을 행사할 수 있도록 하는 핵심이기도 하다. 리더십이 약한 정당은 지속되기 어려우며, 오래 지속되지 못하는 정당은 사회 내 어떤 갈등도 제대로 다룰 수 없다.

따라서 오늘날 정당과 리더십은 소위 '좋은 정치 만들기'와 관련한 핵심적인 화두로 떠오르고 있다. 특히 1987년 이후 탈권위주의적 이행기를 거쳐 (대의) 민주적 공고화의 시기를 살아가는 오늘날 한국의 인민들에게 정당은 유일한 정치적 실천이자 갈등이 해소될 수 있는 가장 효과적인 기제로 받아들여지고 있다. 주기적으로 반복되어 실행되는 대통령, 국회의원, 지방 선거는 비선거 시기에 발생한 수많은 '비정당적 정치 실천들'을 블랙홀처럼 빨아들이고 있다. 대부분의 정치 활동가들은 효과적인 정당을 만들기 위해 헤쳐모여를 반복하고 있고, 반복되는 헤쳐모여의 과정에서 주도권을 잃지 않기 위해 상대적으로 더 좋은 리더십을 형성하려고 노력하고 있다.

그러나 현대 정치에서 정당, 그리고 정당의 리더십만이 유일한 정치적 주체이자 실천일까? 다시 말해서 정당만이, 그리고 좋은 리더십을 가진 좋은 정치인들만이 현대 세계의 수많은 정치적 갈등들을 바람직하게 해결할 수 있을까?

정당은 근대 국민국가의 산물이며, 규모의 정치학의 대표적 상징이다. 그러나 그 근대적 규모는 해체돼가고 있으며, 새로운 규모의 정치가 요구되고 있다.[1] 뿐만 아니라, 정치 민주화의 핵심인 정당체제의 안

---

1 신자유주의적 지구화의 흐름은 이미 근대 국민국가라는 정치적 통일체의 특징과 역할을 변화시켰으며, 일상 속의 개개인들이 경험하는 고통과 그 해결책 또한 일국적 수준에서

  최장집의 한국 민주주의론

정화가 점점 이뤄지고 있으나, 그 반대로 사회경제 민주화는 오히려 후퇴하고 있다. 그렇다면 정당체제가 안정화되는 것과 사회경제 민주화가 후퇴하는 것 사이의 관계를 우리는 어떻게 해석해야 하는가? 1987년 6월 항쟁 이후 1987년과 1992년의 대선, 그리고 1988년과 1992년의 총선을 거치면서 한국은 주기적으로 공정한 선고를 통해 정치엘리트를 선출하는 슘페터 식 절차적 최소주의 민주주의의 측면에서 '민주주의의 공고화' 단계로 진입했다. 이후 한국의 정당체제는 슘페터적 관점에서 볼 때 안정화된 단계에 다다랐다고 할 수 있다. 그러나 정당체제의 진화와 달리, 한국에서 사회경제 민주화의 수준은 역행현상을 보이고 있다. 경제적 양극화는 세계 경제위기와 맞물리면서 그 간격이 더욱 빠르게 넓어지고 있으며, 부채와 불안정 노동으로 대표되는 사회구조적 위기에 대한 해법은 어느 곳에서도 분명하지가 않다.

만일 사회경제 민주화의 역행을 오로지 전 지구적 자본주의의 구조적 위기 속에서만 찾으려 한다면, 그렇다면 이것은 정당의 순기능을 요구하는 어떠한 사회경제적 필연성도 불가능하게 만들뿐만 아니라, 정당체제의 존재이유 자체를 부정하게 될 것이다. 그렇다면, 정당체제가 전 지구적 자본주의의 구조적 위기에 자율적으로 제대로 대응하지

다뤄질 수 없는 상황이다. 통치권력 또한 그 대의제적 권위는 일국차원에서 선거 등을 통해 승인되지만, 의사결정 과정에서 일국의 통치권력의 결정력과 통치성은 FTA, WTO, 북핵문제, 환경·통신·위생·보건 관련 협약 등 소위 '국제 규범'에 의해 제한된다. 노동의 이동으로서의 이주민의 문제는 주권적·민족적 가치가 아닌 초국적 법인기업의 이윤확장에 점점 더 밀접하게 연결되어 다뤄지고 있다. 국가의 주권이 약해진다는 것은 국가의 사회계약론적 책임이 미치는 영역이 점점 줄어든다는 것을 의미한다. 공적 영역이 점차 사영화privatization되면서, 생존을 위해 필요한 자원에 대한 접근은 더 이상 공적으로 보장되지 못한 채 사적인 투쟁을 통해서만 접근가능성이 결정될 뿐이다. 이러한 사영화에 따른 전근대적 야만성(만인 대 만인의 투쟁)의 복귀를 막기 위해 출현한 협동조합과 같은 인민들의 자율적 실천들 또한 근대 국가라는 규모의 상식을 흔들고 있다.

못했기 때문에 한국에서 사회경제 민주화가 후퇴되고 있다는 주장은 타당한가? 여기에서 슘페터적 의미에서 정당체제가 안정화되었음에도 불구하고 그 안정화가 '정당체제의 저발전' 수준에 머물러 있어서 문제라는 최장집의 주장은 어떤 의미가 있을까?[2]

최장집은 한국의 민주주의가 슘페터적 수준에 도달했음에도 불구하고 정당체제가 발전되지 못한 채 바람직한 제 기능을 하지 못하는 이유를 '과대성장국가', '반공주의', '한국전쟁과 분단', '권위주의', '지역주의', '경제결정주의와 최대강령주의' 등 한국의 역사구조적인 측면과 그 파생적 결과들에서 찾고 있다. 뿐만 아니라 그는 한국 정당체제의 저발전이 역사구조적 결과이면서 동시에 이 저발전이 사회경제적 민주화의 후퇴를 초래하는 한국의 역사구조적 부정성을 더욱 악화시키는 것으로 보고 있다. 그러나 이 글은 최장집과는 다른 각도에서 서서 다음과 같은 질문을 하고자 한다. 1987년 이후 한국의 정당이 슘페터적 최소수준에 머무른 채 발전하고 있지 않든, 최대강령 수준에서 실질적 민주주의를 실현하고자 하든, 정당의 역할 수준이 아니라 정당체제 그 자체에서 사회경제적 민주화의 후퇴의 원인을 찾을 수 있는 것은 아닐까?

이 질문은 현대 정치, 현대 민주주의는 현실적으로 오로지 '정당체제'를 통해서만 작동할 수 있다는 최장집의 주장과 정반대에서 대립한

---

2 최장집은 한국의 정당체제의 저발전이 한국 정치의 가장 큰 특징임을 일련의 저작에서 여러 차례 강조하고 있다.(최장집 2002 : 203; 최장집 2006 : 179; 최장집 · 박찬표 · 박상훈 2007 : 135) 오늘의 시점에서는 한국 민주주의의 가장 큰 특징은 사회경제적 균열 구조와 정치적 형식으로서의 정치의 대표체계 간의 광범한 불일치 내지 커다란 괴리라 할 수 있다 그것은 정당 혹은 정당체제의 실패라는 말로 요약될 수 있다.(최장집 · 박찬표 · 박상훈 2007 : 135)

다. 이 글의 질문이 더 설득력 있는 설명력을 가진다면, 정당체제는 발전되어야할 것이 아니라, 오히려 사회경제적 민주화의 회복을 위해 해체되고 이를 대체할 수 있는 제3의 정치형태가 출현해야 한다. 제3의 정치형태는 정당이라는 현대의 유일한 정치적 주체를 제거하고 새로운 주체를 탄생시킬 것이며, 나아가 국가라는 정치의 근대적 규모를 급진적으로 재구성할 것이다. 정당이라는 주체를 제거하거나 그 정치 공간을 급진적으로 재구성하지는 않더라도, 정당 그 자체가 가진 본질적인 정치의 한계가 드러난다면, 이는 곧 정당체제가 적어도 모든 사건을 해석하고 모든 문제를 해결하는 유일하고 절대적인 대안일 수 없다는 것을 의미하기 때문에, 정당이 책임질 수 없는 정치의 대상과 문제를 해결하기 위해 또 다른 제3의 정치형태가 요청되어야 한다. 현실적으로 제3의 정치형태가 요청되는 것은 정당체제의 부족함을 채우는 보족적인 역할을 위해서가 아니다. 이와는 달리 이러한 정치적 요청은 정당체제가 구성적이고 필연적으로 수반할 수밖에 없는 '정당체제의 희생양'이 존재하기 때문이다. (이승원 2011b)

3. 민주주의, 정치 그리고 위기

1) 현대 정치의 주권적 기표로서의 민주주의

현대 세계에서 민주주의는 단지 하나의 이념이나 제도가 아니라, '정치' 그 자체를 의미한다. 오늘날 '민주주의'는 수많은 정치세력들이 자신이 속한 집단과 사회의 갈등을 해결하기 위한 권위와 절차를 정당화시키는 핵심 기표이기 때문이다.(이승원 2008) 또한 '자유와 평등'이라는 정치적 이데올로기의 확산과 함께 '민주주의'는 역사적으로 대립하는 세력들의 수만큼 다양한 판본들을 출현시켰는데, 이 역사는 곧 민주주의의 낡은 판본의 소멸과 새로운 판본 출현이라는 정치 동학 그 자체를 의미하기 때문이다. 민주주의를 기표로 하는 이러한 정치 동학은 소위 전 세계 1퍼센트로 불리는 초국적 금융자본과 군산복합체 세력들이 사회의 가장 어두운 곳에서 그 존재조차 드러내지 못하는 다수의 '몫이 없는 자들'과 끊임없이 정치적으로 조우하고 서로 대응하는 불편한 관계를 의미하기도 한다. '이행론', '근대화론', '변혁론' 등 여러 정치변동론은 이러한 불편한 관계를 민주주의와 정치의 결합을 통해 이론화하는 작업이라 할 수 있다.(이승원 2011a)

또한 민주주의는 비서구권의 종교적이거나 전통적 권위에 기반한 정치체들에게도 지속적으로 개입하고 있다. 오늘날 민주적 정치체가 아닌 자신들의 고유한 정치체를 유지하고 있는 공동체들조차 자신들의 정치체가 민주주의의 가치나 제도와 상충할 경우, 그에 대해 대내외적으로 끊임없이 제기되는 정당화의 요구를 피할 수 없게 되었다. 정당화가 실패할 경우 '반인권', '깡패국가', '독재', '권위주의', '악의 축'과 같은 낙인을 앞세운 소위 '민주주의 진영'의 정략적 공세에 직면할 수밖에 없다.

물론 어떤 민주주의의 판본에 따른 것인가에 따라 이런 정략적 공세는 상이하고 대립적인 양상을 보이고 있다. 그 공세는 모두 '민주주의'라는 동일한 기표 아래에서 한편으로는 '프라하의 봄'이나 북아프리카 발 '재스민 혁명', 멕시코 '사파티스타운동', 미국 '월가 점령Occupy Wall

Street' 시위, 한국의 '촛불집회'와 같은 내적 봉기의 형태가 될 수도 있고, 다른 한편으로는 미국의 이라크 침공이나 이란·북한 제재조치, 유엔, 국제원자력기구IAEA, 국제통화기금IMF나 세계은행World Bank과 같은 국제기구의 개입 혹은 무디스, 스텐다드&푸어Standard&Poor와 같은 국제 민간 신용평가기구의 국가신용도 평가절하, 외국투자자본의 회수 등과 같은 외적 제재가 될 수도 있다. 혹은 공적개발원조Official Development Assistance나 문화적 침투와 함께 '민주주의 시민교육 프로그램'이 풀뿌리 수준에서 스며드는 식으로 그 공세가 진행될 수도 있다. 오늘날 민주주의는 현대 정치의 주권적 기표인 것이다.

2) 현대 정치로서의 민주주의의 위기에 대한 대응

문제는 현대 정치의 주권적 기표로서의 민주주의가 그 수많은 판본들이 동시대적으로 출현하고, 서로 대립과 갈등을 반복하면서 그 자체의 위기이자 현대 정치의 위기에 직면하게 되었다는 것이다. 위에서 일부 예를 든 민주주의의 수많은 판본들은 과거 낡은 판본의 대안으로서 시계열적으로 나타나고 사라진 것이 아니라, 동일하나 시공간에서 동시다발적으로 나타나 정치적으로 정반대 축에 서서 현재진행형인 적대적 갈등을 형성하고 있다.

이러한 정치적 갈등이 과거 어느 때보다도 현대 정치 그 자체의 위기로 인식되는 이유는 두 가지 측면에서 파악될 수 있다.

하나는 민주주의와 관련된 것이다. 과거 여러 서구 근대 정치 사상가들에 의해 형성된 민주주의의 다양한 판본들은 그 주체를 '시민' 혹은 '인민'으로 상정하는 것을 상호 인정하면서, 주체의 정의나 권리에 대한 논쟁을 주로 전개해왔다. 그러나 이와 달리 오늘날 민주주의의 각 판본들 간의 대립은 '시민' 혹은 '인민'이라는 전통적인 민주주의의 주체를 부정하는 신자유주의의 지구적 강화와 함께 시작한다. 서구 근대 정치사상의 핵심인 자유주의를 정치의 영역에서 경제의 영역으로 대치시키면서, 신자유주의는 민주주의의 주체를 그 어원에서 확인되는 '인민' 혹은 근대적 주체로서의 '시민'에서 자본주의 경제의 핵심인 '자본'과 '시장'으로 전환시켰다. 이를 통해 신자유주의 민주주의는 국가와 정부의 역할을 자본의 유연적 축적과 시장의 지속적 확장을 위한 '탈규제 deregulation' 와 노동통제에 집중시키면서, 국가의 근대적 역할과는 달리 자본과 시장에 종속되는 것에 맞선 인민 혹은 시민들을 저항과 요구를 규제해 나가고 있다. 이러한 신자유주의의 확산 속에서 민주주의는 누구에게 보다 많은 권리를 부여할 것인가의 논쟁이 아니라, 자본 / 시장과 시민 / 인민 사이의 대립 속에서 그 의미가 형해화되었다.

스테판 길Stephen Gill의 '신입헌주의new constitutionalism' 개념은 신자유주의와 결합된 민주주의 주체의 변화를 보다 구체적으로 이해하도록 한다. 신입헌주의란 주로 OECD 국가를 중심으로 각국의 공적 영역에서 추구하는 본질과 목적이 지구화의 원칙에 따라 좀 더 민영화되고 상업화되는 방식으로 다시 정의되는 거시정치적 과정을 의미한다.(Gill 1995b : 412) 즉, 신입헌주의는 국가가 민주적 절차를 제한하고 분배적 정의에 바탕을 둔 사회적 공공선의 확대를 위한 의무를 축소하는 반면 지배집단의 특권과 자본의 대표권을 보호하는 데 종사하는 것을 의미한다. 나아가 신입법주의는 지구화에 편승하는 국가가 지구화 과정에서 대중의 일상이 점차 악화됨에 따라 발생하는 정치사회적 저항에서 특권 집단의 민영화 과정을 보호하기 위해 공공 제도를 통제하기 위한 제반 입법, 행정적 정책 추진을 포함한다.(Gill 1995a : 78~81; Gill 1995b : 413) 길이 언급하는 '공적 영역'과 '사회적 공공선'이란 그 가치 중심이 '시민'과 '인민'에 있다. 그러나 그는 정확하게 신자유주의 지구화 아래에서 변화되는 민주주의의 가치와 주체의 변화를 신입헌주의로 개념화하면서 오늘날 민주주의가 '민영화'와 '상업화'를 기반으로 자본의 대표권을 유지하는 수단으로 제한되었다는 것을 설명하고 있다.

다른 하나는 정치와 관련된 것이다. 신자유주의 지배질서 아래에서 민주주의의 주체가 '시민' / '인민', 그리고 '자본' / '시장'으로 크게 양분된 채 그 대립적 주체들이 현대 민주주의의 정치적 갈등을 구성하고 있는 상황에서, 이 양자의 갈등을 중재해야하는 '국가'와 '정당'이라는 정치적 대리체의 역할이 점차 모호해지고 그 권위가 흔들리면서 현대 정치의 위기가 심화되고 있는 것이다. 서구 자본주의사회에서 근대 국가 출현 이후 적어도 복지국가 담론이 지배적인 1970년대까지 국가의 역할은 '시민의 보호'로부터 자유롭지 못했으며, 시민으로부터 배제된 자들의 저항 ― 그것이 계급투쟁에 기반한 사회주의 혁명이든 여타의 인민 봉기든 ― 을 관리하고 사회를 현 상태status quo로 관리하는 것이었다.

이러한 측면에서 국가의 통치권은 선거와 같은 민주적 절차를 거쳐 시민들로부터 부여되었으며, 시민들의 전유물인 주권은 대의제적 주체인 정당을 통해서 표현되고 국가의 역할을 관리하는 민주적 권력이었다. 따라서 국가의 역할과 관련한 갈등은 정당체제 ― 혁명적 전위

전당 전술에서부터 개량적 의회전술에 이르기까지 ─ 를 통해서 '국가권력을 어떤 정치적 과정을 통해서 어떤 세력이 점유하는가'에 관한 것이었다. 그러나 신자유주의 질서의 지구적 확산 이후, 이러한 정치적 대리체들의 역할은 급진적으로 재구성되었다.

신자유주의 지구화 시대의 자본은 축적과 경쟁의 조건을 유지하고 노동통제를 강화하며, 자본의 유동성을 증진시키기 위한 역할을 국가에게 강력히 요구하였다.(Wood 1997 : 5) 민주적 절차와 정당체제 유지에 필요한 사회적 자원들이 자본의 힘을 통해 일부 정치세력들에게 독점되면서, 선거는 사실상 독점적 정치세력들의 재생산을 민주적으로 정당화시키는 도구로, 정당은 시민의 이해관계와 요구를 자본의 그것들로 걸러내는 보수적 여과장치로 전락하였다. 선거와 정당이 이러한 정치의 독점화를 위한 도구로까지 전락하지 않았다하더라도 ─ 혹은 좀 더 나아가 그것들이 현대 정치의 위기를 극복할 수 있는 가장 효율적인 수단이라고 인정하더라도 ─ 신자유주의 지구화의 흐름 속에서 이미 '전달벨트transmission belt'로 그 역할이 바뀐 국가 안에서 정당과 선거가 만들어내는 정치적 결과는 제한적일 수밖에 없다.(Hoogvelt 1997 : 134)

결국 현대 정치의 위기는 민주주의가 현대 정치의 상징으로 출현할 수 있었던 근대적 가치가 민주주의라는 기표로부터 제거되고 자본의 가치가 민주주의 기표에 새롭게 접합되면서 시작되었다고 할 수 있다. 이것은 민주주의의 제도적 결과물인 국가와 정당이 점차 근대적 주체인 '시민'의 권리증진을 위한 기능을 축소하고, 그에 반하는 결과를 확대하면서 시민의 대의제적 정치 주체인 국가와 정당이 더 이상 그 대표성을 신뢰받지 못하고 있다는 것으로 이어진다. 특히 신자유주의 질

서 아래에서 발생하는 사회경제적 민주화의 퇴행현상은 단순히 국가
와 정당이 순기능을 할 수 있는 수준으로 발전되지 못해서가 아니라,
그 기능의 본질이 민주화의 퇴행현상을 내포하도록 전환되었기 때문
이다. 그러나 이것은 오로지 '위기'의 측면에서이다. 이 위기란 실질적
으로 현대 정치로서의 민주주의가 근대적 가치와 신자유주의적 가치
사이에서 충돌하고 변형되면서 근대적 주체로의 '시민'이라는 정체성
을 통해서 스스로를 보호받으려고 했던 수많은 인민들이 현대 정치의
대상에서 배제되는 위기를 의미한다. 따라서 이 위기는 민주주의를,
그리고 정당체제를 다시 '시민'의 대의제적 주체로 재구성하는 정치적
행위를 요구한다. 그러나 이 정치적 행위는 민주주의의 의미와 정당체
제를 과거의 근대적 수준으로 되돌려 복원시키는 것을 의미하지 않는
다. 왜냐하면 근대적 의미의 '시민'으로는 오늘날 다원화되고 복잡해
져버린 현대의 정체성들을 집단적으로 동일화시킬 수 없기 때문이다.
따라서 위기를 극복하기 위해, 현대 정치로서의 민주주의와 정당이라
는 정치적 주체 또한 탈근대적 관점에서 새롭게 재구성되어야 한다.

4. 정치의 주체와 공간

1) 자원 접근 과정으로서의 정치

막스 베버Max Weber는 정치를 '국가들 사이에서든 국가 내 집단들 사
이에서든, 권력에 관여하고자 하는 분투노력 또는 권력 배분에 영향력

을 행사하고자 하는 분투노력'으로 정의하고 있다.(베버 2011 : 110) 이러한 베버 식 정의는 정치로부터 윤리를 배제시킨 마키아벨리 식 전통에 서 있으며, 이 전통은 정치를 '적과 동지'라는 양극적 대립 속에서 이해한 칼 슈미트Carl Schmitt를 통해 발전된다고 할 수 있다.(슈미트 2010) 슈미트는 적과 동지 사이의 대립의 격화로부터 발생하는 '법이 효력을 갖기 위해 존재하는 법의 공백'인 '예외상태'에 대한 개념화를 통해 리바이어던과도 같은 '주권 / 주권자'의 의미를 형성한다.(위의 책) 반면 오늘날 여러 서구 정치철학자들은 정치에 대한 이러한 정의를 비틀고 기존의 정의와 그 정의에 입각한 제도 / 실천의 어두운 측면을 드러내면서 정치를 새롭게 정의하려고 하고 있다.

그렇다면 이러한 분투, 대립, 주권행사는 왜 요구되는 것일까? 특정한 생명을 의미 없는 것Homo Sacer으로 만들면서까지 권력획득을 인간의 본성으로 삼는 정치의 목적은 무엇일까? 정치는 그 자체로 목적인가, 아니면 특정한 목적을 위한 하나의 수단인가?

인간에게 노동행위가 필수적인 만큼 정치도 필수적이다. 노동은 무엇보다 인간의 생명을 유지하기 위해 외부로부터 자원을 생산하고 육체 안으로 공급하는 행위이다. 아렌트Hannah Arendt가 정의하는 '활동적 삶vita activa'의 하나인 노동은 '인간신체의 생물학적 과정'이며, '삶의 과정에 투입되는 생명 필수재'를 생산하여 '신체의 자연발생적 성장, 신진대사와 부패'를 관리한다.(아렌트 2011 : 55) 사회적 유기체로서의 인간집단에게 외적 자원은 비단 식량만이 아니라 그 집단을 유기적으로 결합하는 — 아렌트 식으로 말하면, '작업'과 '행위'가 만들어내는 — 다양한 지적 생산물이기도 하다. 외부로부터 끊임없이, 그리고 안정적으로 자원을 공급받아야 생명을 유지할 수 있는 인간이 그 자원에 접근 - 생산에서 분배/소비에 이르는 전 순환 과정 - 하는 행위가 곧 노동이며, '자원의 희소성'과 '경쟁'이라는 조건이 따라오면서 노동은 곧 개인과 집단 사이의 '정치'가 된다. 인간에게 노동은 곧 정치이며, 정치행위는 곧 본질상 노동이 추구하는 목표와 일치한다. 이것은 현대 자본주의사회에서 더욱 분명하다. 자원의 생산과 공급, 즉 필요한 자원에 접근하는 행위는 수많은 법적 승인 과정을 요구받는다. 예를 들어 밀이 생산·수확되고 유통·판매되어 특정한 빵이나 국수로 제조되고 다시 시판되어 한 사람에게 소비되기까지 그 모든 전 과정은 법적 승인이 필요하며, 이는 소유권과 거주권에서부터 시작해서 수많은 자격증, 조세, 위생, 검역, 의료까지 다양하게 세분화되어 있다. 대공황 시기, 빈민들이 아무리 굶거나 열이 나서 죽어가도 가게 안쪽에 진열된 빵 한 조각이나 병원의 해열제 한 알에도 손도 못대는 것은 그 모든 자원접근 과정이 법적으로 제한되어 있기 때문이다. 종교적 박해 속에서 순교를 선택한 삶의 경우는 자원접근 행위가 단지 육체적 수준에서의 생명유지에만 한정되어 있지 않음을 보여준다.

서구 근대 사회계약론자들이 근대 정치의 기원을 '자연 상태'에 처한 인간들이 자신의 생명 유지와 보호를 위해 추구하는 행위로부터 찾는 것 또한 이 주장을 뒷받침할 수 있다. 즉 정치는 인간이 자원에 접근하는 행위/과정이며, 이 경쟁적 과정에서 어느 한 집단은 보다 더 많은 자원에 접근할 수 있기 위해 - 반대편의 집단을 제거하든 그 집단과 연대적으로 상생하든 - 적과 동지의 구분, 법적 규제, 시민권의 제약, 정당, 엘리트와 인민의 구분, 권력으로서의 지식의 독점, 그리고 이 모든 것들을 정당화시키는 종교 / 윤리적 신념과 이데올로기 등과 같은 필요한 수단들을 개발하고 준비한다.

이러한 자원접근 과정이 진행되는 특정한 공간이 곧 정치가 작동하는, 혹은 주권적 권력이나 법적 효력이 유지되는 공간이고, 이것을 우리는 특정한 '사회' 혹은 '국가'라고 부를 수 있다. 사회는 그저 순수한 공간이 아니라, 자원에 대한 접근능력이 누구에게 얼마큼 보장되는가가 결정되는 수준에서 그 사회의 성격과 윤리, 나아가 그 사회 내에서 삶이 보장된 인민들의 일상의 움직임까지도 정해지게 된다. 또한 정치 공간으로서의 사회는 단지 지리학적 측면에서만 이해될 수 없다. 자원 접근성은 한 사회 혹은 일국 안에서 제약되지도 않고, 그 구성원들끼리만 경쟁하는 것도 아니다. 오늘날 이미 자원이 생산되고 분배되는 과정은 지구적 수준에서 진행되고 있으며, 이 과정에서 근대 국민국가라는 범주는 이미 약해져 버렸다.

여기서 중요하게 고려되어야 할 지점은 인간이 자신에게 필요한 자원에 접근하지 못했을 때, 즉 필요한 자원이 '결핍'되었을 때 발생하는 현상이다. 이 결핍 현상은 '고통'을 통해서 드러나고, '필요 / 욕망 / 요구'를 통해서 재구성된다. 그리고 필요 / 욕망 / 요구가 어떻게 재구성되는가에 따라 고통해결을 위해, 즉 특정한 자원에 접근하기 위해 취하는 인간의 정치적 행위가 달라진다. 일상적인 배고픔이나 유행성 감기와 같은 가벼운 고통은 오히려 인간이 자신의 건강을 점검하고 잘 관리하게끔 하며, 때로는 다른 이들과의 교감과 연민을 나눌 수 있도록 한다. 소풍 도시락을 가진 자의 배고픔은 오히려 즐거움이며, 해열제와 따뜻한 차, 그리고 간호하는 가족이 있다면 감기는 일상의 쉼표가 될 수 있다. 그러나 배고픔을 채울 음식을 구할 능력이 없거나, 폐렴이 되도록 방치할 수밖에 없다면, 이러한 가벼운 고통조차 생명을 위협하게 된다. 고통은 인간이 생명을 유지하기 위한 적극적 실천(노동행위)을 자각하도록 하는 긍정적인 징후이다. 그러나 이 긍정적 징후가 적절하지 않은 자원(간단하게 말해서, 배고플 때 물만 마신다거나, 피곤할 때 모르핀 주사를 맞는다거나 소비욕구를 신용카드 부채로 채운다거나)과 결합될 경우, 징후의 원인인 결핍을 제대로 채우지 못하면서, 긍정적 징후는 생명을 위협하는 부정적 징후로 바뀌게 된다.

긍정적 징후가 개인적이고 신체적인 것이라면, 부정적 징후는 특정한 정치질서의 결과이다. 부정적 징후는 긍정적 징후가 알려주는 가볍고 생리학적인 고통이 개인의 선택이 아니라 정치적 한계, 즉 분투, 대립, 주권행사 등의 결과이자, 그러한 정치의 통치성의 한계로 나타난다. 자본주의의 유연적 축적구조로의 전환과 신자유주의적 지구화는 분투의 결과이자 새로운 정치질서와 통치권의 작동을 전제로 한다. 그러나 부의 집중과 독점의 심화는 실업률과 물가상승을 동반함과 동시에 지구적 패러다임에서 그 실업률과 물가상승을 관리할 수 있는 일국적 차원의 자율성은 점차 약화된다. 실업률과 물가상승, 나아가 신입헌주의적 민영화 등은 결국 개인이 자신에게 필요한 최소한의 공적 자원에 접근할 수 있는 '권리'를 점차 개인화된 '소비능력'으로 바꾸면서 '소비무능력자'로서의 소비주체화된 개인은 고액치료비, 위험에 노출된 저가의 먹거리, 과도한 교육비, 공공재의 민영화라는 신자유주의적 효과를 극복하지 못하면서 부정적 징후의 극단에서 생명 혹은 삶의 유지의 실패를 경험하게 된다.[3](이승원 2010) 이것은 근대적 주체의 의미가 삭제된 현대의 정치공간에서 자본의 가치로 그 무게중심을 옮긴 민주주의의 공간에서 발생하는 최악의 정치적 위기라 할 수 있다.

2) 갈등의 제도화 vs. 전복의 가능성

정치를 어떻게 정의하는가, 그리고 정치의 특정한 정의를 누가 받아들이는가에 따라, 그리고 정치의 어떤 '정의들'이 사회 내에서 부딪히는가에 따라 현실에서의 정치는 달라질 수밖에 없으며, 이는 노동의 특정한 형태를 결정한다. 정치를 정의한다는 것은 특정한 집단을 동원하고 세력화한다는 것이고 결국 그것은 담론 투쟁이자 헤게모니 실천이라고 할 수 있다.(라클라우·무페 2012) 그렇다면 정치의 주체는 누구이며, 정치가 작동하는 정치공간은 어디일까? 어떤 사람 혹은 집단이 자신들에게 필요한 자원에 접근하고 그것을 사용하려는 노동 과정에서 다른 사람 혹은 집단과 부딪힐 때 만들어지는 갈등을 해결하는 어떤 실천을 정치의 한 측면으로 정의한다면, '갈등'을 중심으로 정치를 정의할 수 있다.

누군가에게 정치는 '갈등의 제도화'이자 '권력의 제도화'일 것이다. (샤츠슈나이더 2008) 그 누군가는 특정한 시공간에서 일정한 정치권력을 획득하고 그 권력을 제도적으로 재생산하고자 하는 어떤 '지배자 혹은 세력'일 것이다. 그 지배세력이 자신에게 도전하는 어떤 정치 세력도

---

3   '소비능력자capable consumer'와 '소비무능력자incapable consumer'로 분류되는 신자유주의적 소비주체에 대해서는 이승원 2010을 참조.

 최장집의 한국 민주주의론

출현하지 못하도록 하기 위한 효과적인 방법 중 하나는 도전세력이 지배세력과 만들어내는 갈등을 지배세력에 대한 부정이 아니라, 양자 사이의 실정적인 것으로 만들고, 그 갈등을 체제 내에서 제도화시키는 것이다. 물론 이러저러한 이유로 사회에 드러나지 못한 채 정치적으로 의미화 되지 못한 어떤 갈등이 소위 정치 공간, 즉 제도적 결정 과정에서 공개적으로 다뤄진다는 것은 그 갈등 속에서 고통받는 자들에게 어떤 희망을 줄 수 있을 것이다. 그러나 만일 그 갈등이 직접 대립하는 여러 집단들 사이에서 양립불가능한 이해관계의 충돌 때문에 발생하는 것이 아니라, 그것이 발생하는 어떤 구조나 질서에 구성적이며, 사실상 그것이 갈등이 아니라 관련된 집단들 사이의 실정적인 속성이고 구조에 제도화된 특징으로 기술된다면 이야기는 달라진다.

갈등을 구조나 관계의 유기적 위기가 아니라, 구조에 실정적으로 제도화된 속성으로 기술하는 것은 다양한 폭력, 법적 제도, 사회적 규범과 윤리적 이데올로기의 동원을 필요로 한다. 이러한 동원을 통해 특정한 지배세력은 자신이 지배하는 사회구조 속에서 정체성이 형성된 집단들 혹은 주체들이 자신들의 고유한 주체위치를 이탈하거나 부정하지 않고 사회 내에서 살아가도록, 그들의 정체성을 고유하고 실정적인 것으로 기술한다. 이것은 일종의 '통치의 과정'이다. 통치의 과정이란 '사람들을 공동체로 결집하여 그들의 동의를 조직하는 것으로 이루어지며, 자리들과 기능들을 위계적으로 분배하는 것에 바탕을 둔다.' 자크 랑시에르Jacques Rancière는 이 과정을 사실상 정치의 한 측면이 아닌, 정치와 구분되는 '치안'이라 부르고 있다.(랑시에르 2008 : 133) 만일 권력이 이러한 통치 혹은 치안의 과정을 유지하는 것을 실패하게 된다면, 사회 내의 갈등은 권력을 유지하는 구조의 구성적이고 실정적인 속성이 아니라, 권력의 한계를 드러내고 권력을 위기에 빠뜨리는 '탈구적 사건'이 될 것이다.[4] 이것은 '부정적 징후'로서의 고통이 기존 정치질서의 통치성의 한계를 드러내는 것과 같은 의미이다. 따라서 권력을 소유한 지배세력은 새롭게 드러나는 갈등을 자신의 권력구조 혹은 지배체제를 구성하는 실정적인 요소이자 체제의 고유한 속성으로 취급하면서, 어떠한 갈등도 그 체제의 한계를 드러내거나 체제를 위협하지 않도록 할 것이다. 따라서 갈등이 구성되는 '제도'는 권력의 제도 그 자체일 수밖에 없다.

다른 누군가에게 정치는 '전복의 가능성과 그 실천'일 것이다. 그 다른 누군가란 지배세력과 달리 통치와 치안의 과정에서 자신의 주체 위치가 임의적이고 강제로 규정된 집단들을 의미한다. 다시 말해서 부정적 징후를 경험하는 자들이다. 그들은 자신들의 삶이 기존 사회 질서 내에서 순탄하게 유지되고 있다거나, 혹은 자신의 고통이 긍정적 징후 수준에서 관리될 수 있다는 신념이 있는 한, 자신들의 주체 위치를 부정하지 않을 것이다. 또한 자신들과 함께 사회 내 관계를 형성하는 타자들의 주체 위치 또한 부정하지 않을 것이다. 나아가 적어도 자신들과 타자 사이에서 발생하는 갈등이 현재의 권력구조와 사회질서가 제공하는 지식과 권력, 그리고 상식과 윤리를 통해 해결될 수 있고, 그 해결 과정이 서로를 부정하는 '적대'가 아니라 자신들이 처한 주체위치의

---

4 라클라우는 탈구를 현존하는 대의체제가 대표할 수 없거나, 또는 기존 정치적 독해코드로는 상징 불가능한 어떤 것이 출현하는 계기라고 설명하고 있다. (Laclau 1990) 따라서 탈구적 계기란 현존하는 사회질서의 불가능성과 전복의 가능성을 제공한다. (*Ibid.*) 보다 자세한 논의는 이승원 2008을 참조.

발전이나 진화라는 신념이 유지되는 한, 그 갈등은 기존 권력구조를 부정하는 전복적 계기로 전환되지 않을 것이다.[5]

그러나 만일 갈등이 어떤 탈구적 사건으로서 사회의 수면으로 떠오르게 되고, 따라서 그 갈등들이 더 이상 기존 질서의 지적 프레임을 통해서는 설명되거나 해소될 수 없게 되어, 갈등의 집단들이 자신들의 주체 위치를 규정한 권력구조와 지배체제에 대한 신념을 철회한다면 갈등은 전복적일subversive 수밖에 없다. 여기서 전복적이라는 것은 폭력적이거나 과격하거나 상호절멸적인 무분별한 성격을 의미하는 것이 아니다. 전복적이란 급진적이라는 표현과 동일하다. 급진성이란 기원과 본질의 총체적 부정과 해체가 아니라, 그 기원과 본질에 대한 회의이다. 사회를 구성하는 합의 절차와 내용, 그리고 그 합의를 바탕으로 사회 구성원들의 양도를 통해 탄생한 정치권력의 기원과 본질이 무엇인가를 되묻는 것이 아니라, 그 기원과 본질의 절대성과 변화불가능성에 대해 의문을 제기하는 것이다.(데모스 2011 : 5~8) 이런 측면에서 갈등이 전복적이고 급진적이라는 것은 갈등하는 복수의 집단들이 갈등 과정에서 자신들의 주체 위치를 보다 철저하고 확고하게 유지하기보다는, 오히려 자신들의 주체위치의 기원과 본질에 회의적 태도를 취하면서 갈등의 해소 방

5 　적대란 기본적으로 자신의 욕망 혹은 목적실현을 방해하고 불가능하게 만드는 타자에 대한 감정이라 할 수 있다. 그러나, 적대적 타자의 제거를 통해 자신이 욕망과 목적을 완전히 실현할 수 있는가는 또 다른 질문이다. 라클라우는 적대란 사회적 질서의 탈구에 대한 담론적 대응이라고 정정한다.(Torfing 1999 : 129) 이것은 적대란 구조의 한계와 결정불가능성이 드러나는 탈구적 계기의 정치적 귀결임을 의미한다. 따라서 욕망의 출발점이 되는 주체성의 결핍에 기반을 둔 적대는 적대적 타자의 현존으로부터가 아니라, 그 자신이 배열되어 있는 사회·정치질서의 불가능성의 외화, 즉 탈구로부터 그 조건이 주어진다고 말할 수 있다. 즉, 탈구와 적대는 사회의 내적 질서의 형성과 그것의 외적 경계선이 선험적 필연성이 아니라, 헤게모니적 우연성에 의해서 결정되어진다는 측면에서 완전한 총체성의 실현 불가능성을 의미하는 것이다.(Laclau 1990 : 199)

향을 새로운 주체위치의 구성, 즉 '탈동일화de-identification'와 '재동일화
re-identification'라는 전복적 과정을 수반한다는 것을 의미한다.

따라서 갈등의 전복성 혹은 급진화는 '해방'의 순간이나, 자유의 계
기이기도 하다.(Laclau 1990 : 41~45) 여기서 해방이란 스스로를 특정한
주체 위치에 임의적으로 고정시킨 어떤 권력관계로부터 벗어났다는
것을 의미하며, 자유란 이후 어떤 정치 과정이나 정치적 결과가 선결
정되어 있지 않으며, 따라서 모든 정치적 결과가 가능하고, 중요한 것
은 새로운 '재동일화'의 과정을 결정하는 정치적 실천 혹은 헤게모니적
투쟁인 것이다.

위에서 통치와 치안을 설명한 랑시에르에 따르면, 이러한 전복적 갈
등 과정이 진짜 '정치'이다. 그는 정치란 '아무 말하는 존재와 아무 말하
는 다른 존재 사이의 평등을 입증'하는 해방 과정이라고 말한다.(랑시에
르 2008 : 138) 해방 과정으로서의 정치는 사람들이 다른 어떤 것보다 '평
등'의 가치를 전제로 하고, 어느 누구든 어떤 형태로든 모두가 평등하
다는 것을 입증하는 실천을 의미한다. 이것이 해방 과정인 이유는 평등
을 전제로 한다는 것은 곧 모든 위계적인 질서와 그 질서를 현실화하는
고유한 원리와 법칙을 절대적이고 필연적으로 받아들이는 것을 인정
하지 않기 때문이다. 이는 바로 통치와 치안으로서의 또 다른 정치를
부정한다. 역사적으로 발생했던 수많은 봉기와 혁명들은 '구체제'의 전
복 가능성에 대한 신념, 그리고 전복만이 자유와 평등이라는 가치를 실
현시킬 것이라는 윤리적 동기에 기반해서 발생했다. 물론 제도화된 갈
등이 전복적 실천으로 전화되는 것은 쉬운 일이 아니다. 아니, 갈등의
제도화는 전복적 실천을 불가능하게 하기 위한 정치 전략일 수 있다.

3) 치안의 대상 vs. 전복의 주체

정치를 어떻게 정의하는가에 따라 그 주체는 달라진다. 갈등의 제도화, 즉 통치와 치안으로서의 정치의 측면에서 볼 때, 정치 주체는 권력관계 속에서 실정적으로 규정된 주체 위치들이다. 아직까지 사회 내 기존 주체 위치와 자기 동일시하지 못한 자들이나, 스스로 어떤 정체성을 가지고 있다 하더라도 그것이 여전이 권력관계가 보장하는 법적, 윤리적 승인을 받지 못한 — 혹은 범죄자나 패륜아처럼 부정되는 — 자들은 자신들의 갈등을 제도화시킬 어떤 방법도 질서 내에서는 찾을 수가 없다.

이주노동자들의 경우, 그들이 비록 취업허가를 얻은 자들이라 할지라도, 그들의 주체 위치는 한국 사회에서는 불안정하고 소외되어 있다. 그들은 투표권이 있는 시민이 아니며, 산업연수원제와 독특한 고용계약서에서 규정된 주체 위치 속에 제약되어 있다. 국내 비정규직 노동자나 청년 실업자들의 경우도 마찬가지이다. 도시 개발로 인해 삶의 터전에서 밀려나간 철거민들이나 노숙인들, 혹은 양심적 병역거부자들이나 이성애 기반 일부일처 부계사회에서 성적 소수자들의 삶도 크게 다를 바가 없다. 지적, 언어능력이 소위 정상 수준이 아니어서 사회의 표준 의사소통 행위에 참여하지 못하는 지적 장애인들의 경우는 말할 것도 없다. 특정한 규범, 표준, 그리고 상식과 윤리 규범에 기반한 사회에서 이 모든 이들은 사회의 한계나 권력의 통치위기를 드러내는 외상으로 인정되어서는 안 된다. 그 순간 이들은 그 사회의 한계를 드러내는 가장 위협적인 존재가 되기 때문이다. 오히려 이들이 사회의 표면에 드러나게 될 경우, 이들은 이들을 보호하고 계몽하기 위해 그 사회가 발전하고 진화해야 하는 이유이자 그 사회의 필요성을 설명하는 계기로 설명되어야 한다. 따라서 이들의 존재를 인정하기 위해서 기존 사회질서의 법과 지식체계가 바뀌는 것이 아니라, 그 반대로 기존 사회질서를 유지하기 위해 이들의 존재는 그냥 제거되거나 삭제되어야 하는 것이다. 즉 이들은 단지 치안의 대상일 뿐이다. 따라서 이들의 주체 위치는 사회 내에 — 비정상적인 형태로 — 존재하나 이들은 정치적이지 않다. 치안의 관점에서 다시 말하면, 이들은 정치적 주체가 아니라, 치안의 대상일 뿐이다. 학생들은 삶을 살아가는 다양한 능력이 아닌 특정 주체 위치에 배치되는 양성 훈련을 통해 신자유주의적 시민으로 훈육되고, 그 시민들은 정해진 일상의 동선을 이탈하지 않도록 각종 계약서, 고지서, 신호표시, 여론 등을 통해 언제나 경고받는다.

어떤 이들이 어떤 고통을 경험하면서 그 고통이 다뤄지는 과정에서 특정한 갈등에 빠지게 될 때, 그들 또한 자신들의 갈등이 사회적으로 제도화되고, 전국적으로 의제화되기를 원한다. 그러나 그러한 제도화와 의제화가 기존 질서의 법과 정치제도 속에 수용 / 흡수되는지 혹은 그것들의 변화로 이어질 수 있는지는 다른 문제이다. 또한 자신들의 갈등이 대의제 정치체제 아래에서 정당과 의회에서 제도화되고 의제화된다 하더라도, 그 갈등이 여러 갈등들 중 몇 번째로, 그리고 언제 다뤄질 수 있는지에 대한 문제도 다르다.

그러나 평등을 전제로 한 해방 / 전복의 정치의 측면에서 정치의 주체는 치안으로서의 정치의 주체와 다르다. 오히려 여기서 정치 주체는 치안으로서의 정치의 주체가 대상화하는 주체 위치들에 고정된 자들이다. 앞에서 언급한 치안의 대상들이 곧 정치의 주체가 된다. 이들은 자신들이 느끼는 고통과 처한 갈등들을 기존의 주체 위치에 머물러서 이해하고 해결하려고 하지 않는다. 오히려 이들은 자신들의 주체 위치와 자신들의 고통과 갈등 사이의 관계를 실정적이고 숙명적인 것이라고 믿을 수 있는 기존의 신념 체계를 더 이상 유지할 수가 없다. 그래서 그들은 계약서와 법령, 그리고 사회적 규범이 정한 자신들의 주체 위치의 권리와 의무에 회의를 품게 된다. 학생, 비정규직, 성 소수자, 이주노동자, 실업자, 노숙인 등 제한된 주체 위치 속에서 치안의 대상이 되었던 그들은 자신들의 고통을 호소하고, 고통해결에 필요한 자원들을 확보하기 위해 다양한 실천들을 한다. 이를 위해 그들은 때로는 스스로를 성공신화의 주역이자 사회의 거대주체로 자임하기도 하고, 때로는 소속 공간을 탈퇴하기도 하거나, 탈법을 하기도 하고, 스스로 목숨을 끊기도 한다. 정치의 주체이기는 하나 평등하고 해방된 자신을 실현하기 위한 방법은 언제나 결정되어 있지 않다.

4) 근대를 넘어선 정치 공간—치안과 해방의 마주침

그렇다면, 이렇게 이질적이고 대립적인 각각의 정치 ― 치안과 해방 ― 의 공간은 어디일까? 치안의 정치는 평등 담론을 제약하고, 전복의 가능성을 차단함으로써 개별 주체 위치들이 사회 내 실정적으로 고정되어 있고, 그들의 갈등 또한 제도화의 과정에 흡수되기를 원한다. 바로 이 지점이 두 대립되는 정치가 작동하는 공간이다. 왜냐하면 치안의 정치가 작동하는 지점에서 평등이 문제되며, 평등의 문제는 곧 치안의 한계와 위기를 드러냄과 동시에 치안으로서의 권력의 기원과 본질에 회의적인 태도를 취하는 전복성과 특정 주체 위치에 고정된 자신들의 정체성을 부정하는 실천이 사람들 사이에서 발생하기 때문이다. 즉 정치 공간이란 치안의 정치와 해방의 정치가 마주치는 현장이라 할 수 있다. 이러한 마주침의 현장으로서의 공간은 단지 지형학적 공간만을 의미하지 않는다. 공간은 주체 위치들 사이, 혹은 주체 위치들을 구성하는 권력의 작동에 기반한 관계이며, 따라서 정치 공간이란 사실상 권력관계의 효력 범위를 의미한다고 할 수 있다.

또한 정치 공간은 정치가 작동하는 공간임과 동시에 특정한 정치 논리가 해체되고 재구성되는 공간이기도 하다. 왜냐하면 치안과 해방이 마주쳤을 때, 치안은 해방의 논리를 부정하려 하고, 해방은 치안의 논리를 해체하려고 할 것이다. 치안과 해방의 마주침이 사회의 경계선 위에 명확하게 드러나게 될 경우, 치안 속의 주체 위치들은 물론, 이 주체 위치들을 고정시켜온 규범과 법적 담론들은 흔들리게 된다. 또한 해방의 논리가 기존의 권력관계를 부정하고 주체화의 새로운 과정을 이끌어 낸다고 하더라도, 그 새로운 과정이 더 나은 공동체와 관계로 이어지기 위해서는 주체 위치의 또 다른 고정화 작업을 요청해야 하고, 이 과정에서 주체 위치를 고정시키는 제3의 힘이 필요하기 때문에 해방의 논리 또한 지속될 수 없다. 따라서 치안과 해방이 마주치는 공간은 각각의 정치가 부정되고, 각각의 정치를 정치로 만든 다양한 요소들이 드러나게 되는 계기가 된다.

그렇다면 현대 정치에서 정당체제가 작동하는 정치 공간 또한 치안과 해방의 마주침이라는 측면에서 파악될 수 있을까? 정당정치는 근대 국민국가라는 규모에 기반하고 있다. 정당체제를 최적화된 정치형태로 사고하는 한 근대 국민국가의 틀은 여전히 유일한 ― 베버 식의 ― 제도화된 정치공간이다. 결국 국가 규모라는 상수 속에서 대의제적 정당체제는 유효성을 가지게 된다. 그러나 앞서 언급했다시피 이미 인민들이 겪는 고통의 질과 이 고통을 최적화 수준에서 관리하는 정치권력으로서의 국가의 역할은 근대 국민국가의 규모를 넘어서고 있다. 주권적 영토는 더 이상 절대적인 것이 아니며, 자본주의의 안정된 축적구조를 위해서 국가는 언제나 그 주권의 적용을 제한하거나 변용시킨다. 국가는 자본의 활동공간을 연결하는 '전달벨트'의 역할에 충실하고 있으며, 노동을 통제하기 위해 강화되고 있다. 오히려 근대 이래로 국가는 이러한 역할을 일관되게 수행해왔다고 볼 수 있으며, 국가의 영토적 주권은 탈규제라는 정책과 함께 그 적용의 대상에서 자본만을 예외로 하고 있다.

로버트 콕스Robert Cox의 '국가의 국제화the internationalization of the state' 개념은 현대 국가가 더 이상 근대 국민국가 수준의 규모와 정치공간에 안주할 수 없는 정치적 한계를 특징짓고 있다. 국가의 국제화란 일국 차원에서 국가가 정책과 집행 추진에서 국내 상황을 우선 고려하기보다 초국적기업과 국제 자본주의적 생산을 위해 국가의 정책과 집행 형태를 조정하는 것을 의미한다.(Cox 1987 : 253) 이에 따라 국가는 국내외 영역에 걸쳐 자본 확장이 극대화되도록 경제적 혁신 전략뿐 아니라 입법 및 사회정치적 혁신 전략 또한 추진해나간다. 여기서 문제는 개발도상국일수록 IMF와 세계은행 등의 강력한 구조조정 요구와 지구적 차원에서의 경쟁하에서 새로운 국제규범과 표준에 대한 도입 압박 때문에 자국의 정책 집행에 대한 자율성을 점점 상실한다는 것이다.(Agnew · Corbridge : 1995) 이러한 상황에서 각국이 국내 정책 집행을 위해 자율적으로 변경할 수 없는 국제규범과 표준을 제도적으로 적용하면 할수록 이 국가들은 지구적 경쟁과 신국제분업질서에 더욱 종속될 뿐 아니라 이에 대한 국내 정치경제적 질서의 대응력은 점점 더 취약해진다. 이로 인해 국가의 국제화는 국가 간 수직적 불평등을 가져올 뿐 아니라 구조조정으로 인해 불이익을 받게 되는 자국 내 사회집단의 강력한 저항을 촉발하게 된다.(Cox 1987 : 253)

결국 이 과정이 심화되는 상황에서 현대 국가는 경제 자유화 및 환경 · 인권 등의 국제규범에 기반을 둔 신자유주의적 지구화의 원칙을 편향적으로 도입하면 할수록 국내 정치적 유권자의 대정부 저항이 증가하고 통치권의 정당성이 점차 어려워지는 심각한 정치적 딜레마에 부딪히게 된다.(Hurrell · Woods 1995 : 456) 그 딜레마의 한 축에서 국가는 공동체 유지를 위한 근대 민주주의적 질서와 가치를 제도화하는 자신의 기존 역할을 스스로 제약해야 하는 상태에 처했다. 즉, 지구화에 편승하는 국가는 기존 제도와 가치를 전면적으로 수정했고, 이러한 수정 과정에서 근대적 민주주의 가치에 기반을 둔 시민의 도전에 대해 폭력적이고 비타협적인 방식으로 대응해야 한다는 것이다. 딜레마의 다른 한 축은 민주주의를 수용하는 한 여전히 국가의 정치적 권위는 일국 차원에서 절차적 민주주의를 통해 승인된다는 사실이다. 즉, 국가 혹은 지배권력은 정치적 권위의 재생산을 위해 적어도 그 권위의 효력이 인정받는 공동체의 영역을 유지해야 한다는 것이다. 이는 역설적으로 국가가 지구화의 편승에 따른 역할 변화의 과정에서 근대 민주주의적 가치와 제도를 전면적으로 포기할 수 없다는 것이다.

결국 현대 국가가 겪는 정치 공간 규모의 변화와 딜레마적인 특징은 국가 내부에서 권력을 장악하기 위해 분투하는 정당들의 정치적 선택을 구조적으로 제약하고, 이러한 제약 속에서 정당의 대의제적 성격 또한 그 정당성을 의심받게 된다. 그럼에도 불구하고 정당은 신자유주의 질서 아래에서 국가가 처한 정치적 딜레마를 기반으로 한편으로는 전 지구적 자본축적의 이해를 위해 일국적 차원에서 인민을 대상으로 통치·치안의 역할을 수행한다. 하지만 다른 한편으로 여전히 정당의 정치적 대표성은 민주적 절차를 통해 근대적 시민으로서의 유권자들에 의해 승인되기 때문에 정당은 보다 많은 수의 다양한 유권자들을 자신의 지지세력으로 만들기 위해 스스로 통치·치안의 역할을 부정하고 그 질서에 맞서는 해방적 주체로 등장하기도 한다. 즉 현대 정치에서 정당은 한 축에서는 치안의 논리를 통해 갈등을 제도화하면서 동시에 다른 한 축에서 갈등의 제도화가 오히려 유권자 수를 감소시키거나 더 이상 증가시키지 못할 경우 치안의 논리를 강요하는 세력이나 질서에 대항하는 해방의 정치의 대리인이 된다. 현대 정치가 민주주의로 표현되고, 정당이 민주주의의 대의제적 특징을 가진 정치 주체라는 것은 정당 그 자체가 치안과 해방이 마주치는 공간이라는 것을 인정할 때 의미가 있을 것이다.

정당 그 자체가 치안과 해방이 마주치는 공간이라는 것은 하나의 정당이 출현하게 되는 동학을 설명할 수 있다. 즉 정당은 치안의 논리에 대해 특정한 해방의 논리가 도전하면서 형성되는 정치적 주체라는 것이다. 이것이 여전히 정당이 신자유주의라는 구조적 제약에도 불구하고 그 제약을 극복할 수 있는 정치적으로 자율적인 주체이자 현실적인 대안으로 고려되는 이유 중 하나일 것이다. 최근 정당에 대한 비판적이고 회의적인 입장이 한국 정치담론에서 크게 부상하는 까닭은 한국의 보수적 정당체제가 수십 년 동안 치안의 역할에 편향되어있으면서 해방 정치의 대리인으로서 그 기능을 상실한 것처럼 보였기 때문이다. 또한 지난 십여 년 동안 보였던 진보정당운동의 실패의 과정은 그것이 '진보'정당이라 할지라도 '정당'이 가지는 본질적인 치안의 속성을 스스로 인정하지 않으면서, 과도하게 해방의 논리만을 강조해서 더 이상 제도정당으로 존재할 수 없게 된 과정이라고 할 수 있다.

여기까지의 논의의 과정에서, 처음에 제기한 몇 가지 질문 중 적어도 정당의 저발전이 아니라 정당 그 자체가 오늘날 사회경제적 민주화의 퇴행의 주요 원인 중 하나가 아닐까라는 질문에 대한 어느 정도의 답을 찾을 수 있다. 정당이 치안과 해방이 마주치는 공간이라고 했을 때, 절차적 민주화의 성과에도 불구하고 사회경제적 민주화의 퇴행이 발생하는 것은 바로 정당의 한 기능인 치안의 정치·갈등의 제도화가 신자유주의적 공세 속에서 절차적 민주화로 과도하게 해석되어지면서 해방의 정치가 마주침의 지점에서 사라져 버렸기 때문이다. 즉 치안과 해방 두 논리 모두 정당체제의 양대 상수로 작동해야 함에도 불구하고, 치안을 절차민주주의로 환원하는 일군의 과정에서 치안을 통해 유지되는 권력이 '항구적이고', '절대적이고', '보편적인' 위치를 점유하려고 할 때 해방의 논리는 삭제돼버린 것이라 할 수 있다.

이제 필요한 것은 정당의 복원 이전에 치안과 해방이 공존하는 공간의 가능성은 무엇이며, 그 공간은 어떤 특징을 가져야 하는가에 대한 고민일 것이다. 그것은 다시 민주주의에 대한 고민에서 출발해야 할 것이다.

5) 민주주의의 민주화와 민주주의의 위기

민주주의가 제1화두인 현대 정치에서 민주주의는 '치안'과 '해방'이라는 양면을 가지게 되며, 이 양면이 마주치는 접점은 언제나 위기가 발생하는 긴장의 지점이 될 것이다. 그러나 이러한 민주주의의 위기는 민주주의의 유기적 속성이며, 이것은 곧 현대 정치의 속성이기도 하다.

기존 질서에서 설명할 수 없고 제도화가 불가능한 새로운 고통과 갈등들이 드러날 때, 기존의 질서를 특정한 민주주의 담론으로 유지하려고 했던 치안의 정치는 위기에 처하게 된다. 마찬가지로 기존의 주체 위치들을 흔들고 권력관계에 도전하면서 평등의 전복적이고 급진적인 논리를 확대해가는 해방의 정치 또한 예측 가능한 일상의 삶을 위한 새로운 공동체를 구성하기 위해서는 평등 논리의 급진적 확대를 중지하고 특정한 질서를 요청해야 할 때 위기에 처하게 된다.

따라서 오늘날 우리가 민주주의의 위기라고 할 때는 두 가지의 측면에서 어떤 위기인지를 파악할 필요가 있다. 하나는 그 위기가 민주주의의 유기적 속성으로서 '구성성'과 '봉기성' 사이에서의 흔들림일 때이다.(이승원 2008) 이것은 오히려 민주주의를 보다 민주적으로 하는 과정이다. 이 흔들림이 유지될 때 치안의 정치가 전체주의화되는 경로를 차단할 수 있으며, 해방의 정치가 공동체의 소멸로 귀결되는 것을 방지할 수 있다. 또한 이 흔들림이 보장될 때, 즉 치안과 해방이 마주치는 정치 공간이 억압과 폭력의 공간으로 악화되는 것을 막을 수 있을 것이다. 이러한 측면에서 이 위기는 '민주주의의 민주화'의 과정이라 할 수 있다.

민주주의는 통치로서의 치안과 평등으로서의 해방 양쪽에서 수용 가능한 현대의 정치논리이다. 양쪽에서 수용 가능한 정치논리로서의 민주주의는 근대 서구의 부르주아민주주의 혁명이라는 역사적 과정의 결과이다. 신의 권력이 군주에게 육화된 것으로 받아들여졌던 서구 근대의 신학 정치는 인민들이 왕의 목을 자름과 동시에 신의 권력을 군주로부터 분리시키면서 무너졌다. 클로드 르포르의 분석에 따르면, 근대 부르주아민주주의 혁명의 특징은 누가 혁명의 주축이었는가 이전에 혁명 그 자체가 만들어낸 권력 본질의 급진적인 변화에 따라 선명해진다.(Lefort 1988 : 17∼19)

근대 이전의 신학 정치와 달리, 부르주아민주주의 혁명 이후 정치의 특징은 권력이 군주의 육체라는 특정한 장소에 절대적으로 고정되어 있고, 이것을 강제로 분리하는 것은 불가능하다고 여겨졌다. 그러나 민주주의 혁명은 권력을 군주의 육체로부터 분리시켜내면서 권력의 장소locus of power는 비어있게 되었다. 비어있다는 것은 언제나 텅 비어 있다는 것이 아니다. 이것은 선험적으로 결정되고 절대적으로 고정된 장소란 더 이상 인정되지 않으며, 권력의 장소는 어느 누구, 어느 장소, 어느 상징으로 채워질 수도 있으며, 또한 다른 것에 의해 언제나 대체 가능하다는 것이다. 정치가 군주의 몸과 신학 정치로부터 벗어나면서

민주주의 정치가 가능해 진 것이라 할 수 있다.(*Ibid.* : 19)

따라서 민주주의의 또 다른 위기는 구성과 전복 사이에서의 흔들림과 권력의 빈자리라는 민주주의의 유기적 특징을 부정하면서 발생하는 위기이다. 이 위기는 민주주의의 치명적인 위기이다. 평등의 확장을 위한 구성과 전복 사이에서 흔들림을 거부하면서 권력의 자리를 영속적으로 차지하려 하거나, 구성을 거부한다면 더 이상 민주주의의 실천은 불가능해진다. 이를 관리하는 것이 '민주화 이후의 민주주의'라고 표현될 수 있을 것이다. 특정한 민주화 과정을 거친 이후 만들어진 권력구조와 사회 질서를 유일하고 절대적인 것으로 설정하면서 그 이후 발생하는 치안과 해방의 마주침을 부정하고 치안을 확대하려고 하거나, 민주화 이후의 모든 결과들을 해방의 논리를 통해 부정하려고만 한다면, 민주화 이후 도래하는 것은 민주주의가 아니라 전체주의와 혼란일 뿐일 것이다.

5. 최장집과의 마주침 – 정치에서 '한국 정치'로

현대 정치사에 대한 최장집의 분석들은 언제나 옛 이야기가 아닌 현실을 반영하는 거울이었으며, 좌절 혹은 환희에 빠져 잠시 가던 길을 멈추고 다시 출발하기를 주저하는 자들에게 저 멀리 보이는 우리가 도달해야 할 곳을 가르쳐 준다. 그래서 칼 맑스의 '보나파르티즘'을 통한 국가의 상대적 자율성에 대한 그의 분석, 그리고 그람시의 '변형주의transformism'와 역사적 블록을 통한 한국 정치 갈등과 동학에 대한 해석,

그리고 민주주의에 대한 계보학적 해석을 통한 정당민주주의의 복원
과 카리스마적인 좋은 정치적 리더십의 출현이라는 그의 정치적 비전
은 한국 정치와 정치학이 보다 멀리, 그리고 저 경계선 너머 새로운 곳
으로까지 세상을 볼 수 있도록 하는 든든한 어깨가 되었다.(최장집 1993;
최장집 1996)

1) 한국 정치를 근대화하기

　　최장집의 화두는 언제나 '위기'와 '민주주의'이다. 그는 한국 정치의
위기를 '노동 없는 민주주의'로 정의하고, 그 위기 극복을 갈등을 제도
화하고, 전국적으로 의제화할 수 있는 정당 중심의 민주주의의 복원에
서 찾고자 한다.(최장집·박찬표·박상훈 2007; 최장집 2008) 그리고 이러한
정당은 베버가 주장하듯 '책임윤리'와 '신념윤리'가 동시에 어우러진
소명으로서의 정치를 직업으로 받아들이는 정치인의 카리스마적 리
더십을 통해 유지될 때 위기 극복의 실천적 실마리를 찾을 수 있다고
한다. 1990년대 최장집은 맑스의 계급투쟁과 그람시의 헤게모니 개념
에 대한 재해석을 통해 정치의 자율성을 복원시킨다. 이 연장선에서
최장집은 민주주의를 경제와 구조로부터 자율화된 정치의 제1화두로
부상시키면서 한국 민주화의 특징과 방향을 제시한다.(최장집 1993) 이
후 최장집은 한국 민주화에 관한 일련의 저작들을 발표하면서 분단과
좌우대립, 미군정, 한국전쟁, 군부독재의 출현, 운동권의 정치세력화
등 주요한 현대 한국의 정치변동을 계보학적으로 추적하면서, 한국의

민주주의가 '조숙한 민주주의'에서 보다 발전되지 못하고, '보수화'로
귀결되는 한국 민주주의의 보수적 민주화의 기원과 원인을 탐색한다.
(최장집 1996; 최장집 1997; 최장집 2002)

그의 시각에서 해방 이후 한국 정치동학을 바라보면, 위에서 언급한
치안과 해방의 정치, 그리고 양자 사이 마주침으로서의 정치 공간의
한국적 모습이 파노라마처럼 전개됨을 알 수 있다. 민주화는 언제나
한국의 억압적이고 변형주의적인 치안 정치가 한계를 드러낼 때 시작
되었으며, 특정한 해방 담론은 정치 동학의 방향을 결정하기도 하고,
이러한 치안과 해방이 마주치고 대립하는 상황에서 많은 것들이 복원
되기도 하고 형해화되기도 한다.(최장집 1995; 최장집 2002)

특히 그는 1997년 IMF 금융위기 이후 가속화된 － 그것도 민주화 이
후 출현한 두 번의 연속적인 자유주의 정권의 주도로 － 신자유주의사
회에서 한국은 오히려 보수화되고 형해화된, 그래서 노동을 배제해버
린 '민주주의의 민주화'를 강력히 외치고 있다. 그리고 그는 노동 없는
현재의 민주주의를 민주화하기 위해서 좋은 정당과 베버 식 카리스마
적 리더십의 정치적 복원을 제기한다.(최장집 2008; 최장집 2011) 맑스와
그람시로부터, 베버와 샤츠슈나이더로의 이론적 강조점의 변화가 있
지만, 이러한 이론적 강조점이 그의 문제의식과 한국 정치에 대한 전
망의 성격과 본질을 바꾼 것은 아니다. 오히려 최장집의 오랜 기간의
연구는 서구에서 근대 이전의 신학 정치가 해체된 이후 새로운 정치이
론이 민주주의의 이름으로 지금까지 모색되고 실험되어 왔던 것처럼,
치안 정치라고 볼 수 있는 한국의 보수 정치의 문제와 해방 정치라고
볼 수 있는 한국의 좌파 정치의 한계를 조정하면서 한국 정치와 정치

학의 새로운 근대화를 시도하는 과정이라고 할 수 있다.

그의 정치학의 근대화 시도의 두 축은 맑스와 베버이다. 그러나 그는 독일의 두 사회학자이자 정치가의 이론에 대한 훈고학적 의존보다는 이들에 대한 한국식 해석을 통해 '노동'과 '정당'의 결합을 시도한다. 이를 통해 최장집은 절차와 실질, 형식과 내용, 이상과 현실 사이에서 혼란스러워진 한국 민주주의 이론을 재정립한다.(최장집 1993; 최장집 1996; 최장집 2002; 최장집 2008; 최장집 2011) 그는 2000년대 발표한 일련의 연구물 속에서 이러한 이분법적 틀을 넘어서 상이한 내용의 민주주의들이 충돌하면서 발생시킨 갈등들을 정당 중심으로 제도화시키면서 양자를 통합시키려고 한다. 물론 정당 그 자체가 언제나 좋은 정치를 보장하는 것은 아니다. 샤츠슈나이더가 주장하듯이, 사회경제적으로 기득권을 가지고 있는 이익 집단들은 자신들의 가용자원을 동원하여 자신들의 주장이 더 이상 갈등의 대상이 되지 않도록 봉합하고, 정당이 자신들의 주장을 우선적으로 승인하도록 정당에 적극적으로 개입한다.(샤츠슈나이더 2008) 혹은 그러한 정당정치가 자신들에게 불리한 결과를 만들 것으로 판단할 경우, 그들은 자신들과 관련된 갈등이 사적 영역에서 자신들에게 유리하게 조용히 처리되거나 은폐될 수 있도록 정당에 의한 갈등의 사회화 socialization를 제지하려 한다. 이러한 측면에서 보면, 오늘날 한국의 보수적 정당구조의 문제를 파악할 수 있다. 따라서 최장집은 샤츠슈나이더가 주장하듯 기득권적 이익 집단들이 갈등을 사적 영역 내부에서 일방적으로 유리하게 해결하려는 것을 방지하기 위해서는 여러 좋은 정당들이 출현하고 대중적으로 지지를 받는 것이 현대 민주주의에서는 대단히 중요하다고 본다. 나아가, 약한 세력의 이익집단들은 강자와의 경쟁에서 자신들을 방어하기 위해 보다 더 많은 세력을 규합할 수 있도록 자신들의 갈등을 공적 영역에서 다뤄지도록 해야 하는데, 이를 위해서도 바람직한 정당의 출현과 활동은 필수적이다. 2004년 민주노동당의 원내 진출 후 단기적이나마 나타났던 은폐 / 억압되었던 의제들의 사회화는 바로 좋은 정당의 필요성을 증명하고 있다. 정당은 바로 이러한 갈등을 공적 영역에서 사회화할 수 있는 가장 효과적인 조직인 것이다.

최장집의 눈을 통해 한국을 바라보면, 좋은 정당들의 출현은 위에서 언급한 구성성과 전복성 사이에서의 흔들림과 권력의 비어있는 공간이라는 민주주의의 유기적 속성이 한국에서 어떻게 정치적으로 현실화될 수 있을지의 해법이 저 너머 보이기도 한다. 경제성장과 기술관료주의에 기반한 근대화론으로서의 보수적 민주주의와 과도한 도덕성과 민중주의에 집착한 운동권의 민주주의가 서로 치안과 해방, 구성과 전복 사이의 흔들림을 부정하고 자신의 권력의 위치를 절대화하면서, 한국의 민주주의는 외부로부터 밀려오는 신자유주의적 압력에 제대로 대응하지 못하고, 자본주의 축적구조가 변화되는 과정에서 발생하는 새롭고 다양한 사회적 문제들을 해결하지 못하면서 결국 '노동 없는 민주주의'라는 왜곡된 정치적 결과에 직면했다는 것을 알 수 있다.

2) 삭제된 주체와 공간 – 시간의 정지와 정당정치의 희생양

그러나, 최장집의 이론을 통해 기술되는 세상은 언제인가부터 '스팩타클한 미래'이다. 과거 그가 탐색한 구조의 역사적 기원들은 민주화 이후 그 분석적 효력을 멈추고 있다. 그에게서 2000년대 이후 한국 민주주의의 보수적 기원과 그 효과들은 신자유주의의 파급력 속에서 주변화된다. 신자유주의가 '노동의 부재'를 더욱 부각시키고 그에 따라 민주주의의 회복이 중요하게 고려되고 있지만, 오히려 그는 '민주주의의 실망'이라는 표현 속에서 과거 거리 투쟁으로서의 해방적 민주주의가 보여준 도덕성과 열정을 현재에도 계속 강조하는 것은 과잉일 뿐이며, 그 과잉이 바로 실망인 것으로 바라보고 있다. 이와 달리, 그는 그가 신자유주의 이후 한국 사회에서 요구되는 것은 거리의 투쟁이 아닌 갈등이 제도화된 정당정치이며, 정당정치의 한계는 그 자체에 있는 것이 아니라, 책임과 신념의 윤리에 기반한 정치인의 정치적 리더십에 있는 것이기 때문에 정당정치의 회복을 통해 과잉과 실망으로 묘사되는 대중들의 민주주의의 열정 또한 해결될 수 있을 것이라고 본다.

정당 제도에 기반한 민주주의의 근대화라는 최장집의 시도가 사실상 과거 미국발 근대화론과 이행 / 공고화론이 혁명론을 대체하는 강력한 이데올로기로 등장했던 의도와 겹쳐지면서 현재의 현실도 점차 흐릿해진다. 혁명론의 대체나 급진성 혹은 거리 투쟁의 부정 자체가 이론의 문제를 제기하는 것은 아니다. 그러나 적어도 그의 어깨 위에서 훨씬 더 폭넓게, 그리고 더 생동감 있게 보려고 했던 다양한 정치주체들의 모습과 새로운 정치 공간은 더 이상 나타나지 않는다. 아니 오히려 현재의 수많은 정치적인 것들이 '삭제'된다. 이 글은 이러한 삭제를 '정당정치의 희생양' 속에서 언급하려고 한다. (이승원 2011b)

제도 정치학에서는 '시간'을 '절차'와 '과정'으로 대체하고 있다. 이 부분은 대단히 중요한 인식론적 비판이 필요하다. 왜냐하면, 절차와

 최장집의 한국 민주주의론

과정은 반드시 필요한 것이고, 따라서 그러한 절차와 과정은 특히 그 절차와 과정이 상식, 관습, 윤리, 법 등에 의해 제도화되어 있다면 정당화된다. 당연히 특정한 절차와 과정은 필수적이다. 그러나 여기서 우리가 비판적으로 주목해야 할 것은 절차와 과정 속에서 사실상의 정치의 목적인 '생명유지' 혹은 '자원접근'이 중단되고 있다는 사실이다.

주목할 것은 대의민주주의라는 제도에 요구되는 대표와 합의에 경과되는 시간 속에서 필연적으로 발생하는 '정당정치의 희생자'의 발생이라는 현실이다. 인민의 모든 갈등들이 직접적인 대립을 통해서가 아니라 정당의 중재적 역할로 환원될 경우, 정당들이 갈등의 우선순위를 정하기 위해 협의하는 시간 속에서 필연적으로 발생하는 사회적 희생의 부분은 어떻게 보상할 것인가? 나아가 기존 정당들이 의회 내에서 합의한 갈등의 우선순위와 해결방법들은 모두 신뢰 가능한 것인가? 역사·사회적 유산에 의해 갈등의 징후에 대한 인식과 대응의 어려움으로 지체되는 시간을 고려하지 않는다고 가정하고, 모든 인민과 정당들이 도덕적이고 합리적이라고 가정한다 해도, 정당정치의 '대의성'의 작동을 위해서는 선거, 토론, 입법, 정책시행 등을 위한 절대적 시간이 필요하다. 시간은 모든 것을 정지시켜 놓지 않는다. 지금 이 시간에도 가정 내 폭력으로 살해당하거나 죽음보다 못한 삶을 살아가는 아동과 여성들이 존재한다. 고액의 은행 빚과 등록금, 심각한 고용문제, 경쟁적 교육 등으로 스스로의 목숨을 끊는 사람들의 수는 세계 1위를 기록하고 있다. 장애인, 노숙인, 빈곤층 독거노인과 청소년 가장, 고액중증 환자들은 여전히 인권의 사각지대에 놓여있으며, 재개발에 따른 갈등의 '사회화'는 오히려 정당정치가 방치하고 있다. 유권자도 아닌 이주노동자들의 현실은 말할 것도 없다. 이들의 삶과 존재는 정지되어 있지 않으며, 정당 간에 바람직한 합의가 이뤄지고 예산과 정책이 집행되는 기나긴 시간 동안 기다릴만한 상태도 아니다. 어쩌면 시간의 희생자들을 위해서는 '바람직한' 대책을 마련한 새로운 정당이 출현하여 이 정당이 의회 내 합의를 도출할 수 있을 정도의 정치적 세력화를 기다리는 시간보다, 기존 정당 중에서 보다 자유주의적이고 보다 진보적인 정당이 그러한 의제 혹은 갈등을 사회화시키고 정치적으로 해결하기를 기다리는 시간이 더 짧을 지도 모른다. 시간의 흐름에 대해 생각하지 않는다면, 인식되지 않은 저들의 갈등이 그 징후에 대한 인식과 대응을 통해 기존 정당정치 질서로 환원되고 기존 갈등과 치환되어 바람직한 정당들의 효과적인 역할로 저들의 문제가 해결될 수 있도록 기다릴 수 있다. 적어도 그럴 수만 있다면, 저들의 존재가 만들어낸 징후와 자신을 동일화시키고 연민을 느끼는 유권자들이 정당에 압력을 행사하는 몇 달 혹은 몇 년의 시간을 보낼 수 있을지도 모른다. 그러나 시간의 흐름과 상황의 변화(악화가 아니길 바랄 뿐이다)는 절대적이며 필연적이다. 그런 정당정치의 시간이 흐르는 동안 어쩌면 어떤 이들은 가정폭력으로, 어떤 이들은 카드빚으로, 어떤 이들은 고용난으로, 어떤 이들은 보살핌을 받지 못해서, 어떤 이들은 의료기술은 존재하나 치료비가 없어서, 어떤 이들은 한국 국적이 없어서, 맞아죽거나, 자살하거나, 얼어 죽거나, 병사하거나, 추방당하면서 시간의 한계를 넘어 어떠한 인식과 대응도 필요하지 않는 세계로 떠날 것이다.

정당의 역할에 필요한 최소한의 시간은 그렇다고 치자. 인민들 혹은 유권자로 주체화된 인민들이 역사·사회적 유산들로부터 벗어나지 못한 채 동일화를 통한 인식과 대응을 주저하고 있다면, 그리고 기존의 자유주의적이거나 진보적인 정당이 대립적 정당과의 정치적 교착상황을 지속하면서 의회활동이 장시간 유보된다면, 그 인식과 대응, 그리고 정당정치가 회복되는 순간까지 저들이(혹은 나 자신이) 자신들의 고통을 견뎌내기만을 기다리며 방치할 것인가? 모든 과정이 회복되어 저들의 징후가 정당정치 내에서 갈등으로 다뤄지기 시작한다고 해도 다른 수많은 갈등들과 함께 기존 정당들의 갈등의 서열화 작업을 기다려야 한다. 그 서열의 아래에 배치되는 갈등들은 또 다시 자신들의 순서를 기다리면서 희생자로 전락할 수밖에 없을 것이다. 어쩔 수 없는 시간의 경과를 최대한 짧게 하고 희생자의 수를 최소로 줄이기 위해 정당정치의 민주화를 추진하고 정치인들의 도덕성과 합리성을 높일 수 있는 나름의 방법을 찾는 것은 중요하다. 그러나 그것만으로 해법이 될 수 없음은 미국 대통령 오바마를 떠올리면 보다 분명해 진다. 그는 뛰어난 유머 감각, 도덕적 감성 그리고 호소력 있는 연설능력이라는 정치인의 필수조건을 다 갖추었지만, 자신이 강력히 추진한 의료보험개혁안조차 수준 높다고 하는 미국 정당정치는 물론 다수 유권자로 주체화된 인민들의 현실적 이해관계의 벽도 넘어서지 못했다. 자신의 능력과 당시의 사회구조적인 배경으로 그가 대통령이 될 수 있었던 것과, 취임 이후 그를 중심으로 수많은 갈등들이 미국 의회정치 내에서 해결되는 과정은 동일하지 않은 것이다.

모든 정치인들은 대의제에 요구되는 절대적인 시간과 상대 정당의 정략적 시간 끌기를 이유로 자신의 도덕성과 합리성을 지키면서 정당정치의 희생자에 대한 책임으로부터 빠져나갈 수 있지도 모른다. 그러나 그것은 언제나 자신들을 지지하거나 잠재적으로 지지 가능한 유권자로 주체화된 인민 앞에서만, 혹은 자신들의 당선에 결정적으로 위협적인 집단들 앞에서만 그럴 뿐이다. 뿐만 아니라 정권교체의 선거 시기가 다가오면서 모든 갈등의 서열화는 정당의 득표 전략과 함께 재구성되며, 유권자로 주체화된 인민들도 자신들의 복합적 정체성들에 따른 갈등 중 최우선 순위의 이해관계를 중심으로 선거에 임하게 된다. 도덕성과 합리성은 정당의 득표 전략과 유권자로 주체화된 인민들 자신의 이해관계의 범위를 벗어나지 못하는 것이다. 득표 중심으로 진행되는 갈등의 서열화 과정에서 자신에게 불리한 갈등을 '사사화' 하는 특권집단은 사회경제적으로 기득권을 가지고 있는 이익 집단들이 아니라 역설적으로 정당과 유권자로 주체화된 인민들이 된다.

이 글은 현대 정치에서 정당의 역할과 특징을 다루면서 정당정치의 한계를 드러내려고 했다. 그 한계는 두 가지 차원에서 기원한다. 하나는 치안과 해방이 마주치는 공간으로서의 정당이 신자유주의 지구화의 무게가 후자, 즉 해방의 논리와 실천이 양자가 마주치는 공간에 드러나지 못하면서 발생하는 한계이다. 절차민주주의가 모든 시간의 흐름 속에서 필연적으로 발생하는 희생들을 하나의 과정 속에 실정적으로 기술하면서, 해방은 어떤 실천이 아니라 치안 / 절차를 통해 얻어지는 부산물 혹은 도달할 수 없는 유토피아적 욕망으로 간주된다. 여기에서 다른 하나의 기원이 시작된다. 정당만이, 정당정치만이 현대 정치의 모든 것을 대체하고, 해결할 수 있다는 환상이 만들어내는 한계이다.

과거 농경민족들에게 농사와 관련된 절기마다의 세시풍속이 그들의 모든 일상생활과 윤리를 지배하는 중요한 패러다임이듯이, 오늘날 정해진 시기마다 치러지는 선거일정은 유권자들의 일상생활과 윤리를 지배하고 있다. 그리고 그 선거는 정당을 중심으로 치러질 수 있는 규모와 절차로 진행되고 있다. 일상의 모든 행위들은 그 행위들이 일상을 규정하는 법과 윤리를 넘어서는 급진적인 형태를 띨지라도, 마치 농사가 절기를 벗어날 수 없듯이, 그 모든 행위들은 선거와 정당정치로 회귀되고 안주되어 버린다. 모든 저항은 고행의 사순절을 위한 사육제Carnival가 되어버렸고, 사육제의 모든 급진적이고 열정적인 행위들은 선거라는 사순절이 다가오면 윤리적이고 법적 순응으로 빠르게 전환되어진다.

6. 나오며

해방의 논리가 삭제되고 정당의 절대성만이 강조되는 현대 '한국' 정치는 마치 서구 중세 가톨릭 농경사회에서 다른 모든 것은 이교도Pagan와 마녀로 간주되고 오로지 인정되는 것은 사순절로의 순종을 전제로 한 사육제 공간에서의 행위인 것처럼, 다른 모든 것의 '탈정당정치화'를 염려하고 있다.

그러나 우리가 염려해야 할 것은 정당정치를 벗어나려는 현실의 여러 정치행태들이 아니라, 정당이라는 틀에 담길 수 없는 수많은 정치적 갈등과 요구들을 그 틀에 가두려는 전체주의적 경향의 인식이다. 정당은 그리스 신화 속 '프로크루스테스Procrustes의 관'이 아니다. 정치는 정당이라는 관 크기에 맞춰 줄여지거나 늘려질 수 없으며, 오히려 정치의 생명은 관 밖에 있을 것이다. 정치, 적어도 정당을 중심으로 전개되는 한국 정치가 그 위기를 극복하기 위해서는 단지 정당의 개혁이 아니라, 정당정치의 신학적 권리를 포기하는 것부터 시작해서 정당정치의 희생양의 절규를 직접 듣고 스스로 정당정치의 프레임을 벗어나는 정당의 '해방'의 논리의 수용으로 나아가야 할 것이다.

참고문헌

이승원, 「민주주의와 헤게모니―현대 민주주의의 특징에 관한 이론적 재검토」, 『비교민주주의 연구』 제4집 1호, 2008.

______, 「소외된 쉼의 회복을 위한 소비주체의 재구성―집단적 정체성에서 복합적 정체성으로의 인식론적 전환」, 『경제와 사회』 통권 제88호, 2010.

______, 「민주주의와 정치변동」, 『인간과 정치―현대 정치학의 시각과 영역』, 서울 : 명지사, 2011a.

______, 「정당 민주주의와 급진 민주주의―민주주의의 급진적 확장과 연대적 실천을 위한 시론」, 『진보평론』 제47호, 2011b.

최장집, 「한국 민주주의의 반성과 과제」, 민주항쟁기념관 민주주의사회연구소 제1회 심포지움 자료집, 2000.

______, 「'해방 60년'에 대한 하나의 해석」, 『시민과 세계』 제 8호, 2006.

급진민주주의 연구모임 데모스, 『데모스 2―연대성의 정치학』, 데모스, 2011.

최장집, 『한국 민주주의이 이론』, 한길사, 1993.

______, 『한국 민주주의의 조건과 전망』, 나남, 1996.

______, 『한국 사회와 민주주의』, 나남, 1997.

______, 『민주화 이후의 민주주의』, 서울 : 후마니타스, 2002.

______, 『한국 민주주의 무엇이 문제인가』, 서울 : 생각의나무, 2008.

______, 『소명으로서의 정치』, 서울 : 후마니타스, 2011.

______ 편, 『위기의 노동―한국 민주주의의 취약한 사회경제적 기반』, 서울 : 후마니타스, 2005.

______ · 박찬표 · 박상훈, 『어떤 민주주의인가―한국 민주주의를 보는 하나의 시각』, 서울 : 후마니타스, 2007.

______ · 이정우 · 최영기 · 장하군 · 임동원 · 도정일 · 김우창, 『우리는 무엇을 할 것인가』, 프레시안북, 2008.

그람시, 안토니오, 이상훈 역, 『그람시의 옥중수고』 I, 서울 : 거름, 2004.

라클라우, 에르네스토 · 무페, 샹탈, 이승원 역, 『헤게모니와 사회주의 전략―급진 민주주의 정치를 향하여』, 서울 : 후마니타스, 2012.

랑시에르, 자크, 양창렬 역, 『정치적인 것의 가장자리에서』, 길, 2008.

베버, 막스, 최장집 편, 박상훈 역, 『소명으로서의 정치』, 서울 : 후마니타스, 2011.

샤츠슈나이더, E. E., 현재호·박수형 역, 『절반의 인민주권』, 서울 : 후마니타스, 2008.

슈미트, 칼, 김항 역, 『정치신학—주권론에 관한 네 개의 장』, 그린비, 2010.

아렌트, 한나, 이진우, 태정호 역, 『인간의 조건』, 한길사, 2011.

엘버트 O. 허시먼, 이근영 역, 『보수는 어떻게 지배하는가』, 웅진 지식하우스, 2010.

Gill, Stephen, "Theorising the Interregnum-The Double Movement and Global Politics in the 1990s", Bjorn Hettne(ed.), *International Political Economy-Understanding Global Disorder,* London : Zed Books, 1995a.

__________, "Globalisation, Market civilisation, and Disciplinary Neoli-beralism." *Millennium-Journal of International Studies,* vol. 24, no. 3, 1995b.

Hurrel, Andrew · Woods, Ngaire, "Globalisation and Inequality", *Millennium : Journal of International Studies*, vol. 24, no. 3, 1995.

Wood, Ellen Meiksins, "Modernity, postmodernity or capitalism," *Review of International Political Economy*, vol. 4, no. 3, 1997.

Agnew, John · Stuart Corbridge, *Mastering Space*, London : Routledge, 1995.

Cox, Robert, *Production, Power and World order : Social Forces in the Making of History*, New York : Columbia University Press, 1987.

Hoogvelt, Ankie, *Globalisation and the postcolonial world*, London : Macmillan, 1997.

Laclau, Ernesto, *New Reflection on the Revolution of Our Time*, London : Verso, 1990.

Lefort, C, trans. David Macey, *Democracy and Political Theory*, London : Polity Press, 1988.

Torfing, Jacob, *New Theories of Discourse : Laclau, Mouffe and Žižek*, Oxford : Blackwell, 1999.

3장 | 최장집의 노동운동(정치) 연구와 담론에 대한 비평*

이광일

1. 들어가며

최장집은 '진보정치학자'로 불린다. 무엇보다 그 이유는 그가 노동을 연구대상으로 삼고 있을 뿐만 아니라 그것의 '정치적 시민권'을 옹호하고 있기 때문이다. 하지만 정작 그 '진보성'의 내용이 무엇인지, 그것에 관한 논의는 빈곤하다. 이 글은 그의 노동운동 연구에 주목하면서 바로 그 경계를 밝히고자 하는 시도이다.

그런데 이 문제에 접근하고자 할 때 출발점으로 삼아야 할 것은 그의 작업이 서로 밀접하게 연관되어 있는 세 가지 발상, 즉 과대성장국

---

* 이 글은 2011년 11월 19일 고려대학교 민족문화연구원 HK사업단 내 "도래할 한국 민주주의" 기획연구팀이 개최한 제1차 심포지엄 「최장집의 한국 민주주의론」에서 발표한 대강의 초고를 하나의 논문으로 완성하여 『마르크스주의 연구』 제10권 1호, 2013 봄에 실린 것을 수정, 보완한 것이다.

가론, 정당민주주의론, 코포라티즘으로 구성되어 있다는 사실이다. 그리고 외견상 이 발상들 가운데 코포라티즘이 핵심적인 지위를 차지하고 있는 것으로 보이는데, 그 이유는 코포라티즘이 현재-미래의 민주주의와 국가의 재구성 과정에서 가장 중요한 것으로 간주되는 노동의 문제를 다루고 때문이다. 즉 최장집이 지금의 정치상황을 "노동 없는 민주주의"로 규정하며 비판적으로 접근할 때, 그 '노동의 부재'는 그가 생각하는 '정상적인 민주주의', '정상적인 국가'에 대한 부정을 의미하기에 그렇다. 하지만 진정 그런가.

이 글은 이러한 맥락을 염두에 두면서 우선 그의 노동운동 연구가 지니는 역사적 의미와 그가 한국 사회와 노동문제를 조망할 때, 기본 틀로 삼고 있는 과대성장국가론 및 코포라티즘이 지니는 한계에 대해 살펴볼 것이다. 또한 노동운동에 대한 그의 분석과 거기에 담겨 있는 정치적 의미를 역사특수적인 상황을 고려하며 비판적으로 검토할 것이다. 그리고 이러한 과정을 통해 이른바 '진보정치학의 대표자'로 인지되고 있는 그의 이론, 실천상의 '보수적 경계'를 자연스럽게 드러내고자 한다.

2. '정치학'의 대상이 된 노동운동과
그로부터 배제된 노동운동

한국 노동운동에 대한 최장집의 연구는 양적인 측면에서 보면 많은 것은 아니지만, 관련 연구자들에게 다양한 자극과 영감 그리고 논쟁점을 제공해 왔다는 점에서 중요한 의의를 지니고 있다. 이러한 의의는 노동운동이라는 대상 자체가 근대 이후 자본주의 정치의 핵심을 구성해 왔다는 점으로부터 기인하는 바 크지만, 다른 한편 노동운동을 불온시해온 한국의 상황 속에서 그가 그것을 정치학의 본격적인 대상으로 취하였다는 점에 주목하지 않는다면 적절히 평가될 수 없을 것이다.

잘 알려져 있다시피 전후 한국 사회에서 노동운동이 정치학의 연구대상이 될 수 없었던 가장 큰 이유는 극우반공분단체제에서 그것이 체제에 '적대적인 존재'로 간주되었기 때문이다. 그렇기에 기존 체제에 대한 정치적 위협 여부와 무관하게 노동운동은 그 스스로가 그런 불온한 존재가 아니라는 점을 항상 증명해야만 했고 그것은 노동자들이 계급으로서가 아니라 개별 근로자로 자신을 구성해야 하는 근본 원인이었다. 베버M. Weber의 표현을 빌린다면, 한국전쟁 이후 이 사회에서 반공산주의anti-communism와 그것의 실현이야말로 '신의 소명vocation'이었고 따라서 노동자들은 그것을 입증하기 위해 '기계화된 인격'으로서 존재해야만 했던 것이다.[1] 따라서 노동운동을 시민사회 안의 단순한 이익집단활동으로 보는 것조차 문제가 되는 상황에서 그것을 정치의 주요 행위주체로 보거나 사회비판의 차원에서 그것을 연구하는 것은 국가와 자본 등의 직간접적 억압, 배제의 대상이 될 수밖에 없었다.[2]

다른 한편 이러한 구조와 분위기mood는 이른바 '혁명과 노동운동의 시대'라고 하는 1980년대에도 지속되었는데, 이 시기에 특히 주목해야

---

1 '소명으로서의 노동(직업)'에 관해서는 베버 2010 참조.
2 연구 활동과 관련된 대표적 예로는 '민우지사건'을 계기로 고려대 부설 노동문제연구소에 가해진 유신체제의 직간접적인 탄압을 들 수 있다. 이에 관해서는 고려대 노동문제연구소 1998 참조.

할 것은 그러한 분위기가 급진적인 노동운동 내부의 발상과 실천들에 의해 직간접적으로 조장되었다는 점이다. 그 내부요인이란 1980년대 초반 구로동맹파업을 통해 '정치투쟁을 본령으로 하는 노동운동'으로의 방향전환이 구체화된 후 노동자들에게 '혁명성이 내장된 노동자계급'이라는 성격과 함께 '사회변혁의 중심주체'라는 위상이 주어졌다는 점이다.[3] 물론 그런 성격과 위상은 주어지는 것이 아니라 형성된다는 측면에서 그 자체가 의문시되기도 하였고(최장집 1991 : 333~334 참조) 실제 그러한 성격과 위상은 현실의 장애들과 부딪히며 온전히 실현될 수 없었다. 하지만 지배이데올로기를 걷어내면, 혁명성의 담지자인 노동자들이 언제든지 혁명을 추동하는 계급으로 나설 수 있다는 인식은 쉽게 가시지 않았다.[4] 그렇기에 노동운동 내부의 차이들에 관해 의미 있는 관심을 가질 필요가 없었으며, 오히려 '노동자계급의 단일성(통일성)'을 문제시하는 것은 '혁명적 실천과 분리된 소부르주아적인 발상 및 태도'의 반영으로 간주되기조차 하였다.

따라서 국가와 자본, 그리고 노동 사이의 모순과 긴장, 적대와 갈등 관계에 대한 천착, 특히 노동자계급의 형성, 그 내부의 차이 문제는 그리 중요한 관심의 대상이 될 수 없었다. 바로 이런 상황이었기에 1917년 혁명을 전후한 러시아, 영국과 독일 등 유럽, 그리고 라틴아메리카

---

3 이러한 성격 및 위상 부여를 뒷받침한 논거는 레닌V. Lenin과 루카치G. Lukács 등에서 왔다. 다른 한편 이 시기 노동운동의 급진적 방향 전환은 자유주의적 노동운동으로부터 조직, 이념의 독자성을 선언하고 그것을 실현하기 위한 구체적 실천의 계기가 되었다는 점에서 매우 중요한 의미를 지니는 '사건'이라 할 수 있다. 구로동맹파업의 전개 과정, 그 성격과 의의에 관해서는 서울노동운동연합 1986; 유경순 2007 등을 참조.

4 이러한 혁명성의 발현은 노동자들을 정치적으로 조직화하는 전위정당의 '외부로부터의 개입'을 통해 이루어진다. 이에 관해서는 박영균 2008 참조.

의 급진적 노동운동들과 정치들에 대한 매우 높은 관심에도 불구하고 정작 한국 노동운동에 관한 연구는 빈곤한 수준에서 벗어날 수 없었으며 기존의 연구들 또한 대개가 편년체적인 사실 기술의 언저리를 배회하는 것에 그치고 있었다.

이러한 구조와 조건들은 박정희지배체제 시기, 즉 제3공화정과 유신체제 시기의 노동운동을 다룬 최장집의 연구가 이런저런 지면을 통해 처음 조각으로 발표되고 그것들이 1988년 『한국의 노동운동과 국가』라는 제목을 달고 단행본으로 출간되었을 때, 그것에 대한 상이한 평가에도 불구하고 진보적인 사회과학연구자들, 특히 젊은 정치학연구자들이 매료될 수밖에 없었던 이유를 말해주고 있다. 그렇기에 지금 그것이 1960~1970년대 박정희지배체제 시기의 노동운동 연구에 한 기여, 그 의미에 관해 새삼 언급하는 것은 오히려 지면의 낭비일 수 있다. 이미 그 저작은 한국 노동운동, 더 나아가 박정희체제를 이해하고 연구하고자 하는 경우, 특히 그가 언급하고 있는 것처럼 "노동의 문제가 경제학, 사회학, 법학, 역사학, 철학 그리고 정치학의 문제이기도 하다"(최장집(1988), 「책머리에」 참조)는 점에서 특정 학문분과와 무관하게 반드시 독서해야 할 텍스트로 자리 잡고 있기 때문이다.[5] 이런 맥락에서 다음과 같은 그의 희망은 이미 실현된 것으로 보인다.

나는 이 연구가 노동의 문제를 정치학의 영역 내에 놓는 데 자극이 되기

---

[5] '노동의 문제가 (…중략…) 그리고 정치학의 문제이기도 하다'는 진술이 노동에 그러한 학문들이 다루는 대상이 내재되어 있음을 말하는 것이 아님에 유념할 필요가 있다. 특히 노동에 정치가 내재되어 있음을 의미하지 않는데, 그에게 정치는 노동의 '외부'에 제도로만 존재하기 때문이다.

를 바란다. 그리하여 결과적으로 이 연구가 '방황하는 정신들이 어둠 속에서 끊임없이 서로가 서로를 찾다가 마침내는 한데 어우러져 결합'하는 일을 돕는 데 조금이라도 보탬이 될 수 있다면 더 바랄 것이 없겠다

– 최장집(1988), 「책머리에」

그런데 무엇인가가 실현되었다는 것은 그리 즐겁지 않은 것일 수도 있다. 실현은 더 이상 미래를 위한 생기와 영감을 주지 못할 수도 있으며 오히려 그것은 낡음과 구태의연을 예시하는 것일 수 있기에 그렇다. 이것은 『한국의 노동운동과 국가』 이후 노동운동에 관한 의미 있는 저작을 내놓지 못했던 그의 연구 궤적에서도 확인할 수 있다. 물론 그렇다고 하여 그가 노동문제에 대한 관심과 연구로부터 벗어나 있었던 것은 아니지만, 그 대부분은 과대성장국가, 코포라티즘 등과 같이 초기 연구에서 원용한 발상들을 이른바 '민주화 이행기', 그리고 '국가사회주의' 블록의 붕괴 이후 신자유주의에 의해 재편되고 있던 노동현장에 적용, 조망하는 글들이었기에 그 통찰과 영감은 전작에 미치지 못하였다.

「한국 노동운동은 왜 정치조직화에 실패하고 있나―1987년 이후 노동운동의 전개에 관한 한 분석」,[6] 「민주주의 이행하에서의 한국 노동운동」, 「1997년 '1월 총파업'과 한국 노동운동의 발전 전망」 등이 이 시기에 발표된 글들인데, 이 글들이 기존의 『한국의 노동운동과 국가』에

---

6 이 글은 한국사회학회와 한국정치학회가 공동으로 주최한 심포지엄에서 발표되었으며 한국사회학회·한국정치학회 편, 『한국의 국가와 시민사회』, 한울, 1992에 수록되어 있다. 또한 이후 발간된 최장집, 『한국 민주주의의 이론』, 한길사, 1993에 「한국노동운동의 정치세력화문제, 1987~1992」라는 제목으로 재수록되어 있다.

부록으로 덧붙여져 1997년에 재판된 것도 이러한 궤적을 보여주는 것일 수 있다.(최장집 1997b 참조) 그렇기에 지금 그의 연구 성과를 검토할 때 요구되는 것은 과거의 유의미성에 대한 '회고'가 아니라 비대칭적이고 불균등한 현재의 사회관계들, 그에 내재되어 작동하는 권력관계들을 넘어서고자 하는 시도들에 그것이 어떠한 모습으로 접맥되어 있는가라는 지점에 주목하는 비판적 문제의식과 태도이다.

이러한 맥락에서 1992년에 발표한 「한국 노동운동은 왜 정치조직화에 실패하고 있나—1987년 이후 노동운동의 전개에 관한 한 분석」은 매우 주목할 만한데, 그 이유는 이 글이 그의 이론, 실천상에서 어떤 입장 변화를 보여주고 있기 때문이라기보다 오히려 노동운동 연구 및 실천과 관련하여 진보학자로 간주되고 있는 '최장집의 경계Choi's boundary', 구체적으로 말하면 그의 '진보성의 경계'를 확연히 드러내준 논의이기 때문이다.[7] 물론 그 경계의 설정이 그 자신의 인식, 인정과는 무관하게 시대적 콘텍스트에 의해 주조된 측면이 없지 않다는 점에 충분히 유의해야겠지만, 그럼에도 불구하고 이 글은 그가 자신의 정치학에서 그 어떤 노동, 그 어떤 정치를 포용하고 있는지, 혹은 비판 및 배제하고 있는지를 분명히 드러내고 있다는 점에서 매우 중요하다. 따라서 여기에서는 1988년 발간된 『한국의 노동운동과 국가』 그리고 1992년에 발표된 「한국 노동운동은 왜 정치조직화에 실패하고 있나—1987년 이후 노동운동의 전개에 관한 한 분석」을 중심에 두고 그의 일련의 연구들과 현실개입의 담론을 비판적으로 검토할 것이다.

---

[7] '최장집의 경계'라는 용어는 한국에 대한 미국의 규정성을 의미하는 '아메리칸 바운더리 American boundary'로부터 차용한 것이다.

이와 관련, 특히 염두에 두어야 할 것은 전자는 1983년도에 완성되었고 후자의 경우는 전국노동조합협의회(이하 전노협)를 대상으로 한 '노동운동위기론'이 한창 운위되던 1992년에 발표된 글이라는 점이다. 즉 전자가 급진적 노동운동이 아직 자신의 모습을 드러내지 못했던 1979년까지의 시기를 그 연구대상으로 삼고 있다면, 후자는 1987년 '노동자대투쟁'을 거치며 공개적으로 자신의 모습을 드러낸 급진 노동운동이 중요한 정치주체로 존재하던 시기를 다루고 있다는 사실이다.

3. '이론'과 '실재', '담론' 사이의 긴장 그리고 파열

무엇보다 최장집의 연구에서 근간이 되고 있는 과대성장 국가overdevelopment state 개념에 대해 잠시 살펴볼 필요가 있는데, 그 이유는 과대성장국가론이 노동운동을 포함한 그의 모든 연구에서 한국 사회를 바라보는 기본 인식틀로 작동하고 있기 때문이다.

주지하다시피 과대성장국가는 식민지 시기와 한국전쟁을 거치며 형성된 국가, 즉 강한 자율성autonomy과 능력capacity을 지닌 국가를 표현하기 위해 도입한 것으로 이 발상의 주창자인 알라비H. Alavi는 자생적인 자본가, 지주, 메트로폴리탄 자본 그 누구도 헤게모니를 가질 수 없는 파키스탄과 방글라데시에서 '상대적 자율성' 이상의 역할을 수행하는 국가에 주목하고 있다.(Alavi 1972) 이러한 발상은 새로운 주장이라기보다 최장집 자신도 인지하고 있듯이 베블렌T. Veblen, 거쉔크론A. Gerschenkron 등이 주목한 후발국가에서의 산업화를 둘러싼 논의, 그리고 그 또한 이론적으로 적지 않게 의지하고 있는 허쉬만A. Hirschman의 '발전경제학' 논의 등이 탈식민지사회에서 재생된 것이라고 할 수 있다.(최장집 1983 : 368~369 참조)

그런데 지금 이 논의의 수용에 주목하는 것은 그것이 소개될 당시 이른바 '제3세계국가론'에 부여되었던 일반적 의미, 즉 그것들이 정통 맑스주의국가론(도구적 계급국가론)에 대하여 탈식민지사회, 즉 '후후발 late-late 국가들'의 역사특수성에 근거한 의미 있는 문제제기였다는 점 때문이 아니라 그것을 적용할 경우, 발생할 수 있는 한계 때문이다.

우선 과대성장국가론은 본격적인 자본주의 산업화가 급속히 진전되기 이전의 사회를 대상으로 고안된 개념이라는 점에서 자본주의 산업화가 상당히 진전된 경우, 그 논의의 유의미성은 현저히 제한, 반감된다. 박정희체제의 노동운동을 다룰 경우, 그 시기가 한국전쟁 중에 본격화된 토지개혁으로 이미 지주계급이 의미 있는 사회정치세력으로 존재할 수 없게 되고 다른 한편 이승만 정권기를 거치며 형성되기 시작한 대자본이 6·3항쟁의 좌절 이후 '발전주의동맹'의 핵심주체가 되어 자본주의 산업화를 급속히 추진하고 있던 때라는 점에서 애초 과대성장국가라는 개념이 지닐 수 있었던 유용성은 상당 정도 퇴색될 수밖에 없다.[8] 최장집이 그것을 한국 사회에 적용할 경우, '상이한 조건들'을 고려해야 한다고 언급하는 것도 이 때문일 것이다.

그런데 더 큰 문제는 '무엇에 대해 과대성장되었는가'라는 질문을 던질 때 발생한다. 이에 대한 그의 답은 '시민사회civil society'이다. 물론 그

---

8 토지개혁과 이승만 정권을 거치며 형성된 대자본이 이른바 '발전주의동맹'의 중심이 되는 과정에 관해서는 이대근 1987; 공제욱 1992; 기미야 다다시 1991; 공제욱 1999 등을 참조.

는 이 국가가 '시민사회'의 자본, 노동 등과 비대칭적 관계를 맺고 있다는 점에 주목하고 있지만 그것은 부차적인데, 그 이유는 그가 시민사회를 국가를 넘어서는 정치기획이 가능한 공간, 즉 대중정치 혹은 봉기의 공간으로 보지 않기 때문이다. '시민사회'는 국가를 감시, 비판, 견제하는 기능은 할 수 있지만, 그것을 위협해서는 안 되는 것이다. 이것은 그에게 '과대성장국가'의 대안이 무엇인지 묻는 순간, 더욱 분명해 진다. 그에게 시민사회에 대해 과대성장된 국가는 '비정상적 국가'이며 따라서 '정상국가'란 '과대성장되지 않는 국가', 즉 시민사회를 포획하는 것이 아니라 그것의 비판과 견제 속에 존재하는, 이른바 '균형국가'를 의미한다. 한마디로 그가 희구하는 것은 서구의 자유주의적(다원주의적) 전통에 있는 자본주의국가의 그 어떤 형태인 것이다. 이러한 맥락에서 그가 자신의 논지를 풀어나가는데 자유주의적(다원주의적) 시민사회론에 정초하고 있는 달R. Dahl의 정치관과 민주주의를 중요한 근거로 삼고 있는 것은 매우 자연스러운 현상이라 할 수 있다.(Dahl 1999 참조)

그런데 이와 관련하여 더 근본적인 문제는 자본주의사회의 국가를 문제시하는 한 그러한 과대성장국가는 존재할 수 없다는 사실이다. 즉 비교사적인 설명과 분석을 위해 그 개념을 상대적인 수준에서 사용할 수는 있지만, 그것이 형태상 분리되어 있는 국가와 사회가 실은 서로 절합되어 특정 자본주의사회(구성체)를 재생산해 왔다는 객관적 사실을 부차적인 것으로 간주하거나 부정하는 근거가 되어서는 곤란하다. 국가는 주어진 생산양식의 특수한 형태 속에서 정치적, 이데올로기적 관계를 응집, 응축, 물질화, 그리고 구체화하는 인자이며 계급관계와 비계급관계를 포함하는 모든 사회적 현실은 반드시 이 국가와 구성적 관계를 유지하고 있기 때문이다.(Jessop 1985 : 118) 사실 최장집이 공감, 의지하고 있는 후발, 후후발 사회의 산업화 과정에서 헤게모니의 부재 내지 빈곤에 처해 있는 자본의 역할을 국가가 대신하여 수행한다는 역사사회학적 논의들은 바로 이 점을 확인시켜주고 있는 유력한 증거에 다름 아니다.

이 지점에서 그의 기본 인식틀이 지니고 있는 한계, 대안을 확인해 두는 것은 그의 '진보성'에 대한 대강의 윤곽을 미리 제시함으로써 이후 논의의 이해를 돕고자 하는 측면이 없지 않지만, 다른 한편 그가 『한국의 노동운동과 국가』에서 국가코포라티즘state corporatism으로 박정희체제 시기의 노동운동을 다루고 있기 때문이기도 하다. 즉 국가코포라티즘이 과대성장국가가 노동조합 등과 같은 이익단체들과 맺고 있는 특수한 관계 — 라틴아메리카의 경우는 '관료권위주의'와 노동조합의 관계 — 를 살피는 틀이라는 점에서 그 자체에 과대성장국가론을 원용하는 경우 발생할 수 있는 대동소이한 문제들이 내재되어 있을 수 있음을 환기시키기 위해서이다.

무엇보다 라틴아메리카를 대상으로 하는 코포라티즘을 원용하여 한국의 노동운동을 분석하고자 할 때, 그 이론이 한국 노동운동의 궤적을 온전히 드러내 줄 수 있는 틀인가라는 의문이 제기되는 것은 자연스럽다. 물론 이러한 문제제기는 최장집 자신이 이 논의를 적용할 때, 노출될 수 있는 한계를 스스로 인지, 보정하고 있기에 그리 커다란 문제가 되지 않을 수도 있다. 즉 그는 코포라티즘 논의가 강압적 통치체제의 제도화를 통한 '정치적 탈동원political demobilization'에 집중하는 반면, '경제적 동원economic demobilization'의 중요성을 등한시한다는 점,

국가와 전국 수준의 이익단체(지도자) 간의 상호작용이 일어나는 지점에 관심을 집중하다보니 지역, 개별사업장 수준에서 일어나는 상호작용과 그 상이한 양상을 제대로 파악할 수 없다는 점 등을 지적하면서 (최장집 1988 : 21~25 참조) 이러한 한계들을 보완하기 위해 다양한 이론적 자원들과 연구 성과들을 동원하고 있다. 그의 참고문헌 목록에 톰슨E. P. Thompson, 브레이버만H. Braverman 등이 자리하고 있는 이유도 이들의 작업이 코포라티즘으로 설명할 수 없는 노동자문화, 작업장에서의 미시관계들(작업장 정치)을 잘 드러내 주기 때문이다. 또한 그가 국가 코포라티즘의 기본적 관심이 이익의 기능적 대표와 정책결정 과정에의 통제된 참여라는 점에 두어지는 한 정치체제와 조직된 이익 간의 모든 관계를 포용하지 못한다며 제1세대 산업노동자 계층의 형성 과정에서 주조된 특징들, 산업노동자들의 행위유형, 그리고 그들이 갖는 어떤 문화적, 이데올로기적 요소들이 검토되지 않으면 안 될 것이라고 지적하는 것도 이러한 맥락에서이다.

그럼에도 불구하고 상이한 기원의 이론 및 발상들을 접합시키는 것이 장점이 될 수 있음을 미리 부정할 필요는 없겠지만, 오히려 그것이 단점일 될 가능성 또한 적지 않다는 점을 환기시킬 필요가 있다. 실제로 연관성이 별로 없어 보이는 이론들을 외적으로externally, 기계적으로 접목하여 그 한계를 보완, 설명하려다 보니, 코포라티즘 또한 그것으로 설명가능한 특정 부면을 드러내주는 하나의 수단 이상의 의미를 지니지 못하는 한계를 노출한다. 즉 그의 노동운동 연구에서 핵심적인 지위를 차지하고 있는 코포라티즘이 정작 국가권력과 노동의 실제 관계를 온전히 드러내는 데 그리 효과적으로 기능하지 못하는 것이다.

이러한 한계는 타 지역의 역사특수적 경험을 근거로 고안된 이론들을 원용하는 경우 흔히 나타날 수 있는 문제들로 치부해 버릴 수도 있지만, 그렇게 하기도 힘든 것이 한국 노동운동의 역사가 애초 그것의 적용 가능성 자체를 불투명하게 만들고 있기 때문이다. 즉 코포라티즘은 그 하위유형이 국가코포라티즘이든, 사회(자유주의)코포라티즘이든 그것이 코포라티즘인 한 노동자계급을 대표하는 단일한 교섭조직의 존재, 이들의 지지를 끌어내고자 국가에 의해 제공되는 조직대표성을 포함한 각 직능영역에서의 사회경제적 이해보장 등 최소한의 조건을 전제로 한다. 그가 합의적 결정주의, 즉 코포라티즘을 위해 무엇보다도 기업이든, 노동자이든 이들의 이익을 대변하는 자율적 결사체조직이 기능이익의 범주에서 대표성을 가질 수 있어야 하고 강력해야 한다고 주장하는 것도 바로 이 때문이다.(최장집 2006 : 118)

그런데 당시 한국 노동운동의 유일한 중앙조직이었던 한국 노동조합총연맹(이하 한국노총)과 산별노조들의 경우, 국가가 달리 어떤 유인을 주지 않아도 노동자대중에 대한 정치적 탈동원과 경제적 동원을 거부할 수 있는 의미 있는 사회정치적 존재가 아니었다.(이광일 2008 : 27~28) 왜 그럴까. 이에 대한 답으로는 애초 한국의 노동조합이 노동자들의 사회경제적 이해를 대변하기 위해 조직된 것이 아니라 극우적인 반공산주의의 실현을 위한 '유사국가기구'로 출발하였다는 점,(임송자 2007 참조) 그리고 5·16쿠데타 이후 군정에 의해 조직된 한국노총 또한 4·19혁명 이후 부각된 내부 개혁파마저 제거된 '어용조직'이었다는 점 등을 기억하는 것으로 충분할 것이다.

이러한 역사적 현실에는 그가 한국의 경우 라틴아메리카 국가들과 비교하여 '낮은 수준의 물질적 보상'에도 불구하고 어떻게 '근로자들'로부터 높은 수준의 노동생산성을 이끌어내 고도성장을 이룰 수 있었는가라는 질문을 던졌을 때,(최장집 1988 : 21) 그것이 국가코포라티즘이라는 기제 때문이라기보다 한국전쟁 이후 구조화된 반공규율사회의 파편화되고 분절된 노동자들의 존재양태 때문이라는 설명에 더 호감을 보일 수밖에 없는 이유가 각인되어 있다. 그렇기에 그가 '낮은 수준의 물질적 보상'이 무엇을 말하는지 구체적으로 제시하지 않아 미리 단정 지을 수는 없지만, 만일 한국의 노동조합운동을 코포라티즘이라는 틀로 설명, 분석하고자 한다면, 아마도 식민지를 경험한 후 자본주의적 산업화의 경로를 걷는 나라들치고 이 범주에 포함되지 않는 예는 거의 없을 것이다.

그 또한 이 점을 어느 정도 인지하고 있기에 조합주의 개념의 변용을 통해 이러한 난점을 해소하고자 한다. 즉 슈미터Philippe C. Schmitter의 정의에[9] 근거하여 코포라티즘을 '어떤 특징을 지니고 있느냐, 없느냐라는 이분법적인 방식으로 이해할 것이 아니라 꼴리어 부부Collier and Collie의 지적에 따라 "그 특징들이 다른 정도로 배합되어 있는 구성적 특성"으로 이해하는 것이 옳을 것이라고 주장하는 것이다.(위의 책 : 26)

하지만 이 또한 문제를 효과적으로 해소시켜주기보다 유사한 문제점을 다시 노출시킨다. 왜냐하면 이 경우 모든 국가는 그 특징들이 다

---

[9] 슈미터Philippe C. Schmitter에 따르면 "조합주의는 국가에 의해(만들어 지지는 않지만) 인정되거나 허가된, 그 리더의 선출 그리고 요구와 지지의 접합에 대한 어떤 통제를 준수하는 대신 그들 각각의 범주 내에서 상당한 독점적 대표성을 부여받는, 한정된 수의 구성단위들이 독점적, 의무적, 비경쟁적이며 위계적으로 질서지워지고 기능적으로 분화된 범주들 속에 조직화된 이익대표체계로 정의될 수 있다."(Schmitter 1979 : 13)

른 정도로 배합되어 있는 조합주의라는 스펙트럼 위의 어느 한 지점에 반드시 위치할 수밖에 없기 때문이다. 즉 어떤 대상도 코포라티즘으로부터 벗어날 수 없는 것이다. 바로 이 점은 오히려 코포라티즘이 박정희지배체제 시기 노동운동의 역사특수성을 드러내주는 적절한 틀이 될 수 없음을 반증해 주는 것으로, 모든 것을 포함한다는 점은 결국 아무 것도 말해줄 수 없음을 고백하는 것과 다를 바 없기 때문이다.

따라서 그가 한국노총을 공식조직으로 하는 국가코포라티즘을 전제로 하여 1987년 이후 민주화이행기의 노사관계를 살피면서 전노협, 전국업종노동조합회의(이하 업종회의), 대기업연대회의 등 이른바 "제도화되지 않은 국가코포라티즘의 실제들"에 관해 지적하는 것은 설득력의 빈곤을 재차 확인해 줄 뿐이다.(최장집 1997a : 320~333 참조) 또한 그러한 전제를 수용한다고 하더라도 국가코포라티즘은 박정희지배체제 시기가 아니라 오히려 '민주화이행기' 이후 국가와 노조의 관계를 살피는 데 적용될 때, 그나마 의미 있는 틀이 될 수 있을 것이라는 지적이 제기되는 것도 이러한 맥락에서이다.

아마도 지금까지 지적한 한계들, 즉 이론과 현실 사이의 긴장들 때문에 그 스스로가 "이론적 틀을 벗어던진 뒤에도 연구의 본론을 이루고 있는 내용들이 시간의 풍화를 되도록 오래 견디기를 기대해 본다"고 희망한 것인지도 모른다.(최장집(1988), 「책머리에」 참조) 그리고 실제 『한국의 노동운동과 국가』에는 그 이론적 틀들과 무관하게 그의 예리한 통찰력이 담겨 있기도 한데, 특히 기독교노동운동과 새마을운동의 성격 및 역할에 관한 분석은 인상적이다.

우선 그는 1970년대 민주노조운동의 지지자, 후원자이자 조직자였던 도시산업선교회, 가톨릭노동청년회 등 기독교노동운동이 노동문제를 국가의 경제개발정책과 결부시켜 비판하곤 하였지만, 구체적인 산업문제에서 제기되는 요구를 일반적이고 정치적인 요구로 바꾸려고 하지도, 자본주의와 자본주의 윤리에 대해 어떤 회의도 품지 않았으며 그들이 노동자들에게 설교한 것은 근본적으로 경제적 조합주의였고 이것의 함의는 산업평화와 생산성을 연계시키려 하였던, 바로 국가엘리트들이 품고 있는 것과 똑같은 목표였다는 점을 정확히 지적하고 있다.(위의 책 : 88)

이러한 분석은 그의 의도 여부와 무관하게 교회가 노동운동을 보수적인 경계 안에 가두어 두는데 일익을 담당하였다는 점을 확인해주는 한편, '민주화 이후 민주주의' 시기에 집권한 '비판적 자유주의정치세력'이 수구정치세력과 공조하며 신자유주의를 옹호하고 진보적 혹은 급진적 노동운동을 배제하였던 근본 이유를 드러내주고 있다는 점에서 날카로움이 돋보이는 지적이라 할 수 있다.

또한 그는 새마을운동과 관련해서도 그것이 가장 생산적인 영역인 수출제조업부문 기업체들이 집중되어 있는 도시지역으로 확장되지 않는다면, 불충분하고 제한적인 것이 될 수밖에 없다고 주장하면서 그 최종 목표가 도시와 공장의 통제에 있음을 지적하고 있다.(위의 책 : 184~185) 지금까지 거의 대부분의 연구들이 새마을운동을 농업문제의 위기에 대한 대응의 차원이나 박정희체제의 대중적 지지기반 확충에 강조점을 두어 왔다는 점, 다른 한편 1970년대 초의 위기가 자본의 재생산 위기를 핵심으로 한다는 점에서 그의 이러한 분석은 의미가 있다.

그렇다면 그가 이러한 인식에 도달할 수 있었던 이유는 무엇인가.

무엇보다 그가 자본주의 수출지향 발전전략에서 드러나는 농업문제
와 노동문제를 분리해서 사고하지 않고 그것들이 동전의 양면과도 같
다고 보았기 때문이다. 즉 그의 표현을 빌려 비유한다면, 노동자계층
의 압도적 다수는 최하층 농민이 최하층 노동자로의 수평적 이동에 의
해 형성되었기에 노동자들은 '날 때부터 프롤레타리아born proletariat'가
아니었던 것이다.(위의 책 : 59) 또한 이 시기가 중화학공업화에 중점을
둔 제3차 경제개발계획이 진행되던 때였으며 설상가상 자본의 재생산
위기로 농촌에 투여될 의미 있는 규모의 재원이 없었다는 점(이런 맥락
에서 농민의 노력동원이 독려될 수밖에 없었다), 그리고 '게으름과 안일'의 상
징이었던 농촌이 새마을운동을 시작한 지 불과 2~3년 만에 근면, 성
실, 검소의 상징적 공간으로 호명되면서 도시의 '방종, 사치, 무질서'에
대한 본보기로 선전되기 시작하였다는 점 등은 그 최종 목표가 어디에
있었는지를 강하게 시사해 주는 증거라 할 수 있다.(이광일 2011 참조)

하지만 이와 같은 의미 있는 내용들은 그의 희망에도 불구하고 이후
의 작업 속에서는 거의 찾아볼 수 없게 되었다. 그렇다면 그 이유는 무
엇일까. 그것은 1992년에 쓴 「한국 노동운동은 왜 정치조직화에 실패
하고 있나―1987년 이후 노동운동의 전개에 관한 한 분석」에 간직되
어 있는데, 이 글을 통해 『한국의 노동운동과 국가』 이후 드러나기 시
작한 이론과 현실 사이의 불안한 긴장이 그의 과도한 현실개입 의지,
즉 '주의주의voluntarism'와 맞물리면서 파열되었기 때문이다.

이러한 파열과 관련하여 그가 과거의 핵심 이론들을 계속 원용하고
있다는 점에서 볼 때, 특히 주목해야 할 것은 이 글이 나오게 된 배경이
다. 그것은 노태우 정권이 공안정국을 조성하며 전노협 자체를 부정하

는 물리적, 이데올로기적 탄압을 극단화시키고 전노협 또한 이에 대응하여 '전노협 사수'라는 사활적 목표를 걸고 비타협투쟁을 전개하던 당시의 대치국면으로 요약할 수 있다. 그리고 이러한 국면의 조성은 그에게 '민주적(사회) 코포라티즘'의 실현가능성이 매우 불투명해졌음을 의미하는 것이었다. 왜냐하면 그는 전노협이 1987년 이후 성장한 민주적 노동운동을 지도하고 대표하는 온건개혁주의적 변혁전망을 지니는 정상조직으로 거듭나 민주적 코포라티즘을 담보하는 주체가 되기를 희망하고 있었기 때문이다.(최장집 1992 : 250) 하지만 그러한 기대가 물거품이 되면서 그 실패 요인을 탐색하게 되는데 바로 위의 글이 그 결과물이다.

그는 정치세력화 실패의 원인과 관련하여 국가와 자본의 탄압, 경제구조의 변화와 동향 등 구조적이고 외적인 요인에 주목하고 있지만, 무엇보다 중요한 것으로 노동운동 안에서 헤게모니를 지니고 있던 행위주체들, 즉 'NL(민족해방)'과 'PD(민중민주주의)'로 상징되는 급진 노동운동세력들이 1987년 이후를 '계급적 전면전'으로 생각하여 기존의 보수적 질서를 유지하고 있는 힘과 운동 내부의 조건이 안고 있는 문제를 과소평가하면서 사태를 과장하고 있거나, 아니면 아직 도래하지 않은 사태를 때 이르게 말하였기 때문이라고 진단한다.(위의 글 : 250) 그렇기 때문에 개혁주의를 '개량주의 내지는 패배주의', '목적의식성이 결여된 자생성 또는 대중추수주의'로 비판하면서 최대강령주의에 근거한 비타협투쟁으로 일관하여 노동대중과의 괴리가 더욱 커지면서 실패하게 되었다는 것이다.

그렇다면 이러한 진단은 과연 얼마나 적실한 것인가. 주지하다시피 이들이 최대강령주의에 근거한 비타협투쟁으로 일관하였다는 주장은 그것이 비합법 문건에서의 주장을 말하는 것이 아니라면 적절치 않으며 실제 이들이 간여한 노동현장에서의 투쟁은 노동3권 보장, 노동조건 개선 등을 위한 것이 거의 전부였고(김동춘 1995 참조) 정치적으로도 일반 민주주의적인 반파시즘(반독재)투쟁이 핵심적이었다. 또한 그의 주장과 달리 한국 사회에서 급진노동운동이 정치적으로 헤게모니를 지녔던 시기는 해방 직후를 제외하고는 단 한 번도 없었다는 점을 상기할 필요가 있다. 1987년 이후 이른바 민주화이행의 국면에서 정치적으로 대중적 헤게모니를 지녔던 세력은 1970년대 이래 '재야'의 지지와 후원을 받고 있던 비판적 자유주의정치세력이었다.(이광일 2008 : 237~249 참조) 구체적 예로, 낮은 수준이지만 '민족민주운동 최초의 통일전선체'라고 간주되기조차 하였던 민주통일민중운동연합(이하 민통련)과 6월 항쟁의 공식 지도부인 민주헌법쟁취국민운동본부(이하 국본)의 경우, 전자의 헤게모니는 기독교를 중심으로 한 1970년대에 뿌리를 둔 재야세력에 있었고, 후자는 재야의 직간접적인 후원을 받으며 대중적 영향력을 구축하고 있던 김대중, 김영삼이 직접 참여함으로써 자유주의 정치세력의 헤게모니로부터 벗어날 수 없었다. 그 결과 국본은 중간계급대중들의 정치적 지향은 잘 반영하였으나 이를 뛰어넘어 더 진전된 이행의 목표를 제시하는 데에는 실패하였던 것이다.(윤상철 1997 : 154)

급진적인 노동운동(정치)그룹들은 가장 비타협적으로 반파시즘투쟁을 전개하였음에도 불구하고 대중정치의 수준에서 의미 있는 비토세력이 되지 못하였다. 민통련이 김대중에 대한 '비판적 지지'를 선언하고자 했을 때, 급진노동운동을 대변했던 인천지역민주노동자연맹(인민노련) 등의 반대는 그저 메아리에 불과했으며 기독교세력이 국본에 자유주의정치세력을 참여시키고자 밀어붙였을 때, 급진적인 세력은 거기에 제동을 걸 어떤 의미 있는 정치적 이의도 제기할 수 없었다. 1987년의 '6·29협약'에 관해서는 말할 필요도 없으며 '민주연합론'에 근거한 '비판적 지지론'의 변형들이 2012년 대통령 선거에 이르기까지 지배적 힘으로 작동하였던 현실은 자유주의정치세력의 헤게모니가 어느 정도인지를 확인시켜주는 증거라 할 수 있다.

다른 한편 그의 주장과 달리 급진적 노동운동세력의 현장 노동대중에 대한 '헤게모니' 또한 강하지 않았다. 최장집은 1987년 노동자대투쟁 이후 현장의 노조운동이 급진적인 세력에 호응하였던 가장 중요한 이유로 그들의 전투적 투쟁성이 노동대중이 바라던 경제적 실리를 담보해 줄 수 있는 수단이라 생각했기 때문이라는 날카로운 지적을 하고 있는데,(최장집 1992 : 249) 바로 이 점이야말로 급진노동운동의 대중적 헤게모니 빈곤을 확인해주는 증거라 할 수 있다. 즉 다수의 현장 노동대중은 임금인상 등 경제적 실리, 그리고 권위주의적인 작업장 문화 등에 대한 높은 반감에도 불구하고 '혁명'을 상징하는 것으로서의 '노동해방과 인간해방'이라는 급진노동운동의 전략적 목표 그 자체를 자기의 것으로 내면화시키지는 않았다. 즉 그들이 '노동해방', '인간해방'이라는 슬로건을 함께 외쳤을 때, 그것은 자본주의체제 자체를 문제시하는 혁명적 의미로서보다는 기존의 열악한 노동현실에 대한 인간주의적 비판, 분노의 표현으로서의 성격이 강하였다.(윤진호·정영태 1995 : 140~142 참조; 한국노총 1997 : 71~72 참조)

이러한 점들을 고려할 때, 그가 급진노동운동의 대중적 헤게모니를 전제한 최대강령적 투쟁을 정치세력화 실패의 핵심요인으로 지목한 것은 사실을 왜곡하는 것으로 그것은 이미 살펴본 것처럼 급진운동의 대중적 위상을 과잉 평가해 놓고 그것을 준거로 비판하며 자신의 주장을 합리화하는 주관적 논의의 전형이라 할 수 있다. 일종의 '허수아비 비판'인 것이다. 물론 그것은 노동대중을 단지 급진운동, 정치의 리더들을 추종하는 무리 정도로 보는 그의 대중관의 산물이라는 점에서 새삼스러운 것은 아닌데, 특히 최근 그의 논의들에서 노골적으로 드러나는 엘리트주의 정치관과 민주주의론의 기저에 자리 잡고 있는 뿌리 깊은 '대중 혐오', 아니 '대중운동(정치) 혐오'의 또 다른 표현이기에 그렇다. 어쨌든 이처럼 적실하지 않은 현실진단은 그가 『한국의 노동운동과 국가』에서 중앙수준, 지역수준, 지회수준, 그리고 각 단위의 리더십들이 대중들과 맺은 다차원적 관계와 거기에서 발생하는 차이, 불화 등을 추적하며 보여주었던 연구자로서의 섬세한 덕목마저도 무색하게 만드는 것이었다.

그렇다면 이처럼 과도한 주장을 할 수 있었던 근거는 무엇인가. 이 지점에서 사회(자유주의)코포라티즘의 실현을 꿈꾸던 그가 전노협이 이른바 '최대강령주의에 입각한 비타협적이고 전투적인 투쟁노선'을 바꾸지 않는 한, 새로이 건설될 전국조직의 구심이 되어서는 안 된다고 판단하였음을 환기할 필요가 있다. 그리고 이러한 생각을 정당화하기 위해 '6·29협약' 이후 조성된 '정치적 공간'을 마치 급진노동운동세력들이 국가, 자본과 타협할 수 있는, 그리하여 그의 표현대로 '온건합리주의' 혹은 '온건개혁주의'로 변화할 수 있었던 '열려진 공간'이었다고 전제한 후, 그런데도 급진적인 노동운동 엘리트들이 최대강령주의,

'그 어떤 사회주의'에 기대어 그렇게 하지 않았다고 진단하고 있는 것이다.[10]

하지만 그 공간은 급진세력에게 열려진 공간이 아니었다. 이미 살펴본 것처럼 그 공간은 '반독재투쟁'에서 강력한 헤게모니를 행사하고 있던 자유주의정치세력이 수구정치세력과의 협약을 통해 급진세력을 '전략적으로 배제한 공간'으로, 역설적이게도 그 또한 이후 여러 글에서 이 점을 인정하고 있다.

> 강력한 국가에 의한 노동통제라는 한국국가의 관료권위주의적 속성은 1987년 6월 정치적 개방이 시작된 이후에도 기본적으로 변화되지 않았다. 민주적 이행과정에서 정치의 기본틀은 보수적인 여야당간의 합의에 의해 이루어졌고 조직노동자를 포함하는 운동권의 정치참여는 이러한 정치적 틀의 재구조화 과정에서 실질적으로 배제되었다.
>
> — 최장집, 1997a : 348

따라서 그가 급진적인 세력, 이른바 NL과 PD를 비판했던 표현은 오히려 그 자신에게 그대로 돌려져야 한다. 즉 그 자신이야말로 "기존의 보수적 질서를 유지하고 있는 힘과 운동 내부의 조건이 안고 있는 문제를 과소평가하면서 사태를 과장하고 있거나, 아니면 아직 도래하지

---

[10] 최장집과 유사하게 대학생과 재야의 전폭적인 지원을 받은 혁명적 사회주의자들이 전노협을 출범시켰다고 보는 또 다른 논의는 한국노총 산하의 온건노조들은 6월의 정치적 자유화운동을 계기로 '열려진 공간' 위에서 정부 및 사용자와의 타협이라는 합법적 경로를 통해 오히려 교섭력을 증대시킬 수 있었으나 전노협으로 상징되는 '새로운 노동운동'은 이른바 정치적 급진성으로 인해 그 발전이 제약되었다고 주장하며(송호근 1994 : 130) '전노협의 한국노총화'라는 몰역사적 기대를 노골적으로 드러내기도 하였다.

않은 사태를 때 이르게 말하고 있었던 것이다." 사실 지금 그가 '민주화 이후의 민주주의'를 넘어 '민주주의의 민주화'를 말하면서 '노동 없는 민주주의'를 화두로 내세우고 있는 것은 이를 반증해 주고 있는 것에 다름 아니다.

그런데 또 한 가지 간과하지 말아야 할 것이 있다. 그것은 이러한 '역설'이 급진운동 내부의 상황을 포함한 정치지형에 무지하거나 잘못된 정세판단으로 환원시킬 수만은 없는, 그가 수용하고 있는 발상의 한계를 반영하는 것이기도 하다는 점이다. 즉 그것은 '행위주체들의 역동성'에 근거한 '불확정성(비결정성) 테제'를 강조하는 '민주화이행론자들'에게서 공통적으로 발견되는 특징이기도 하다. 그렇기에 '민주화이행론'이 단순 서술의 차원을 넘어서는 이론적, 설명적 의도를 지니고 있다 하더라도 행위주체의 자발적 역할을 강조하는 반면, 행위자들의 선택을 제한, 고무하는 구조적 요인을 이미 주어진 것으로 받아들임으로써 그것을 과소평가하고 있다는 비판(Rueschemeyer *et al.* 1992 : 33)은 전적으로 그를 향한 것이기도 하다.

이와 같은 역설적 해석 및 주장은 그가 전노협이 비재벌 노동집약적 제조업체 중심의, 여성근로자가 다수를 차지하는 경인 지역과 마창 지역에 집중되어 있는, 단지 조직노동자의 5퍼센트 내외를 대표하는 협애한 기반을 지닌 조직이라고 비판하는(최장집 1992 : 252) 지점에 이르는 순간 최고조에 달한다. 애초 '전국조직'으로 인정받으며 출범하였던 전노협이 새로운 전국조직의 건설 과정, 다시 말해 민주노동조합총연맹(이하 민주노총)의 건설로 귀결되었던 일련의 논의 및 논쟁 속에서 업종회의, 대기업연대노조 등에 의해 '중소사업장을 대표하는 조직'으로 재규정 받게 된 것도 바로 이러한 주장을 근거로 이루어진 것임을 염두에 둘 필요가 있다.

그렇다면 이것이 진정 전노협의 한계일 수 있을까. 이에 대한 답은 당시 한국 사회에서 가장 착취, 억압 받고 있던 노동자들이 과연 누구였는지 숙고하는 순간 명확히 드러난다. 바로 그들 대부분은 최장집 자신이 『한국의 노동운동과 국가』에서 주목하였던 노동자들, 즉 다름 아닌 중소사업장의 (여성)노동자들이기에 그렇다. 민주적이고 진보적인 노동운동이 노동자계급 가운데 가장 착취, 억압, 배제 당하고 있는 부문의 목소리에 주목하는 것, 그리고 그들을 조직하여 투쟁하는 것은 매우 자연스러운 행보이다. 특히 그가 지적하고 있듯 한국 사회처럼 '노동의 빈곤 내지 부재'를 핵심으로 하는 보수독점적 정당체제하에서는 더욱 그러하다. 따라서 한편으로 전노협을 "급진적"이라고 규정, 비판하면서 다른 한편 가장 고통 받는 중소사업장 노동자들을 주체로 하여 비타협적으로 투쟁하는 것, 즉 '전투적 조합주의'를 그 한계로 지적하는 그의 행태야말로 모순적이라 하지 않을 수 없다.[11]

그런데 역설적이게도 이후에 그는 또 다음과 같이 주장하여 전노협에 대한 자신의 이러한 비판을 무색하게 만들고 있다.

---

[11] 물론 이러한 행태는 자연스러운 것으로 인식될 수도 있는데, 그가 전노협의 '온건개혁주의'로의 전환을 희망하며 그 '급진성'을 비판했을 때, 그 비판의 과녁이 이른바 최대강령주의와 연결되었다고 간주된 투쟁노선으로서의 '전투적 조합주의'이기도 했기 때문이다. 하지만 이러한 비판은 '전투적 노동조합주의'가 그 자신도 인정하고 있듯이 보수적인 여야당 모두가 노동을 전략적으로 배제하는 것에 대한 대응의 차원, 그것도 그가 말하는 운동권의 정치참여를 차단하기 위한 시도에 대한 대응이 아니라, 노동조합의 존재 자체를 부정하는 '재권위주의화'에 대한 대응의 산물이라는 점에서 적절한 것이라 할 수 없다. (노중기 1994 : 146~147 참조)

민주주의라면 적어도 이상적 기준에서는 정치 참여의 평등이라는 원리에 힘입어 모든 사회적 이익과 요구들이 표출될 수 있어야 하고, 그것이 대표되고 조직됨으로써 그들의 이익들이 정치과정을 통해 부분적으로라도 실현되는 것을 허용하지 않으면 안 된다. 그러나 봉제 공장의 고용주-노동자들은 자율적 결사체의 효능을 경험해 본 적이 없고, 그것을 상상할 수 없고, 그것을 시도할 필요를 느낄 수도 없다. 그것은 한국 사회에서 민주주의 정치과정이 곧 경제력의 크기 내지 시장의 불평등한 효과를 그대로 반영해 온 것의 한 결과라 할 수 있다. 거대 이익 내지 큰 사회경제적 힘들이 일방적으로 대표되고 그들이 압도한 결과, 우리 사회의 약한 이익 내지 약한 사회경제적 힘들이 정책에 거는 기대가 만들어질 수 없었기 때문이다. 오늘날 민주주의에도 불구하고 영세 봉제 산업의 고용주-노동자들은 공식 제도 바깥에서 생존하기를 선택하는 얼굴 없는 사회경제적 생산자 집단일 뿐만 아니라, 스스로의 소리를 내지 않는 집단으로 머물러 있는 것이다. (…중략…) 장위동 봉제공장은 한국 민주주의의 결핍된 조건, 나아가 한국 정치가 어떻게 달라져야 하는지를 집약적으로 보여주고 있는 살아 있는 현장이다. 적어도 난 그렇게 생각한다.

— 최장집 2011

이른바 '민주화 이후의 민주주의', 나아가 '민주주의의 민주화'를 운위하는 지금 현재의 실상이 이렇다면, 과거 파시스트들이 지배하던 시기 중소사업장 노동자들의 객관적 존재 양상과 삶의 고통을 다시 묘사하는 것은 시간 낭비일 뿐이다.

그렇기에 다시 한 번 물을 수밖에 없다. 왜 그는 자기 자신조차 부정

하는 부적절한 해석과 주장들을 하였고 그러한 개입을 통해 진정 얻고
자 한 것은 무엇인가.

4. '정치'로부터 급진운동세력과 대중운동의 추방

한 개인의 입장에서 생각할 때, 이 연구의 주제와 문제의식은 중산층적 사
회배경과 위치에 있는 한 사회과학도가 다소나마 도덕적이고자 하는 작은
노력, 부끄러운 하나의 보상행위의 결과물이라고 고백하지 않을 수 없다.

— 최장집(1988), 「책머리에」

『한국의 노동운동과 국가』에 쓴 이 고백은 매우 중요한데, 여기에서
그는 자신의 작업이 중산층의 사회배경과 위치에서 노동자들의 노고
와 희생을, 열망과 고뇌를 외면할 수 없는 한 사회과학도의 "도덕적이
고자 하는 작은 노력, 부끄러운 하나의 보상행위의 결과물"로 표현하
고 있기 때문이다. 하지만 1992년에 쓴 "한국 노동운동은 왜 정치조직
화에 실패하고 있나─1987년 이후 노동운동의 전개에 관한 한 분석"에
서는 이러한 겸손함의 '도덕성'은 보이지 않는다. 앞서 살펴본 것처럼
오히려 거기에는 급진적인 노동운동세력의 정치적 위상에 대한 적지
않은 '왜곡과 과장'을, 그리하여 '그 어떤 적대감'마저 느낄 수 있을 정
도이다.

그렇다면 이러한 변화를 불러일으킨 요인은 무엇인가. 한마디로 그
것은 급진노동운동이 의미 있는 정치적 행위주체로 존재하는가 여부

이다. 즉 그 여부가 노동운동에 대한 '중산층의 양가적 반응'을 유발시
키는데, 그 가운데 하나가 그것의 빈곤 내지 부재 속에서 나타나는 '지
식인의 도덕적 자의식의 감정과 연민'이라면 다른 하나는 그것의 활성
화에 대한 반응으로서의 '두려움과 불안'이다. 특히 후자는 급진 노동
운동의 영향 속에 노동자 대중들이 기존 체제에 대한 비판을 강화하고
그것을 구체적인 행동으로 옮길 때 주관적으로 감지하는 그 어떤 위협,
그에 따른 두려움과 불안이다. 따라서 이러한 반응은 주관적이기에 실
재보다 과잉 혹은 과소 양태로 표출되기 일쑤인데, '중산층'을 신쁘띠
부르주아지 개념으로 대체할 수 있다면, 그것은 그들을 노동자계급과
구분해주면서 또 다른 하나의 '계급'으로 존재할 수 있게 해주는 이데
올로기들, 즉 개혁주의, 개인주의, 그리고 국가권력 물신주의의 발로
로 해석될 수 있을 것이다.(Poulantzas 1975 : 294~297 참조) 이러한 맥락에
서 위의 고백은 급진 노동운동세력이 대중적 수준에서 영향력을 가시
화시키지 못하고 오히려 노동자대중이 비판적 자유주의 사회정치세
력의 헤게모니 아래 포섭되어 있었던 시기의 노동운동에 대한 반응이
라고 할 수 있다.

그런데 한 가지 흥미로운 것은 그 스스로가 자신의 작업에 '도덕적
성격'을 부여하고 있다는 점이다. 이것은 최근 '도덕주의'에 대한 그의
일관되고 집요한 비판을 염두에 둘 때 주목해야 할 대목이다. 그는 정
치에 대한 강한 도덕주의적 접근이 "사회경제적 갈등을 억압하고 갈등
을 비정상적인 것으로 배제하는 것에서 기인한다"고 하면서 "그것은
갈등을 민주정치의 과정 내에서, 정치 안에서, 제도화의 방법을 통해
서 해소했던 경험이 많지 않고, 그에 익숙하지 않은 사회에서 문제를

혁명적 방법으로 일거에 해소하고자 하는 청산주의적 심리와 성급함
의 심성에 그 연원을 두는 것"이라 진단한다.(최장집 2006 : 68~69) 결국
이러한 '도덕주의'는 정치를 규범과 동일시함으로써 정치를 혐오하게
만들고 탈정치화를 조장하여 민주주의의 진전에 장애를 초래하는 부
정적인 기능을 한다.(위의 책 : 86~88 참조) 따라서 도덕주의의 폐해를 제
어하기 위해서는 사회경제적 갈등을 제도 안에서 다룰 수 있는 정당민
주주의의 구축이 필수적으로 요구된다.

　하지만 도덕주의에 대한 그의 이러한 비판을 염두에 둘 때, 사회경
제적 갈등의 존재 자체를 부정하거나 단순한 병리현상으로 보았던, 나
아가 정치적 경쟁 자체를 부정하였던 유신체제와 같은 '공개적 독재체
제' 아래서 진행된 자신의 작업에 '중산층적인 도덕적 성격'을 부여하
는 것은 어떻게 이해되어야 하는가. 오히려 모순적이지 않은가. 이미
앞서 살펴본 것처럼 이 시기야말로 정당정치가 무력화된 상황에서 기
독교의 헤게모니 아래 반독재투쟁이 전면적으로 진행되던 시기임을
기억할 필요가 있다. 즉 종교를 매개로 선과 악이라는 도덕적 기준이
정치를 지배하던 때였던 것이다.

　그렇다면 당시의 이러한 역사적 사실이 말해주는 것은 무엇인가. 그
것은 도덕주의의 전도자가 바로 자유주의정치세력과 그를 지지하는
재야였다는 점, 따라서 이들이야말로 사회경제적 계급갈등의 현존을
억압하고 갈등을 비정상적인 것으로 배제하고자 한 핵심세력이었다
는 점을 확인해 주고 있다. 물론 그는 운동권에 대응하는 의미에서의
보수파들 또한 도덕주의적 언어와 담론을 통해 이웃사랑, 인정 등과
같은 보편적 덕목, 기존의 권위구조나 위계구조 등을 사회화시키고 있

다고 주장한다.(위의 책 : 69~70)

하지만 이러한 주장은 '인간'을 중심적인 개념으로 삼고 있는 자유주의자들의 담론이 본질적으로 정치적인 것이 아니며 따라서 그것은 애초 어떤 '경계'를 그을 필요성과 모순된다는 지적(Mouffe 2006 : 71~75 참조)에 비추어 볼 때, 적절한 것이라 할 수 없다. 자유주의정치에서 도덕주의는 예외적이거나 외부에 존재하는 것이 아닌, 그 내부에서 그것을 지배하는 진언mantra이기 때문이다.

그렇기에 그가 여러 글들에서 도덕주의를 불러들여 '운동권'을 비판하는 이유를 살펴볼 필요가 있다. 여기에서 중요한 쟁점은 정치와 도덕의 관계에 대한 것이라기보다 도덕이 정치를 판단하는 잣대가 된 요인을 밝히는 것이다. 굳이 그 근본 요인을 단순화시켜 말한다면 대중이 '자기통치성의 주체', 즉 정치의 주체가 아니라 항상 그 누군가에 의해 대표되어 왔다는 점, 그리고 그것을 옹호하는 이데올로기들에 포섭되어 온 현실 때문이다. 그로 인해 대중은 정치, 그 핵심인 민주주의를 그들 자신이 맺고 있는 비대칭적이고 불균등한 사회-권력관계들의 외부에 존재하는 것으로 인식해 왔다. 따라서 그들이 자신들을 '대표하는 자' 혹은 '대표이고자 하는 자'의 도덕성에 민감한 것, 나아가 부패하지 않고 정직한 대표자를 갖고 싶은 도덕적 열망을 정치를 판단하는 주요 준거로 확장시키는 것은 아주 자연스러운 반응인 것이다.

이것이 의미하는 것은 무엇인가. 그것은 그의 주장과 달리 도덕주의가 그 정도 및 폐해 여부와 무관하게 자유주의정치의 핵심인 '대의제 민주주의'의 외부가 아니라 바로 그 안에서 재생산되고 있다는 것, 따라서 그것은 정당정치(정당민주주의)의 진전을 가로막는 원인이 아니라 오히려 그 결과물이라는 사실이다. 이 점은 그가 도덕주의 자체를 문제 삼지 않고 '도덕주의의 과잉'을 문제 삼고 있는 것에 의해서도 확인된다.

그렇다면 문제의 해법은 그가 말하는 정당정치, 정당민주주의의 실현에 국한되지 않고 그것을 넘어서는 다양한 내용과 형식의 정치를 발견, 창조함으로써 '대중의 자기통치성'을 확대, 강화시키는 것에 있다. 기우에서 말하지만 이러한 모색은 정당민주주의를 부정하거나 혹은 그가 항상 우려하듯 어떤 문제가 교착상태에 빠질 때마다 그것의 해결을 위해 정치에 대비되는 것으로서의 "운동으로 돌아가자"를 반복하는 것이 아니다.(최장집 2006 : 41~43; 최장집 2009 : 283~284 참조) 오히려 그것은 그가 그토록 염려하는 것, 즉 대중이 도덕주의를 잣대로 정당정치, 정당민주주의를 혐오하는 탈정치화의 길을 걷게 하는 것이 아니라 바로 대중 자신에게 정치적 책임을 더 한층 귀속시킬 것을 요구하는 것이다. '지배자이자 피지배자인 인민대중' 스스로가 그 소임을 다하고 스스로 책임을 지는 내용과 형식의 정치를 구체화시키자는 것이다. 이와 관련하여 한 가지 재미나는 것은 그 또한 과거에 "민주주의제도의 핵심을 이루는 대의제 민주주의는 자본주의사회를 이루는 계급관계와 분리하여서 생각할 수 없고 그것이 민중민주주의적 표현의 유일한 형태라고 말할 수는 없다. 제도권 밖에서의 대중운동이 더 큰 민주주의의 표현이기 때문이다"라고 주장한 적이 있다는 점이다.(최장집 1991 : 339)

하지만 아쉽게도 지금 그에게 이러한 발상은 고려의 대상이 되지 않는다. 과거와 달리 민주주의개념의 확장에 인색하고 그러한 시도들에 노골적으로 불만을 표시하는 그에게 정당정치 이외의 '운동들'은 그것을 보조, 지원할 때만 미덕을 지닐 수 있기 때문이다. 그가 촛불대중의 '끈질긴 저항과 요구'에 대해 그토록 민감하게 반응하고 비판하는 것도 이러한 이유 때문이다. 즉 정당민주주의가 제도화되어 있지 않고 원활히 작동하지 않는 상황에서, 대중들의 과도한 활성화 및 그에 따른 투입input의 과잉은 기존의 정당정치마저 무력화시켜 오히려 민주주의의 안정과 진전에 부정적일 수 있다고 생각하기 때문이다.

그런데 이러한 발상은 낯설지 않다. 오히려 너무 익숙한 것이기도 한데, 그 이유는 헌팅턴S. Huntington이 제시했던 정치발전론의 핵심테제, 즉 제도가 구비 내지 발전하기 이전 민중의 활성화는 사회혼란을 조성하고 권위주의를 가져온다는, 그 유명한 발상(Huntington 1968 참조)의 또 다른 재생이기에 그렇다. 그가 '현실성'이라는 이유를 내걸면서 슘페터의 최소주의에 기초하고 있는 헌팅턴의 민주주의 규정, 즉 "민주주의는 제도적 조건으로 규정될 때에만 유의미하다. (…중략…) 핵심적인 제도는 경쟁적인 선거를 통해 지도자를 선출하는 것이다"(Huntington 1989 : 15)를 자신의 논의에서 자주 원용하고 있는 것 또한 이러한 맥락에서 이해할 수 있다.(최장집 2010.6.11 : 101~102)

이제 이 지점에 이르면 그가 도덕주의 운운하며 급진적 노동운동(정치) 등을 비판하는 이유가 좀 더 분명해진다. 한마디로 그것은 최소민주주의에 뿌리가 닿아 있는 정당민주주의를 비판, 극복하고자 하는 급진운동, 급진화되는 대중운동에 대한 비판과 정치적 배제에 있다. 그리고 이것은 그가 도덕주의를 조장하는 세력으로 지명하고 있는 이들이 구체적으로 누구인지 살펴보면 쉽게 알 수 있다. 도덕주의의 연원에 관한 앞의 진술 속에서 그들은 "갈등을 민주정치의 과정 내에서, 정치안에서, 제도화의 방법을 통해서 해소했던 경험이 많지 않고, 그에 익숙하지 않은 사회에서 문제를 혁명적 방법으로 일거에 해소하고자 하는 청산주의적 심리와 성급함의 심성"을 지닌 것으로 그려지고 있다.

그렇다면 그들은 누구인가. 그 과거 모습이 NL, PD, 전노협 등이라면 최근의 모습은 '촛불대중', 혹은 여전히 자본주의를 극복하여 새로운 사회를 열고자 하는 급진적인 운동(정치)세력들이다. 그리고 바로 이들의 존재가 『한국의 노동운동과 국가』에 그 자신이 부여했던 것, 즉 중산층적 배경을 지닌 지식인의 도덕적 자의식과 노동자들에 대한 도덕적 연민이 「한국 노동운동은 왜 정치세력화에 실패하고 있나—1987년 이후 노동운동의 전개에 관한 한 분석」에서 급진노동운동에 대한 과잉비판과 공격으로 급변하게 된 이유이자 그가 '촛불대중'의 끈질긴 문제제기와 저항에 비판적으로 개입한 이유이기도 하다. '현실주의'에 지배되고 있는 그에게 정책으로 전환될 수 없는 것으로 보이는 그들의 요구와 직접행동은 단지 불필요하고 무모한 것일 뿐이다. 이것은 급진적인 정치세력, 혹은 급진화될 수 있는 대중운동을 사전에 순치시켜 제도 안으로 흡인하거나 그것이 여의치 않을 경우 그로부터 배제하고자 하는 그의 적극적인 담론개입이다. 물론 이러한 행태의 변화는 급진화되고 있는 노동운동, 혹은 대중운동이 최소한 그가 생각하고 있는 정치와 민주주의의 실현에 장애가 될 수 있을 정도의 현실적 힘으로 존재한다고 그가 믿을 때 나타난다.

그렇기에 그가 정치로부터 도덕을 제거하는 것이 불가능하다는 것을 알면서도 계속하여 '탈도덕화'를 역설하는 것에 민주주의의 심화를 목적으로 한다기보다 "자신의 행위가 도덕적으로 중립이라고 선언하거나 또는 그것을 도덕적 기준이 아닌 다른 기준으로 평가하면서 도덕적 평가에서 벗어나는 것에 있다"(Bauman 2010 : 154)라는 혐의가 쏠리는 것은 과한 것이 아니다. 이미 노동운동이 자신의 목소리를 내고 행동하면서 자유주의자들의 헤게모니를 위협하거나 혹은 그로부터 벗어나 경쟁자가 되고자 했을 때, 1970년대 '노동자의 벗'이었던 교회가 1980년대 들어 노동운동에 대해 '선별주의'의 모습을 보였던 것처럼 그가 급진적 노동운동(정치)으로부터 '중산층적 배경의 도덕적 자의식과 노동자에 대한 연민'을 철회하는 것, 그리하여 계급적 이해 등이 아닌 도덕, 양심과 같은 끈으로 그들 급진분파와 결부되는 상황으로부터 벗어나고자 하는 것은 자연스러운 행보로 보이기 때문이다.

5. 과거의 반복, 노동의 배제를 통한 '자유민주주의' 지키기

노동운동(정치)에 대한 최장집의 '역설적 입장과 태도'는 여전히 계속되고 있는데, 2012년 당내 부정 선거로 논란이 된 '통합진보당사태'에 대한 그의 진단과 해법은 이를 확인해주는 전형이다.

그는 한때 통합진보당으로의 발전이 "노동자와 중산층 연대의 상징"이라고까지 평가한 적이 있다.(레디앙 2011 참조) 하지만 통합진보당사태를 계기로 이 당을 총선, 대선이라는 국면에서 주요 엘리트들이 정치적 자원을 증대하기 위해 야권통합담론이 정치 환경에 큰 압력으로 작용하는 상황 속에서 만든 정당, 즉 민주노동당의 당권파, 국민참여당, 그리고 진보신당 탈당파가 대의 없이 각기 이해관계를 추구하면서

편의적으로 통합한 정당이라고 규정했다. 그리고 바로 그 과정에서 의도하지 않은 부정 선거 사태가 발생했으며 그 결과 "서민계층을 대변하는 실체가 아니라 붕붕 떠다니는 정치세력이 되었다"고 진단하고 있다.(강병한 2012 참조)

이러한 진단에 대해서는 이견이 있을 수 있지만, 특히 이 사태에 대한 진단과 해법은 이데올로그로서의 그의 면모를 가감 없이 보여주고 있다. 우선, 그는 통합진보당이 실패한 원인으로 민주주의를 변혁적 방법으로 사회적 문제를 해결하는 체제로 이해하고, 이에 따라 정당 또한 혁명적 목적을 수행할 결사체로 이해하는 등 민주주의의 의미를 확대해석함으로써 전체주의적 민주주의관으로 이어졌기 때문이라고 지적한다. 이어 이러한 실패에 대응한 진보의 재구성을 위해서는 "노동자 해방이나 계급투쟁과 같은 계급적 이론체계가 아니라 민주주의의 가치와 제도적 틀을 통해서 접근되어야 한다"면서 이러한 맥락 위에서 "정책 이슈와 대안들이 경제민주화나 보편적 복지와 같은 이념적 거대담론, 추상적이고 관념적인 언어나 슬로건에서 직접 도출되지 않아야 한다"고 조언하고 있다.

그렇다면 과연 이러한 주장이 적실한 것인지 다시 숙고해 볼 필요가 있다. 먼저 그의 지적과 달리 통합진보당이 민주주의를 정당민주주의 중심으로 이해하고자 했다는 점을 환기시킬 필요가 있다. 형용모순적인 것으로 보이는 "전체주의적 민주주의"라는 개념이 정확히 무엇을 의미하는지 잘 알 수 없으나 통합진보당을 구성하는 민주노동당, 진보신당 통합파, 그리고 개혁자유주의 정치세력인 국민참여당계가 선거를 통한 합법적 집권을 목표로 하였다는 점에서 그들이 당을 혁명적 목적을 수행할 결사체로 인식하는 등 '전체주의적 민주주의'에 근거해 있다는 지적은 적절치 않다. 이것은 통합진보당의 출범 과정에서 그 주체들이 계급이론체계에 근거하기보다 오히려 '탈계급적 지향'을 분명히 하였다는 점에 의해서도 확인된다. 즉 이미 통합 이전에 민주노동당은 '사회주의강령'을 폐기하고 '진보적 민주주의'를 채택하여 오히려 당 내외의 비판에 직면한 바 있었고 진보신당 통합파는 보다 넓은 이념적, 정책적 스펙트럼의 정당건설을 위해 "대중의 바다로 나가야 한다"는 모토를 내걸었는데, 이러한 변화는 계급적 성격보다 '국민정당적 성격'의 강화와 확대를 위한 것이었다.(이광일 2012 참조)

또한 자유주의 보수정당 및 수구정당의 '좌클릭'을 상징하는 것으로 간주된 경제, 복지 관련 정책들이 민주노동당, 진보신당 등의 경제민주화, 보편적 복지 요구에 대한 대응의 성격을 지니고 있다는 점에서 진보의 재구성을 위한 그 이슈와 대안들이 "경제민주화나 보편적 복지와 같은 이념적 거대담론, 추상적이고 관념적인 언어나 슬로건에서 직접 도출되지 않아야 한다"는 그의 조언은 탈맥락적이다. 수구 / 보수정당들의 구체적 정책들이 '진보정당들'의 '추상적 요구'의 결과이기도 하다는 점은 추상과 구체가 분리될 수 없다는 것을 확인해 주는 것이지 추상을 버려야 한다는 것을 말해주는 것은 아니기 때문이다.

그렇다면 그는 왜 이런 부적절한 진단과 제안을 하게 되었을까. 그 답은 진보의 재구성이 "노동자 해방이나 계급투쟁과 같은 계급적 이론체계가 아니라 민주주의의 가치와 제도적 틀을 통해서 접근되어야 한다"는 그의 진단 속에 있다. 즉 그는 계급이론체계와 민주주의를 이분법의 대당으로 설정함으로써 결국 계급이론에 근거한 정치세력들이 민주주의자가 아니라는 주장을 펴고 있는 것이다.

이미 살펴본 것처럼 그는 정치에서 '도덕주의'가 힘을 얻게 된 것이 "사회경제적 갈등을 억압하고 갈등을 비정상적인 것으로 배제하는 것으로부터 기인한다"고 주장한 바 있다. 그런데 그 사회경제적 갈등에서 계급이론체계에 근거한 적대는 사전에 배제되고 있는 것이다. 이는 최소주의로부터 출발하는 자신의 정치, 민주주의에 대한 발상을 근거로 그것들에 대한 더 넓고 급진적인 해석들, 그에 근거한 대중적 실천들을 '정치의 외부'로 추방시키고 그 시민권을 부정함으로써 결국 그 스스로가 '또 다른 도덕주의의 효과'를 산출하고 있음을 의미한다. 그것도 객관적 사실에 대한 적지 않은 자의적 해석을 동원하면서까지 말이다.

그렇기에 '진보 정치학자'라는 그에 대한 일반의 평가와 관련, 새삼 그 '진보성의 경계'를 명확히 해두는 것이 필요하다. 앞서의 논의 과정을 통해 일정 정도 확인할 수 있듯이 지금까지 그는 '미국 정치학의 경계boundary of American political science', 특히 정치발전론의 기본 발상과 범주로부터 크게 벗어난 적이 없으며 오히려 한국적 상황 속에서 그것을 일관되게 주장하고 있는 대표적 논자라고 할 수 있다. 아마도 그가 꿈꾸는 것은 그 실현가능성 여부와 무관하게 '한국의 로버트 달'인지도 모르겠다.

이런 맥락에서 그가 차용하고 있는 급진적 논의들은 그의 기본발상 및 틀을 꾸미기 위한 일종의 고명과 같은 성격을 지니고 있다. 하지만 그것이 고명인 한에서 그 논의들의 핵심은 사상되기 일쑤이다. 하나의 예로, 그가 자주 인용하는 그람시A. Gramsci는 자본주의를 넘어서고자 하는 이론가, 실천가로서가 아니라 결국 그의 '정당민주주의'를 보강해 주는 단순한 '시민사회론자' 이상의 의미를 지니지 않는다. 물론 이러한 방식의 이해는 갑작스럽게 나타난 것은 아니며 과거에 그가 그람시를 "오늘날 그람시의 이론은 혁명의 이론으로서 수용되기보다는 혁명의 가능성이 막혀 있는 서구의 선진 자본주의사회의 조건 하에서 자본주의사회의 구조와 실제에 대한 분석틀로서 더 큰 수용성을 보인다 하겠다"고 평가했을 때,(최장집 1984 : 40) 이미 예견된 것이었다.[12]

그렇기에 그가 노동운동에 보여 왔던 양가적인 태도와 감정, 그리하여 그를 '진보'라고 믿고 있었던 적지 않은 사람들에게 당혹스러움을 던져준 것은 결코 그의 책임이 아니다. 무엇보다 과거 그의 사상을 검증하고자 하는『조선일보』등 수구언론과 파시스트들의 불온한 시도가 말해주듯 수구·보수독점의 사회·정치지형이 심지어 '좌파(빨갱이)'라는, 그가 감당하기 힘든 '무거운 짐'을 부여한 측면이 없지 않았기 때문이다.

따라서 지금 그가 '한국적 맥락'을 다시 강조하면서 로크, 몽테스큐, 토끄빌 등에 의지하여 자유주의의 진보성, 즉 '진보적 자유주의'를 말하는 것 또한 새삼스럽지 않다.(최장집 2010.6.11 참조) 그것은 반공분단체제와 신자유주의의 지배 아래서 거의 빈사상태에 빠진 자유주의에 다시 생명력을 불어 넣어 그 헤게모니를 재생산하기 위한 시도라는 점에서, 또한 이 문제가 이전부터 그의 중요한 관심사이기도 했다는 점에서 더욱 그렇다. 여전히 그에게 "자유민주주의는 보다 나은 이념이

---

12 이와 대조적인 해석으로는 김세균 1992 참조.

나 체제로서 당장 대체될 어떤 것이라기보다 그것에 민중적 내용을 담아 발전시키고 실현시켜 나아가야 할 체제"로 이해되며 "여기에서 민주주의는 초기 부르주아 자유민주주의체제와 같은 그런 것은 결코 아니며 그것은 자유와 권리의 이념의 확대를 통해서 노동자계급을 포함한 다수 민중이 실제로 이를 향유할 수 있는 그러한 체제"로 수용되고 있기 때문이다.(최장집 1993 : 151) 이런 의미에서 그에게는 오직 자유민주주의만이 의미 있는 초역사적 실체로 존재할 뿐이다.(진태원 2012a : 228 참조)

그렇기에 그 자신이 자유민주주의를 어떻게 이해하고 있는지, 자유민주주의라는 틀을 왜 그토록 고집하는지 굳이 따질 필요가 없다. 문제의 핵심은 그가 어떤 생각을 하는가가 아니라 그가 근거로 삼고 있는 민주주의의 틀이 너무 협소하여 그가 바라는 것, 즉 "다수 민중이 실제로 향유할 수 있는 자유와 권리의 이념"을 거기에 담고자 하는 순간, 양자 사이에 모순과 긴장이 불거진다는 점에 있기 때문이다. 달리 말하면 '진보적 사회상'을 '보수적인 민주주의론'으로 담고자 하는 그의 시도 자체가 문제인 것이다.(오현철 2008 참조)

그렇다면 결국 그는 이러한 모순과 긴장을 어떻게 해소하고자 하는가. 그 답은 민주주의를 인민에 의한 통치가 아니라 인민의 동의를 바탕으로 한 통치체제라고 한 그의 규정에 담겨 있다.(최장집 2009 : 47) 이지점에서 '현실주의'라는 명목으로 민주주의를 '선거를 중심에 두는 정당 간 경쟁 규칙의 제도화'로 협소화시킬 것이 아니라, 오히려 민주주의의 핵심적인 가치인 자유와 평등에 대한 권리를 보편적인 시민권으로 정립할 수 있는 이론적·철학적 지표를 제공할 필요가 있다는 제안은(김정한 2006 참조) 그에겐 더 이상 의미 있는 고려사항이 아니다. 그리하여 결국 그의 해결책은 자신의 정의에 동의하지 않는 이들, 즉 민주주의가 인민에 의한 통치임을, 아니 그 인민 가운데 배제된 이들의 평등을 확인하기 위해 바로 그 배제된 이들이 수행하는 자기통치행위라는 점을 포기하지 않는 급진적인 운동(정치)들을 '공적인 것으로서의 정당정치'에 대비된 '사적인 것'으로 성격규정하면서 주변화시키는 것이다. 그리고 바로 이것이 그의 인식, 인정 여부와 무관하게 지금까지 그가 수행해온 작업의 중요한 정치적 목표라고 할 수 있다.

하지만 그의 시도가 착취, 수탈, 배제 및 차별당하는 사람들의 아우성들이 어우러지는 핵심 공간으로서의 '제도 외부의 정치'를 계속 봉합시킬 수 있을지는 미지수이다.[13] 왜냐하면 이 '외부의 정치'는 그 자신이 신봉하고 있는 '공적인 것으로서의 정치(민주주의)'가 조장, 관리하고자 하는 사회모순들의 필연적 산물이기 때문이다. 그렇기에 최소한 그것은 끊임없이 일어나는 크고 작은 봉기로부터 자유스러울 수 없다.

6. 나오며 - '노동 없는 민주주의', 급진정치학 빈곤의 거울상

마지막으로 그의 '노동 없는 민주주의'라는 언술에 함축되어 있는 의미를 간단히 살펴보고자 한다. 특히 이 언술이 그의 '진보성'을 보증하

---

13 이것은 "바깥의 정치"라고도 불리는데, 이 "바깥의 정치"는 자유민주주의체제를 이상적 모델이 아니라 진정한 정치, 민주주의를 억압, 배제하는 체제로 간주하며 따라서 인민의 힘으로 그것을 넘어서고자 모색하는 정치로 규정된다. (진태원 2012b : 156)

는 대중적 상표가 되어 통용되고 있다는 점에서 이 문제를 살피는 것은 중요하다.

한국 사회의 경우, 특히 지식인들이 노동을 강조하면 그들의 진보성이 보증되는 것처럼 되어 있는데, 노동자 전태일의 '지식인 친구'에 대한 갈망, 1980년대의 노학연대 등으로까지 소급될 수 있는 이러한 분위기mood야말로 주술과 같은 것이다. 무엇보다 노동의 강조를 진보일 수 있게 만드는 준거는 노동정치가 계급투쟁 등 다양한 형태로 제도의 밖에 이미 존재한다는 점, 따라서 제도 안에서의 대표성의 빈곤 여부와 무관하게 노동자계급이 이미 민주주의의 유지·확장을 위한 핵심 주체들 가운데 하나라는 점 등을 수용하고 있는가 여부이다.

그런데 지금까지 살펴본 것처럼 그는 정치와 민주주의를 제도 수준의 정당정치, 정당민주주의와 동일화하면서 이 점을 일관되게 부정해 왔다. 그는 민주주의를 제도 안팎으로 확장하고자 하는 시도들에 대해 심지어 '전체주의적 민주주의'라는 조롱을 퍼붓기조차 한다. 분명 그가 역설하는 '노동 없는 민주주의'는 제도 안의 노동대표성의 과잉불균등성을 비판하고 있다는 점에서 진보성을 표현하는 것이지만, 진보의 내재적 속성이 제도라는 경계 혹은 척도 자체를 문제시할 수밖에 없는 것이라고 할 때, 그 언술은 그것을 확장, 심화하고자 하는 모든 시도들을 봉쇄하는 보수성의 표현이기도 하다는 점을 간과해서는 안된다.

이런 의미에서 '노동 없는 민주주의'라는 언술은 노동정치의 가능성, 그것의 공공성을 제도 안으로 축소, 제한하고 있다는 점에서, 그리하여 지금 제도의 안팎에서 전개되고 있는 노동자들의 민주주의의 확장을 위한 투쟁, 따라서 공공성의 확장을 위한 투쟁을 부정한다는 점에서 보수적이다. 이러한 보수성은 단지 노동에만 해당되는 것이 아니다. 여성, 생태, 이주노동자, 성소수자 등의 경우에도 마찬가지이다. 그의 정치(학)에서 노동이 핵심적인 주체(연구주제)인 것처럼 보이지만, 항상 대상화된 주변적 것으로 존재할 수밖에 없는 것도 바로 이 때문이다. 거기에서 핵심주체는 결국 그들을 대표하는 제도 안의 정당엘리트들일 뿐이다.

그럼에도 '노동 없는 민주주의'라는 언술은 지금 진보, 심지어 좌파 정치세력을 가로지르는 대중적 언어로 사용되고 있는 것이 현실이다. 하지만 그러한 현실에 함축되어 있는 정치적 의미에 대해서는 그리 민감하지 못하다. 특히 대중이 그 언술을 즐겨 사용한다는 것은 그들이 엘리트주의에 근거한 정치관, 민주주의관에 더욱 깊게 침윤되고 있음을 의미하는 것일 수 있는데도 말이다. 이런 맥락에서 '노동 없는 민주주의'라는 언술의 대중적 회자는 이론, 실천의 수준에서 급진정치(학)의 빈곤을 말해주는 또 다른 거울상이기도 하다.

참고문헌

강병한, 「최장집 교수, 진보는 민노당 분당할 때 죽었다」, 『경향신문』, 2012.6.4. (http://news.khan.co.kr/kh_news/khan_art_view.html?artid=201206042211405&code=910100)

공제욱, 「1950년대 한국 자본가의 형성과정」, 서울대 박사논문, 1992.

______, 「부정축재자 처리와 재벌」, 한국정신문화연구원 편, 『1960년대의 사회변동』. 백산서당, 1999.

기미야 다다시木宮正史, 「한국의 내포적 공업화전략의 좌절—5·16군사정부의 국가 자율성의 구조적 한계」, 고려대 박사논문, 1991.

김세균, 「그람시를 넘어 나아가야 한다」, 『경제와 사회』, 1992 가을.

김정한, 「민주화기획은 유효한가」, 『사회운동』, 2006.9.

노중기, 「1987년이후 거시적 노사관계의 변동과 노동운동」, 『경제와 사회』, 1994 겨울·봄.

레디앙, 「최장집 교수, 3자 통합 바람직하다 노동자와 중산층 연대 상징 보여줘」, 『레디앙』, 2011.11.27.(http://www.redian.org/archive/38934)

박영균, 「마르크스주의정당, 외부라는 형식」, 『마르크스주의연구』 제5권 제2호, 2008.

송호근, 「정치민주화와 노동운동」, 『열린 시장, 닫힌 정치』, 나남, 1994.

오현철, 「진보적 사회상을 추구하는 보수적 민주주의론」, 『경제와 사회』 제79호, 2008.

윤진호·정영태, 「한국노총과 전노대의 조합원 의식비교연구」, 『사회경제평론』 8, 한울, 1995.

이광일, 「민주주의의 급진화를 위한 몇 가지 테제와 보-녹-적 연대」, 『진보평론』 41호, 2009.

______, 「통합진보당사태, 다시 '진보와 민주주의'를 사유한다」, 『황해문화』 77호, 2012.

진태원, 「최장집과 에티엔 발리바르—민주주의의 민주화의 두 방향」, 『민족문화연구』 56호, 2012a.

______, 「푸코와 민주주의—바깥의 정치, 신자유주의, 대항품행」, 『철학논집』 29집, 2012b.

최장집, 「한국노동조합연구의 정치학적 접근」, 『국제정치논총』 제23집, 1983.

______, 「그람씨의 헤게모니Hegemony 개념」, 『한국정치학회보』 18집, 1984.

______, 「민중 민주주의의 조건과 방향」, 『사회비평』 6, 1991.12.

______, 「한국 노동운동은 왜 정치조직화에 실패하고 있나─1987년 이후 노동운동의
전개에 관한 한 분석」, 한국사회학회 · 한국정치학회 편, 『한국의 국가와 시민
사회』, 한울, 1992.

______, 「민주주의 이행 하에서의 한국노동운동」, 『한국 민주주의의 조건과 전망』,
나남, 1997a.

______, 「한국 민주주의를 이해하는 하나의 방법에 관한 논평」, 『경제와 사회』 제85
호, 2010.

______, 「민주화 이후 한국 사회에서 자유주의에 관한 하나의 성찰」, 한림대 정치경
영연구소, 『제1회 대안담론포럼자료집─진보적 자유주의의 한국적 함의』.
2010.6.11.

______, 「최장집 칼럼─장위동 봉제공장의 얼굴 없는 생산자들」, 『경향신문』, 2011.
8.22.

고려대학교 노동문제연구소, 『고대노연 30년사─1965~1998』, 1998.

김동춘, 『한국사회 노동자연구─1987년 이후를 중심으로』, 역사비평사, 1995.

서울노동운동연합, 『선봉에 서서─6월노동자 연대투쟁 기록』, 돌베개, 1986.

유경순, 『아름다운 연대─들불처럼 타오른 1985년 구로동맹파업』, 메이데이, 2007.

윤상철, 『1980년대 한국의 민주화이행과정』, 서울대 출판부, 1997.

이광일, 『좌파는 어떻게 좌파가 됐나─한국급진노동운동의 형성과 궤적』, 메이데이,
2008.

______, 『박정희체제, 자유주의적 비판 뛰어넘기』, 메이데이, 2011.

이대근, 『한국전쟁과 1950년대 자본축적』, 까치, 1987.

임송자, 『대한민국 노동운동의 보수적 기원─1945년 해방부터 1961년까지』, 선인,
2007.

최장집, 『한국의 노동운동과 국가』, 열음사, 1988.

______, 『한국 민주주의의 이론』, 한길사, 1993.

______, 『한국의 노동운동과 국가』, 나남, 1997b.

______, 『민주화 이후의 민주주의』, 후마니타스, 2005.

______, 『민주주의의 민주화』, 후마니타스, 2006.

______, 『민중에서 시민으로―한국 민주주의를 이해하는 하나의 방법』, 돌베개, 2009.

한국노총, 『한국노동자정치의식연구』 III, 1997.

베버, 막스, 김덕영 역, 『프로테스탄즘의 윤리와 자본주의 정신』, 길, 2010.

Alavi, H., "The State in Postcolonial Societies-Pakistan and Bangladesh", *N.L.R.*, No.74, 1972.

Huntington, S. P., "The modest meaning of democracy", Pastor, R. A.(ed.), *Democracy in Americas-Stopping the Pendulum*, Holmes & Meiser, 1989.

Schmitter, Philippe C., "Still the Century of Corporatism?", in Philippe C. Schmitter · Gerhard Lehmbruch(eds.), *Trends Toward Corporatist Intermediation*, Sage, 1979.

Bauman, Z., *Work, Consumerism and the New Power*, Open Univ. Press, 2004(이수영 역, 『새로운 빈곤―노동, 소비주의, 뉴푸어』, 천지인, 2010).

Dahl, R., *Democracy and Its Critics*, Yale Univ. Press, 1991(조기제 역, 『민주주의와 그 비판자들』, 문학과지성사, 1999).

Jessop, B., *Nicos Poulantzas-Marxist Theory and Political Strategy*, Macmillan, 1985.

Mouffe, C., *The Democratic Paradox*, Verso, 2000(이행 역, 『민주주의의 역설』, 인간사랑, 2006).

Poulantzas, N., *Classes in Contemporary Capitalism*, N.L.B., 1975.

Rueschemeyer, D. · Stephens, E. H. · Stephens, J. D., *Capitalist Development and Democracy*, Polity, 1992.

Huntington, S. P., *Political Order in Changing Societies*, Yale Univ. press, 1968.

4장 | '민주주의 이후의 민주화론'에 대한 맑스주의적 비판

박영균

1. 들어가며 – '민주주의 이후의 민주화론'과 맑스주의

한국의 민주주의에 관한 최장집의 연구들을 맑스주의적인 관점[1]에서 평가한다는 것은 쉽지 않은 문제이다. 양자가 취하는 관점과 패러다임의 거리가 너무 멀기 때문이다. 그럼에도 불구하고 양자가 어떤 대화를 나눌 수 있다면 그것은 양자가 모두다 '한국의 민주화'라는 관점에서 한국의 정치 현상에 접근하고 있다는 점이다. 한국의 맑스주의는 역사적으로 박정희식의 개발독재체제에 대한 저항과 민주주의의 발전이라는 차원에서 한국의 정치-사회운동에 도입되었으며 최장집

---

1 이 논문은 '맑스주의'라는 단수를 사용하였다. 하지만 이것은 엄밀한 의미에서 '맑스주의'에 대한 참칭일 수 있다. 왜냐하면 역사적으로 맑스주의는 단수가 복수이기 때문이다. 따라서 이 논문에서의 '맑스주의적 평가'는 '맑스주의'가 복수라는 점을 전제로 하여 단수로 표기하고 있음을 밝혀둔다.

의 '민주주의 이후의 민주화론' 또한, 한국에서 민주주의의 발전을 억압하는 정치사회적 구조를 극복하고 민주주의의 확장과 발전을 추구해 왔다. 여기서 양자는 서로 간의 이념적 차이에 벗어나 상호 공명을 만들어낼 수 있다. 따라서 양자가 만나 서로 소통할 수 있는 지점은 '한국의 정치현실'과 '민주주의'라고 할 수 있다.

최장집에 따르면 한국의 정치현실은 '분단국가'라는 특성에 의해 규정된다. 분단국가의 제도적 수립자로서 미국은 한국에 자유주의적 개혁을 시행하도록 강제했지만 그것의 한계선 또한 명백했다. 한국의 정치현실은 '분단국가의 최소한의 안정'이라는 '반공체제의 안정적 유지'와 더불어 위로부터 진행된 "수동혁명 또는 보수적 근대화"에 의해 좌우되었다.[2] 따라서 그는 '조숙한 민주주의'의 제도화가 절차적 민주주의를 실천한다는 긍정적 효과에도 불구하고 한국의 정치 현실은 보수적 엘리트 중심의 정치적 경쟁의 틀과 권위주의적 산업화가 결합된 "발육부진의 민주주의"가 되었다고 진단한다. 이런 점에서 최장집은 "실질적 민주주의로의 이행을 중심으로 한 민주화"라는 과제, "엘리트 중심의 정치사회를 시민사회에 부응하는 체제로 변화시키는 일"에 주목하고 있다.[3]

이것은 한국 맑스주의의 관점에서 보았을 때, 냉전반공주의와 위로부터의 수동혁명, 보수 엘리트 정당체제라는 한국 민주주의의 특수한 역사적 현실을 고려해 볼 때, 충분히 동의할 수 있을 수 있을 뿐만 이를 극복하고자 하는 방향 또한 동의할 수 있다. 그러나 그런 동의의 지점

---

2 최장집 1996 : 22~28.
3 위의 책 : 39.

만큼이나 양자 간의 먼 간극을 확인한 순간이 있다. 그것이 드러난 가장 분명한 경우는 그가 일관되게 주장한 '정당민주주의'가 2008년 촛불집회라는 사건과 만날 때였다. 최장집은 "강력한 대통령과 제도화의 수준에서 극도로 불안정한 허약한 정당체제가 만날 때 만들어지는 특징적 현상을 '구조적 포퓰리즘'이라는 말로 개념화"[4]한다. 그러면서 촛불집회를 이와 같은 구조적 포퓰리즘의 현상으로 설명한다. "촛불집회는 민주주의의 제도들이 무기력하고 작동하지 않고 그 중심적 메커니즘으로서의 정당이 제 기능을 못할 정도로 허약할 때 그 자리를 대신한 일종의 구원투수 같은 역할을 수행"[5]한다. 물론 이와 같은 분석이 그 자체로 틀린 것이라고 할 수 없다.

그러나 그가 '촛불'이 대통령소환제와 같은 직접민주주의적 요구를 하는 것은 바람직하지 못할 뿐만 아니라 "정당, 자율적 결사체를 중심으로 한 정치적 대표 체제를 강화, 발전하는 방향으로" 나아가야 한다고 주장할 때[6] 맑스주의는 당혹스러움을 느낄 수밖에 없다. 왜냐하면 그가 상정하는 한국 민주주의에서의 '보수정당체제', 허약한 정당과 시민사회라는 진단과 이 진단에 근거한 사회경제적인 뿌리를 갖는 정당체제의 구축이라는 제도 개혁적 방향에 동의함에도 불구하고 현재 한국의 정치현실이 이와 같은 '정당민주주의'만으로 해결 가능한 것처럼 보이지 않기 때문이다.

그러므로 이 글은 '민주주의 이후의 민주화론'에 대한 평가라는 점에

---

4 최장집 2008d : 126.
5 위의 책 : 143.
6 위의 책 : 146.

서, 양자에게 공통적으로 주어진 '한국의 정치'를 중심으로 가라타니 고진이 말하는 '독백'이 아닌 진정한 의사소통의 길, '가르치고 배우는' 방식의 대화를 시도하고자 한다. 게다가 최장집은 서구이론들을 가져와 한국의 정치현실에 그대로 대입하여 평가하거나 발전된 서구국가의 민주주의적 제도들을 한국의 정치현실에 곧바로 직수입하지 않는다. 그는 한국의 정치현실로부터 출발하여 이 문제들을 해결할 수 있는 방향을 모색한다. 따라서 그의 정치학은 스피노자가 근대 사회계약론자가 아니라 마키아벨리를 진정한 정치학자로 취급했던 것처럼 이론화된 맑스주의보다도 더 '정치학'적인 측면을 가지고 있다.

이에 이 글은 양자의 생산적 토론을 위해 무엇보다 먼저 '민주주의 이후의 민주화론'이 전개되는 사유의 흐름을 쫓아가면서도 맑스주의와의 차이를 드러내는 문제들을 중심으로 하여 배우고 가르치는 소통을 한번 전개해보고자 한다. 그러나 그것은 차이의 무화가 아니라 차이의 극대화를 통한 소통이기에 이 글은 다음의 네 가지 쟁점들을 중심으로 전체적인 논의를 전개할 것이다. ① '한국 민주주의에서 정당정치의 위기, 정당민주주의론이 과연 가능한가?' ② '정당민주주의의 제도개혁이 우선인가 아니면 사회적 시민권을 확보하는 사회세력화가 우선인가?' ③ '신자유주의가 과연 왜곡된 정당정치의 산물인가 자본주의의 대의정치의 한계 지점을 보여주는 것인가.' ④ '민주주의를 보는 두 개의 시선, 이상인가 현실인가.'

2. 한국 민주주의에서 정당정치의 위기,
정당민주주의론은 가능한가?

최장집은 한국의 민주주의가 분단국가와 박정희식의 개발독재에 의해 구축된 보수정당체제와 냉전반공주의, 권위주의, 그리고 최근의 신자유주의에 의해 왜곡됨으로써 사회경제적 뿌리를 갖는 정당이 아니라 지역주의적 파벌에 근거한 지역정당이 되었다고 진단한다. 한국의 민주주의 이후 민주화에서 나타나는 정당정치의 위기는 바로 이런 왜곡의 산물이다. 따라서 그는 ① 올바른 정당정치의 발전을 위해서 사회적 갈등에 기초한 정당정치의 확립 ② 노동자 등의 사회경제적인 사회적 시민권의 확보 ③ 정치국가에 반하는 시민운동이나 민중운동의 운동권 담론으로부터 정당정치로의 전환을 제시하고 있다.

그러나 이 중에서도 가장 중요한 핵심 논점은 '정당정치의 위기'와 '정당민주주의론'이라고 할 수 있다. "나는 한국 민주주의의 가장 큰 문제는 매우 협애한 이념적 대표체제, 사실상 보수와 극우만을 대표하는 정치적 대표체제에 있다고 본다. 내용적으로 보수독점의 정치구조는 민주화 이후에 변화되기보다 오히려 더욱 강화되었다. (…중략…) 민주화 이후 한국 사회가 내용적으로나 질적으로 더욱 퇴보하게 된 원인을 들라면 나는 민주화 이후 15년이 흘렀음에도 불구하고 여전히 냉전반공주의가 지배적인 이념으로 지속되고 매우 협애한 이념적 대표체제에서 보수독점의 정치구조가 지속되고 있기 때문이라고 말하고자 한다."[7] 따라서 그의 '민주주의 이후의 민주화론'이 제기하는 가장 중요한 극복과제는 '협애한 이념적 대표체제', '보수적 정당체제'라고 할 수 있다.

그가 보기에 한국의 보수정당체제는 "분단 상황에서의 이념적 제약", "외국차관에 힘입은 국가주도 산업화", "발전주의국가와 거대기업이 결합한 헤게모니"로 인한 정치 참여의 제약이 독재 대 반독재(민주)라는 정치적 균열을 가져옴으로써 형성되었다.[8] 즉, 국가형성의 지배블록 가운데서 권력투쟁에서 밀려난 주변세력이 '민주주의 수호'라는 정치세력의 역할을 떠맡는, "충성스런 야당"이 됨으로써 오늘날 보수적인 엘리트에 의한 독점되는 정치체제[9]가 만들어졌다는 것이다. 그러나 이런 보수정당체제는 사회적 갈등에 기초한 이익을 대변하는 정당이 아니기 때문에 대중적 지지 기반을 정치적으로 창출하는 것이 아니라 '변형주의적 정치'[10]를 통해서 생산한다. 이 점에서 그는 지역주의가 한국의 민주주의를 왜곡시켰다는 통념과 달리, 오히려 이와 같은 '보수정당체제'가 영·호남이라는 지역주의를 생산하면서 지역정당의 구조를 가지게 되었다고 본다. 따라서 그가 본 지역주의-지역정당은 보수적 민주화, '보수정당체제'에 의한 왜곡의 산물이다.

이것은 실로 탁월한 분석이라고 할 수 있다. 왜냐하면 한국의 보수

---

7 최장집 2005 : 23.

8 최장집 1996 : 36.

9 위의 책 : 84~85. 그렇다고 그가 두 정당이 동일하다고 주장하는 것은 아니다. 두 정당은 보수정당이라는 점에서 동일하지만 민자당은 "냉전반공주의와 결합된 보수적 자유주의"인 반면 민주당은 "서구자유주의의 이념적 원리를 바탕에 둔 개혁적 자유주의"라는 점에서 다르다.(위의 책 : 272)

10 최장집은 김영삼의 '3당통합'을 예로 들면서 변형주의는 "정치적 경쟁의 대립축의 희석, '개혁' 또는 '세계화'와 같은 모든 정치적 언술들이 하나의 강력한 지배적 언술 내로 통합되고 동질화되는 상황하에서 유일하게 의미 있는 정치적 언술로서의 지역주의가 지속되는 현상으로 특징될 수 있을 것"이라고 하면서 "한국사회가 이러한 '변형주의'적 특성을 극복하지 못한다면 한국의 민주주의의 발전은 아직 절차적 민주주의의 수준에도 이르지 못한 상태라고 할 수 있을 것"이라고 진단하고 있다.(위의 책 : 239~240)

정당독점체제에서 사회적 균열에 따른 정치적 선택은 지역주의로 전치되기 때문이다. 여야의 대립은 보수주의 안에 존재한다. 그래서 손호철은 "지역주의의 숨겨진 본질은 이들 정치인들과 정치세력이 지역주의의 조장세력이자 수혜자이며 현상적으로는 서로 대립하고 있지만, 사실은 자신의 존립근거를 상대방의 존재에 의존하고 있는 공생적인 적대적 상호의존관계"[11]라고 말한 바 있다. 그리고 그 결과는 최장집이 말했듯이 지역주의적 정당체제의 퇴영적 행태의 결과물로서 "비정치적, 비계급적 시민사회"의 형성이다.[12] 따라서 그는 87년 민주항쟁 이후 민주화에서 가장 중요한 일은 "이데올로기적 스펙트럼이 뚜렷이 확대되고 보다 광범한 사회적 이익과 요구가 대변될 수 있는 새로운 정당체제를 만들어" 내는 것이었음에도 불구하고 실제의 사회적 균열과 갈등에 뿌리를 둔 정당체제가 성립하지 못함으로써 지역정당이라는 왜곡된 형태가 나타나게 되었다고 주장한다.[13]

게다가 그가 보기에 6·10 이후 '위로부터 전개된 수동혁명'이 낳은 한국의 민주주의는 "집권엘리트의 지역적 요소 강화와 동시에 폐쇄성을 강화"하면서 자신들의 "국가기구 관리 능력"의 부족을 "기술 관료들과의 결합"[14]으로 확대하는, "엘리트중심의 민주주의"[15]였다. 따라서 '민주주의 이후의 민주화론'은 한편으로 '보수적 민주화'가 낳은 퇴행적 결과로서 '지역정당'과 관료주의적 구조를 비판하면서 그 대안으로

---

11 손호철 1999 : 304.
12 최장집 2005 : 235.
13 최장집 2008d : 63.
14 최장집 2005 : 147.
15 최장집 2006 : 48.

사회의 갈등과 균열을 정치적으로 대표하고 조직하는 정당체제의 제도화가 이루어진 "정당민주주의, 정당정부"를 제시하고 있다.[16] 그러나 그렇다고 그가 이념정당을 명시적으로 주장하고 있다고 보기는 어렵다. 왜냐하면 그는 진보정당이라고 할 수 있는 민주노동당이나 진보신당과 같은 새로운 정당들의 발전을 모색하기 보다는 기존의 정치권에 호소하는 전술을 택하고 있기 때문이다.

그는 기존 정치권에서의 협상테이블이 대통령 임기와 자격, 국회 권한의 강화, 선거구 구획 등 정당들의 직접적인 권력을 둘러싼 이해관계에만 주목하고 있다고 비판하면서 한편으로, 정치참여의 확대, 경쟁 행위자의 수적·질적 확대, 엘리트 간 게임을 넘어선 정당과 사회적 기반 사이의 접목 확대, 정당 간 경쟁의 이데올로기적 스펙트럼의 확대 등에 대한 논의를 촉구[17]하면서 다른 한편으로, '결선투표제'나 독일식 비례대표제, 선거제도 개선과 같은 제도 개혁[18]을 정당정치의 위기 극복 방안으로 제시하고 있다. 그러나 문제는 이런 호소에도 불구하고 현실적으로 한국의 정치 현실에서 바뀐 것은 없다는 점이다. 6년 전 최장집은 다음과 같이 썼다.

"어느덧 서울의 강남을 중심으로 상층계급문화가 발전하고 소득과 교육의 기회가 점차 정비례하는 현실에 대한 우려는 커지고 있다. 그 결과 권위주의와 급진주의 양자에 모두 비판적이면서 그간 온건한 방향으로 한국 사회의 변화를 이끌었던 중산층 중심의 세계관이 급격히

---

16 최장집 2008d : 61.
17 최장집 2005 : 137.
18 위의 책 : 262.

약화되어 중산층 상층의 특권화된 사회부분과 나머지 서민이라고 할 수 있는 사회부분 간의 괴리가 커지고 있다. 이러한 사회적 변화에도 불구하고 정당이 중심이 되는 민주정치는 매우 보수적인 이념적 범위 안에서 기존의 정치행태를 지속함으로써 사회적 기대와는 거리가 먼 정치계급의 쟁투장에 가까운 것이 되고 말았다. 누구나 알 수 있듯이 한국 정치에 대한 부정적 평가는 냉소를 넘어 거의 분노에 가까운 상황이다."[19]

그렇다면 왜 그때나 이때나 이와 같은 상황은 지속되는가? 그것은 바로 현재의 정당체제가 그 스스로 내부적으로 이를 혁신할 수 있는 길이 없다는 것을 의미하는 것은 아닐까? 만일 그렇다면 보수정당체제를 바꾸는 것은 지금 형성되어 있는 정당체제 내부가 아니라 외부로부터 주어질 수밖에 없는 것은 아닐까? 바로 이 지점에서 그의 '민주주의 이후의 민주화'론이 제기하는 정당민주주의의 애매함이 존재한다. 그는 한편으로 '정당의 위기'를 이야기하면서 사회의 갈등과 균열을 정치적으로 대표하고 조직하는 정당, 정당체제의 제도화가 중요하다는 '정당민주주의'라는 일반론에 호소한다. 그러나 다른 한편으로 그는 한국의 정당체제가 보수독점체제라는 점에서 "이데올로기적 스펙트럼"이 확대된 "새로운 정당체제"[20]라는, '보수정당체제'의 혁신에 대해서도 호소하고 있다.

그러나 이와 같은 그의 호소는 오늘날 한국의 정치현실에서는 그의 의도와 다른 의미와 효과를 낳는 것처럼 보인다. '정당민주주의'라는

---

19 위의 책 : 9.
20 최장집 2008d : 63.

일반론에 대한 호소는 현실적으로 정당체제를 구축하고 있는 현재의 정당체제, 새누리당 대 민주통합당이라는 정당체제에 대한 옹호를 낳는 반면 다른 한편으로 그의 '새로운 정당체제'는 현재의 정당체제에 대한 부정과 혁파, 즉 새누리당 대 민주통합당이라는 구도의 부정으로 귀결되기 때문이다. 촛불집회는 이런 보수정당체제 그 자체에 대한 부정을 함축한다. 하지만 그는 이런 부정 대신에 '정당으로 돌아가라'는 외침을 선택한다. 그는 현재의 정당시스템이 작동하는 선거판에서 자신의 표가 사표가 되지 않는 선택, 그리하여 결국 '반MB, 반새누리당'이라는 구호 아래서 '민주통합당'이나 '통합진보당'을 선택하는 길을 선호한다.

그러나 그렇게 되었을 때 다시 대립의 구도는 보수독점정당체제를 재생산하는 민주 대 반민주를 재생산하게 된다. 따라서 그의 정당민주주의론은 '정당정치'를 재확인하면서 정당정치의 강화만을 주장하고 있을 뿐, '어떻게 한나라 / 민주당이라는 보수정당체제의 완고한 질서를 해체할 것인가' 하는 해법에 대해서는 '정당민주주의에 대한 일반론적 호소' 이상을 벗어나지 못하고 있다. 그렇다면 왜 그는 이와 같은 '정당민주주의에 대한 호소'를 벗어나지 못하고 있는 것일까?

그가 말했듯이 "현재 한국정치의 최대 균열은 사회적 기반이 없는 정치적 대표체제와 이에 대표되지 못하고 저항하고 있는 비투표 유권자 사이의 균열"[21]이다. 그러나 그의 이런 명쾌한 진단에도 불구하고 첫째, 그는 이런 균열을 '정당정치의 위기'라는 차원에서만 접근하고

---

21 최장집 2005 : 41.

있다. 물론 보수정당체제에 대한 환멸은 반정치주의나 정치적 무관심을 낳는다. 그러나 '촛불집회'에서 보여준 반정치주의적 정서는 다른 한편으로 한국의 보수정당체제 자체를 넘어서고자 하는 대중의 열망을 반영하고 있다. 그리고 이때의 반정치주의는 본질적으로 반정당적 정서와 다르다. 왜냐하면 2011년 서울시장 선거에서 박원순 무소속 후보가 보여준 것처럼 그와 같은 열망은 선거에서의 결집된 힘을 만들어내기 때문이다. 따라서 반정당적 정서가 반드시 반정치주의로 귀결되는 것은 아니며 기존 보수정당체제에 대한 극복 또한 촛불집회와 같은 대중의 직접행동 없이 조직될 수 있는 것도 아니다.

둘째, 바로 이런 점에서 기존의 보수정당체제에 대한 혁신의 동력을 기존 정당체제 내부에서만 찾고 있는 그의 태도가 '보수정당정치'의 혁신이라는 그의 진보성을 가로막고 있는 것처럼 보인다. 그도 과거 민주정부들의 실패를 "보수 기득 헤게모니에 대한 단호한 태도를 유지하지 못함"[22]으로써 시민사회운동부문의 적극적인 지지를 확보는 데 실패한 것에서 찾고 있다.[23] 그렇다면 현재의 보수정당체제에 대한 혁신의 동력은 정당정치 내부가 아니라 외부를 향해 있는 것은 아닐까? 따라서 이와 같은 점을 분명히 하지 않는다면 정당정치에 대한 호소는 오히려 역설적 효과를 낳을 수도 있다. 그도 이것을 인식하고 있다. 그래서 그는 "정치의 갈등 축이 노동문제와 사회경제적 문제를 포괄하도

---

[22] 위의 책 : 230.

[23] 이런 자정능력의 부재를 보여주는 대표적인 사례가 바로 "10·26 안산 재보궐 선거"이다. 민주노동당, 진보신당, 창조한국당은 공동으로 임종인 전의원을 반MB후보로 추대했음에도 불구하고 노무현 탄핵 주동자를 공천했다. 민주노동당은 안산을 후보를 민주당에 양보하면서 양산의 민주노동당 후보를 사퇴시키겠다는 양보를 제의했음에도 불구하고 민주당은 이를 거부했고 양쪽 모두는 패배의 고배를 마셔야 했다.

록 재편하는 문제는 고려하지 않은 채, 기존 정당들이 전국적으로 의석을 골고루 나눠가질 수 있는 방향으로 선거제도를 바꾸자는 지배적 접근은" "낡은 정당체제를 지속시키는 효과를 가져올 뿐"이라고 지적하고 있다.[24] 옳은 이야기다.

그러나 여기서도 그는 정치권을 상대로 호소하고 있을 뿐 그것을 실질적으로 바꿀 수 있는 동력과 힘이 어디에 있는가를 적극적으로 탐색하지 않는다. 만일 기존 정당체제의 혁신과 변화를 가져올 수 있는 정당정치 내부의 동력이 없다면 우리가 찾아야 할 길은 기존의 '보수정당체제'라는 판 자체를 바꿀 수 있는, 정당 외부로부터 주어지는 동력과 압박을 창출하는 것이다. 또한, 이 관점에서 보자면 시급한 것은 '정당으로 돌아가라'가 아니라 실질적으로 판 자체를 바꿀 수 있는 '진보정당 또는 이념정당'을 만들어내는 것이다. 이런 점에서 손호철은 "민주 대 반민주라는 구도 대신에 '진보 대 보수'라는 경쟁 구도로 갈 때 지역주의는 깨질 수 있다"고 말하면서 "초지역적 계급연합"을 주장하고 있다.[25]

---

24 최장집 2006 : 35.

25 손호철 2010 : 30. 그러나 이런 진보정당의 정립 또한 최장집이 제기하는 '독일식 비례대표제'라는 선거제도의 개혁 없이 어렵다는 것은 명백하다. 이런 점에서 손호철도 "독일식 선거제도(소선거구, 정당명부식 비례대표 병용제)"를 주장하고 있다.(위의 책 : 61) 따라서 양자는 상호 보완적이다.

3. 정당민주주의의 제도개혁이 우선인가 아니면
   사회적 시민권을 확보하는 사회세력화가 우선인가?

최장집의 '민주주의 이후의 민주화론'이 가진 장점은 정당정치의 위기를 제도개혁뿐만 아니라 사회적 권리—사회적 시민권의 문제와 연결시킨다는 점에 있다. 사회적 권리—사회적 시민권은 '민주주의 이후의 민주화론'에서 다른 하나의 축을 형성하고 있다. 한국이라는 분단국가의 냉전반공주의는 보수정당체제라는 보수적인 엘리트의 독점적 정치지배구조와 국가코포라티즘을 낳으면서 사회적 균열과 갈등을 억압하고 각 계급과 계층의 이해를 봉합해왔다. 하지만 "냉전반공주의의 헤게모니적 효과는 탈냉전과 더불어 약화"된 반면 "그 공백을 채운 것은 신자유주의 이데올로기"이다.[26] 따라서 그는 "1987년 민주화 이후 현재까지 모든 정권은 권위주의체제와 마찬가지로 노동문제와 같은 사회경제적 이슈를 정치로부터 배제"[27]했다고 주장하면서 '사회적 시민권'의 문제를 제기하고 있다.

그가 보기에 신자유주의는 김대중~노무현 정권의 반민주적 성격을 특징짓는다. "민주화의 역설"이란 민주적 성격이 강한 정권일수록 더욱 강력하게 신자유주의정책을 추진했다는 점이다. 그런데 이런 한국에서의 신자유주의는 "민주주의라는 정치적 틀 내지 가치에 상응하는 변형이 아니라 권위주의 국가주도형 발전모델의 연장선상에서 구이념과 구조를 그대로 유지하면서 여기에 신자유주의가 접합된 변형"

---

26 최장집 2005 : 61.
27 위의 책 : 137.

일 뿐이다.[28] 그런데 최장집의 신자유주의에 대한 논의는 빈부격차의 확대, 사회적 양극화, 고용의 불안정과 실업의 증대, 비정규직 노동자의 대량창출과 사회해체 등 사회경제적 측면에서만 멈추지 않는다.

그의 논의는 신자유주의를 정치와 직접적으로 관련시킨다는 점에서 특징적이다. 그는 "한국에서 신자유주의적 생산체제란 영미식 자유주의 원리에 과거 박정희식 생산체제를 접합한" "한국적 경제체제"[29]라고 규정할 뿐만 아니라 더 나아가 "신자유주의적 민주주의"[30]로 다룬다. 신자유주의적 민주주의는 "성장=효율성=기술 관료적 경영주의의 등식"에 따른다. 그것은 "기술 관료적 효율성의 가치"를 추구하며 "대중의 정치참여에 대한 불신"과 "엘리트의 역할과 참여 확대"를 가져온다.[31] 따라서 그의 신자유주의적 민주주의에 대한 비판은 두 가지 방향을 향한다.

첫 번째 방향은 신자유주의가 한국정치의 민주화를 왜곡하는 정치에 미치는 효과에 대한 비판이며 두 번째 방향은 한국식 신자유주의가 지니는 문제로서 '사회적 권리'-'사회적 시민권'과 관련된 논의이다. 첫 번째 방향에서 최장집은 신자유주의정책의 극대화된 형태로 노무현 정권을 들고 있다. 그러나 그것은 노무현 정권이 신자유주의정책을 역대 정권 중 가장 강하게 밀어붙였다는 의미에서가 아니라 신자유주의적 시장논리를 정치에 전면적으로 대입시킨다는 의미에서이다. 그는 시장과 인민을 동일시하면서 기업인이 오히려 인민을 대변하는 현

---

28 최장집 2006 : 268.
29 위의 책 : 20.
30 위의 책 : 48.
31 위의 책 : 66.

상을 '시장포퓰리즘'으로 규정한다. 시장포퓰리즘은 "정치란 비생산적이고 효율적이지 못하다는 인식의 결과물"로서 "반정치, 반정당의 태도"를 가지고 있다.[32] "민주화 이후 가장 주목할 만한 정치 현상 중 하나는 이런 시장포퓰리즘, 신자유주의적인 관점에서 정당, 정치 행위를 비판적으로 보는 견해가 광범위하게 퍼져 있다는 것"[33]이다. 그동안 민주개혁과제로 제시되었던 '깨끗한 정치', '원내정당화', '당내민주화', '국민참여경선제', '주민소환제' 등은, 그가 보기에 이런 시장포퓰리즘의 반영이라고 할 수 있다.

반면 그는 시장과 정치는 다르다는 것, 그리고 시장의 실패와 관련된 갈등을 조절할 수 있는 것이 정치라는 주장을 편다. "오늘날의 민주주의"는 "자본주의적 시장경제의 토대를 갖는 정치공동체하에서 그로부터 발생하는 사회적 균열과 갈등을 다루는 특정 형태의 정치체제"[34]이다. "민주주의는 공정하고 주기적인 선거와 이에 참여하는 정당 간 경쟁을 통해 이러한 갈등을 표출하고 타협하고 해소하는 정치체제"[35]이다. 따라서 그는 국가의 실패에 주목하면서 시장에 대한 국가 개입의 최소화를 주장하는 신자유주의 논리에 반대하면서 "시장은 자율에 맡겨두기보다는 민주적으로 조율돼야"[36] 한다고 주장한다. 그리고 그

---

[32] 최장집 2008b : 33.

[33] 위의 글 : 32.

[34] 최장집 2009 : 21.

[35] 최장집 2008d : 27.

[36] 최장집 2008b : 37. 이와 관련하여 최장집은 민주주의가 시장과 전혀 다른 질적 가치를 지닌 것임을 분명히 하고 있다. "기본적으로 경제적 불평등의 문제, 고용의 문제에서 민주주의의 가치는 경제적 가치에 종속될 수 없는 성격을 갖는다고 생각합니다. 그러니까 민주주의의 가치는 독자적으로 존립해야 되고, 또한 독자적 효능을 가져야 한다고 봅니다. 기본적으로 민주주의에서는 평등사상이 중요합니다."(최장집 2008c : 134)

는 바로 이 지점에서 그의 논의는 두 번째 방향, '사회적 권리' 또는 '사회적 시민권'이라는 논의로 나아가게 된다.

사회적 권리에 대한 그의 논의는 이전까지 논의되어 왔던 시민적 권리나 정치적 권리의 한계를 넘는다. 시민적 권리나 정치적 권리는 기본적으로 정치와 경제라는 두 개의 시스템을 완전히 분리한 상태에서 출발한다. 따라서 여기서 민주주의는 경제적 삶의 문제나 사회적 갈등을 배제하고 오로지 형식적인 평등과 권리의 문제로 접근되어진다. 그러나 그는 인신의 자유, 사상과 양심의 자유, 의사표현과 언론의 자유, 재산획득의 자유와 같은 시민적 권리나 평등하고 보편적인 선거권을 통한 정치 참여 권리라는 한계를 넘어서 사회적 시민권으로 나아간다. 사회적 시민권은 "일상적인 삶의 현실에서 인간의 기본적인 사회경제적 삶을 유지할 권리"이다. 그것은 "인간의 도덕적 자율성과 평등의식에 기초한 사회관계"를 만들 뿐만 아니라 민주주의 정치체제를 "작동시키고 강화하는 원동력으로 작용"한다.[37]

따라서 그는 시민 개인이 아니라 사회경제적 기능 범주에 속한 특정 역할의 담당자로, 그들의 이익과 가치를 공유하는 집단의 구성원으로서 투표하는 행위, 즉 "시민+무엇(시민-교사, 시민-노동자 등)"에서 '+무엇'이라는 사회적 시민권의 중요성을 제기[38]하면서 "사회적 시민권은

---

37 최장집 2009 : 124.

38 위의 책 : 148. 이와 관련하여 그는 이미 1996년에 쓴 글에서 노동자들이 정당의 수준에서 반드시 독자적으로 대변할 필요는 없지만 노동자들이 작업장 수준에서 조직화와 연대, 독자적인 이익의 대표를 통한 자본과의 대면이 필요하다는 점(최장집 1996 : 315)을 강조하면서 "강력한 국가에 의한 억압적 노동통제라는 한국국가의 관료권위주의적 속성은 1987년 6월 정치의 민주적 개방이 시작된 이후에도 기본적으로 변화되지 않았다"(위의 책 : 348)고 하면서 이런 문제가 나타난 원인을 냉전반공주의의 영향과 중산층의 보수적 가치와 정향이 노동자들의 정체성 형성을 저해(위의 책 : 349)하면서 민주화 과

민주주의가 그렇게(시장가치와 병행해서 강화 발전되어야 할 독립적인 가치이
자 원리 – 필자) 기능하도록 뒷받침하는 기본적인 권리 가운데 하나"[39]
라고 주장하고 있다. 바로 이런 점에서 최장집은 정치와 경제를 완전
히 분리하는 민주주의의 최소주의적 정의를 넘어선다. 또한, 이제 그
의 '민주주의 이후의 민주화론'은 '정당민주주의적 제도개혁'과 '사회적
시민권'의 확보라는 이중의 전략으로 표현된다. 그러나 이런 논의의
확장에도 불구하고 여기에는 여전히 해결되지 않은 문제가 남아 있다.

첫째, 한국의 정치현실에서 그가 취하는 이런 이중의 전략은 상호
중첩되어 있으면서도 서로 다른 방향성을 가지고 있기 때문에 양자의
관계를 보다 명료히 할 필요가 있다는 점이다. 정당민주주의의 제도개
혁은 주로 정당시스템 자체의 경쟁적 구도를 정상화하는 제도적 접근
이라면 사회적 시민권의 문제는 사회적 갈등을 갖는 집단들을 정치적
으로 조직화하는 사회민주화와 관련되어 있다. 따라서 이것은 정당시
스템 안이 아니라 밖에서 안으로 향한다고 할 수 있다. 또한, 이런 이중
의 전략이 낳는 효과는 서로 다르다. 현실적으로 전자가 제도적 정치
를 강조함으로써 다시 정치와 경제를 분리시키는 경향을 가지고 있다
면 후자는 경제적인 빈곤화와 빈부격차의 문제를 정치화함으로써 정
치와 경제를 결합시키기 때문이다. 그러나 현재의 정당들은 '사회적
시민권'에 진정한 관심을 두지 않는다. 따라서 사회적 시민권의 문제
를 현실적으로 정치화하는 것은 다양한 사회적 운동들일 수밖에 없다.
시민운동이나 노동운동, 또는 환경-성-인권과 같은 사회운동은 이런

정에서 민중운동과 중산층적 시민운동이 분리된 것(최장집 2009 : 152)을 꼽고 있다.

39 위의 책 : 170.

전략의 주요한 동력이 될 수 있다.

최장집도 운동이 지닌 의미를 인정한다. 운동은 첫째, "사회에 존재하는 다양한 소수자들의 입장을 대변하면서 사회의 여러 문제에 관심을 불러일으켜 이를 중요한 정치적 이슈로 만드는 것, 즉 정당이 담당하지 않거나 할 수 없는 정책투입기능을 갖는다." 둘째, "운동 또한 정당의 사회적 기반 가운데 하나로 정당조직과 활동을 뒷받침하는 역할을 할 수 있다."[40] 그러나 그는 정당민주주의의 제도개혁과 사회적 약자들의 사회세력화 양자에 대해서 어떤 비중치를 두길 원하지 않는다. 그것은 그가 "민주주의의 발전은 불평등과 차별을 완화하고 사회가 계급적으로 분할되는 것을 억제하는 결과를 가져온다"[41]고 말하는 것에서 보듯이 '정당, 선거, 의회는 혁명 없는 갈등의 기반을 제공'한다고 보기 때문이다. 여기서 민주주의는 자본주의체제 내부에만 존재한다. 따라서 그의 민주주의론은 그의 진보성과 달리, 혁명에 대한 경계 때문에 최소주의적 정의로 되돌아가는 경향을 가지고 있다.

그러나 혁명은 누군가의 기획이나 의도, 특정집단의 선전·선동으로 이루어질 수 있는 것이 아니다. 대중 없는 혁명은 가능하지 않을 뿐만 아니라 역사적으로 존재하지도 않았다. 혁명은 언제나 기존의 통치질서가 와해된 지점에서 대중 그 자신으로부터 출발한다. 그렇다면 혁명을 향해 나아가는 그들을 향해 기존의 질서로 돌아가라고 하는 것은 이미 작동 불능이 되어버린 기존의 통치 질서를 무작정 옹호하는 결과만을 낳을 뿐이다. 또한, 그렇게 한다고 해서 이미 선택된 대중의 흐름

---

[40] 최장집 2006 : 284.
[41] 위의 책 : 160.

이 바뀔 수 있는 것도 아니다. 따라서 '혁명의 길'에 대한 두려움 때문에 대중들의 역동성을 제압하고 그들을 다스리려고 하기보다는 대중의 정치적 욕망 자체를 승인하고 그것이 최대한 적은 희생을 통해서 보다 좋은 사회로 나아갈 수 있도록 안내하는 것이 정치적으로 보다 현명한 것처럼 보인다. 이런 점에서 혁명 때문에 민주주의에 대한 최소주의적 정의로 돌아가는 입장에 대한 손호철의 비판은 시사하는 바가 있다. "혁명을 통해서 획득되는 '진정한 민주주의'가 '절차적 민주주의'를 희생하는 대가 위에 획득되는 '실질적 민주주의'가 아니라 '절차적 민주주의'에 '실질적 민주주의'까지 가능케 하는 민주주의여야 한다면 민주주의에 대한 '최소주의적 정의'가 혁명의 결과를 부정하는 잣대가 될 수는 없기 때문이다."[42]

이런 점에서 최장집의 '민주주의 이후의 민주화'론은 역동적으로 터져 나오는 대중들에 대한 공포 때문에 미리 그것을 단죄하면서 '정당민주주의'로 가두려는 경향으로부터 나와 '정당민주주의의 제도개혁'에 대한 '사회적 세력화' 또는 '사회적 시민권을 확보하려는 대중운동'의 우위성을 우선적으로 명료히 할 필요가 있다. 그는 "절차적 제도화"와 더불어 "사회경제적 차원에서 변화를 가져오는 실질적 민주주의"가 필요하다고 말하고 있다.[43] 하지만 민주정부가 실질적 민주주의를 진전시키지 못한 것은 신자유주의적 헤게모니에 대응하는 현실적인 이념과 정책대안을 갖지 못한 것만이 아니라 이를 정치적으로 뒷받침할 수 있는 사회적 세력화의 중심이 존재하지 않았기 때문이다.[44] 따라서 최

---

42 손호철 1999 : 101.
43 최장집 2006 : 139.

장집의 정당민주주의론은 '정당정치'에 대한 옹호와 강조 이전에 사회
적 갈등에 뿌리를 둔 정상적인 정당체제로의 전환을 만들어낼 수 있는,
특정한 사회 집단이나 세력의 형성 또는 사회 세력의 정치화라는 관점
에서 접근될 필요가 있다. 그리고 이렇게 되었을 때 '운동정치'는 '제도
정치'보다 더 중요한 영역이 될 것이며 소환권과 같은 직접민주주의적
요소들을 요구하는 대중투쟁은 훨씬 중요한 의미를 가지게 될 것이다.

4. 신자유주의, 왜곡된 정당정치의 산물인가
　　자본주의의 대의정치의 한계 지점인가?

최장집의 '민주주의 이후의 민주화론'은 정치와 경제를 연결시키면
서도 다시 그것을 분리시키는 경향을 가지고 있다. 이런 사례를 가장
잘 보여주는 것이 바로 노무현 정권의 실패 원인으로 신자유주의를 꼽
는 사람들에 대한 그의 비판이다. 그는 "만약 보수파들이 좌파정부가
집권한 잃어버린 10년을 불평한다면, 그것은 좌파정부가 신자유주의
를 충분히 실행하지 않아서가 아니라 그들 스스로가 권력을 갖지 못했
기 때문"이라고 비판하고 있다. 물론 옳은 비판이다. 하지만 그는 개혁
적인 정부의 실패를 신자유주의에서 찾는 좌파적 시각에 대해서도 비
판적이다. 그는 '신자유주의냐 반신자유주의냐'는 중요하지 않다고 본
다. "개혁정부의 실패는 신자유주의의 효과라기보다는 이들 정부의 정

---

44 위의 책 : 158.

치적 실패에서 그 원인을 찾을 수 있다."[45] 특히, 이와 관련하여 그는 개혁정부가 정당의 역할과 성격을 제대로 이해하지 못했기 때문에 지구당 폐지나 당정분리, 원내정당화와 국민경선제 같은 제도개혁을 추진했다고 비판한다. 물론 이와 같은 비판은 '시장포퓰리즘'에 대한 비판의 연장선에서 이해될 수 있다.

그러나 문제는 그가 이와 같은 신자유주의정책의 전면적 수용을 한국의 왜곡된 정당정치의 산물로 본다는 점이다. "민주화 이후 그리고 특히 IMF 금융위기 이후 들어선 모든 정부들의 성격이 개혁적이든 보수적이든 관계없이, 그들 모두가 신자유주의 경제정책을 일방적으로 추진해 왔으며 또한 현재에도 그렇게 하고 있다는 사실은 그러한 성장정책에 대응할 수 있는 정치세력, 정당체제를 갖지 못한 것의 결과, 즉 정치적 결과라는 것이다."[46] 맞는 말이다. 하지만 대신에 그의 이런 평가는 신자유주의적 정치 현상 및 '정당정치'와 '대의제적 정치'의 위기를 오직 한국의 특수한 현실로 환원하는 느낌을 준다.

1980년대 이래 미−영을 비롯하여 서구의 민주주의 국가, 심지어 사회 민주주의적 전통을 간직한 유럽의 국가들조차 신자유주의를 대폭적으로 수용했다. 그 결과 신자유주의에 의한 빈부격차의 확대와 불안정노동의 확대, 그리고 절대적인 빈곤층의 양산과 상대적 빈곤화의 경향은 급속도로 강화되어왔다. '1퍼센트 대 99퍼센트의 사회'라는 구호는 이를 보여준다. 따라서 요즈음 진행되는 뉴욕 월가뿐만 아니라 유럽의 시위들이 보여주듯이 이들의 저항은 기존 정당정치의 틀을 벗어

---

45 최장집 2009 : 135~137.
46 위의 책 : 164~165.

나 있다. 그들은 여당도, 야당도 지지하지 않는다. 그렇다면 신자유주의에 의한 사회적 시민권의 제약 또는 정치의 종속, 대의제적 시스템의 불안정화와 정당체제로의 이탈은 한국의 정당정치만이 지닌 문제가 아니라 전 세계적인 차원에서 진행되는 문제라고 할 수 있지 않을까? 그렇다면 지금 신자유주의 세계화와 관련하여 제기되는 정치적 문제는 올바르게 작동하지 못하는 정당정치의 위기에서 나오는 것이 아니라 대의제적 민주주의라는 정치적 통치 형식 그 자체를 향해 있는 것은 아닐까?

이와 관련하여 손호철과 조희연은 동일한 하나의 지점을 포착하고 있다. 손호철은 시민사회와 국가 간의 연계기능을 제대로 수행하는 데 실패한 '정당실패'만으로는 현재의 정치적 문제를 진단하는 데 부족하다고 하면서 보다 더 근본적인 것은 "현대자본주의의 특징인 경제 및 사회에 대한 국가개입의 증대, 이와 관련된 정당의 대중통합기구화 내지 의사국가장치화와 연관이 있다"[47]고 말한다. 이것은 곧 독점자본주의의 발달과 국가개입의 증대로, 행정부가 권력블록과의 관계에서 국가를 조직하고 입법부와 정당은 그 역할이 축소되었다는 것을 의미한다.[48] 또한, 조희연은 시민권적 평등을 무의미하게 만드는 "근대국민국가 민주주의의 세 가지 내적 한계와 갈등지점"[49]으로, ① 국민국가 민주주의의 대의성의 형식화와 실질화 간의 갈등 : 대의제적 기제들과 민중들의 정치참여 ② 민주주의와 사회적 차별 간의 갈등 : 사회적 소

---

47 손호철 2002 : 174.
48 위의 책 : 176.
49 조희연 2006b : 48.

수자 ③ 정치적 민주주의와 경제적 불평등의 갈등 : 경제적 불평등을
제기하고 있다.

바로 이 지점에서 맑스주의는 오늘날 신자유주의문제와 관련하여
제기되는 문제들을 '자본의'라는 경제시스템과 연관시키며 정치와 경
제의 분리가 아니라 정치와 경제의 결합과 동형적인 구조의 병행 속에
서 사유할 수 있는 길을 열어준다. 경제에 의한 정치의 지배, 국가의 사
유화, 1인 1표의 대의제적 민주주의 또는 '재현의 정치학'은 여기서 문
제의 초점에 놓인다. 또한, 그렇기 때문에 '맑스' 또는 '레닌'을 비롯한
과거의 '정통', 또는 '서구' 맑스주의 중 어느 하나가 해결책을 가지고
있다고 말할 수는 없으며 그가 비판하고 있듯이 기존 운동권의 혁명관
이 낭만주의적일 뿐만 아니라 혁명과 개량의 이분법을 가지고 있다는
점을 승인해야 한다. 게다가 더 나아가 기존의 운동권이 대중의 파탄
을 '혁명의 전조'로 보는 '파국론적인 관점'에 의해 오염되어 왔다는 점
도 승인해야 한다. 그리고 기존 운동권과 맑스주의 그 자체도 혁신을
모색해야 한다.

예를 들어 맑스가 말한 자본주의적 내적 모순과 혁명의 필연성은
'불가피한 성격'으로 이해될 필요가 있다. 왜냐하면 자본과 임노동의
관계가 기본적인 사회경제적 시스템이 되는 한에서 양자 간의 투쟁은
불가피하기 때문이다. 그러나 이 문제를 극복하는 길은 오직 하나의
길만 있는 것이 아니다. 그 길은 구체적이며 다양하다. 또한, 맑스주의
는 경제환원론, 계급환원론을 벗어나야 할 뿐만 아니라 사회혁명과 정
치혁명이라는 단계론적 혁명론과 노동 중심의 패러다임을 벗어나야
한다. 따라서 『자본』과 『정치경제학 비판 요강』의 차이점을 읽어내면

서 '정통' 맑스주의의 프롤레타리아독재론에 의해 봉쇄되거나 억압되었던 '자기통치체'로서의 코뮌을 오늘날의 현실 속에서 형성하는 전략을 다시 사유해야 한다.

하지만 이것만으로 현재의 지평을 보는 데에는 부족하다. 이것은 무엇보다도 현재의 사회가 맑스-레닌이 살았던 시대와 다를 뿐만 아니라 조희연이나 손호철 모두가 지적하는 환경, 성, 인권 등 사회운동 또는 비제도정치권적인 대중투쟁이 폭발적으로 증가하고 있기 때문이다. 이런 점에서 시민사회의 위치나 지식권력으로서의 담론과 욕망 등에 대한 논의 또한 개방적으로 진행될 필요가 있다. 그럼에도 불구하고 이와 같은 과제들은 장기적 비전에 속한 것으로 현재의 문제들을 해결하는 지난한 과정 없이 이루어질 수 있는 것이 아니다.

이런 점에서 '민주주의 이후의 민주화론'이 가진 장점은 이상과 현실의 간극이 존재하며 이념은 항상 그 이상을 구체적인 현실 속에서 구현하는 '실제'적인 권력지형 속에서 작동한다는 점을 명확하게 보여준다는 것이다. 또한, 이 지점에서 운동에 대한 그의 비판은 맑스주의의 정치가 '낭만'과 '도덕'이 아니라 '현실주의'적이어야 한다는 점뿐만 아니라 탈산업사회-신사회운동과 관련하여 현재 우리에게 주어진 극복의 과제가 최종적으로 '정치'라는 점을 잘 보여주고 있다. 그가 제기하는 '사회적 시민권', '결선투표제', '독일식 비례대표제', '정당을 통한 대통령의 권력 제한 및 대표성과 책임성의 연계 고리 확보', "시민의 참여를 확대할 수 있는 참여를 통한 투입의 확대를 실현하는 제도"[50] 등의

---

50 최장집 2009 : 209.

마련은 현실적으로 지금 당장 우리에게 주어진 과제이다.

하지만 이 경계를 넘을 때, 맑스주의는 '민주주의의 민주화론'과 갈라질 수밖에 없다. 그에게 "현대 민주주의는 대의제민주주의"[51]이며 "의회가 대의제 민주주의를 제도화해서 직접민주주의와 달리 대표와 책임성의 원리를 통해 민주주의를 실현하도록 하는 것이 현재 민주주의의 기본원리"[52]이다. 이것은 '민주주의 이후의 민주화론'에 전제되어 있는 명제이다. 따라서 그는 직접 민주주의적 문제의식에 대해 매우 비판적인 입장을 취하고 있다. 그는 "현대 민주주의는 대의제민주주의라는 점이 다시 강조될 필요가 있다"[53]고 말하면서 "직접민주주의" 또는 "대통령소환제"의 요구와 같은 현실 민주주의를 넘어서는 논리나 정조는 낭만주의적 정치관을 만들어내기 때문에 위험하다고 말하고 있다.[54] 그러나 그렇게 된다면 그가 사유하는 정치는 '대표-재현이라는 대의제적' 한계에 포박될 수밖에 없으며 이렇게 될 때, 그의 민주주의는 이광일이 비판하는 '엘리트주의적 민주주의'로 후퇴할 수밖에 없다.

이광일은 "엘리트주의적 민주주의" 대 "인민주의적 민주주의"를 나누고[55] 계몽적인 엘리트주의적 민주주의가 정치와 경제의 분리, 그리고 국가와 사회의 분리라는 형태에 대응하는 정치형태임을 밝히고 있다. 그러나 이런 분리는 "근대자본주의 사회관계"가 강제하는 것으로서, 이에 대응하는 두 가지의 정치, '제도정치'와 '운동정치'가 있을 수

---

51 최장집 2008d : 144.
52 최장집 2008b : 29.
53 최장집 2008d, 144.
54 위의 책 : 146.
55 이광일 2006 : 391.

밖에 없다고 그는 말하고 있다. 그가 보기에 이 두 가지의 정치형태는 "두 가지 상이한 범주들에 대응한 정치일 뿐"이며 "민주주의 운동은 이 양자 사이에 놓여 있는 경계를 제거하고자 하는 끊임없는 시도"[56]이기도 하다. 따라서 제도정치의 우위 속에서 운동정치를 보는 것이 아니라 오히려 운동정치의 우위 속에서 제도정치를 사유할 필요가 있다.

게다가 손호철이나 조희연이 지적하듯이 오늘날 신자유주의 지구화는 사회전체를 공장화하여 사회 공장화하면서 국가의 개입 증가로 인하여 환경, 커뮤니티, 여권, 반핵 등과 같은 '신사회운동', '비제도정치권적인 대중투쟁의 폭발'[57]을 가져왔다. 신자유주의에서 지배는 전면적일 뿐만 아니라 총체적이다. 게다가 카스텔이 이야기하듯이 현대국가는 네트워크국가로서 더 이상 과거와 같은 합리적 조절능력을 가지고 있지 못하다. 그렇다면 문제는 '정당'의 문제로 환원될 수 없다. 오히려 그것은 다양한 사회운동들의 접합지점을 통한 연대의 정치학으로 발전되어야 한다. 이런 점에서 '민주주의 이후의 민주화론'만이 아니라 맑스주의 또한, 새로운 혁신을 필요로 하며 오늘날 제기되는 다양한 형태의 '성, 생태, 인권'의 정치들과의 접합을 사유해야 한다. 그러나 그 사유는 근본적으로 '자본의 극복'이자 '인민의 자기통치체의 구성'이라는 이상을 향해 있어야 한다. 왜냐하면 민주주의의 이상은 '자기통치'이기 때문이다.

---

56 위의 글 : 392.
57 손호철 2002 : 177.

5. 나오며 – 민주주의를 보는 두 개의 시선, 이상과 현실

맑스주의의 입장에서 '민주주의 이후의 민주화론'과의 결정적 차이
는 민주주의를 바라보는 두 개의 시선에 있다. 최장집은 '정치적 현실
주의자'이다. "정치의 현실주의자로서 나는 민주주의 제도가 허용하는
경계를 끊임없이 넓히려는 시도와 함께 정당이라는 중심수단을 활성
화하는 문제에 관심을 가지며 현실의 삶 속에서 발생하는 문제를 정치
의제로 전환하여 실천하는 정치의 과정이 확대되고 발전되어야 한다
고 믿습니다."[58] 그런데 바로 이런 현실주의적 입장이 그가 가진 강점
이자 또한 한계이다. 정치는 생물이기 때문에 그의 현실주의는 그의
정치학을 살아있는 정치학으로 바꾸어 놓으며 현실의 지평 속에서 작
동 가능한 정치를 추구하도록 만든다.

그러나 다른 한편으로 그렇기 때문에 그의 현실은 언제나 '현행적인
것the actual'들 안에서 주어진다. 우리가 살아가고 있는 현실은 자본주
의라는 경제시스템이며 대의제적 민주주의라는 정치시스템이다. 따
라서 현실은 주어진 것들 이상을 넘어서지 않는다. 이런 점에서 최장
집 또한 "이상이 없으면 현실은 죽은 현실이 되듯이 운동이 없으면 정
당은 이내 경직화되고 말 것"이라고 말하고 있다. 그러나 곧이어 그는
"정치에서 최대강령적 목표를 얻으려고 할 때는 다른 가치를 희생시키
거나 너무 많은 비용 / 대가를 지불해야 하기 때문에, 현실적으로 조정
된 최소강령적 목표를 실현하고자 노력하는 것이 필요하다고" 말한

다.[59] 또한, 그는 최대강령적 이상과 열정이 민주주의 이후 민주화를 가져오는 데 장애 요인이 되고 있다고 비판하면서 민주화 이후에는 "최소강령적 문제의식", "현실주의적 문제의식"이 중요하다고 기존 운동권과 시민운동을 비판하고 있다.

물론 그가 비판하듯이 "현대 민주주의의 제도적 장치들을 통해 한국의 민주주의와 중심적 문제들을 개선해 갈 수 있는 길이 있음에도 불구하고" "운동에만 집중"[60]하거나 "정치를 우회하고 뛰어넘어 시민사회로 가자"든지 "시민사회를 개혁하고 의식화해서 진보세력의 역량을 구축하자 이렇게 구축한 힘을 통해서 정치를 개혁하자"고 주장하는 것은 문제를 가지고 있다.[61] 특히, '총체적 비전에 근거한 혁명적 정조를 가진 운동권 활동가'들에 의해 '반정당적 태도' 또는 '반의회주의적 정서', 의회 대 반의회, 제도 대 반제도라는 이분법은 권력의지를 놓고 싸우는 정치를 무능력하게 만들어왔다. 이런 점에서 최장집의 '민주주의 이후의 민주화'론은 현재 '민주화의 역설'이라고 하는 상황을 만들어 낸, 다른 하나의 축이 기존 민주화운동을 이끌었던 운동권의 정치세력화 또는 정당정치의 실패라는 점을 보여줌으로써 운동권 담론―도덕주의, 이상주의, 반정치적 운동지상주의 등에 대한 비판의 지점을 보여주고 있다.

그러나 문제는 그가 이런 비판을 전개하면서 '운동정치'를 배제하고 '제도정치'만을 주장한다는 점이다. 여기서 '이상'은 '현실'에 의해 압도

---

59 위의 책 : 45.
60 최장집 2008a : 46.
61 최장집 2008c : 119.

되고 있다. "흔히 민주주의에서 시민은 최고 권력의 원천인 주권자로 정의되곤 한다. 이것은 현실에서 실제로 그러하다는 사실을 의미하기보다는 당위의 차원에서 인간이 이성적으로 계몽된 시민이 될 때 그러하리라는 이상과 목표를 말한 것으로 이해할 수 있다"[62]고 그가 말할 때, 그리고 "현대의 민주주의는 인민의 통치가 아니라 인민의 동의에 바탕한 통치체제"라고 주장할 때, 그는 민주주의의 이상적 가치인 '자기통치'를 포기한다. 왜냐하면 여기서 주권자로시 주체는 스스로 자기 자신을 통치하는 '지배하는 자'와 누군가에 의해 '지배받는 자'로 분열될 수밖에 없으며 피지배자는 지배자에 의해 계몽되어야 할 대상으로 전락할 수밖에 없기 때문이다. 그러므로 최장집의 '민주주의 이후의 민주화'론은 다음의 세 가지 문제를 가지고 있다.

첫째, 오늘날 대의제 및 정당민주주의가 처해 있는 상황을 한국적인 특수성으로만 간주하는 경향을 가지고 있다는 점이다. 이광일은 "정상국가 대 비정상적인 국가"라는 이분법적 틀이 "최소민주주의 실현"으로 자신을 제한하는 결과를 낳는다고 비판하고 있다.[63] 또한, 조희연은 현재 한국에서 나타나고 있는 정당정치의 위기를 87년 민주화의 실패가 아니라 성공의 결과로, "도달한 한계 지점"이자 돌파해야 하는 '위기'로 평가할 수 있다[64]고 말하고 있다.

둘째, 최장집은 '사회적 권리'–'사회적 시민권'이라는 개념을 가지고 사회경제적 갈등을 정치화하고 정치의 문제로 연결시킴에도 불구하

---

62 위의 글 : 47.
63 조희연 2006a : 399.
64 조희연 2006b : 37~38.

고 '정치'를 여전히 '경제'와의 직접적인 관계 속에서 사유하지 않는다. 이것은 앞에서 보았듯이 오늘날 신자유주의가 어떻게 서구적인 선진 민주주의국가에서의 '정치적 위기'를 생산하는지를 고려하지 않은 채, 오직 대의제와 정당민주주의의 틀 안으로만 문제를 환원한다는 점에서 그러하다.

셋째, 바로 그렇기 때문에 최장집의 이론이 가진 완고함은 바로 민주주의의 또 다른 측면인 '자기통치'라는 이상이 그의 '현실주의' 속에서 배제되는 결과를 초래하고 있다는 점이다. 물론 이 지점에서 고전적 맑스주의가 정의해왔던 '지배형식으로서의 민주주의'나 '다수의 지배로서 민주주의' 자체에 대한 개념 규정 그 자체가 논쟁의 대상이 될 수 있다. 하지만 적어도 사람들이 가지고 있는 민주주의라는 가치 속에는 근대의 '대의제'로 환원될 수 없는 '자기통치 또는 인민에 의한 인민의 지배'라는 이상이 숨 쉬고 있다. 자유, 평등의 가치와 인권이 사람들에게 여전히 보편적 가치로 작동하는 것은 바로 이런 이상의 표현일 것이다.

그러므로 비록 민주주의가 '텅 빈 기표'라고 할지라도 그 기표는 이상 없는 헤게모니 투쟁을 의미하는 것이 아니라 바로 이와 같은 이상적 가치의 추구 속에서 벌어지는 '정치적 헤게모니의 투쟁', 민주주의라는 정치의 장에서 벌어지는 사회적이고 경제적이면서 정치적인 투쟁이라는 점을 자각할 필요가 있다. 맑스주의는 바로 이와 같은 정치와 경제의 밀접한 연관성으로부터 '정치적 변혁'과 '시민사회에 의한 국가의 흡수'이자 '자기통치원리'의 구현으로서 '국가 소멸'이라는 '이상'을 추구한다. 이런 점에서 오늘날 필요한 정치학은 민주주의라는 이상을 현실 속에서 찾아가는 '이념'적인 정치학일 수밖에 없다. 여기서 '자기통치'란 이상은 하나의 규제적 이념이 된다. 바로 이 점에서 최장집의 '민주주의 이후의 민주화'론은 '이상'과 '이념'적으로 보다 확장될 필요가 있다.

첫째, 만일 그가 한나라 / 민주당이라는 보수정당체제의 완고한 질서를 해체하려한다면 그는 한국의 보수정당체제를 혁파할 수 있는 계급적 또는 사회적 기초를 가지고 있는 특정한 이념정당의 형성에 주목해야 하며 '운동의 활성화'를 통한 주체형성의 길을 찾아야 한다. 둘째, 신자유주의에 의한 사회적 시민권의 제약 또는 정치의 종속, 대의제적 시스템의 불안정화와 정당체제로의 이탈이 한국의 문제가 아니라 전 세계적인 문제라고 할 때, 그 극복의 방향은 대의제적 민주주의 그 자체를 향하고 있다는 점에서 '대의제'를 넘어 '자기통치'라는 민주주의의 '이상'을 근원적 토양으로 하여 직접민주주의나 절대민주주의, 급진민주주의의 문제의식을 수용할 필요가 있다. 셋째, 그런 점에서 코뮌적 문제의식, 정치적이면서 생활적인 사회적 공동체의 자기 통치 형식을 다시 사유할 필요가 있다.

오늘날 자본주의의 전 세계적인 확장을 표현하는 신자유주의 지구화는 총체적이다. 게다가 노동배제와 잉여자본의 의제화, 그리고 빈자에 대한 부자의 공격, 경제적 빈곤화뿐만 아니라 환경-문화-상징자본의 빈곤화와 생명의 상품화까지를 수반하는 총체적인 빈곤화를 유발하는 자본의 모순은 단선적이지 않고 다층적이고 탈계급적이다. 그리고 그렇기 때문에 반자본, 또는 자본 극복의 문제의식이 더욱더 요청되며 이런 점에서 '생활정치', '문화정치' 등과 같이 '정치'의 경계를 확장할 필요가 있다. 그러나 이런 경계의 확장이 최장집이 비판하듯이 '정치' 그 자체의 핵심적 의미, 국가권력을 둘러싼 정치적 권력의지의 창출과 헤게모니적 권력투쟁이라는 의미를 해체하는 '반정치'-문화주의적 편향으로 나아가서는 안 된다. 왜냐하면 현대사회의 제반문제들을 푸는 최종심급이 정치이며 필요로 되는 것은 정치를 중심으로 하는 연대이기 때문이다. 따라서 문제는 다시 '연대의 정치학'이다. 그러나 그 정치는 국가와 정당으로 환원될 수 없다. 왜냐하면 그 정치는 일상적 삶이 이루어지는 곳에서 형성되는 집합적 권력 의지들의 연대와 대안적 주체의 형성이라는 정치가 되어야 할 것이기 때문이다.

참고문헌

이광일, 「자유화·세계화 이후 운동정치의 대안」, 신영복·조희연 편, 『민주화·세계화 '이후' 한국 민주주의의 대안 체제 모형을 찾아서』, 함께읽는책, 2006.

조희연, 「자유화·세계화 이후 운동정치의 대안」, 신영복·조희연 편, 『민주화·세계화 '이후' 한국 민주주의의 대안 체제 모형을 찾아서』, 함께 읽는 책, 2006a.

______, 「지구촌 민주주의와 국민국가 민주주의의 대안적 재구성 원리 탐색―지구촌 민주주의론 서설」, 신영복·조희연 편, 『민주화·세계화 '이후' 한국 민주주의의 대안 체제 모형을 찾아서』, 함께읽는책, 2006b.

최장집, 「민주정부 10년의 경험으로부터 되돌아보게 되는 것」, 민주사회를 위한 변호사모임 월례회팀 편, 『시대와 소통』, 아웃사이더, 2008a.

______, 「민주주의는 '내 갈 길 가는 대통령' 원치 않는다」, 최장집·이정우·최영기·장하준·임동원·도정일·김우창, 『우리는 무엇을 할 것인가』, 프레시안북, 2008b.

______, 「민주주의의 민주화」, 장회익·최장집·도정일·김우창, 『전환의 모색―우리는 어디에 있으며 무엇을 할 것인가』, 생각의나무, 2008c.

손호철, 『신자유주의시대의 한국정치』, 서울 : 푸른숲, 1999.

______, 『근대와 탈근대의 정치학』, 서울 : 문화과학사, 2002.

______, 『빵과 자유를 위한 정치』, 서울 : 해피스토리, 2010.

최장집, 『한국 민주주의의 조건과 전망』, 서울 : 나남, 1996.

______, 『민주화 이후의 민주주의―한국 민주주의의 보수적 기원과 위기』, 서울 : 후마니타스, 2005.

______, 『민주주의의 민주화』, 서울 : 후마니타스, 2006.

______, 『한국 민주주의 무엇이 문제인가』, 서울 : 생각의나무, 2008d.

______, 『민중에서 시민으로―한국 민주주의를 이해하는 하나의 방법』, 서울 : 돌베개, 2009.

5장 | 최장집과 에티엔 발리바르*

민주주의의 민주화의 두 방향

진태원

1. 들어가며

이 글은 최장집의 민주주의론을 프랑스의 정치철학자 에티엔 발리바르Etienne Balibar의 이론과 비교하는 것을 목적으로 삼는다. 최장집과 발리바르를 비교하는 것은 많은 사람들이 보기에 여러모로 낯선 일처

---

* 이 글은 2011년 11월 19일 고려대학교 민족문화연구원 HK사업단 내 "도래할 한국 민주주의" 기획연구팀이 개최한 제1차 심포지엄 「최장집의 한국 민주주의론」에서 처음 발표되었고, 2011년 12월 19일 민족문화연구원 제178차 월요모임에서 다시 발표된 바 있다. 두 차례의 발표에서 좋은 논평을 해주신 참석자 분들께 감사드린다. 아울러 이 글에 관해 흥미로운 비평을 제기해주신 익명의 심사위원들에게 감사드린다. 특히 심사위원 중 한 사람은 필자의 발리바르 해석 및 이 글의 구성 자체에 관하여 매우 일반적이면서도 다양한 비평을 제기한 바 있다. 하지만 그의 관점이 필자와 다르고 여러 쟁점 및 문제제기 방식 자체에 대해서도 그와 견해가 다르기 때문에, 이 글에서 그의 비평에 대해 하나하나 답변하기보다는 앞으로 다른 지면에서 본격적으로 논쟁을 전개해보는 것이 좋을 것 같아서, 이 글에서는 그의 문제제기에 대한 답변을 수록하지 않았다. 앞으로 토론의 기회가 있기를 바란다. 글의 출처는 「최장집과 에티엔 발리바르─민주주의의 민주화의 두 방향」, 고려대학교 민족문화연구원 편, 『민족문화연구』 56호, 2012.12.31이다.

럼 느껴질 것 같다. 그것은 최장집이 주로 민주주의의 운영과 발전에서 정당의 중요성을 강조하는 '자유주의' 정치학자로 간주되는 데 비해, 발리바르는 대의제 민주주의 바깥의 계급투쟁에 초점을 두는 '맑스주의' 이론가로 알려져 있기 때문이다.[1]

하지만 필자가 생각하기에 두 사람 사이에는 여러 가지 공통점이 존재하며, 또한 이러한 공통점 위에서 확인할 수 있는 상당한 차이점들도 존재한다. 그리고 이러한 공통점과 차이점은, 두 사람의 이론을 새로운 각도에서 조명해볼 수 있는 기회를 제공할 뿐만 아니라 한국 민주주의를 재고찰하는 데에도 몇 가지 의미 있는 준거점을 제공해줄 수 있을 것으로 생각한다. 우리가 두 사람의 이론을 비교해보려는 이유다.

이 글은 크게 세 가지 단계로 진행될 것이다. 우선 2절에서는 서로 상이한 지적 전통 및 정치적 입장에 속해 있는 것으로 알려진 이 두 이론가 사이에는 여러 가지 공통점이 존재한다는 점을 보여줄 것이다. 이러한 공통점은 크게 다섯 가지 측면에서 살펴볼 수 있다. 그 다음 3절에서는 이러한 공통점 속에서 나타나는 두 사람 이론의 중요한 차이점을 부각시켜볼 것이다. 여기에서도 역시 다섯 가지 쟁점들을 중심으로 논의를 진행할 생각이다. 그리고 마지막 결론에서는 이러한 비교 고찰의 함의에 대해 간단한 논평을 제시해볼 것이다.

---

1 필자가 '자유주의'와 '맑스주의'에 대해 따옴표를 친 것은, 이러한 일반적인 평가에 대해 다소 유보적인 견해를 갖고 있기 때문이다. 또는 좀 더 정확히 말하면 따옴표는(데리다가 종종 그렇게 따옴표를 사용한 바 있듯이), 이 두 가지 용어의 의미에 대해 적극적인 재고찰이 필요하다는 것을 전제로 하여 임시로 이 용어들을 두 이론가에 대해 사용한다는 것을 가리킨다.

2. 두 사람 사이의 공통점

1) 민주주의의 민주화 – 민주주의에 대한 역동적 관점

최장집과 발리바르의 첫 번째 공통점은 두 사람이 각자 사용하는 '민주주의의 민주화'라는 표현에서 찾을 수 있다. 최장집은 자신의 저서 중 한 권의 제목으로 이 표현을 사용한 바 있으며,[2] 발리바르는 2008년의 한 논문에서 처음 이 표현을 사용한 이후,[3] 최근 저작에서는 민주주의의 민주화를 현재 민주주의의 핵심 과제로 제시한 바 있다.[4]

이 표현은, 두 사람 모두 민주주의를 정태적이고 형식적인 관점에서 이해하지 않고 역동적인 과정으로 이해한다는 것을 말해준다. 최장집의 표현을 빌리면 민주주의는 권위주의에 맞선 민주화 투쟁의 결과로 성립하는 것이며, 민주주의의 형식적 틀이 갖춰진 이후에도 여전히 민주화의 과정을 수행해가야 한다. 그가 "민주화 이후의 민주주의"[5]나 "민주주의의 민주화"라는 표현을 여러 번에 걸쳐 사용하는 것은, 민주주의라는 것을 권위주의적 통치체제와의 일회적인 단절을 통해 완성되거나 정착될 수 있는 형식적 틀이 아니라, 부단한 개선과 보완의 노력을 요구하는 과정으로 이해하고 있음을 잘 보여준다.

민주주의를 과정으로 이해하는 발리바르의 관점은 일차적으로 스

---

2 최장집 2007a.

3 Balibar 2008.

4 Balibar 2010d.

5 주지하다시피 이것은 그의 대표적인 저서의 제목이기도 하다. 최장집, 『민주화 이후의 민주주의』, 서울 : 후마니타스, 2010(초판은 2002).

피노자의 정치학에 대한 재독해에 기반을 두고 있다.[6] 스피노자의 마지막 저서인 『정치론』(1677)은 잘 알려져 있다시피 스피노자의 사망으로 인해 민주정을 다루는 11장 서두에서 논의가 중단된 채 미완성 상태로 남겨져 있다. 이 때문에 많은 스피노자 연구자들은 스피노자가 염두에 둔 민주주의의 모습이 어떤 것인가를 두고 오랫동안 논쟁을 벌여왔다. 이 문제에 관한 발리바르의 입장은 매우 역설적이면서도 급진적인 것이다. 그는 스피노자가 민주정에 관한 논의를 완결 짓지 못한 것은 단지 그의 이른 죽음 때문이 아니라고 주장한다. 그것은 '대중들의 공포 / 대중들에 대한 공포la crainte des masses'[7]로 요약될 수 있는 스피노자의 대중에 대한 불신(따라서 스피노자의 보수주의적 경향) 때문이라는 것이다. 하지만 동시에 스피노자는 '대중들의 역량potentia multitudinis'을 민주정만이 아니라 군주정과 귀족정을 포함하는 모든 정치체의 토대로 간주했으며, 이것은 스피노자가 민주주의를 모든 정체, 모든 국가의 기초로 간주했음을 보여준다.

이 때문에 스피노자의 민주주의는 보수주의 전통이 주장하는 중우정치로서의 민주주의라는 관점과 다르지만, 근대 계약론에서 유래하는 민주주의에 대한 법적 관점과도 다르다. 게다가 이는 루소나 맑스주의에서 유래하는 인민민주주의 개념과도 차이가 있다. 전자의 두 관

---

6 Balibar 2005 참조. 이에 대한 평주로는 진태원 2010을 참조.
7 이처럼 이중적으로 이해되는 '대중들의 공포 / 대중들에 대한 공포'라는 개념은 스피노자에 관한 발리바르의 유명한 논문 제목이면서 동시에 역사적 맑스주의에 대한 탈구축 deconstruction 작업이 집약돼 있는 그의 저서 제목이기도 하다.(Balibar 위의 책; Balibar 2007) 이런 의미에서 '대중들의 공포 / 대중들에 대한 공포'라는 개념은 스피노자 정치학을 해석하는 발리바르의 관점을 가장 간명하게 드러내는 표현이면서 동시에 역사적 맑스주의의 탈구축에서 스피노자 철학에 대한 재독해가 결정적인 역할을 수행하고 있음을 잘 나타내주는 표현으로 볼 수 있다.

점이 대중의 근원적인 정치적 무능력과 통제 불가능성을 가정하고 있는 데 반해, 후자는 대중의 혁명적 역량을 선험적으로 전제하고 있다. 반면 스피노자는 전자처럼 대중 그 자체는 정치체제에 파괴적이고 위협적인 존재라는 보수적 관점을 유지하면서도 또한 후자처럼 대중은 정치체제를 구성하는 근원적인 역량이라는 관점을 고수하고 있다.

따라서 부재하는 원인으로서의 스피노자의 역설적인 민주주의론은 두 가지 의미를 지닌다고 할 수 있다. 첫째, 이것은 계약론에서 유래하는 **민주주의에 대한 법적 관점을 비판**하는 의미를 지닌다. 곧 민주주의를 하나의 통치 유형이나 정체로만 이해하는 것은 민주주의의 정치적 핵심을 법적 제도의 틀 안에 가두는 결과를 낳게 된다. 따라서 둘째, 민주주의는 완성된 형태로 존재하는 게 아니라, 봉기와 구성, (잠정적) 해체와 재구성을 거듭하는 과정으로서 존재한다. 이런 의미에서 발리바르의 민주주의의 민주화라는 개념은 스피노자주의적인 영감에서 비롯한 것으로 평가할 수 있다.

2) 민주주의의 봉기적 기원

꽤 많은 사람들이 간과하는 것이지만, 최장집에게 민주주의는 본질적으로 봉기적 기원을 갖는 것이다. 민주주의는 전제정이나 권위주의에 맞선 투쟁을 통해 확립될 수 있었으며, 민주화 이후에도 여전히 남아 있는 권위주의의 잔재와의 싸움이 불가피하기 때문이다. 다음 인용문은 이 점을 잘 보여준다.

민주주의는 그것의 발생 과정에 있어 전복적 성격을 내포한다고 말할 수 있다. 왜냐하면 민주주의란 민주화 이전의 전제정이나 권위주의 체제에서 종속적 지위에 있던 인민 또는 그 일부가 지배권력에 맞서 저항하고 도전함으로써 발생하기 때문이다. (…중략…) 간단히 말해 민주주의는 구체제의 통치자들이 아래로부터 도전하는 세력의 힘을 제어할 수 없기 때문에, 기존의 권력을 포기하거나 양보한 결과로써 나타난다. 이 점에서 민주화는 지배세력과 도전세력 간 집단적 힘의 충돌이라는 정치적 갈등의 산물이다. 한국의 민주화 과정 역시 이러한 특징을 명료하게 보여주었다.[8]

다른 한편 발리바르는 두 가지 측면에서 민주주의가 봉기에서 발원했다고 이해한다. 하나는 그가 프랑스혁명 및 미국혁명에서 근대 민주주의의 기원을 찾는다는 점에서 그렇다. 발리바르의 이론적 작업은 1980년대 초까지 역사적 맑스주의의 탈구축에 집중되어 있었으며, 그 당시까지 시민권이나 민주주의, 대표 등의 문제에 대해서는 거의 다루지 않았다. 하지만 그는 1980년대 중반 이후부터는 민주주의와 시민권의 문제를 핵심적인 탐구 주제로 삼는다.[9] 이러한 작업 중에서 특히 중요한 것은 1989년 프랑스혁명 200주년을 맞아 프랑스에서 벌어진 논쟁의 와중에 발표된 「평등자유 명제」라는 글이다.[10] 이 글에서 그는

---

8 최장집 2009 : 23~24.

9 1980년대 초에서 1990년대 초에 이르는 민주주의와 시민권에 관한 발리바르의 작업은 다음 책에 대부분 수록돼 있다. Balibar 1992.

10 '평등자유'라는 표현은 발리바르의 신조어인 égaliberté의 번역어다. 발리바르는 보통 서로 독립적인 가치로 이해되는 평등과 자유가 분리될 수 없으며, 양자는 서로의 조건이 된다는 점을 강조하기 위해 이러한 신조어를 만들어냈다. 발리바르의 이 글은 다소 축약되어 「인간의 권리와 시민의 권리─평등과 자유의 근대적 변증법」이라는 제목으로 출간된 바 있다. E. Balibar, "Droits de l'homme et droits du citoyen. La dialectique moderne de

근대 정치의 핵심에는 봉기의 선언문으로서 「인권선언」이 기입되어 있으며, 이것의 핵심은 인간과 시민이 동일한 정치적 '주체'를 표현한다는 점, 그리고 평등과 자유는 서로 분리된 가치가 아니며 각자가 서로를 조건 짓는다는 점에 있다고 주장한 바 있다. 이는 다시 말하면 프랑스만이 아니라 현대 민주주의 헌정 일반 속에는 「인권선언」을 통해 표현된 봉기의 흔적이 기입돼 있음을 뜻한다.

여기에서 한 걸음 더 나아가 그는 최근 여러 저작에서는 1997년 프랑스에서 벌어진 이주자 추방에 반대하는 시민불복종운동에 참여한 경험에 근거하여 정치체의 토대는 시민불복종의 가능성에 놓여 있다는 점을 이론화하려고 시도하고 있다. 곧 이러저러한 정부의 정책이 헌정의 정신을 위반하거나 그것을 위태롭게 할 때 헌정 자체의 이름으로 그것을 바로잡으려는 행위는 정치체의 근본을 뒤흔드는 행위가 아니라 오히려 헌정의 토대에 입각하여 헌정 질서를 재구성하려는 시도이며, 시민성을 재발명하려는 시도와 다르지 않다는 것이다. 물론 이러한 시도가 오류나 과오 또는 무책임한 방종으로 판명되지 않으리라는 보장은 없으며, 시민불복종의 주체들은 이러한 위험의 책임을 스스로 감수해야 한다. 하지만 발리바르는 이러한 위험을 무릅쓰고 통치자들의 부당한 정책이나 그릇된 실정법에 저항하려는 자세야말로 능동적 시민성의 핵심을 이루며, 헌정의 토대를 이룬다고 본다. 따라서 발리바르에게 시민불복종을 비롯한 여러 가지 형태의 봉기insurrection[11]

---

l'égalité et de la liberté", in Balibar 1992. 하지만 최근 이 글을 원래 내용대로 재출간하면서 발리바르는 이 글의 원래 제목을 다시 살렸을 뿐만 아니라 책의 제목으로 삼고 있다. Balibar 2010d 참조.

[11] 발리바르는 봉기라는 표현을 넓은 의미로 이해한다. 그것은 독재 정권에 대항하는 대규

는 단지 근대 정치체의 기원을 이룰 뿐만 아니라 현존하는 정치체의 기초 자체를 이룬다고 할 수 있다.

3) 대의민주주의의 중요성

2)의 경우와는 반대로, 상당수의 발리바르 독자가 간과하거나 또는 오해하는 것이지만, 발리바르에게 제도정치 또는 대의정치는 본질적인 중요성을 지니고 있다. 그는 여러 차례에 걸쳐 민주주의는 단지 직접민주주의만을 의미하는 것이 아니며 다양한 형태의 대의민주주의를 포함한다는 점을 역설하고 있다.[12] 더욱이 대의민주주의라는 것은 직접민주주의보다 열등한 형태의 민주주의이거나 직접민주주의가 불가능한 경우에 한해 차선책으로 실행되는 방식이 아니라, **민주주의의 본질적 요소**로 간주된다. 이것은 대표representation가 민주주의의 주체로서 인민 내지 시민들의 정치적 역량을 약화시키거나 감소시키는 것이 아니라 오히려 **강화할 수 있는 수단**이 되기 때문이다. 곧 '대표'는 인민을 실체화하는 위험에서 벗어나게 해주면서 동시에 지배 권력이 억압하는 사회적 갈등들이 대표되도록 해줌으로써 인민의 이해관계가 정치적으로 표현될 수 있는 길을 제공해준다.

모의 시위일 수도 있고 고전적인 혁명적 봉기일 수도 있지만, 시민불복종운동이나 청원운동 등도 역시 넓은 의미의 봉기에 포함될 수 있다. 발리바르는 최근 프랑스의 사례로 이주자 추방에 반대하는 시민불복종운동이나 2005년 방리유항쟁, 2008년에 전개된 최초 고용계약법안(CPE)에 반대하는 학생들의 시위 등을 제시하고 있다. Balibar 2010a 참조.

12 Balibar 2011 : 240 이하 참조.

발리바르가 이처럼 대의민주주의를 적극적으로 평가하는 것은 그가 정치에서 제도의 중요성을 강조하기 때문이다. 발리바르는 1993년 국가박사학위를 받기 위해 제출한 업적 소개문 「무한한 모순」[13]에서 맑스주의와 자유지상주의libetarianism 전통이 공유하는 "이론적 무정부주의theoretical anarchism"의 한계를 지적한 바 있다. 인간의 자율성과 국가의 권위 사이에는 길항 관계가 존재한다는 본래의 무정부주의적 관점이든, 아니면 자본주의를 비롯한 계급사회에서 국가는 계급 지배의 도구일 뿐이며 비계급사회에서 국가는 소멸될 것이라고 보는 맑스주의적 관점이든 간에, 이론적 무정부주의는 민주주의 내지 진정한 정치와 국가적인 정치 사이에서 양립할 수 없는 모순을 발견한다. 하지만 발리바르에 따르면 이러한 관점은 파시즘과의 대결에서 무력할 뿐만 아니라, 대중과 국가 사이에 존재하는 양면적 관계를 제대로 이해하지도 못한다는 점에서 더 이상 유지하기 어려운 관점이다. "왜냐하면 개인들, 특히 권력을 가장 덜 갖고 있고 권력에서 가장 멀리 떨어져 있는 개인들은 국가를 두려워하지만, 국가의 소멸이나 해체는 훨씬 더 두려워하기 때문이다. 무정부주의 전통과 맑스주의 전통이 결코 깨닫지 못한 것이 바로 이 점이며, 그리하여 그들은 정말 톡톡히 대가를 치러 왔다."[14] 따라서 발리바르의 간명한 표현을 인용한다면, "모든 국가가 반드시 민주주의적이지는 않다. 하지만 정의상 비국가는 민주화될 수가 없다."[15]

---

13 이 글은 지금까지 영어 번역본만 발표돼 있다. (Balibar 1995)

14 Balibar 2010e. 또한 다음과 같은 언급도 참조. "왜냐하면 국가의 부재 —실제로는 국가의 파괴—는 사회의 생산력이나 창조적 능력의 "해방"을 가져오기는커녕 사회적 정체성과 개인성의 일반적 위기만을 낳을 뿐이며, 이는 대부분의 경우 이러한 정체성과 개인성의 권위주의적이거나 독재적인 재구성으로 귀착되기 때문이다."(Balibar 1992 : 15)

15 Balibar 2010e : 297.

4) 민주주의 정치의 핵심으로서 갈등

최장집과 발리바르의 또 다른 공통점은 갈등의 중요성을 강조한다는 점이다. 두 사람은 공히 갈등을 민주주의 정치의 핵심 중 하나로 간주한다. 더욱이 흥미롭게도 두 사람은 이 점에서 미국의 철학자인 앨버트 허쉬만에게 적어도 부분적으로 의존하고 있다.[16]

최장집은 자유주의의 기반 위에서 갈등이 사회의 근본적인 특징 중 하나라는 점을 받아들인다. 자유주의에서 말하듯 인간이 태어날 때부터 평등하고 자유로운 사회 구성의 자율적인 단위라면, 서로 동등하게 자유로운 개인들 사이에는 필연적으로 이해관계나 의견 사이의 갈등과 충돌이 존재할 수밖에 없기 때문이다. 따라서 민주주의 국가에서 정치의 본질적 과제 중 하나는 이처럼 상호 충돌하는 개인들 사이의 갈등을 어떻게 해결할 것인가에 있다.

갈등의 문제에서 최장집이 좀 더 주목하는 것은 사회의 힘센 이익집단이 정치를 독점하는 경향에서 어떻게 벗어날 수 있는가의 문제다. 이를 보여주기 위해 그는 립셋과 로칸의 사회균열 이론, 허쉬만의 갈등 이론 및 샤츠슈나이더의 정당론을 동원하고 있다. 그는 허쉬만을 따라 갈등을 두 종류로 구별한다.[17] 나눌 수 없는 갈등은 "이것이냐 저것이냐, 갖느냐 못 갖느냐의 이분법적 대립을 둘러싼 것으로, 인종·

---

16 "철학자 앨버트 허쉬만의 충격적인 표현을 따른다면 민주주의가 필요로 하는 것은 "갈등의 꾸준한 섭취"다. 물론 이는 이러한 갈등성 자체가 집합적으로 제어된다는 것을 조건으로 한다."(위의 책 : 61) "갈등의 꾸준한 섭취steady diet of conflict"라는 표현에 대해서는 Hirschman 1998 : 243 참조.

17 *Ibid.*, "Social Conflicts as Pillars of Democratic Market Societies".

언어·종교 등의 문화적 차이를 따라 발생한다."[18] 반면 나눌 수 있는 갈등은 서로 다른 계급, 부문, 지역이 사회적 생산물을 어떻게 나누어 가질 것인가를 둘러싸고 벌이는 갈등이다. 이러한 갈등은 전자와 달리 협상 가능한 것이다. 최장집은 한국 사회의 갈등 역시 이러한 범주를 통해 두 가지로 구별될 수 있다고 본다. 곧 나눌 수 있는 갈등으로 분류되는 것은 사회경제적 자원의 분배를 둘러싸고 전개되는 계급·계층·부문 간의 이익 갈등이고, 나눌 수 없는 갈등에 속하는 것은 민족 문제, 즉 대북·통일정책과 한미 관계를 둘러싼 이념적·이데올로기적 갈등이다.

그가 이러한 두 가지 갈등의 구분을 도입하는 것은, 나눌 수 있는 갈등이 보통 사람들의 삶의 질을 향상시키는 데 기여하는 긍정적 효과를 갖는 반면, 나눌 수 없는 갈등은 극한적인 대립과 분열을 야기함으로써 타협과 협상을 어렵게 할 뿐만 아니라 "지난 날 냉전반공주의의 헤게모니를 온존·지속시키면서 사회경제적인 문제를 둘러싼 차이, 즉 나눌 수 있는 갈등을 둘러싼 좌우 스펙트럼상의 정치세력화와 그에 바탕한 경쟁을 억압한다는 점"[19]을 분명히 드러내기 위해서다. 진보적 정치 세력이 운동론의 관점에서 나눌 수 없는 갈등에 집착할 경우 오히려 현실의 사회경제적 문제에 대한 관심을 지워 버리거나 억압할 수 있으며, 따라서 이제 이러한 갈등보다는 정당을 통한 정치세력화를 통해 사회경제적 분야에서 소외되거나 약한 위치에 있는 사람들의 이익을 대변해야 한다는 것이 그의 주장이다.

---

[18] 최장집 2009 : 38.
[19] 위의 책 : 40.

샤츠슈나이더는 힘센 이익 집단들이 정치를 독점하는 위험에서 벗어나기 위해서는 평범한 시민 대중의 이익을 사회적으로 표현할 수 있는 정당제를 강화하는 것이 중요한 과제라고 본다. "공적 권위에 도움을 요청하는 사람들은 강자가 아니라 약자이다. 갈등을 사회화하고자 하는 사람들, 즉 힘의 균형이 변할 때까지 더욱 더 많은 사람을 갈등에 끌어들이고자 하는 사람은 약자이다."[20] 따라서 이익집단이나 운동과 달리 다수의 지지를 얻기 위해 경쟁하는 정당이야말로 사회의 계급적·계층적 차이를 완화하거나 극복할 수 있는 조직적 대안이라는 것이 샤츠슈나이더 및 최장집의 생각이다.

발리바르 역시 지배적인 세력 관계가 억압하는 갈등, 곧 사회적 약자들이나 배제된 집단들의 이해관계를 대변하는 것이 민주주의 정치의 핵심 중 하나라고 말한다. "민주주의적 **대표**에서 문제가 되는 것은 단지 의견과 당파의 **다원성**을 보증하고 활성화하는 것(이것은 물론 본질적입니다만)만이 아니라 **사회적 갈등을 대표**하는 것이며, 모종의 세력관계가 강제하는 "억압"으로부터 이러한 갈등을 빼어내서 공동선 내지 공동의 정의를 위해 활용할 수 있게끔 그것을 분명히 드러내는 것입니다. 이렇게 하기 위해서는 사회적 갈등이 부인되어서는 안 되며 논변과 매개("의사소통 행위") 바깥에 놓여서도 안 되는데, 비록 이러한 갈등이 처음에는 대부분 적법한 이해관계들을 인정하기 위해 제도적으로 설정된 틀을 격렬하게 벗어나기 마련이라 하더라도 그렇습니다."[21]

이러한 발리바르의 관점은 고전적인 맑스주의에 대한 탈구축의 시

---

[20] 샤츠슈나이더 2008 : 89.
[21] Balibar 2011 : 241. 강조는 발리바르.

도로 이해될 수 있다. 곧 그것은 한편으로 계급투쟁을 정치를 규정하는 최종 심급으로 간주하는 관점에 대한 해체이면서 동시에 다른 한편으로는 맑스주의를 폐기하거나 청산하려는 경향에 맞서 계급투쟁을 정치의 주요한 규정 요인 중 하나로 개조하려는 재구성의 시도를 나타낸다. 발리바르의 관점이 역사적 맑스주의에 대한 해체를 함축한다는 것은 그가 조르주 라보Georges Lavau의 충격적인 테제를 수용한다는 사실에서 잘 드러난다. 프랑스 정치학자인 라보는 1981년 프랑스 공산당이 프랑스 정치에서 수행하는 역할을 분석하는 『공산당은 무엇에 봉사하는가?』라는 저작을 출간한 바 있다.[22] 마키아벨리의 『로마사 논고』에 준거하고 있는 (라보는 공산당의 역할을 '호민관 기능'이라고 부른다) 이 책의 핵심 주장은, 프랑스 공산당은 계급투쟁과 적대, 혁명 같은 분열의 수사법을 내세우지만, 그것이 실제로 목표로 삼는 것은 혁명이 아니라 공산당 및 그것과 연루된 사람들의 현실적인 이익이라는 것이다. 따라서 계급투쟁은 제도를 필요로 할 뿐만 아니라 "계급투쟁이 하나의 제도"[23]라고 할 수 있다.

발리바르 역시 마키아벨리의 『로마사 논고』에 기초하여 '갈등적 민주정'이라는 개념을 제시한다.[24] 이 개념의 한 가지 요점은 국민국가가 내부의 계급투쟁과 전쟁 같은 대외적 갈등을 통해서 분열되거나 해체되지 않고 재생산될 수 있었던 것은 지배 계급이 피지배 계급, 특히 노동 계급의 요구를 받아들여 사회적 권리를 확대하고 사회적 시민권

---

[22] Lavau 1981. 이 저작에 대한 논평으로는 Balibar 2011 : 138 이하 참조.
[23] Balibar 위의 책 : 139.
[24] 이 개념의 의미에 대해서는 Balibar 2003 : 125 이하; Balibar 2010b : 60 이하 참조.

개념을 창안한 덕분이라는 점이다. 따라서 계급투쟁은 고전적인 맑스주의자들이 생각한 것과 달리 자본주의 국가를 해체하거나 소멸시키는 것이 아니라 강화하는 결과를 낳았다(여기서 말하는 '강화'는 민주주의가 강화되었다는 것과 동시에 체계 통합이 강화되었다는 것을 의미한다). 하지만 이 개념은 다른 한편으로, 복지국가 또는 발리바르 자신의 고유한 개념을 사용한다면 '국민사회국가national-social state'[25] 내에 여전히 계급투쟁 또는 좀 더 일반적으로는 '적대'가 사라지지 않고 존속하고 있으며, 또 존속해야 함을 가리킨다. 그 이유는 계급투쟁이나 적대란 단순히 서로 상반되는 이해관계를 가진 대칭적인 두 계급의 대립을 뜻하는 것이 아니라, 서로 비대칭적인 목표를 갖는 두 집단 내지 두 세력 사이의 갈등을 뜻하기 때문이다. 이는 맑스 자신이 이미 지적한 바 있듯이 프롤레타리아의 목표는 자본가 계급과 달리 새로운 형태의 계급 지배를 만들어내는 것이 아니라 모든 계급 지배를 철폐하는 것이라는 점에서 잘 드러난다. 또한 그 이전에 마키아벨리가 귀족 및 부자들은 지배를 욕망하는 데 반해, 가난한 이들은 지배받지 않는 것을 원한다고 말했던 것에서도 이러한 비대칭성을 엿볼 수 있다.

따라서 발리바르가 말하는 '갈등적 민주정'이라는 개념은 두 가지 측면을 지닌다. 한편으로 그것은 국민사회국가라는 역사적 타협체가 이룩한 시민권 헌정의 제도적 성과(민주주의의 확대)를 긍정하고 있다. 하지만 다른 한편으로는 그것은 이러한 성과는 적대에 기반을 둔 끊임없는 투쟁 없이는 이룩될 수 없고, 또 유지되거나 좀 더 진전될 수 없다는 점

---

25 이 개념에 관해서는 특히 Balibar(2011), 「국민우선에서 정치의 발명으로」 참조.

을 가리킨다. 이런 의미에서 갈등적 민주정이라는 개념은 "민주주의란 합의에 근거를 둘 수 없다"는 점을 표현하는 개념이라고 할 수 있다.[26]

5) 사회적 시민권의 중요성

두 사람 사이에서 나타나는 또 다른 의미 있는 공통점은 사회적 시민권을 중시한다는 점이다. 최장집은 T. H. 마샬의 시민권 3단계론, 곧 시민권은 시민적 권리에서 정치적 권리로, 다시 여기서 사회경제적 권리로 발전해왔다는 이론을 전적으로 수용하면서, 사회적 시민권을 발전시키는 것을 한국의 민주주의에서 가장 중요한 과제 중 하나로 꼽고 있다.[27]

그가 이렇게 보는 데는 크게 두 가지 이유가 있다. 첫 번째는 사회적 시민권이 한국 민주주의를 작동시키고 발전시키는 기초로서의 의미를 갖고 있다는 점이다. 최장집에 따르면 한국에서 사회적 시민권은 다음과 같은 요인들 때문에 아직까지도 보편적 권리로서 인정받지 못하고 있다. 우선 역사적으로 볼 때 보통 선거권이 서구와 같이 아래로부터의 투쟁을 통해 획득된 것이 아니라 건국 과정에서 위로부터 주어졌다는 점이다. 이는 이러한 투쟁 과정을 통해 노동자 대중이 자신의 계급적 정체성을 확립하고 정치 조직으로서의 정당을 형성하는 경로

---

[26] Balibar 2010b : 62. 발리바르는 이를 또한 해방의 이중구속으로 표현하기도 한다. "어떻게 해방투쟁 또는 해방운동은 자신이 필요로 하는 제도들로부터 자신들을 자유롭게 할 것인가?"(Balibar · Mezzadra 2007 : 27)

[27] 특히 최장집 2009 : 3장 참조.

가 빠져 있기 때문이다. 더 나아가 분단 이후 고착화된 냉전 반공주의
는 노동과 관련된 담론이나 행동을 모두 친북 좌파('빨갱이')와 관련된
것으로 간주하게 만드는 이데올로기적 효과를 낳았다. 또 하나의 중요
한 요인은 역설적이게도 민주화 이후의 정권들이 신자유주의정책을
주도적으로 선택함으로써 노동시장을 유연화하고 노동자들의 권리를
축소하는 데 앞장섰다는 점이다.

두 번째는 '민주화' 이후 본격적으로 도입된 신자유주의적 세계화로
인해 시장의 효율성이 사회 전 부문에 걸쳐 지배적인 가치 기준으로
설정되는 상황에서 이러한 흐름에 맞서 인간의 기본적인 사회경제적
삶을 유지할 수 있게 해주는 권리가 바로 사회적 시민권이라는 점이
다. 그는 랄프 다렌도르프를 따라 특히 물질적 급부보다는 절차적 가
치로서의 사회적 시민권을 강조한다. 곧 사회적 시민권의 진정한 의미
는 복지비와 사회보장의 확대로 측정될 수 있는 것이 아니라 "사회의
소외 계층이 정치와 정책 결정 과정에 참여함으로써 정치적 참여로부
터의 소외를 제거하는 권리"[28]라는 점에서 찾을 수 있다. 따라서 사회
적 시민권의 보편성은 노동자와 농민을 비롯한 노동하는 사람들 일반
이 시민으로서의 정치적 능력을 획득하고 부여받는 것을 의미한다.

발리바르 역시 현단계 민주주의에서 가장 첨예한 쟁점이 되는 것이
바로 사회적 시민권이라고 주장한다는 점에서 최장집과 의견을 같이
한다. 하지만 발리바르는 사회적 시민권의 문제를 국민사회국가의 역
사적 위기라는 맥락 및 갈등적 민주정이라는 개념을 통해 고찰한다는

---

28 위의 책 : 169.

점에서는 차이점도 발견할 수 있다. 특히 발리바르는 판 휜스테렌과 자신의 차이점을 사회적 시민권이라는 쟁점과 연결하고 있다. 다소 길지만 중요한 대목이기 때문에 해당 대목을 모두 인용해보겠다.

하지만 여기서 나는 나의 동료의 명제들에 대해 몇 가지 동의하지 않는 점을 밝혀두고 싶다. 나로서는, **시민권의 획득**은 집합적 실천만이 아니라 제도적 결정들(…중략…)도 전제한다고 말하겠다. 그리하여 오늘날 국민적인 수준에서, 그리고 좀 더 나아가면 아마도 초국민적인(유럽적인) 수준에서도, 이미 획득했거나 전화된 **사회권들이 기본적인 시민적 권리들로 간주되어야 하는가**라는 질문은 우회할 수 없는 대결의 지점이 되었다. 판 휜스테렌은 그렇지 않다고 생각한다. (…중략…) 나는 반대로 생각하는데, 왜냐하면 나는 사회적 투쟁이 투쟁적인 실천들 및 "능동적 시민권"을 생산할 수 있는 능력을 상실하지 않았다고 확신하기 때문이다. 이 질문은 이민자의 지위와 관련해 결정적인 질문이며, 따라서 구성 중인 유럽이 아파르트헤이트의 모델을 발전시킬지 아니면 노동자들 사이의 분열에 맞선 투쟁의 모델을 발전시킬지 여부에 관해서도 결정적인 질문이다. 이 질문은 또한, 노동과 비노동의 관계를 지배하고 있고, 정확히 말하면 전자를 시민권에 **접근하는 경로**로 만드는 "유럽적인 사회적 모델"의 다른 측면들에 대해서도 결정적인 질문이다.

이렇게 해서 우리는 민주주의적 관점에서는 항상 결정적이었던, 한편으로 "다원주의"와 다른 한편으로 "계급투쟁" 또는 좀 더 일반적으로는 사회적 지배 사이의 관계라는 질문을 재발견하게 된다. 모든 차이나 다수성에 대해 무매개적으로 집합적인 "조직화가 가능한" 것은 아니며, "갈등의 섭취"가, 착취와 사회문화적 차별, 만성적인 불평등한 역할 배분에 맞선 폭력적이거나 비폭력적인 **봉기**와 분리될 수 없는 영역들이 존재한다. 갈등을 넘어서는 또는 갈등을 극단으로 밀고 가는 것인 한에서의 적대는 항상 집합적 상상 및 타자에 대한 인정을 넘어선다. 또는 오히려 **적대**는, 모든 사회질서에 의해 발언권을 부정당하고 발언할 수 있는 수단들도 금지당하는 이들에 의한 반항과 반역, "소통의 강제"라는 대가를 치른 경우에만 집합적 상상 및 타자에 대한 인정과 결합될 수 있다.[29]

발리바르가 판 휜스테렌에 맞서 제기하는 쟁점은 정치체 안에는 다원주의적 갈등과 구별되는 화해 불가능한 적대의 문제가 존재하며, 이러한 적대는 집합적 상상과 타자에 대한 인정의 차원을 넘어선다는 점이다. 따라서 적대를 집합적 상상과 타자에 대한 인정의 차원, 곧 민주주의적 제도의 차원으로 전화시키기 위해서는, 우선 지배관계에 의해 배제된 이들을 이러한 정치의 장 속에 포함시키는 일이 필수적이다. 그러나 이러한 포함은 **대개 반항과 반역 등을 통해 이루어질 수밖에 없다.** 사회적 시민권은 이러한 반항과 반역, 봉기의 결과이며 그 흔적의 표현이다.

---

29 Balibar 2010e : 266~267. 강조는 발리바르.

3. 두 사람 사이의 차이점

이처럼 여러 가지 공통점을 지니고 있지만, 다른 한편으로 두 사람 사이에는 상당한 차이점도 존재한다. 이러한 차이점은, 서로 공약 불가능한 두 가지 입장을 가진 외재적인 이론들 사이의 대립이라기보다는, 기본적인 공통점 속에서 생겨나는 차이점이라는 점에서 검토해볼 만한 가치가 있다. 하지만 이러한 차이가 화해할 수 없는 적대로 발전하게 될지 아니면 상당한 수렴으로 접근해갈지, 또는 몇 가지 측면에서 계속 거리를 둔 채 머물러 있을지 미리 확정적으로 단언하기는 어려울 것 같다.

1) 민주주의의 민주화의 두 가지 의미

첫 번째 차이점은 우선 '민주주의의 민주화'라는 표현을 이해하는 방식 자체에서 찾을 수 있다. 최장집에게 이 표현은 말하자면 **단계론적인** 의미를 갖는다. 곧 권위주의와의 투쟁을 통해 민주주의를 일단 확립하는 것이 첫 번째 민주화라면, 두 번째 민주화는 이렇게 정착된 민주주의의 제도적 내실을 다져가는 것이다. 따라서 두 번째 민주화는 민주주의의 제도적 틀(주로 자유주의적인 틀)을 전제한 가운데, 그 범위 내에서 진행되는 제도화로 이해할 수 있다.[30]

---

30 최장집은 한 글에서는 민주주의를 세 단계를 포괄하는 과정으로 규정하기도 한다. "민주주의는 어떻게 작동하는가? 그것은 세 단계로 구성된다. ① 민주주의의 시민사회적 기반

이렇게 민주주의의 민주화를 단계론적으로 이해하는 것은, 최장집에게 민주주의란 자유주의적 민주주의를 의미하며(물론 이것은 국내에서 자유 민주주의가 주로 수구적인 용법으로 쓰이는 것과는 구별되어야 한다), 더욱이 그것은 초역사적 보편성을 갖는 메타민주주의적 모형이기 때문이다. 달리 말하면 그에게 민주주의의 민주화는 자유주의적 민주주의체제의 기본 틀을 강화하고 내실을 다지는 것을 가리키지, 그것을 넘어서는 **또 다른 종류**의 민주주의를 설립하거나 자유민주주의의 기본 구조 자체를 전화하는 것을 뜻하지 않는다. 민주주의의 민주화란 자유민주주의의 틀을 전제한 가운데 그 속에서 전개되는 민주화인 것이다.

반면, 발리바르가 이해하는 민주주의의 민주화는 양적으로나 질적으로 범위가 좀 더 넓은 표현이다. 우선 발리바르에게 민주화라는 것은 최장집과 같은 의미에서 단계론적인 양상을 띠지는 않는다. 발리바르가 근대 민주주의 혁명의 중요성을 강조하고 또 그 이후에 확립된 자유주의적인 틀의 강점을 인정하는 것은 사실이지만, 그는 이것을 일종의 메타민주주의적 모형으로 간주하지는 않는다. 고대 민주주의에서 근대 민주주의로의 이행이 혁명적인 변화였다면, 앞으로 이것과 비견될 만한 또 다른 혁명적인 민주주의의 변화가 얼마든지 존재할 수 있으며, 실제로 그는 우리가 지금 그런 시기에 놓여 있다고 생각한다.[31] 따라서 발리바르가 말하는 민주주의의 민주화, 또는 과정으로서

이 강화되고 건강하게 발전하여, 정치의 중심조직으로서 정당과 정당체제가 사회에 폭넓게 기반을 갖게 되는 것 ② 선출된 정부가 대표-책임의 연계에 의해 구속되는 것 ③ 선출된 정부의 정책 효과가 경제적 부와 자원의 분배구조를 향상시켜 민주주의의 물질적 기반을 강화하고, 정치적 평등의 실현을 제약하는 조건을 최소화하는 것."(최장집 2007a : 39~40)

31 이 문제에 관해서는 특히 Balibar(2011), 「민주주의적 시민권인가 인민주권인가?—유럽

의 민주화라는 표현은 최장집보다 훨씬 강한 의미로 이해되어야 한다. 그것은 **민주주의의 틀 그 자체가 구조적으로 변화하는 것**까지 함축하고 있기 때문이다. 이는 발리바르가 근대 국민사회국가 속에 구현된 민주주의 헌정의 역사적 진보성을 긍정하면서도 동시에 그것을 **지배의 한 형태**로 간주한다는 점을 보여준다.

반면 최장집은 민주화의 두 가지 의미를 구분하면서 발리바르와 같은 식의 민주화론에 대해 분명한 선을 긋는다. "민주화는 두 가지 의미를 갖습니다. 하나는 기존 질서를 유지·온존하되 정치적인 틀을 권위주의에서 민주주의로 바꾸는 것이고, 다른 하나는 민주화를 통해 정치체제를 바꿀 뿐만 아니라 기존 질서 자체를 바꾸는 것입니다. 민주화 운동 시기 386은 NL-PD라는 혁명적 레토릭이 표현하듯 후자를 지향했다고 할 수 있습니다."[32] 두 번째 민주화의 의미를 배제하는 것은, 발리바르와 달리 최장집의 경우는 현대의 민주주의 국가들을 **양면적인 정체**로 파악하지 않다는 것을 의미한다. 따라서 그는 한 대목에서 민주주의 국가가 파시즘이나 또는 적어도 약한 파시즘으로 변질되거나 붕괴될 수 있는 가능성을 인정하면서도 그것을 외재적인 가능성으로 한정하고 있다.[33]

에서의 헌법 논쟁에 대한 성찰」 및 Balibar 2010d에 수록된 여러 글 참조.

[32] 최장집 2007a : 51.

[33] 최장집은 "민주주의는 일단 수립되고 나면 저절로 작동하고 발전하는가, 아니면 민주주의 체제도 퇴행할 수 있는가. 퇴행한다면 왜 그런가"라는 질문에 대해 원칙적으로 "요즘은 민주주의가 무너져 다른 체제가 됐다는 소리를 듣기 어렵다"는 것을 전제한 뒤, 체제가 변화될 수 있는 요인, 곧 민주주의가 붕괴되거나 변형될 수 있는 요인에 대해 지적한다. "민주주의의 붕괴 내지 변형은 권력의 집중, 이데올로기를 동원한 선동 정치의 출현, 그리고 이를 제어할 수 있는 견제 세력의 약화나 부재 등과 같은 조건이 형성되었을 때 나타난다. 하나의 이데올로기가 다른 가치를 압도하면서 사회를 전일적으로 지배하게 되고 권력·자본·언론이 집중되면서 이들이 상호 결합하는 상황이 발생한다. 그리고

2) 배제의 민주주의

발리바르가 이렇게 민주주의의 민주화라는 표현을 강한 의미로 이해하는 것은 민주주의가 또는 좀 더 정확히 말하면 민주주의 제도(다시 말하면 민주정)가 본질상 매우 취약하고 불안정한 것이라고 이해하기 때문이다. 발리바르에게 민주주의는 급진적인 보편성, 심지어 무한한 보편성을 나타내는 것이다. 따라서 민주주의의 제도적 표현으로서 정치체 또는 발리바르식으로 말하면 "시민권 헌정constitution of citizenship"은 민주주의와 이율배반적인 관계를 맺고 있다. 곧 한편으로 시민권 헌정은 자신의 토대로서 민주주의에 근거해야 하지만, 다른 한편으로 민주주의의 급진적인 보편성을 온전히 수용할 경우 그 제도적 틀 자체가 와해될 수밖에 없기 때문에 그것을 제한해야 한다. 다음 인용문은 민주주의적 제도로서 시민권 헌정과 민주주의가 맺는 이율배반antinomy 관계에 대한 발리바르의 논점을 집약적으로 전달해준다.

> (정치 공동체로서의—인용자) 시민권은 주기적인 위기와 긴장을 경유할 수밖에 없을 뿐만 아니라 본래적으로 "불안정"하거나 "취약한" 것이다. 이 때문에 (서양의 경우) 2천년의 역사 동안 시민권 공동체는 도시국가에서 국민국가에 이르기까지 여러 차례에 걸쳐 파괴되고 새로운 제도적 틀 속에

이런 힘이 사회에서 대중적 힘과 결합하게 될 때, 나아가 이런 조건에서 세계 경제의 위기가 한 나라의 경제를 위기에 빠트릴 때 민주주의는 충분히 위험에 처할 수 있다. 파시즘이나 나치즘이 대표적인 사례인데, 꼭 이렇게 전면적으로 민주주의가 전복되지 않더라도 위에서 말한 현상들이 어느 정도 약하게 나타나고 대중을 동원하는 데 성공한다면 약한 파시즘적 현상이 발생할 가능성도 있다고 생각한다."(최장집 외 2007 : 5)

　최장집의 한국 민주주의론

서 재구성되어 왔으며, 만약 탈국민적post-nationales 연방이나 준연방이 현실 태로 성립한다면 앞으로도 그럴 것이다. 하지만 시민권 헌정으로서 이러한 공동체는 (막스 베버가 잘 파악한 바 있듯이) 그것의 구성적 / 제헌적 권력pouvoir constituant ― 이것은 평등자유가 실제로 성립하게 만들기 위해 아직 존재하지 않는 권리들의 획득을 목표로 하거나 또는 기존 권리들의 확장을 목표로 하는 보편적인 정치 운동들이 지닌 봉기적 권력이다 ― 을 형성하는 (…중략…) 힘 자체에 의해 위협받고 동요하며, 심지어 탈정당화된다. 이 때문에 나는 서두에서 봉기와 헌정의 **차동**差動 **관계**différentiel에 대해 말한 바 있는데, 이는 정치에 대한 순수하게 형식적이거나 법적인 표상은 어떤 것이든 간에 결코 해명할 수 없는 것이다. 사실 정치적인 것의 개념을 역사와 실천의 지반에 옮겨놓을 경우, 이것은 바로 정치적인 것의 본질적인 특징을 이루는 것이다. 만약 그렇지 않다면 우리는 민주주의적 발명들 및 권리의 획득, 좀 더 확장되고 좀 더 구체적인 (권리에 대한) 관점들에 따라 권리와 의무의 상호성을 재정의 하는 것 등은 항상 이미 주어져 있는 영원한 시민권 "이념"에서 유래한다고 생각할 수밖에 없을 것이다. 그리고 동시에 우리는 민주주의의 **발명**이라는 관념을 민주주의의 **보존**이라는 관념으로 대체할 수밖에 없을 것이다. 하지만 시민권에 대한 모종의 정의를 "보존하는" 기능을 수행하는 민주주의는 또한 바로 그 이유 때문에 그 민주주의에 고유한 "탈-민주화dé-démocratisation"에 저항할 수 없게 될 것이다. (…중략…) 평등자유의 원리와 결부된 봉기적 계기는 단지 제도들을 정초할 뿐만 아니라 제도들의 안정성의 적이 되기도 한다.[34]

---

[34] Balibar, "Ouverture-L'antinomie de la cityonneté", in Balibar 2010d, pp. 20~21. 강조는 발리바르. 이 논문의 축약된 영어판은 다음과 같은 제목으로 발표된 바 있다. "Antinomies

따라서 발리바르에게 제도로 구현된 모든 민주주의 헌정은 필연적으로 배제를 수반할 수밖에 없다. 고대 민주주의에서 노예가 시민권 헌정에서 배제되었다는 사실은 누구나 인정하는 점이다. 하지만 발리바르에 따르면 **보편적 인권과 시민권에 기초를 둔 근대 민주주의 역시** 자신의 고유한 배제를 포함하고 있다. 이러한 배제에는 근대 민주주의 초기의 무산 계급에 대한 배제나 여성에 대한 배제 등이 존재한다.[35] 하지만 발리바르는 이러한 배제들 이외에 국민국가에 고유한 배제라는 쟁점을 제기한다. 그것을 발리바르는 특히 시민권=국적이라는 등식으로 표현한다.[36] 곧 정치적 자격으로서의 시민권을 국적을 소유한 사람들에게만 부여하는 것이 근대 민주주의 헌정, 곧 국민 국가의 본질이며, 이것은 『인권선언』에서 천명된 보편적 인권 및 시민권 원리와 모순을 빚는다. 따라서 근대 민주주의를 넘어서는 민주화의 과제는 이러한 배제의 메커니즘을 어떻게 극복하느냐에 달려 있다.

반면 최장집에게서는 이러한 급진적인 배제의 문제설정을 찾기 어렵다. 그에게서 민주화란 권위주의에서 민주주의로의 이행을 의미하며, 두 번째 민주화 역시 권위주의의 잔재를 제거하고 민주주의 제도를 좀 더 내실화하는 것을 뜻한다. 최장집이 사회적 약소자나 소수자의 이익을 잘 대표할 수 있느냐 여부를 민주주의의 중요한 기준으로 제시하는 것은 사실이다. 그러나 이때의 사회적 약소자나 소수자는 이미 국민적 틀 속에 존재하는 시민, 곧 국민적 시민들이며, 그로부터 배

---

of citizenship", *Journal of Romance Studies*, Vol. 10, no. 2, 2010 Summer.
35 근대 민주정 초기의 무산 계급 배제의 문제에 관해서는 Rosanvallon 2002를 참조하고 여성 배제의 문제에 대해서는 Fraisse 1995 참조.
36 '시민권=국적' 등식의 의미에 대해서는 Balibar(2010e), 4장; Balibar 2011 : 131 이하 참조.

제되는 사람들은 **본질적인 문제**로 간주되지 않는다. 이것은 다른 말로 하면, 최장집의 문제설정에서는 식민지와 제국주의 사이의 관계, 또는 좀 더 최근의 정세를 고려한다면 남면 나라들과 북면 나라들 사이의 관계에 의해 국민국가의 정치경제 및 문화적 관계가 규정되고 제약되는 문제가 제대로 고려되지 않고 있다는 뜻이다.

3) 이데올로기와 주체화

이 문제는 이데올로기 개념에 대한 두 이론가의 상이한 관점과 연결된다. 최장집에게 이데올로기는 민족주의나 국가주의, 냉전반공주의, 신자유주의 등을 뜻한다. 이는 그가 이데올로기를 "허위의식을 유발하면서 현실을 인지, 인식하는 것을 방해하거나 제약하는 기능을 갖는"[37] 것으로 정의하고 있기 때문이다.

반면 발리바르는 그의 스승이었던 루이 알튀세르의 이데올로기론을 충실히 수용하고 있다. 알튀세르는 이데올로기론에 혁신적인 변화를 도입한 철학자인데, 이는 그가 한편으로 이데올로기의 물질성을 주장했으며, 다른 한편으로 주체 형성을 이데올로기의 본질적 기능으로 제시했기 때문이다.[38] 곧 알튀세르에 따르면 지배 계급은 착취와 폭력으로 지배할 뿐만 아니라 이데올로기를 통해 종속적 주체를 생산함으로써 피지배 계급이 자발적으로 지배에 복종하고 순응하도록 만든다.

---

37 최장집 2007a : 60.
38 알튀세르의 이데올로기론은 Althusser 1995(2007)를 참조.

발리바르는 알튀세르 이데올로기론의 두 가지 핵심 요소를 받아들이되, 이를 두 가지 측면에서 정정한다. 첫째, 그는 **이데올로기에서 대중들의 존재론적 우위**라는 테제를 제시한다. "내가 보기에 우리에게 필요한 것은 오히려 '**이데올로기**'의 기능작용 속에서 **특권적인 능동적 역할을 피억압자들 또는 피착취자들에게 (적어도 잠재적으로) 부여하는** 이유들을 설명하는 것이다."[39] 알튀세르 이데올로기론의 핵심적인 의의는 이데올로기에 대한 관념론적 인식, 곧 이데올로기를 오류나 환상, 단순한 허위의식이나 왜곡된 관념으로 이해하는 관점과 단절하고 이데올로기의 실재성, 물질성을 긍정한 데 있다. 이것은 정치적 측면에서 본다면 이데올로기를 지배 계급에 의한 조작과 기만 또는 주입과 강제로 보는 관점과 결별하는 것이다.

이데올로기를 왜곡된 관념이나 환상으로 간주하는 것은 한편으로는 이러한 왜곡된 관념이나 환상을 곧이곧대로 받아들이는 **순진하고 무지한 대중들**이라는 생각과 다른 한편으로 **이데올로기 바깥에서 이데올로기를 통제하고 조작할 수 있는 지배 계급의 능력**이라는 생각을 전제한다. 맑스와 엥겔스가 "지배 이데올로기는 지배 계급의 이데올로기"라고 정의할 때 품고 있었던 생각도 이와 다르지 않다.

하지만 알튀세르가 이데올로기를 물질적인 상상계로, 곧 사람들이 삶을 영위하는 자연적 조건(생활세계)으로 정의하면서 이러한 두 가지 관념은 더 이상 불가능하게 되었다.[40] 이데올로기는 의식적인 관념이나 표상들이 아니라 한 사회에서 살아가는 지배 계급과 피지배 계급,

---

39 Balibar 1993 : 183~184. 강조는 발리바르.
40 알튀세르 이데올로기론에서 상상계 범주의 중요성에 대해서는 진태원 2008 참조.

개인들과 대중들이 모두 공유할 수밖에 없는 상상계 그 자체이기 때문이다. 따라서 지배 이데올로기가 진정으로 지배적인 이데올로기(또는 그람시를 원용하자면 헤게모니적인 이데올로기)가 되기 위해서는 그것은 "순수하게 형식적인 의미에서가 아니라 강한 의미에서 **보편적**이어야 한다."[41] 그런데 어떤 상상적 경험이 강한 의미에서 보편적일 수 있는가? "그것은 우선 지배자들의 '체험된' 경험이 아니라, 오히려 기존의 '세계'에 대한 인정 또는 승인과 저항 또는 반역을 동시에 함축하는(맑스는 종교에 대해서 이렇게 말했다) **피지배대중들**의 '체험된' 경험이라고 **반대로** 대답하지 않으면 안 된다."[42] 다시 말해 지배 이데올로기가 진정으로 지배적인 효과를 산출하기 위해서는 그것은 피지배대중들의 상상계에 뿌리를 두고 그러한 상상계를 자기 나름대로 구성하고 활용할 수 있어야 한다.

이는 이렇게 설명해볼 수 있다. 근대 사회에서 피지배대중들의 상상계의 지배어는 자유와 평등, 박애 등과 같은 것이다. 이러한 지배어는 사실 지배 계급의 억압과 착취에 맞선 대중들의 혁명적 봉기를 통해 선언되고 또 정치 제도들 속에 기입된 것이다. 프랑스혁명의 정신이자 원리로 천명된 「인간과 시민의 권리들에 대한 선언」은 이를 대표하는 문건 중 하나다. 발리바르가 이데올로기에서 대중들의 존재론적 우위라고 부른 것은, 이러한 지배어들이 혁명의 정신이자 원리로 천명되고 정치 제도들 속에 기입되었다는 사실(「인권 선언」은 프랑스 헌법의 전문으로 사용된다), 따라서 **정치적 근대성의 근본 원리**가 되었다는 사실을 가리

---

41 Balibar 1993 : 186. 강조는 발리바르.
42 위의 책, 위의 면. 강조는 발리바르.

킨다. 물론 이러한 원리는 그 자체로는 매우 추상적인 것이기 때문에 수많은 제도적 매개의 가능성을 함축하고 있고, 경우에 따라서는 단지 선언적으로 언표되었을 뿐, 실제적인 제도에서는 최소화될 수도 있다. 예컨대 정치적 선거권이 일정 금액 이상의 세금을 납부할 수 있는 개인들(이른바 "능동 시민들")에게만 허가되었다는 점이나 여성들은 20세기 중반에 이르기까지 정치적 권리를 향유하지 못했다는 사실이 그 단적인 사례가 된다. 하지만 그런 경우라 하더라도 근대 사회의 어떤 지배 집단도 피지배대중들의 이러한 상상계를 무시하고서는 또는 그러한 상상계를 재구성하고 활용하지 않고서는 자신들의 지배를 유지할 수 없다는 점에서, 피지배대중들은 이데올로기에서, 따라서 정치적 상상계 및 제도화에서 (제도적으로는 열등한 위치에 있고 경우에 따라서는 체계적으로 배제될 수도 있지만) 존재론적으로 우위에 있다고 할 수 있다.

둘째, 발리바르는 이러한 원칙을 국민nation이라는 상상적 공동체의 형성과 재생산을 설명하기 위한 이론적 틀로 삼는다.[43] 근대 민주주의 국가들이 내적인 갈등이나 소요 등에도 불구하고 오랫동안 존속하면서 통합력을 발휘할 수 있었던 것은 국민이라는 상상의 공동체를 통해 사람들을 국민 공동체의 성원으로 생산하고 재생산할 수 있었기 때문이다. 따라서 발리바르에 따르면 근대 민주주의의 주체로서의 **시민**은 본질적으로 **국민**으로서 존재하며, 또 시민이 국민으로 한정되는 만큼 본질적으로 비국민은 정치적 주체로서의 자격을 박탈당하고 배제된다. (종속적인) 정치적 주체의 생산과 배제의 메커니즘은 긴밀하게 결부

43　E. Balibar, "La Forme nation-historie et idéologie", in Balibar · Wallerstein 1988. 국역본 : 발리바르, 에티엔, 서관모 역, 「민족 형태—역사와 이데올로기」, 『이론』 제6호, 1993.

돼 있는 것이다.

반대로 최장집은 이데올로기를 허위의식이나 왜곡된 인식으로 규정할 뿐, 이데올로기가 수행하는 종속적 주체 생산 및 재생산의 문제에는 전혀 관심을 기울이지 않는다. 이것은 그가 국민국가라는 근대 민주주의의 정치적 틀을 민주주의의 자연적이거나 정상적인 존재 조건으로 삼고 있으며, 그것과 결부된 종속적 주체 생산 및 배제의 문제를 하나의 정치적 문제로 간주하지 않게 만드는 요인으로 작용하고 있다.

4) 갈등을 넘어선 폭력

여기서 더 나아가 폭력의 문제에서도 두 사람 사이의 차이점을 발견할 수 있다. 앞에서 말했듯이 두 사람은 갈등을 민주주의의 본질적 요소로 간주한다는 점에서는 공통적이다. 하지만 최장집이 주로 갈등의 긍정적 측면에 주목하는 데 반해, 발리바르는 갈등의 부정적 측면으로서 폭력의 문제를 현재 민주주의 정체들이 직면한 핵심적인 문제 중 하나로 파악한다.[44]

발리바르가 염두에 둔 폭력은 일반적인 의미의 폭력이 아니라 **극단적 폭력**이다. 그는 특히 "초객체적 폭력"과 "초주체적 폭력"이라는 극단적 폭력의 두 가지 형태를 언급한 바 있다. 초객체적 폭력은 "수백만

---

44 발리바르의 폭력론에 대해서는 Balibar(2010e), 「폭력과 세계화―시빌리테의 정치는 가능한가?」; Balibar 2012 참조. 이 후자의 책은 다음 불어판 저서의 부분 번역본이며, 이 저서의 완역본은 그린비에서 출간될 예정이다. E. Balibar, *Violence et civilité-Wellek Library Lectures et autres essais de philosophie politique*, Paris : Galilée, 2010.

명에 달하는 쓸모없는 인간들의 전면적 제거"와 "구조의 재생산 전체를 초과하는 객관적 잔혹의 일상성"을 의미한다. 초주체적 폭력은 어떠한 변혁도 목표로 삼지 않는 희망 없는 반역, 목적 없는 폭력의 일반화 같은 현상들 및 이른바 "민족 청소"나 대량 학살 같은 사건에서 나타나는 "증오의 이상화" 현상, 곧 자기 내부에 있는 타자성과 이질성의 모든 흔적을 제거함으로써 정체성을 순수하게 구현하려는 맹목적이고 초주체적인 의지 작용을 뜻한다. 이 두 가지 극단적 폭력은 오늘날 세계 정치에서 가장 심각한 문젯거리들 가운데 하나다. 그 이유는 이러한 폭력이 인간 주체의 실존 가능성을 제거함으로써 정치의 가능성 자체를 잠식하고 있기 때문이다. 이 때문에 발리바르는 자율성의 정치를 뜻하는 "해방émancipation"과 구조적 지배의 개조 및 변혁을 의미하는 "변혁transformation" 이외에 반反폭력을 뜻하는 "시민다움civilité"이라는 별개의 정치적 범주가 요구된다고 말하고 있다.

그의 폭력론은 극단적 폭력의 두 가지 형태가 예외적이거나 국지적인 현상이 아니라 오늘날 세계화와 더불어 세계 전역으로 확산되고 있다는 진단에 터해 있다. 아울러 그의 폭력론은 이러한 폭력에 맞서기 위해 단순히 혁명적 대항폭력을 추구하는 것은 바람직하지 않으며 불가능하다는 판단을 함축하고 있다. 폭력을 대항폭력의 문제로 간주하는 것은 사실은 폭력을 **하나의 독자적인 문제로** 간주하지 않음을 의미한다. 그럴 수밖에 없는 것이 폭력의 문제를 대항폭력의 문제로 간주하게 되면, 가능한 두 가지 선택지가 남게 되기 때문이다.

하나는 자연주의적 관점으로, 이러한 관점에 따르면 정치의 문제는 순수한 힘의 문제가 된다. 자연 생태계 속에서 강한 것이 약한 것을 지배하듯이 인간 역사 속에서도 두 개(또는 그 이상)의 세력들 사이의 무력 다툼만이 존재할 뿐이며, 거기에는 아무런 궁극적인 정당성이나 부당성의 문제도 존재하지 않는다(또는 정당성이나 부당성의 문제를 최종 심급에서 결정하는 것은 힘의 크기다). 고전적인 맑스주의로 대표되는 다른 관점은, 지배 세력의 구조적 폭력에 맞서는 피지배자들의 폭력적인 저항은 정당하며, 특히 자본주의적 폭력에 맞서는 노동자 계급 및 피지배 계급들의 대항 폭력은 언제나 정당하다고 주장한다. 왜냐하면 그러한 대항 폭력은 착취 없고 지배 없는 사회의 건설을 목표로 삼기 때문이다. **곧 정당한 목적이 수단의 정당성을 결정하는 것**이다. 따라서 폭력은 **수단 내지 전술의 문제**일 뿐 독자적인 이론적 대상을 이루지는 않는다. 이러한 관점은 명시적으로 표현되지는 않을지 몰라도 오늘날에도 여전히 상당수의 좌파 이론가들이나 활동가들이 암묵적으로 공유하는 관점이다. 그런데 발리바르는 바로 이러한 관점 속에서 역사적 맑스주의를 몰락으로 이끈 궁극적인 원인 중 하나를 발견한다.[45]

따라서 그는 이러한 해법에 대해 명시적으로 반대한다. "예방적인 반혁명에 대해 대칭적으로 혁명을 대립시켜야 하는 게 아닐까요? 반봉기에 대해서는 봉기를 대립시켜야 하는 게 아닐까요? (…중략…) 바로 이런 논리야말로 20세기를 (…중략…) '극단의 시대'로 만들어 왔습니다. 분명히 문제가 되는 것은, 자기 자신의 내적인 '척도'조차 초과했던 또는 모든 대항 권력을 파괴했던 사회적 지배 구조들과 권력관계들을 변혁하는 것이지만, 저는 앞의 질문에 대해 부정적으로 답변해야 한다

45　Balibar(2012), 「게발트」 참조.

고 믿습니다. 아니 오히려 질문 자체를 전위시키고 복잡화해야 한다고 믿습니다."[46]

그 대신 발리바르는 두 가지 정치의 결합을 폭력의 문제에 대처하기 위한 해법으로 제시한다. 하나는 모든 헌정에 내재적인 **구성적 봉기 역량의 복원과 확장운동**으로서 시민권의 정치이며, 다른 하나는 **정치 공동체의 탈실체화운동**으로서 시민다움의 정치다. 발리바르에게 시민권의 문제가 중요한 이유는 근대적 시민권이 내포적으로 보편적인 권리이기 때문이다. 이때의 내포적 보편성은 한편으로는 정치에는 초월적(신 같은)이거나 자연적인 토대(인종이나 민족 같은)가 존재하지 않으며, 정치는 시민들이 서로서로에게 호혜적으로 권리들을 부여하고 확장하는 일임을 뜻한다. 그리고 다른 한편으로는 정치의 주체로서 시민들이 정의상 국적이나 종교, 성별, 인종 등에 구애받지 않는 보편적인 존재자이기 때문에, 시민권의 정치는 특히 국적 여부에 따라 시민권을 한정하는 근대 국민국가의 근본 경향(발리바르의 표현을 빌리면 시민권=국적 등식)에 맞서 반反차별과 반배제 투쟁을 수행하는 정치임을 뜻한다. 따라서 발리바르가 말하는 시민권의 정치란 "'인간적인 것'이 실현되는 유일한 형식으로서 시민들의 공동체"[47]를 실현하려는 투쟁이라고 할 수 있다.

다른 한편으로 시민다움의 정치란 이러한 정치 공동체를 실체화하려는 위험, 곧 이러저러한 실체적 토대 위에 정치 공동체를 구성하려는 시도에 맞서 공동체를 탈실체화하려는 정치를 의미한다. 발리바르

---

46 Balibar 2010e : 246.
47 Balibar 2010c : 412.

는 헤르만 판 휜스테렌을 따라 이러한 공동체를 "운명 공동체community of fate"라고 부르는데, 여기서 운명 공동체란 보통의 용법과 달리 "함께 살아가는 것을 "선택하지" 않았지만, 그럼에도 서로 간의 상호의존 관계를 폐지할 수 없는 집단들이 서로 만나게 되는 현실의 공동체"[48]를 가리킨다. 이런 공동체에서는 원주민(가령 한국인)을 비롯한 **모든 사람들**은 "자신들이 지닌, 과거로부터 물려받은 시민적 정체성을, 적어도 상징적으로라도 재검토해 보아야 하며, 다른 모든 이들 ― 곧 어디 출신이든, 선조가 누구든, "적법성"이 어떻든 간에 오늘날 지구의 한 면에서 동일한 "운명"을 공유하고 있는 이들 ― 과 함께 그런 정체성을 **현재 시점에서 재구성해야**"[49] 한다. 따라서 운명 공동체는 매우 급진적인 다원적 정치 공동체일 수밖에 없으며, 그것이 구현하는 시민권은 역시 판 휜스테렌의 표현을 빌리면 "미완의 시민권"일 수밖에 없다.

　이러한 발리바르의 관점에서 보면 최장집의 갈등 이론은 이미 형성된 시민 주체들을 전제할뿐더러, 시민 주체들 사이의 갈등이 정치 제도의 틀 속에서 전개되고 제어될 수 있다는 점을 무비판적으로 가정하고 있다고 할 수 있다. 또는 정치 제도의 틀을 규정하고 더 나아가 잠식할 수 있는 폭력의 문제를 정치의 쟁점에서 너무 쉽게 배제하고 있다는 비판도 가능할 것이다.

48　Balibar 2010e : 248.
49　위의 책 : 258~259.

5) 정당정치와 운동

이는 결국 정당정치와 운동의 관계라는 문제와 연결된다. 정당정치론은 최장집 민주주의론의 트레이드 마크처럼 알려져 있다. 그는 운동은 권위주의에 맞선 민주화 과정에서 중요한 역할을 수행했지만, 일단 민주화를 통해 민주주의 제도가 정착된 이후에는 더 이상 중심적인 역할을 담당할 수 없으며, 정당을 통해 노동과 진보의 정치세력화를 이룩하는 것이 민주주의의 핵심 과제가 되었다고 주장한다. 더 나아가 그는 민주화 이후 운동이 존속하는 것을 일종의 퇴행적이거나 부정적인 현상으로 묘사하곤 한다. "그보다 더 강조되어야 할 중요한 사실은 민주화 이후 운동의 존속은 의심의 여지없이 정당제도의 미성숙 내지 실패에 따른 결과라는 점이다."[50]

하지만 다른 곳에서는 민주주의체제하에서도 여전히 운동은 긍정적인 기능을 갖는다는 점을 강조하기도 한다. "따라서 민중운동 담론의 민주주의관에 대한 비판이 민중 또는 민중운동, 나아가 운동 일반의 정치적 역할이나 효과와 관련된 것이 아님을 강조할 필요가 있겠다. 민주주의체제 안에서도 민주주의를 작동시키고 발전시키는 데 있어 운동이 갖는 긍정적인 기능을 부정할 수 없다는 것은 분명하다."[51]

그런데 이러한 언급의 실제 의미는 다른 책에서 좀 더 분명히 밝혀지는 것으로 보인다. 그는 "운동은 이제 무익하다는 것인가"라는 질문에 대해 다음과 같이 답변한다. "아니다. 내가 문제를 제기하려는 것은

---

50 최장집 2009 : 84.
51 위의 책 : 179.

운동을 강조하면서 정치와 정당을 부정하는 어떤 이념적 태도에 대한 것이다. 엄밀히 말해 대중 정당은 운동의 정치적 표현이라고 할 수 있다. 정당이 사회적 요구를 표출하는 기능을 하는 한 운동은 정당의 핵심 구성 요소이다. 실제 정당은 지역을 대표하는 지역 대표의 축과 사회운동이나 직능 집단을 대표하는 기능 대표의 축을 중요한 하부 기반으로 삼고 있다. 한국에서 운동의 에너지가 정당의 제도화로 전환되는 것, 전환되어야 하는 필요를 강조하고 싶다."[52] 이것은 최장집이 운동의 긍정성을 말할 때 염두에 두는 것은 정당과 분리된, 또는 어쨌든 정당과 독립적인 운동의 역할이 아니라 정당의 대중적 기반을 강화하고 대표 기능을 높이는 차원에서의 운동의 긍정성임을 잘 보여준다. 이런 관점에서 본다면 운동이 긍정적일 수 있는 경우는 그것이 정당의 하부 기반으로서의 소임을 충실히 수행할 경우라고 할 수 있다. 따라서 최장집이 말하는 운동의 긍정성은, **운동이 정당으로 포섭되는 것을 전제**한다고 볼 수 있다.[53]

더욱이 최장집의 주장이 설득력을 얻기 위해서는 오늘날의 정당이 대중을 동원할 수 있는 충분한 정치적 역량을 지니고 있다는 전제가 먼저 입증되어야 한다. 다시 말해 운동이 정당에 통합되기 위해서는 먼저 정당이 운동을 통합할 만한 정치적 능력을 지니고 있어야 하며, 그것을 실천적으로 증명할 수 있어야 한다. 따라서 최장집의 주장은

---

52 최장집 외 2007 : 31.
53 그는 더 나아가 운동의 지속 가능성을 엘리트 중산층으로 한정하기도 한다. "한 사회에서 운동에 지속적으로 참여할 수 있는 사람은 대개 안정적 지위에 있는 중산층 엘리트들이기 쉽다. (…중략…) 누구든 운동적 삶을 지속한다면 개인의 삶은 위협받을 수밖에 없다. 운동의 동원이 일상화되어 있는 사회는 전체주의적 경향을 발전시키게 된다."(위의 책 : 32)

순환 논증이거나 운동을 포섭하려는 책략에 불과하다는 비판이 제기
될 수 있다.

발리바르 역시 민주주의에서 대의제의 중요성을 강조한다는 점에
서 본다면 최장집의 주장과 통하는 바가 있다. 하지만 발리바르는 그
와 달리 운동에 대해 본질적인 중요성을 부여하고 있다. 그것은 민주
주의 제도라는 것이 매우 취약하고 불안정한 것일 뿐만 아니라, 기본
적으로 과두제로, 곧 소수 엘리트 지배 체계로 흐를 수 있는 소지를 내
포하고 있기 때문이다. 따라서 반反과두제적인 민주주의를 위해서는
단지 제도정치의 틀을 고수하면서 정당정치를 통해 대표의 여지를 확
장하는 것으로는 불충분하다. 이는 맑스주의를 포함한 **바깥의 정치**[54]
의 옹호자들이 주장하듯이, 민주주의 제도는 **그 바깥에 존재하는 구조
적 요소들**(자본, 이데올로기, 폭력 등)에 의해 그 형성과 재생산, 존립이 규
정되는 것이기 때문이다. 하지만 그것은 또한 민주주의 정체에 내재한
본래적인 불안정성 때문이기도 하다. "탈–민주화"는 우연적이거나 일
시적인 현상이 아니라 민주주의 정체, 시민권 헌정에 기입돼 있는 본
래적인 가능성인 것이다.[55] 따라서 민주주의 제도를 좀 더 민주적인

---

54 내가 말하는 바깥의 정치란, 현대 정치의 대표적인 모델로 간주되는 자유민주주의 정치
체를 이상적 정치체가 아니라 오히려 진정한 의미의 민주주의를 억압하거나 배제하는
지배의 체제로 간주하는 입장을 말한다. 따라서 바깥의 정치의 옹호자들은 인민의 권력
으로서 민주주의를 실현하기 위해서는 자유민주주의 체제 바깥에 존재하는 진정한 정치
의 장소를 발견하고 그것에 근거하여 그 체제를 넘어설 수 있는 길을 모색하는 것이 필요
하다고 본다. 맑스주의와 구별되는 현대적인 바깥의 정치는 상당수의 현대 정치철학자
들에게서 찾아볼 수 있다. 가령 안토니오 네그리나 알랭 바디우, 자크 랑시에르나, 조르
조 아감벤 또는 슬라보예 지젝 등이 그 주요 인물들이다. 바깥의 정치에 관한 비판적 토
론으로는 진태원 2012.

55 이 때문에 발리바르는 현재 서구를 비롯한 여러 나라에서 민주주의가 위기에 빠지게 된
원인을 신자유주의적 세계화로만 돌리는 것에 대해 유보적인 입장을 취한다. 왜냐하면
그것은 신자유주의적 세계화의 결과이기도 하지만, 또한 근대 민주주의 정체에 고유한 내

제도로 만드는 것은 제도 안에서의 민주화의 노력과 동시에 제도 바깥에서의 민주화의 노력을 동시에 요구하는 것이다. 이런 의미에서 민주주의는 정당과 운동, 제도와 투쟁의 두 가지 날개를 필요로 한다고 말할 수 있다. 발리바르가 프랑스에서 1993년에 통과된 외국인의 프랑스 출입 및 체류 조건에 관한 "파스콰Pasqua" 법과 그것을 보충하는 "드브레Debré" 이민 법안(1996년 3월), 특히 외국인을 유숙시키는 모든 사람에 대해 외국인의 입주와 퇴거를 경찰서에 신고해야 할 의무를 부과하는 법안에 맞서 전개된 시민불복종운동에 적극적으로 참여하여 미등록 체류자의 시민권을 옹호하고 시민불복종운동을 정치체의 토대로 제시한 것은 이러한 입장의 구체적 표현이라고 할 수 있다.[56]

4. 결론을 대신하여

지금까지 본론에서 최장집과 에티엔 발리바르의 이론을 비교·검토해 보았지만, 두 사람의 이론을 비교하는 것은 분명 쉬운 일은 아니다. 그것은 두 사람이 각각 상이한 분과 학문의 연구자이고 속해 있는 지적 전통도 다른데다가 처해 있는 현실적 조건도 상당히 다르기 때문이다. 더욱이 비교라는 통념 자체가 두 가지 비교 대상에 대해 적절한 거리를 유지하면서 가급적 객관적인 시각을 유지할 수 있다는 것을 전

적 모순에서 비롯한 것이기 때문이다. 이 점에 관해서는 Balibar(2010d : 40~41), "L'antinomie de la citoyenneté" 참조.

[56] 발리바르의 이러한 시각은 특히 다음 책에서 극명하게 드러난다. Balibar 2011.

제하는 데 비해, 본문에서 드러나다시피 이 글은 이러한 의미의 객관적 비교와는 다소 거리를 두고 있다. 물론 필자는 가급적 최장집의 이론적 강점을 균형 있게 제시하려고 했지만, 최장집 본인이나 그의 입장과 가까운 사람들이 보기에 필자의 비교는 상당히 편파적으로 느껴질 수 있을 것이다. 따라서 이 글이 중립적인 비교를 담고 있지 않으며, 처음부터 그것을 목표로 하지도 않았다는 점을 분명히 밝혀두는 것이 좀 더 정직한 태도일 것이다.

그렇다면 왜 이러한 비교·고찰을 시도하게 되었을까? 여기에는 크게 두 가지 이유가 있다. 첫 번째 이유는 최장집의 이론적 작업에 대해 느끼게 되는 양가적 감정 때문이다. 여러 사람들이 인정하다시피 최장집은 일련의 체계적인 저술을 통해 한국 민주주의에 관한 보기 드문 이론적 종합을 제시한 사람이다. 오늘날 한국 민주주의에 관해 사고하려는 사람들에게 그의 작업은 필수적인 참고문헌이 되었다고 할 수 있다. 더욱이 그는 이러한 이론적 작업을 통해 민주주의, 민주화, 자유주의, 정당, 대표, 사회적 시민권 등과 같이 그동안 엄밀한 개념 정의 없이 막연하게 쓰이던 여러 정치학 용어들에 대해 독자적인 개념화를 제시함으로써, 민주주의에 관한 이론적 논의의 수준을 한 단계 끌어올렸다고 평가할 수 있다.

하지만 다른 한편으로 본다면, 언론계에서 흔히 평가하듯이 그가 과연 진보적인 이론가인가에 대해서는 여러 가지 의문이 제기될 수 있다. 그는 분명 수구 우파에 속하는 인물은 아니며, 우리나라에서 통용되는 의미에서 보수적인 이론가라고 하기도 어렵다. 그는 권위주의체제와의 단절을 민주화의 핵심적인 지표로 간주할 뿐만 아니라, 대개의 자유주의적인 학자들과 달리 노동의 불평등이나 사회적 시민권의 취약성을 개혁하는 것을 민주화 이후의 민주주의의 핵심 과제 중 하나로 제기하고 있기 때문이다. 그럼에도 그는 민주화 이후의 민주주의 또는 민주주의의 민주화의 핵심을 정당민주주의의 제도화에서 찾으면서 제도적 민주주의의 틀을 넘어서려고 하는 맑스주의를 포함한 진보 정치를 부단히 비판하고 그것과 거리를 두고 있다. 민주주의 정치에는 제도 내적인 정치, 대의민주주의적인 정치 이외에 다른 여지가 존재하지 않음을 역설하고 있는 것이다.

필자가 보기에 에티엔 발리바르의 이론이 지닌 의미 중 하나는 최장집이 부당 전제하는 이분법의 상당 부분을 와해시킨다는 점에서 찾을 수 있다(이것이 내가 비교·고찰을 수행하는 두 번째 이유다). 곧 최장집은 자신의 작업에서 정당이냐 운동이냐, 대의민주주의냐 직접민주주의냐, 시민권이냐 계급투쟁이냐(또는 나눌 수 있는 갈등이냐 나눌 수 없는 갈등이냐), 자유주의냐 맑스주의냐 등과 같은 양자택일적인 선택지를 제시하면서, 전자의 선택지들이야말로 오늘날 (한국에서) 민주주의를 사고하기 위한 유일하게 현실적인 대안인 것처럼 논의 구도를 제시하고 있다. 하지만 발리바르는 맑스주의적인 관점을 포기하지 않으면서도 대의민주주의의 중요성을 역설하고, 계급투쟁이 정치에서 수행하는 역할을 강조하면서도 시민권 제도가 지닌 진보적 함의를 긍정하고 있다. 또한 자유주의의 진보적 가치를 승인하면서도 그것이 국민사회국가라는 근대 정치체의 역사적 한계와 연동하고 있음을 보여주고 있다.

따라서 발리바르의 이론적 작업은 최장집의 이론에 함축된 이러한 이분법적 구도가 부당하다는 것, 적어도 이론적으로 상당히 조야하다는 것을 드러내준다는 점에서 적지 않은 의미가 있다고 생각한다. 더 나아가 그의 작업은 오늘날 맑스주의자들이 현실 정치의 문제들에 대해 설득력 있는 분석과 해법을 제시하기 위해서는 맑스주의의 전통적인 전제들 및 가정들에 대한 엄밀한 탈구축 과정을 경유해야 함을 구체적으로 증언하고 있다는 점에서도 중요한 함의를 지닌다고 생각한다.

최장집과 에티엔 발리바르의 이론적 비교와 검토, 또는 두 사람의 이론적·정치적 입장을 지지하는 사람들 간의 논쟁은 이제 막 시작되었다고 보아야 할 것이다. 이러한 논쟁이 얼마나 생산적인 결과를 낳을지, 그리하여 한국의 민주주의를 좀 더 구체적이고 심층적으로 이해하는 데 얼마나 기여하게 될지는 앞으로 이 논쟁의 전개 과정에 따라 상당 부분 규정될 것이다.

참고문헌

최장집과 에티엔 발리바르의 문헌

최장집, 『민주주의의 민주화』, 서울 : 후마니타스, 2007.

______, 『민중에서 시민으로―한국 민주주의를 이해하는 하나의 방법』, 서울 : 돌베개, 2009.

______, 『민주화 이후의 민주주의』, 서울 : 후마니타스, 2010(초판 2002).

______ 외, 『어떤 민주주의인가』, 서울 : 후마니타스, 2007.

Balibar, Etienne, 윤소영 역, 「비동시대성―정치와 이데올로기」, 『알튀세르와 마르크스주의의 전화』, 서울 : 이론, 1993.

Balibar, Etienne, "The Infinite Contradiction", *Yale French Studies*, no. 81, 1995.

______________, "Historical Dilemmas of Democracy and Their Contemporary Relevance for Citizenship", *Rethinking Marxism*, vol. 20, no. 4, 2008.

______________, "Entretien avec Étienne Balibar", *Vacarme*, no. 51, 2010a.

______________, "Philosophy and the Frontiers of the Political-A biographical-theoretical interview with Etienne Balibar", *Iris*, vol. II, no. 3, 2010b.

______________ · Mezzadra, Sandro, "Borders, Citizenship, War, Class-A Discussion with Étienne Balibar and Sandro Mezzadra", *New Formations*, no. 58, 2007.

Balibar, Etienne, *Spinoza et la politique,* Paris : PUF, 1985(진태원 역, 『스피노자와 정치』, 서울 : 이제이북스, 2005).

______________, *La Crainte des masses,* Paris : Galilée, 1997(서관모 · 최원 역, 『대중들의 공포. 맑스 전과 후의 정치철학』, 서울 : b, 2007).

______________, *Nous, citoyens d'Europe?,* Paris : La Découverte, 2001(진태원 역, 『우리, 유럽의 시민들?』, 서울 : 후마니타스, 2010e).

______________, *Droit de cité,* Paris : PUF, 2002(진태원 역, 『정치체에 대한 권리』, 서울 : 후마니타스, 2011).

______________, *Violence et civilité-Wellek Library Lectures et autres essais de philosophie politique*, Paris

: Galilée, 2010c(진태원 역, 『폭력과 시민다움』, 서울 : 난장, 2012(부분 번역)).

___________, *Les frontières de la démocratie*, Paris : Éditions la Découverte, 1992.

___________, *L'Europe, l'Amérique, la guerre*, Paris : La Découverte, 2003.

___________, *La proposition de l'égaliberté*, Paris : PUF, 2010d.

___________ · Wallerstein, Immanuel, *Race, nation, classe-Les Identités ambiguës*, Paris : La Découverte, 1988.

그 외 문헌

진태원, 「스피노자와 알튀세르에서 이데올로기의 문제―상상계라는 쟁점」, 『근대철학』 제3권 1호, 2008.

_____, 「관계론, 대중들, 민주주의―에티엔 발리바르의 스피노자론」, 『시와 반시』 71호, 2010.

_____, 「푸코와 민주주의―바깥의 정치, 신자유주의, 대항품행」, 『철학논집』 29집, 2012.

샤츠슈나이더, E. E., 현재호 · 박수형 역, 『절반의 인민주권』, 서울 : 후마니타스, 2008.

Althusser, Louis, *Sur la reproduction*, Paris : PUF, 1995(김웅권 역, 『재생산에 대하여』, 서울 : 동문선, 2007).

Hirschman, Albert O., *A Propensity to Self-Subversion*, Cambridge : Harvard University Press, 1998.

Fraisse, Geneviève, *Muse de la Raison. Démocratie et exclusion des femmes en France*(2nd édition), Paris : Gallimard, 1995.

Lavau, Georges, *A quoi sert le Parti communiste francais?*, Paris : Fayard, 1981.

Rosanvallon, Pierre, *Le Peuple introuvable-Histoire de la représentation démocratique en France*, Paris : Gallimard, 2002.

6장 | 최장집 민주주의 이론의 편견과 한계

하승우

1. 들어가며

최장집은 1985년 10월에 발표한 「한국 현대사 연구를 위한 이론적 고려」라는 논문에서 현대사 연구가 두 방향의 지적 관심을 접목시켜야 한다고 주장했다. "개인적 또는 사회집단적 내면의 체험을 내적 또는 해석적hermeneutic 방법을 통하여 상징화하거나 객관화시킬 수 있는 문학적 접근"과 "추상적인 설명 모델이나 개념을 통하여 사회 현상이나 변화의 특징적 국면을 이해하려는 시도"가 접목되어야 한다는 것이다. 아울러 최장집은 "진정한 사회과학이 이론을 위한 이론과 모델을 위한 모델을 지향하는 것이 아닌 바에야 구체적인 사회적 조건에 확고한 기반을 가질 때에야만 참다운 설명력을 가질 수 있으며, 또한 이것은 사회과학자 자신의 현실 체험과 이를 토대로 한 현실 인식과 밀접한 관계를 갖지 않을 수 없을 것"이라 주장한다.(최장집 1989 : 40) 이런 주장은 뚜렷한 방향 없이 헤매던 한국 현대사 연구에 방향을 제시했다고 생각한다.

그런데 이런 방향제시의 탁월함과 별도로 그의 연구가 이런 방향을 얼마나 충실히 반영해 왔는지는 좀 따져봐야 할 문제이다. 나는 최장집의 연구가 두 방향의 지적 관심 중 후자의 방법, 즉 이론적인 모델을 통해 사회현상을 이해하는 방향으로, 그 자신이 비판했던 이론을 위한 이론, 모델을 위한 모델을 만드는 방향으로 기울었다고 생각한다. 앞으로 보겠지만 시간이 흐를수록 그의 이론 연구에서는 시민 개인이나 집단의 집단적 체험을 상징화하고 객관화하는 노력을 찾아보기 어렵기 때문이다. 굳이 이렇게 얘기를 시작하는 이유는 '몰라서'가 아니라 '알고도', 즉 '의식적으로' 그가 다른 접근을 배제했다는 사실을 말하기 위해서이다.

사실 최장집의 이론은 근대의 자유주의가 설정한 틀, 즉 정치사회와 시민사회를 구분하고 정치사회의 주요 행위자를 정당으로 제한하는 서구 대의민주주의의 모델에서 벗어나지 않는다. 그런데 이 이론은 현재의 지배질서를(그조차도 제대로 실현되고 있는지는 의문이지만!) 설명할 수 있지만 한국 사회에서 지배정당성의 문제를 해명하기엔 턱없이 부족하다. 예를 들어 한국처럼 식민지와 군사독재를 경험한 곳에서는 정치사회가 시민사회를 지배하고 규율하며 정치사회로의 진입을 차단해 왔기 때문에 그 정당성 자체가 의심받을 수밖에 없다. 정치사회가 합법성을 내세워 시민사회를 지배해온 역사는 시민의 능동적인 정치참여를 가로막고 지배질서를 내면화시키는데, 자유주의의 틀은 이를 문제 삼지 않는다. 특히 식민지를 경험한 사회에서는 지배질서가 주권자의 의사와는 무관하게 만들어져 왔고, 주권을 부여받지 못한 자들, 즉 폭민mob과 다중multitude, 대중mass을 무시하고 사회운동이나 시민의 직접행동direct action을 정치의 부수적인 요소로 취급한다.[1] (하승우 2012) 최장집의 이론은 자유주의 이론의 편견에서 벗어나지 못한다.

최장집의 이론이 가지는 또 다른 문제점은 근대 국가와 산업사회의 질서를 당연한 것으로 받아들인다는 점이다. 최장집은 농업사회에서 산업사회로의 전환, 유럽의 복지국가모델과 그에 필요한 산업발전과 경제성장을 자연스럽고 필연적인 것으로 받아들인다. 그런데 지금 우리가 사는 시대는 생태와 먹을거리 등에서 전환의 후폭풍을 맞고 있고, 볼프강 작스W. Sachs를 비롯한 연구자들은 그런 인위적인 전환에서 근본적인 문제점을 지적한다.(작스 2010) 그리고 합리성에 기초한 근대적인 정치개념은 우리 세계의 정치를 충분히 설명하지 못한다. 최장집의 이론이 모든 것을 설명할 필요는 없지만 어떤 것을 정치에서 배제하고 설명하지 않을 이유도 없다.

---

1 그동안 여러 학자들이 이런 문제점을 지적해 왔다. 최장집의 민주주의론이 민주주의를 좁게 해석할 뿐 아니라 정치문화와 변화하는 정치적 선호, 사회운동의 의미를 제대로 짚지 못한다는 비판,(오현철 2003; 오현철 2008) 노동운동에 대한 경직된 이해와 조직노동자 중심의 대표성 확보가 가진 문제점에 대한 비판(김원 2003) 등이 대표적이다.

2. 자유주의 인식의 편견

1) 축소된 정치의 장

그동안 최장집의 이론은 '저항적 자유주의'(조희연 2003 : 108)나 '진보적 자유주의'(윤건차 2000 : 245)라는 평가를 받아 왔다. 최장집의 이론이 신자유주의 세계화를 반대하고 민주적인 시장경제를 주장한다는 점에서 저항적이고 진보적인 의미를 가지지만 국가(정치사회)와 시민사회의 역할을 구분하고 시장경제 자체를 부정하지 않는다는 점에서 자유주의라는 평가를 받을 만하다. 그리고 최장집 스스로도 자유주의의 중요성을 강조한다.[2]

그가 지적하듯이 보수와 극우만을 대표하는 냉전반공주의는 한국 민주주의의 뿌리내림을 방해해 왔다.(최장집 2002 : 20) 그러면서 시민의 가치체계와 의식은 일상적인 삶이나 실천과 괴리되었고 더불어 민주주의 제도와 실천 사이의 골도 점점 더 깊어졌다. 민주주의는 "선출된 정부에 의해 통치되고 특정의 법 또는 정책의 영향을 받는 시민이 그 결정 과정에 참여하거나 그에 영향을 미칠 수 있는 체제"인데,(최장집 2007a : 12) 시민참여나 영향력은 그 시작부터 제약을 받아 왔다. 특히

---

2 "우리 사회에 자유주의의 전통, 그 가운데서도 내면성의 가치를 중심으로 자유주의의 전통을 뿌리내리게 하는 문제야말로 한국 민주주의의 토대를 강화하기 위한 핵심적인 문제라고 생각한다. 여기에서 나는 내면성의 중요성 그 자체에 관해 말하는 것이 아니라, 내면성 혹은 내면성의 부재가 민주주의에 대해 갖는 관계를 말하고 있는 것이다. 개인들이 그 스스로의 가치와 내면의 정신세계를 갖지 못하고, 바깥에 존재하는 가치와 기준에 의해 그리고 여론의 헤게모니적인 힘에 의해 휩쓸리고 동원될 때, 민주주의는 위협받고 타락하기 쉽다."(최장집 2002 : 226)

보수적인 정당체제와 재벌 중심의 경제구조, 『조선일보』, 『중앙일보』, 『동아일보』로 대표되는 보수언론, 권위주의적인 교육체계가 만든 보수적인 헤게모니는 민주주의를 체계적으로 왜곡해 왔다.

이상한 점은 이런 문제를 알면서도 최장집이 대안을 시민사회보다 정치사회에서 찾는다는 점이다. 그의 이론에서 보면 이상한 점은 아니다. 왜냐하면 최장집은 한국의 시민사회가 보수화되었다고 파악하기 때문이다. 중앙정치가 민주적인 제도로 변화되었지만, 기득권층은 여전히 시민사회의 헤게모니를 장악하며 자신의 영향력을 강화시키고 있다. 최장집은 "그 과정에서 거대 보수언론의 역할은 결정적"이라고 파악한다.(최장집 2002 : 200) 반면에 시민사회 민주화를 주도할 운동세력은 취약성을 드러내며 대안이념의 창출에 실패했다. 최장집의 이런 판단에는 노동운동의 약화와 시민운동의 비(反)정치성이 원인을 제공했다. 그는 "오늘날 한국의 시민사회는 공익창출의 안정적 기반으로 기능하지 못하고 있으며 그에 따라 한국 민주주의의 위기는 가속화되고 있"다고 판단한다.(위의 책 : 200)

그리고 최장집은 "중앙정치 수준에서의 민주적 제도화는 어느 정도의 수준에 이르렀다고 하겠으나, 시민사회의 중심적 헤게모니가 지배하고 있는 하위체계 수준에서의 민주화는 오히려 역전되고 있다"고 바라본다.(위의 책 : 200) 최장집은 과거 민주화를 이끌었던 세력이 "정당체제 내로 들어오고, 그럼으로써 구체제하에서의 정당체제가 재편성되고, 그 정당이 선거경쟁을 통해 다수당이 되고 정부가 되어 그 개혁프로그램들을 실행"해야 한다고 주장한다.(최장집 2006 : 35)

시민이 참여할 수 없을 뿐 아니라 보수화되어 있기 때문에 최장집은 시민들을 정치 과정으로 끌어들이고 자신의 이익을 대표하도록 유도하는 정당의 역할이 중요하다고 주장한다. 특히 최장집은 그동안 한국의 정치사회가 보수세력만을 대변해왔기 때문에 조직화되지 않고 대표되지 못했던 사회적 약자들을 대표할 정당이 필요하다고 강조한다. 그런 정당만이 한국 사회를 실제로 변화시킬 수 있다고 그는 믿는다.[3]

배제된 사람들이나 사회적 약자를 대표할 정당이 필요하고 그 역할이 중요하다는 점에는 충분히 공감할 수 있다. 하지만 최장집의 주장은 몇 가지 근본적인 문제점을 가지고 있다.[4]

일단 최장집의 관점은 정치를 아주 좁게 해석한다. 그의 이론에서 정치는 개인이나 계층의 사회경제적 이해관계를 대표하고 해결하는 역할을 담당한다. 물론 사람이 살아감에 있어 그런 이해관계가 중요하지만 사람은 이해관계만으로 살지 않는다. 시민들이 함께 어울리고 살아가며 서로 영향을 주고받는 세계가 바로 정치의 공간이고 그 장의 중요한 가치는 바로 '자유'이다.

한나 아렌트H. Arendt는 목적을 이루기 위한 수단이나 강제력을 행사하는 방식으로 정치를 해석하는 경향을 비판하면서 정치란 인간의 자유를 실현하는 근본적인 조건이라고 주장한다. 아렌트는 "정치는 인간이 아니라 인간들 사이에서 생겨나고 인간을 넘어서 지속하는 세계에 관한 것"이라 얘기한다.(아렌트 2007 : 220) 아렌트와 비슷하게 김상봉은

---

3 "정당 중심의 현실주의적 민주주의관을 통해 강조하고 싶은 것은, 정당이 사회적 약자의 의사를 조직하고 서민 대중의 이익을 기반으로 사회에 뿌리내렸을 때, 처음 그것은 허약할지 모르나 '갈등의 사회화'를 통해 위력적인 정당으로 성장해 이후에는 보수적 정당체제 자체에 변화의 가능성을 열 수 있는 전망을 가질 수 있다는 것이다."(최장집 2007a : 127)

4 이 부분은 하승우, 「그래, 나는 풀뿌리를 믿는다」, 풀뿌리자치연구소 이음 편, 『모이고 떠들고 꿈꾸다』, 이매진, 2010에 실은 부분을 재구성했다.

"오직 시민이 적극적으로 민회와 법정 등을 통해 공직에 참여하여 정치적 삶을 유지할 때, 비로소 적극적인 의미에서 자유로운 삶이 가능하다. 왜냐하면 그때 비로소 사람은 자기의 삶을 스스로 형성하는 것이기 때문"이라 주장한다.(김상봉 2007 : 62)

이미 확고한 선호를 가진 개인이라는 자유주의의 전제는 실제 현실에서는 조작된 선호에 사로잡힌 무기력한 개인을 정당화시키곤 한다. 하지만 민주주의 사회에서 개인의 선호는 미리 정해지거나 고정되어 있지 않고 만남을 통해 드러나고 변화되고 확장된다. 정치는 그런 개인이 자신의 독특함을 드러내고 자신의 자유를 실현하며 공동의 삶을 구성하는 활동적인 방식이다. 정치는 이미 존재하는 세계를 유지하고 보호하는 것만이 아니라 시민들이 새로운 관계를 구성하며 공동세계를 만들어가는 과정을 뜻한다. 공화국이라는 말이 현실의 지배관계를 숨겨온 한국 역사를 볼 때, 시민들이 직접 참여하고 공동세계를 만들어가는 과정이야말로 매우 중요하다.

이런 주장에 대해 최장집은 특정 계층만이 그런 과정에 참여할 수 있다고 주장할지 모르겠다. 그는 "정당의 매개 없는 이익의 표출은 강자의 이익을 과대 대표하는 결과를 낳"고 "한 사회에서 운동에 지속적으로 참여할 수 있는 사람은 대개 안정적 지위에 있는 중산층 엘리트들이기 쉽다"고 주장하기 때문이다.(최장집 2007a : 31) 따라서 직접민주주의 요소를 확대하면 "상층·중산층 편향적 정치 참여의 한계"(위의 글 : 35)가 나타난다고 보기 때문이다.[5]

그런데 기존의 한국 민주화 과정을 살펴봤을 때, 상층, 중산층이 참여과정에 그렇게 적극적이었을까? 오히려 다양한 역사자료들은 1960년 4·19혁명, 1979년 부마항쟁, 1980년 5·18광주민주화운동, 1987년 6월항쟁 등에 많은 중하층 계급의 사람들이 참여했다는 사실을 증명한다. 도시빈민, 하층 노동자, 무직자, 양아치, 날품팔이 등의 하위주체가 국민 또는 시민이라는 정체성에서 의도적으로 배제되고 역사에서 지워졌다는 점은 최근의 연구에서 지적된 바이다.(이승원 2009; 최정운 1999; 김원 2009) 그럼에도 최장집의 이론에서는 이런 주체의 활동이 중요한 정치적 사건으로 다뤄지지 않는다.

오히려 정당을 통한 절차적 민주주의를 강조하는 최장집의 주장에서는 대중의 정치참여에 대한 경계심이 드러난다. 이는 대중과 폭민, 다중에 대한 자유주의의 경계심(홉스T. Hobbes로 대표되는!)과 다를 바가 없다. "정치를 통해 야망을 실현하고자 하는 욕구가 정당을 통해 표출되고 동시에 규율되지 않는다면, 민주주의는 인간의 파괴적인 경향을 자극하는 기제가 되고 정치는 극단적 권력투쟁으로 희생되고 만다"는 주장(최장집 2007a : 28)은 그 경계심을 잘 드러낸다. 여기서 주목할 표현은 시민의 욕구가 표출되어야 할 뿐 아니라 동시에 '규율'되어야 한다는 점이다. 그런데 이런 주장은 다분히 이율배반적이다. 왜냐하면 다양한 사람들의 이해관계를 대표하고 반영하는 것이 정치라고 하면서

심 가치에 대한 재검토이다. 현대 자본주의 사회에서 민주주의의 기반은 개개인의 인민들이 아니다. 공동체를 해체해야만 성립되는 개인주의와 자본주의 사회를 극복하기 위해서는, 민주주의의 기반을 다시 공동체와 그것을 기반으로 하는 정당으로 새롭게 재정립하는 인식의 전환이 필요하다. 지난 60여 년의 한국 정당정치가 보여주고 있고 지난 대선과 총선이 웅변해주고 있는 한국의 선거와 정당정치는 이미 엘리트 귀족정치의 수렁에 빠져 헤어나올 수 없는 민주주의의 암세포가 되어버렸다."(박승옥 2008 : 86)

도 그런 욕망이 지나칠 수 있기 때문에 규율되어야 한다고 얘기하기 때문이다. 그는 "현대 대의제 민주주의가 불만스럽다고 해서 이를 직접민주주의로 대체하자는 주장이 결과적으로는 민주주의를 약화시키고 민주주의에 대한 패배주의적이고 냉소적인 경향을 확대"한다고 보고 "파당적인 정치인이나 정당을 배제하고 전문가들이나 시민단체들이 이상적인 헌법을 만들어 정치를 계도하게 하려는 접근은 민주주의의 약화를 초래한다"고 주장한다.(위의 글: 34) 비슷한 의미에서 직접민주주의로 드러나는 시민의 열망은 때때로 포퓰리즘이라는 부정적인 용어로 규정된다(이런 관점은 2008년 미국산쇠고기 수입에 반대하는 촛불시위에 대한 부정적인 언급에서도 드러났다).[6]

그러나 한국의 현실과 비교하면 최장집의 주장은 지나친 원론이다. 과연 한국의 민주주의가 대중의 파괴적인 경향을 자극하는 기제가 될 만큼 확장된 적이 있었나? 오히려 한국에서는 정당의 정치가들이 대중의 이름을 빌려 극단적인 권력투쟁을 벌여 왔고 대중의 정치적 욕구를 철저히 외면해 왔다.[7] 이런 상황에서 대중의 정치참여가 민주주의를

---

6 "시민 개개인으로 표출되는 민중성은 사회경제적 약자, 위계구조의 하층에 있는 다수 서민의 이익과 열정을 안정적으로 대변할 수 없고 선거경쟁에서도 조직화된 다수를 구성할 수 없기에, 실제에서는 민중성을 실현할 수 없다는 점이다. 필자는 시민 개개인으로 표출되는 민중성, 자율적 집단을 통해 제도적으로 매개되지 않은 민중성을 포퓰리즘이라고 정의한다."(최장집 2007a : 168) "특정법안을 놓고 투표할 때 보통 사람들은 뭐가 옳은지에 대해 제대로 판단을 할 수 없습니다. 주의 예산안에 대해, 또는 공립학교의 재정지원에 대해 구체적인 예산안을 놓고 투표한다고 할 때 어느 것이 좋고 나쁜지에 대해 보통 사람들이 알 수 없는 거죠. 정당이 효과적으로 작동할 때, 그 정당이 특정 사안에 대해 입장을 내놓기 때문에 일반 투표자들은 그 정당을 보고 그 정당의 입장을 판단의 준거로 삼아 투표하게 되지요. 말하자면 직접민주주의적인 요소가 많이 도입되는 경우에라도 정당이 역할이 없을 때 그것이 더 효과적이라는 보장은 없습니다. 더 포퓰리즘이 강하게 되는 것이지요."(최장집 2007b : 52)
7 강준만은 이렇게 평가한다. "한국인의 정당 충실도는 대단히 높다. 아니, 지지하는 정당이 없다는 사람이 다수인데, 그게 무슨 말인가? 투표시에 그렇다는 것이다. 평소엔 지지

파멸시킬 것이라는 예측은 정당화될 수 있을까? 대중의 정치참여가 민주주의를 파멸시킨 실제 사례들을 말해야 할 텐데 최장집의 논의에서는 그런 사례들이 제시되지 않는다. 만일 최장집의 주장을 받아들인다면 민주주의라는 개념은 자기파괴적인 모순, 즉 민주주의가 민중의 지배를 거부하는 모순을 피할 수 없다.

또한 최장집은 모든 사회조직이 민주주의의 원리를 따라야 한다고 생각하지 않는다. 심지어 정당조차 그 내부가 반드시 민주적일 필요는 없다. 최장집이 주장하는 정당민주주의는 정당 내 체제가 아니라 정당 간 체제이기 때문이다. 최장집은 정당의 관료화를 비판한 미헬스R. Michels를 반박하면서 "미헬스의 과두제의 철칙은 수준이 다른 문제, 즉 정치체제 수준에서 정당들이 경쟁하는 차원의 문제와 정당 내 조직의 지배구조 문제를 같은 차원에 놓고 민주주의의 기준을 절대화한 것"이라고 비판한다. 그러면서 "중요한 것은 정당내부 구조가 얼마나 더 민주적이냐 아니냐 얼마나 과두적이냐 아니냐가 아니라, 정당 간 경쟁의 체제가 얼마나 민주적이냐에 있다"고 주장하며 민주주의와 정당구조

하는 정당이 없을 뿐만 아니라 정당들에 침을 뱉다가도 투표를 할 때엔 정당만 보는 게 한국 유권자들의 속성이다. 왜 그럴까? 한국인들은 정당민주주의의 신봉자들이기 때문인가? 아니다. 오히려 정반대다. 정당을 신뢰할 수 없는 집단으로 간주하기 때문에 더욱 정당에 집착한다. 정당이 공명정대한 집단이라면 굳이 정당에 연연할 이유는 없다. 정당은 불공정과 편파에 능한 집단이기에 지역발전을 위해선 힘이 있는 정당을 무시할 수 없다는 게 유권자들의 오랜 경험에서 비롯된 통찰이다. 좀 점잖게 이야기하자면, 유권자들에겐 정당정치에 대한 신념보다는 정당 중심의 정략적 파워에 대한 기대(또는 공포) 심리가 강하다는 뜻이다. …… 정당들은 바로 그 점을 꿰뚫어 보기 때문에 유권자들을 무서워하지 않는다. 오히려 우습게 본다. 1960년 이후 2005년까지 한국에서 생겨난 정당은 모두 109개이고 정당 1개당 평균수명이 2년 9개월에 불과한 이유도 바로 여기에 있다. 유권자들은 정당을 지지한다기보다는 불공정과 편파를 자행할 힘이 있는 집단에 표를 주는 것이다. 그래서 대통령이나 힘 있는 몇몇 정치인만 움직이면 하루아침에 뚝딱 만들 수 있는 게 바로 정당이다."(강준만 2008 : 141~142)

를 분리시킨다.(위의 글 : 53) 물론 구조가 행위자에게 영향을 미치듯이 정당체계가 각 정당의 활동에 영향을 미칠 수밖에 없다. 그런 점에서 체계는 중요하다. 하지만 아무리 판을 잘 짜도 인간사회의 움직임은 행위자들의 선택과 파장으로 이루어지고, 구조를 바꾸는 행위가 나타날 가능성도 배제할 수 없다. 특히 정치는 더더욱 그런 장이다. 그런데 이런 가능성에 관한 논의는 거의 없다.

그리고 베버는 민주적인 사회조차도 관료제의 철창을 벗어날 수 없다고 예측했는데, 최장집은 어떤 대안을 가지고 있을까? 비민주적인 내부구조를 가진 정당이 사회적 약자를 대변하는 역할을 어떻게 '충실히' 수행할 수 있을까? 이런 물음들에 대한 구체적인 답은 없고 원론적인 지향만 제시된다.

이런 맥락에서 최장집이 민주주의를 거부한다고 얘기할 수는 없지만 그의 민주주의가 자유주의 이론에 내재한 엘리트주의를 내포하고 있다고 해석할 수 있다. 애브리처L. Avritzer는 최장집과 비슷한 시각을 민주적 엘리트주의democratic elitism라 부르며 그것을 비판한다. 애브리처는 이런 민주적 엘리트주의의 특징을 세 가지로, 즉 "정치의 범위를 정부의 활동으로 축소, 적극적인 소수가 관장하는 정치의 중앙집권화를 옹호, 정치제도의 작동에 대한 대중 동원과 집단행동이 불러오는 압력에 대한 두려움"으로 정리한다.(Avritzer 2002 : 165) 애브리처는 민주화 이후의 민주주의 모델에 관심을 가지면서 현재의 민주주의 이론들 대부분이 민주적 엘리트주의를 극복하지 못했다고 비판한다. 특히 애브리처는 후안 린쯔Juan J. Linz나 알프레드 스테판Alfred Stepan같은 민주주의 공고화 이론가들democratic consolidation theorists이 엘리트와 대중을 이분법적으로 구분하는 시각을 받아들인다고 보면서 "엘리트-대중 이분법을 민주적인 공론장 개념으로 대체하지 않는다면 현재 라틴 아메리카에서의 민주화 과정을 이해하는 것이 여전히 불가능하다"고 주장한다.(*Ibid.* : 15) 최장집의 이론틀은 이런 비판에서 자유로울까?

2) 지배정당성의 문제 – 정치와 도덕

위르겐 하버마스J. Habermas는 막스 베버의 이론을 재검토하면서 『의사소통행위이론』을 시작한다. 하버마스는 근대적인 세계이해에서 베버이론이 가진 중요성을 인정한다. 하버마스는 베버의 합리화이론이 주술적인 세계관에서 벗어난 근대적인 의식구조를 해명하고, 형식적 합리성과 실질적 합리성을 구별해서 근대 사회를 합리적으로 이해할 기반을 마련했다고 본다.

그러나 베버는 도구적 합리성과 선택합리성을 형식적 합리성의 차원에, 선호의 바탕에 놓인 가치체계를 실질적 합리성의 차원에 놓음으로써 합리성을 이원화시켰지만 그 연관성을 제대로 파악하지 못했다. 특히 하버마스는 베버의 법이나 정치 개념이 합리화의 이중적 의미를 제대로 반영하지 못한다고 비판한다. "베버는 법의 합리화를 오직 목적합리성의 측면 아래에 넣으려 하고, 경제와 국가행정에서의 인지적 -도구적 합리성의 구현에 병행하는 경우로 구성하려 한다. 그러한 시도는 정당성문제를 경험주의적으로 변형하여 해석하고, 정치체계를 도덕적-실천적 합리성의 형태들과 개념적으로 분리하는 대가를 치르

고서만 성공할 수 있는 것이다. 베버는 또 정치적 의사결정을 권력획
득과 권력경쟁의 과정으로 축소하여 재단해버린다."(하버마스 2006 : 382)
따라서 "베버는 근대적 법이 도덕적–실천적 정당화의 맥락에서 분리
되어 단순히 조직수단으로 희석되는 경향에 대한 모든 저항운동을 '실
질적 합리화'로 평가절하할 수밖에 없다."(위의 책 : 402)

하버마스는 베버가 이런 관점의 문제점을 몰랐다고 보지 않는다. 오
히려 하버마스는 "베버가 그의 합리화이론을 원래의 구상대로 끌고 갈
수 없게 하는 내재적 이유들"(위의 책 : 403)이 있었다고 본다. 즉 베버는
일종의 선택을 했는데 "법을 다시 이데올로기화하려는 전통주의적 시
도에서뿐만 아니라, 법을 절차적 정당화 요구와 재결합시키려는 진보
적 노력에서도 법의 형식적 특질에 대한 침해"를 봤기 때문이다.(위의
책 : 402) 자신의 이론을 보편화시키려는 베버의 욕망은 합리성의 형식
적 특징에 집착하게 만들었다.

흥미로운 점은 최장집의 이론도 최근 막스 베버로 향하고 있다는 점
이다. 『소명으로서의 정치』를 해설한 책에서 최장집은 "우리 현실에서
좀 더 시급하게 읽혔으면 하는 정치철학자"로 막스 베버를 꼽는다.(최장
집 2011 : 7~8) 최장집은 베버의 정치관을 해석하면서 정당의 동원기구
(머신)와 의회정치의 중요성을 주장한다. 그러면서 "현대의 대의제 민
주주의는 관료화된 강력한 국가가 그 사이에 위치함으로서 3자 관계의
구조를 갖"(위의 책 : 76)지만 고대의 민주주의와 현대의 민주주의나 "지
도자–대중의 관계라는 점에서 동일하"(위의 책 : 46)다며 대의민주주의
를 보편화시킨다. 이어서 "베버는 국가나 정당 같은 자율적 정치조직
이 인민주권, 인민의 이니셔티브를 통해 운영되고 그로 인해 작동한다

고 생각하는 것은 비현실적이라고 본다. 민주주의도 어디까지나 정치 엘리트에 의해 통치되는 것이고, 인민은 엘리트를 선출하는 수동적 역할 이상을 갖지 못한다는 것이다. 여기에서 우리는 민주주의에 대해 지극히 현실적이고 극도로 절제된 이해를 발견하게 된다."(위의 책 : 48)

이런 주장은 몇 가지 심각한 문제점을 지니고 있다.

최장집은 "베버에게 민주주의는 기본적으로 카리스마적 지도자가 자신의 목적의식을 대중에게 호소하고, 대중이 그에 호응해서 그를 지지하는 것으로 이루어지는 지도자-대중의 관계, 즉 카리스마적 지도자와 이를 추종하는 대중의 열망 사이에서 발생하는 지배-정당성의 상호관계에 기초를 둔 통치 체제이다. 바꾸어 말하면 민주적 리더십이란 카리스마적 권위의 한 유형인 것"이라 주장한다.(위의 책 : 45~46) 그런데 이 이율배반적인 명제가 타당하려면 시민참여는 부정되어야 하거나 정당에 대한 지지나 동의로 제한되어야 한다. 그렇다면 이를 민주주의라 부를 수 있는 이유는 무엇인가?

이를 정당화시키기 위해서인지 최장집은 "국가기구의 관료화와 자본주의 시장 구조의 독점화가 가져오는 제약적 힘에 대응하면서 역동성을 만들어" 내려면 정당머신을 가진 지도자 민주주의가 필요하다고 얘기한다.(위의 책 : 77) 하나 베버도 지적했듯이, 관료제는 '수동적 민주주의'의 출현, 즉 지배를 받는 사람들의 평준화와 동시에 진행되고, 단지 권력을 독점할 뿐 아니라 시민들을 무기력하게 만들고 평준화한다. 강력한 국가와 시장의 힘에 맞서기 위해 비슷한 관료체제를 갖춰야 한다는 논리는 사자가 무서우니 호랑이를 길러서 막아야 한다는 논리와 비슷하다. 그런 의미에서 존 듀이J. Dewey는 "만약 공중이 없다면 어떻게 그러한 공직자들이 공적인 공직자들일 수 있는가?"(듀이 2010 : 115)라고 물으면서 "거대 사회Great society가 거대 공동체Great Society로 전환될 때까지 공중은 가려진 채로 남아 있을 것"이라 보면서 "의사소통만이 거대 공동체를 만들어낼 수 있다"고 주장한다.(위의 책 : 136~137) 그리고 듀이는 반대로 이런 공직자들의 "통찰, 충성, 에너지가 공중과 정치적 역할을 위해 사용되도록 하기 위해서는 어떤 조건과 어떤 기술이 필요한가?"라고 물었다.(위의 책 : 85) 비슷한 인식이 정반대의 노선을 정당화시키기도 하는데, 최장집은 일관되게 대중보다 엘리트를 선택한다.

그리고 능동적인 시민이 공적인 세계에 자신을 드러내지 못하는 상황에서는 제 아무리 뛰어난 정치지도자라 하더라도 지배당하는 사람들을 대변할지언정 그들의 '정치역량'을 끌어내지는 못한다. 그렇다면 최장집이 말하는 좋은 정치는 쇠창살 안에 갇힌 무기력한 사람들을 행복하게 만드는 과정일 수 있다. 하나 그것이 진정 행복일까? 시민들이 누려야 할 공적 행복public happiness[8]을 정치인들이 계속 독점해야 할까?

또한 선거는 정치적인 사안을 '가공'해서 드러내고 정치의제를 독점할 수밖에 없다. 선거에서는 정치보다 통치가 부각된다. 그래서 하워드 진H. Zinn은 선거가 정치를 대체해서는 안 된다고 주장한다. "선거집착증이라고 할 만한 우리의 문화에서는 언론이 후보들의 공방을 사사건건 보도하는 사이 세상에서 일어나는 다른 일들(전쟁, 기아, 공권력의 탄

---

[8] "그들은 이 자유를 맛보았을 때 이 자유를 후에 '공적 행복'이라 표현했다. 이 자유는 시민이 공공 영역에 접근하는 권리이며, 공권력을 공유하는 것, 즉 제퍼슨의 매혹적인 문구로 표현하자면 통치 업무의 참여자가 되는 것이다. 이 자유는 심지어 공권력에 대항해 사적 행복을 추구하는 과정에서 정부가 보호해주는 일반적으로 인정된 권리와 다르며, 전제적 권력만이 폐지하려고 하는 권리와도 다르다."(아렌트 2004 : 221)

압, 질병, 엄청나게 많은 사람들의 일상에서 일어나는 폭력들)이 모두 그 보도에 휩쓸려 사라져버린다. 이 때문에 표피적인 것이 의미 있는 것을 밀어내게 되는데, 시민들이 이 체제의 이면을 보는 상황을 원하지 않는 이들에게는 매우 좋은 일이리라. 후보들의 경합에 가려지는 것은 인종, 계급, 전쟁, 평화 등 대중들이 깊게 고민해서는 안 된다고 여겨지는 쟁점들이다. 하지만 이것들이야말로 진정한 문제이다."(진 2008 : 75) 정치는 통치와 다르고 달라야만 한다.

분명히 참여는 사람들의 욕구를 실현하는 과정일 뿐 아니라 자신의 역량을 강화시키고 공적인 존재로 성장하는 과정인데, 그리고 이런 과정을 밟으면서 정치에 대한 시민들의 긍정적인 이해가 늘어날 텐데 최장집은 이런 과정을 의도적으로 생략한다. 베버에 대한 하버마스의 비판을 빌린다면, 정치가 도덕적-실천적 정당화의 맥락에서 분리되어 단순히 통치의 수단으로 희석되는 경향에 저항하는 것을 최장집은 실질적 민주주의라 부르며 평가절하한다.

그러면서도 최장집은 이율배반적이게도 시민들이 정치를 긍정적으로 받아들이길 바란다. 아니 통치의 과정을 감내하길 바란다. "오늘의 한국 상황에서 정치와 관련해 중요한 것은 정치를 부정적으로 이해하는 경향이 강하고, 이런 경향이 사회에 널리 확산돼 있다는 점일 것이다. …… 권력을 권위주의와 동일시하고 정치를 탐욕과 타락을 상징하는 인간 행위로 이해하는 우리 사회의 지배적 경향은, 민주주의를 하나의 통치체제로서 받아들이고 이를 잘 운영하는 문제의 중요성을 경시하게 만들었다."(최장집 2011 : 19) 아렌트가 얘기하듯 시민들의 공적인 활동이 권력을 만든다면 그것이 부정되는 곳에서는 통치가 불가능하다. 이 모순을 어떻게 해결할 수 있을까?

베버처럼 최장집도 합리적인 정치질서의 수립에 많은 관심을 두고 있지만 그 질서의 정당성에 관해서는 관심을 두지 않는다. 절차적으로는 정당한 정부라 하더라도(인기 팟캐스트 '나는 꼼수다'가 주장하듯 가카의 꼼수에 전 국민이 놀아나고 있는 것이라면, 절차가 어떤 의미를 가질 수 있을까?) 그 정당성이 저절로 확보될 수는 없다. 쏘로우H. D. Thoreau의 주장처럼 민주정부하에서야말로 시민불복종이 필요하고 우리는 국민이기 이전에 인간이어야 한다. 한 인간의 양심과 신념이 반영될 수 없는 정치라면 그것이 지배정당성을 가질 수 있을까?[9] 실제로 한국에서도 한진중공업, 강정마을, 두리반, 곳곳에서 벌어지는 시민들의 싸움이 한국 민주주의를 발전시켜왔다.

---

9 에이프릴 카터A. Carter는 "도덕적이거나 정치적인 동기에서 공개적으로 저항하는" 직접행동이 민주주의의 중요한 요소라고 주장한다.(카터 2007 : 44) 오늘날 직접행동은 지향해야 할 윤리적인 관념이 아니라 역동적인 실제 현실이다. 직접행동은 억압적인 체제에 저항하는 행위로 나타나고, 필리핀이나 세르비아에서처럼 민주적인 제도를 수립하기 위해 나타나기도 한다. 그리고 미국의 흑인민권운동처럼 민주적인 권리를 보장하기 위해 벌어지기도 하고, 민주주의의 빈 공백을 채우기 위해 출현하기도 한다. 대의정치에서 소외된 원주민들이 자신들의 권리를 지키기 위해 직접행동을 벌이기도 하고, 석유회사와 같은 다국적기업을 반대하는 불매운동이나 저항운동이 벌어지기도 하며, 세계은행과 같은 국제기구의 지원을 받는 댐건설을 반대하는 비폭력 저항운동이 벌어지기도 한다. 그리고 최빈국을 위해 외채탕감을 주장하는 직접행동, 다자 간 투자협정을 반대하는 운동, 세계무역기구(WTO)를 반대하는 운동, 토지를 요구하는 농민들의 직접행동, 전 지구적 신자유주의에 반대하는 원주민 공동체, 농민, 학생, 노동자, 실업자 등 다양한 형태로 이미 직접행동이 전 세계에서 벌어지고 있다.(위의 책)

3. 근대적 인식론의 한계

1) 농민을 배제한 시민사회

최장집의 민주주의 이론은 산업화에서 시작된다. 최장집은 국가주도형 발전전략하에서 "우리 사회가 높은 수준의 사회변화를 수반하는 고도로 도시화된 산업사회로 진입하였으며 그럼으로써 사회갈등이 보다 다원적이고 다층적인 양상을 띠게 되었다는 것이다. 또한 이러한 조건은 이 시기를 통하여 강화되어온 정치의 권위주의화에 따라 정치적으로 활성화되고 팽창될 수는 없었지만 그것의 사회적 조건으로서 시민사회가 팽창되어왔다는 사실을 의미한다"고 얘기한다.(최장집 1989 : 96) 초기부터 최장집의 이론에서 시민사회 형성은 국가의 발전계획에 따른 산업사회로의 진입이나 농민에서 노동자로 인구구성의 변화와 일치한다. 그리고 최장집은 "수년 전까지만 해도 농촌에 뿌리를 갖고 있던 노동자들이 놀라울 정도로 빠르게 그들의 이익이 무엇인가를 의식하고, 이것을 실천하기 위하여서는 무엇을 어떻게 해야 할 것인가를 의식하는, 즉 빠른 속도로 의식화되고 정치화되고 있다"며 이를 긍정적으로 평가한다.(위의 책 : 240) 그 이후에도 최장집은 노동 없는 민주주의를 비판하고 노동 중심의 사회경제적 시민권을 주장해 왔다.

이런 논리에 따르면, 농민은 사라져야 할 계급이고 의식화된 노동자계급이나 중산층이 그 대신 시민사회를 형성해야 한다. 즉 최장집의 이론에서는 농민이라는 계급이 대표되지 않는다. 농민이 정치적인 계급으로 집단화되지 않고 반反정치적이라는 근대적인 편견이 그의 이론에 영향을 미치고 있기 때문이다.

하지만 동서양 어느 곳에서나 농민공동체는 자치와 자급에 바탕을 둔 공동체적 정치질서를 유지했으며, 그런 공동체는 농민 개개인의 삶을 지속시키는 중요한 기반이었다. 국가가 없는 곳에서도 농민들은 공동체를 꾸렸고 삶터와 일터가 분리되는 않는 상황에서 삶과 일치하는 정치원리를 실현해 왔다. 그러니 반反정치가 아니라 삶의 정치가 농민들의 정치원리였다.

그리고 역사 속 농민들은 수동적이거나 개별화된 정치주체도 아니었다. 한국 근대사를 봐도 농민들의 저항과 그들의 조직화는 식민지체제를 위협하는 정치적인 힘이었다.(하승우 2012 : 26~136) 특히 두레를 비롯한 농민들의 공동노동조직은 일상 속에서 민주주의의 힘을 강화시켰고 개인들을 잇는 관계망을 구성했다.[10] 그래서인지 지금도 팔당과 밀양, 삼척 등지의 많은 농민들이 중앙권력과 재벌들에 맞서 삶의 터전을 지키며 민주주의를 활성화시키고 있다. 서구의 시민사회 형성 과정과 달리 식민지에서는 부르주아지의 출현이 민주주의의 기반을 만들지 못했고 농민들 속에서 자생적인 민주주의의 가능성이 싹텄다.[11]

또한 한국에서 산업사회로의 전환은 결코 자연스럽지 않았다. 최장

---

[10] 무페는 개인이 "단자로서가 아니라 사회적인 관계들의 다양성이 새겨지는 '주체의 지위 subject positions'의 앙상블로 구성되는 장site으로 이해될 필요가 있"다고 주장한다.(Mouffe 1993 : 97) 개인은 사회와 분리된 존재로 가정되거나 어느 한 차원(계급이나 성, 인종 등)으로 환원될 수도 없다. 오히려 개인은 그런 사회적인 관계의 그물망 속에서 어떤 위치를 차지하는가에 따라 다양한 정체성을 가지게 된다. 그런 의미에서 농촌공동체와 농민의 주체성은 새로이 고민되어야 한다.

[11] 그래서 울프 선드호슨U. Sundhaussen은 "서구식 처방은 무시하고, 자신들의 과거의 결함으로부터, 또 산마리노 같은 나라의 역사로부터 배워서, 다수 인민 즉 농민계급을 민주적 정치 속으로 참여시키는 길을 선택"하자고 얘기한다.(선드호슨 2008 : 169)

집의 분석은 해방 이후부터 시작되는데, 그 전환방식을 파악하려면 일제 식민지 시기로 거슬러 올라가야 한다. 농민들의 저항을 총칼로 억누르며 농민공동체를 파괴했고 강력한 중앙집권형 국가체제를 만든 건 일제 식민권력이었기 때문이다.[12] 식민권력은 경찰과 헌병 같은 폭력기구에 의지하는 중앙집중화된 통치체계를 만들었고, 공유지를 약탈하며 배타적 사적 소유권을 확립했다. 특히 1919년대에 시행된 토지조사사업은 배타적인 토지소유권을 확립했고,[13] 많은 농민들이 소유권을 잃었고 그로 인해 자신의 정치적인 기반을 상실했다. 식민권력은 최소한의 동의 과정조차 거치지 않은 채 농민들을 수탈했다. 그리고 이런 국가폭력은 식민지에서 해방된 이후에도 그대로 이어졌다.[14]

---

[12] 『농민의 도덕경제』에서 다양한 농민정치가 식민지를 거치며 국가정치로 점점 통합되는 과정을 비판했다면, 『국가처럼 보기』에서 제임스 스콧J. Scott은 화전민이나 이동하며 경작하는 농민들이 넓게 퍼져 생활하는 비국가적 공간이 국가적 공간으로 대체되는 과정에 주목한다. 국가개발이 내세우는 사회복지 담론을 근본적으로 거부하는 것은 아니지만 스콧은 그 과정이 언제나 "비국가적 자원들이던 과거의 공동체를 거의 항상 파괴하거나 분열시켰다"는 점을 지적한다.(스콧 2010 : 294)

[13] "종래의 '입회지入會地' 대부분에 대해 '지반소유권地盤所有權'의 존재를 부정하고 그 소유권을 박탈함으로써 소농 경영의 공동체로부터의 이탈은 더욱 가속화되었다. 식민 권력에 의한 입회권 부정의 과정은 '국가에 의한 식민지판 인클로저운동'이라고도 할 수 있다. 이로 인해 전통적 의미에서의 소농의 공유지가 다양하게 분화될 수 있는 가능성은 원천적으로 봉쇄되었으며, 식민 권력에 의한 자본주의적 사유화와 국유화만이 현실적인 가능성으로 남아 있을 수 있었다."(윤해동 2004 : 241~242) "일제가 토지의 수탈과 일본인의 이민을 추진하기 위해 설립한 동척은 광범한 국유지를 불하받음으로써 1920년에는 90,700여 정보의 토지를 소유한 거대 지주가 되었다."(박명규 1997 : 405)

[14] "해방 이후 대한민국이라는 국가를 성립시킨 것은 선거였다. 성별이나 재산과 상관없이 모든 성인(왜 꼭 성인이어야 할까?)에게 투표권을 줬다는 점에서 한국의 선거제도가 공평하고 올바른 듯 보이지만, 근본적인 의미에서 선거는 민중에게 주권을 돌려주기 위한 제도가 아니었다. 진정 민중의 주권을 다시 회복시키려 했다면 선거가 아니라 무너진 공동체의 민회를 복원하고 그들의 정치행위를 보장했어야 옳다. 하지만 미군정이나 기득권층은 그런 것을 바라지 않았고 외려 인민위원회를 탄압하면서 민중의 정치적 힘을 선거라는 장으로 '동원'하려고 했다. 이것은 선거의 정치적 중요성에 관한 얘기가 아니라 선거라는 장 자체가 민중의 정치 에너지를 동원하고 흡수해서 직접 정치에 개입할 가능성을 봉쇄한다는 얘기이다."(하승우 2012 : 97)

불과 100년 사이에 전체 인구 중 농민의 비율이 1910년 약 84.1퍼센트에서 1945년 약 66퍼센트, 1980년 약 28.9퍼센트, 2012년 약 5.9퍼센트로 줄어들었다. 아울러 농촌공동체들은 시간이 흐를수록 더 빨리 무너졌고 수도권으로의 초집중화 현상이 심화되었다. '내부식민지'라는 말로 표현할 수밖에 없을 정도로 한국 사회는 중앙집중화되었다.(강준만 2008) 이런 조건에서 농민들은 더 이상 시민사회와 민주주의의 주체로 여겨지거나 주체로 활동할 수 없었다.

따라서 한국의 시민사회는 사회변화 과정에서 자신의 정체성을 스스로 구성하거나 주체적으로 변화시킬 수 없었다. 그러면서 민주주의는 자아를 실현하고 확장하는 과정이 아니라 자아를 검열하고 규율화하는 과정이었다. 위생, 가족, 교육 등과 관련된 각종 규율들이 일상에 부과되었고, 이것들은 근대적이라는 이유로 정당화되었다. 구스타보 에스테바G. Esteva의 말처럼, "가치 폄하는 숙련 기술을 함량 미달로, 공유지를 자원으로, 남자와 여자를 상품화된 노동으로, 전통을 부담으로, 지혜를 무지로, 자립을 의존으로 탈바꿈한다. 사람들이 원하는 것, 기술, 희망을 구현하는 자율적 활동을, 남들하고 혹은 환경하고 어울리는 접촉을, 시장의 중재를 거쳐야만 충족될 수 있는 요구로 바꾸어 놓는다."[15](에스테바 2011 : 60)

이런 과정에서 한국의 시민사회는 우리 몸에 맞지 않는 외부의 것이 되었고, 시민사회의 기본원리는 "이 땅의 전통과 문화를 뒤떨어진 것으

---

15 스콧 역시 우리가 진보적이라 믿는 "시민권, 공공 위생 프로그램, 사회 안전, 교통, 커뮤니케이션, 보편적인 공교육 그리고 법 앞의 평등 등에 대한 우리의 생각은 모두 국가 중심적, 하이 모더니즘적 단순화에서 큰 영향을 받았다"고 지적한다.(스콧 2010 : 514)

로 해석하며 그것을 완전히 무시했다. 민중은 기존의 익숙한 방식을 모두 버리고 새로운 규칙을 받아들이도록 강요받았는데, 그런 새로운 규칙에 익숙한 자들은 이미 정해져 있었다. 많은 지식인과 엘리트들이 선거를 자신들이 권력을 잡고 그것을 정당화하는 장치로 활용했다. 복잡하고 이미 권력을 쥔 자들에게만 유리한 정당법, 선거법을 만들어 새로운 정치세력이 만들어지는 걸 막았다."(하승우 2012 : 98) 한국의 시민사회는 보수화된 것이 아니라 그 기원 자체가 보수적일 수밖에 없었다.

만일 농민을 배제하지 않는다면 우리의 정치질서는 '단절'이 아니라 '연속'의 관점에서 논의될 수 있다. 김종철은 이를 '비근대적 비전'이라 명명한다.[16] 농민과 농촌공동체에 기반한 생태적 순환사회는 대량살육, 대량생산에 기반한 문명을 전환시킬 수 있는데, 그러려면 먼저 비근대적인 생활양식에 주목해야 한다.(김종철 2008 : 266) 이런 과정에서 우리 자신의 전통과 연결된 토착화된 정치이론을 발전시킬 수도 있는데, 최장집의 이론에서는 이런 가능성을 엿볼 수 없다.

2) 정치 해석의 한계

최장집의 논의는 초기의 저항적 시민사회에서 사적 이익이 표출되

---

16 "일리치가 보기에 세계 어디서나 풀뿌리 민중의 삶의 근저에는 근대의 논리로는 포착할 수 없는 삶의 원리가 작용하고 있는데, 이런 비근대적인 원리나 가치야말로 가장 인간다운 삶을 보장해준다는 것이죠. 가령 근대적 학교제도 없이 밑바닥 민중은 언제나 필요한 지식을 서로 어울려 지내는 동안 상호간의 관계를 통해서 학습해왔다는 거예요. 그런데 근대적 교육제도는 이런 학습의 공동체를 파괴하고, 민중문화를 망가뜨리고, 다수 민중의 자립능력을 박탈합니다."(김종철 2010 : 60~61)

고 그것이 중재되는 장으로서의 시민사회로 점점 전환된다. 이것을 '민주화 이후'라는 시기적인 문제로만 해석하기는 어려운데, 시민의 역할이 엘리트를 선출하고 지지하는 수동적인 역할로 제한되고 인민주권은 점점 추상화되기 때문이다.

최장집은 정치에서 갈등의 중요성을 강조한다. 그의 이론에서 정당이란 "갈등과 균열을 전제로 조직되며, 그에 바탕해 갈등을 타협하고 조절해서 잠정적인 합의를 만들어 내는 대표적인 정치제도"로 정의된다.(최장집 2007a : 12) 이런 인식 속에서 정치적인 갈등이 지도자와 정당체계 속에서 중재되고 치환되고 조절되는 과정은 시민들의 정치적인 역할보다 "리더십, 조직, 대안, 그리고 책임과 신뢰의 체계"에 대한 필요성을 부각시킨다.(샤츠슈나이더 2008 : 218) 아니 더 솔직하게 말하면 시민들의 정치는 정당정치의 부수적인 장치처럼 기능해야 하고, 그것이 특정한 사안을 해결함에 있어 훨씬 더 효과적이고 효율적이다. 이런 틀에서는 민주주의나 정치가 다른 목적을 위한 도구로 여겨진다.

그런데 샹탈 무페C. Mouffe는 법치주의, 종교의 자유, 공공영역과 사적영역의 구분과 같은 자유주의적 세계관과 평등과 인민주권이라는 민주주의적 전통을 구분한다. 법치주의, 인권보장, 개인적 자유에 대한 존중을 강조하는 자유주의적 전통과 평등, 치자와 피치자의 동일시, 인민주권을 강조하는 민주주의적 전통은 구분되어야 하기 때문이다. 무페는 이 두 가지 전통 사이에 어떠한 필연적 연관성도 없다고 보면서, 자유주의적 전통이 강조되고 민주주의적 전통이 약화되는 것에서 '민주주의의 빈곤'을 본다(예를 들어, 자유를 위해 인민주권을 제한하는 것이 정당하다는 생각은 민주주의의 역설을 불러온다).

자유민주주의를 표방하는 한국 사회 역시 이런 역설에서 자유롭지 않다. 무페가 얘기하듯 "자유민주주의를 구성하는 양자 사이의 긴장은 정치세력들 사이의 실용적인 협상에 의해 일시적으로 안정화될 뿐이며, 그러한 협상을 통해서 언제나 상대방에 대한 일방의 패권이 확보"될 뿐이라면,(무페 2006 : 19) 지금 한국 사회에는 인민주권을 강조하는 민주주의 전통이 더욱더 필요하지 않을까?

그리고 최장집의 논의는 제도정치에 초점을 맞추기 때문에 합리적인 정치 과정을 강조한다. 이런 강조점은 새로운 정치주체만이 아니라 새로운 정치개념의 등장도 가로막는다. 이런 틀에서는 정치가 사회적 부의 재분배나 권력에 관한 담론으로 축소되는데, 정치를 인간의 활동과 정념에 관한 담론으로, 정치에서 정치적인 것으로 논의를 전환해보자. 예를 들어, 무페는 덕성virtue보다 열정을 강조하면서 합리성으로 환원되는 정치를 비판한다. 그렇다고 무페의 정치적인 것the political이 이성을 거부하는 것은 아니고 이성에 특권적 위치를 부여하는 것을 거부하고 열정이나 육체적인 접촉 같은 비이성적인 요소의 중요성을 받아들이고자 한다. 이런 맥락에서 무페는 하버마스에 대해 "왜곡되지 않은 합리적 소통과 합리적인 합의에 바탕을 둔 사회적 통일성을 갈망하는 합리주의자는 정치에서 열정passions과 정서affects라는 중요한 차원을 무시하기 때문에 반정치적antipolitical"이라고 비판한다.[17](Mouffe

---

17 이 점과 관련해 아이리쉬 영Irish M. Young의 주장에 주목할 필요가 있다. 영은 근대적인 이성의 의미 자체가 엘리트적이고 배타적이며, 남성이나 백인 상층계급의 제도를 반영하고 있다고 주장한다. 뿐만 아니라 이성 중심적 접근은 냉담하고 육체적이지 않은dispassionate and disembodied 발언에 특권을 부여하기에 분노나 고통, 감정이 동반된 주장이나 논지는 그 효과가 감소된다. 비슷한 관점에서 발언에 육체적인 표현을 섞는 것, 예를 들어 자유로운 제스츄어나 감정을 신체의 운동으로 표현하는 것은 그런 주장을 무시할 만한 취약함

1993 : 115) 무페는 합리주의를 거부하면서 열정과 정서처럼 감정적인 차원을 정치적인 것에 포함시킨다.

이런 주장이 꼭 최근의 현상만은 아니다. 니콜로 마키아벨리N. Machiavelli는 시민의 소란과 그들 간의 불화야말로 국가의 자유를 유지시키는 힘이었다고 주장했다. 갈등이 나라를 좀먹고 무너뜨린다는 상식에 맞서 마키아벨리는 왜 갈등이 필요한지를 설명하며 로마 공화국을 파고든다. 공화국이란 서로 다른 두 가지 성향, 즉 민중의 성향과 지배계급의 성향이 갈등할 때 유지된다. 예를 들어 원로원은 법률을 통해 민중의 행동을 제한할 수 있었고, 민중들은 귀족들이 논의할 때 원로원을 향해 소리를 지르며 반대의사를 표현할 수 있었다. 그리하여 어느 한 편도 다른 편의 이익을 쉽게 억압하거나 무시할 수 없는 균형이 이루어졌다. 이런 역사를 바탕으로 마키아벨리는 정치적 자유의 가치를 옹호하면서도 시민들의 불화가 위험하다고 주장하던 사람들을 비판했다. (마키아벨리 2003) 마키아벨리에게 소란은 민주주의를 살아있게 하고 공화국을 유지시키는 힘이었다.

자크 랑시에르J. Ranciere도 비슷한 주장을 펼친다. 랑시에르에 따르면, 19세기 프랑스의 노동자들이 파업으로 요구한 것은 단지 임금이나 노동조건만이 아니라 "사적인 것과 공적인 것의 나눔, 힘과 형태의 나눔을 폐지하는 것", "정치적 형태와 사회적 내용 사이의 대립을 폐지하는 것"이었다. 파업이라는 대규모 집단행동이 매우 논쟁적이고 갈등하는 공적 공간을 만들었고, 그 공간에서 "투표권이 없었고, 시민이 아니

의 증거가 되거나 객관성과 컨트롤이 부족하다는 점을 의미하게 된다.(Young 1996 : 123)

라 그저 사적 개인으로 간주되었던 이 노동자들은 그럼으로써 공적 공간 – 지배질서는 노동자들을 이 공적 공간에서 배제했다 – 의 구성원으로서 스스로를 긍정했다." 이 때문에 랑시에르는 불화야말로 포함과 배제의 관계를 전복하는 중요한 정치원리이고 "지배공간에서 말로 인정되지 않고 그저 고통이나 분노의 소음으로만 간주되던 말들을 그 지배 공간에서 듣게 만"드는 것이라 주장한다. (랑시에르 2008 : 25~26)

그렇다면 지금 한국 사회는 어떠한가? 우리에게도 그런 장이 존재하는가? 지금 우리의 정치에는 이런 질문이 필요하다. 공식적으로 회의에 참여하진 못해도 회의에 참석한 자들에게 야유를 보내고 소란을 일으키며 자신들의 의지와 의견을 드러낼 수 있도록 하는 장, 사적인 것과 공적인 것의 경계, 시민다운 것과 시민답지 않은 것의 경계, 모범과 폭력의 경계를 허무는 장이 존재하는가?

한 걸음 더 나아가면 근대 국가가 만든 표준화에서 벗어날 필요가 있다. 아무리 좋은 명분을 내세워도 근대 국가가 만들려는 유토피아(복지국가?)는 다양한 삶을 표준화하고 단순화시키고, 이런 표준화·단순화에 저항하려면 다양성을 보존한 지역적인 관행이 중요하다. 그런 점에서 국가처럼 보지 말고 우리 자신의 눈으로 세상을 바라보자고, 우리 눈의 가치를 우리 스스로 인정하자는 스콧의 주장은 중요한 의미를 가진다. 스콧은 그 속에서 힘을 가진 자들의 계획을 견제할 수 있는 강력한 시민사회가 만들어지고, 토착적이고 경험적인 지혜를 뜻하는 "시민의 메티스가 조정이라는 방식으로 그 나라의 법과 정책을 끊임없이 수정"하는 것이야말로 민주주의라고 주장한다. (스콧 2010 : 543)

이렇게 정치에서 정치적인 것으로 확장되면 정치의 원리만이 아니

라 정치가 이루어지는 장도 훨씬 넓어진다. 국회나 행정부, 시청 같은
공간만이 아니라 거리나 공원 같은 공간도 정치의 장으로 변모되고,
전통적으로 정치의 장이라 불리는 영역만이 아니라 우리가 일상을 보
내는 공간도 정치의 장으로 변한다. 예를 들어, 김상봉이 주장하듯이
공장이나 사무실도 "노예들의 집단농장이 아니라, 자유로운 시민들의
생산 공동체로서 하나의 공화국 또는 폴리스"라 불릴 수 있다.(김상봉
2012 : 57) 그리고 생활정치라는 말이 유행하듯 지역사회도 시민들이 자
치를 일구는 중요한 정치의 장이 될 수 있다.

최장집의 이론은 이런 다양한 정치원리와 정치의 장을 무시하거나
배제한다. 어찌 보면 그런 의도적인 배제의 원인은 불편함일 수 있다.
좋다, 나쁘다는 가치판단을 배제하고, 조지 오웰G. Orwell이 말했듯이
"어떤 호감도 혐오감도 '몸'으로 느끼는 것만큼 근본적일 수는 없"기 때
문이다.(오웰 2010 : 172)

4. 나오며

한 사람의 학자가 모든 짐을 다 져야 한다고 주장하고픈 것은 아니
다. 다만 다른 정치의 가능성을 열어놓지 않은 채 자신의 이론만을 강
요한다면 이론의 발전만이 아니라 사회의 전환도 가로막을 것이란 생
각을 전하고 싶다. 더구나 곧 닥쳐올 기후변화와 식량위기, 에너지 위
기를 생각한다면 지금 우리에게는 전환의 정치적 상상력이 그 어느 때
보다도 더 절실히 필요하다.

그런 점에서 더글러스 러미스D. Lummis는 국경을 가로지르는 민주주의transborder democracy를 주장하며 이렇게 얘기한다. "민중이 주권자라는 생각은 민주주의의 기본이다. 즉 민중의 권력이 국가의 권력보다 앞선다. 민중의 동의가 있어야 국가와 그 법이 존재한다. 이 주장은 누가 '민중'인지를 결정하는 권한이 국가가 아니라 민중에게 있다는 점을 뜻한다. 그 원리상 민중이 국가를 초월하는 집단인 '세계시민사회'를 스스로 구성해서 '법'을 발전시키고 국가가 존중해야만 하는 새로운 권리를 주장하지 못할 이유는 없다. 만일 민중이 그렇게 결정한다면 그렇게 되어야 한다."(Lummis 1996 : 139) 더 나아가 러미스는 이렇게 주장한다. "그들의 지역적이고 지구적인 행동 모두에서 이런 종류의 운동에 참여한 사람들은 얼굴을 맞대는 집단을 형성하곤 했다. '경향ends'이 아니라 이런 집단을 조직할 때에만 운동이 만들어지고 힘을 가졌다. 이것은 사람들이 얼굴 없는 대중으로 '속해'만 있는 국가나 정당, 제도가 아니다. 운동은 자율적으로 서로 연결된 집단들의 네트워크로 존재했고 그렇지 않고는 존재할 수 없다. 민주주의의 상태가 국가를 해체시킬 수 있는 보편적인 용매라면, 어떤 용기가 그것을 담을 수 있을까? 국경을 가로지르는 운동이 제안하는 답은 바로 세계the world이다."(Ibid. : 140~141) 매우 추상적으로 들리지만 현실에서는 매우 구체적일 수 있는 정치가 바로 이것이다.

정치는 세계에서 벌어진다. 최장집의 이론은 이 세계를 바라보지 못해 안타깝다. 인간은 단지 필요를 충족시키기 위해 살지 않고, 공동체 역시 단지 필요를 채우기 위해서만 존재하지 않는다. 공동체는 우리가 타자를 대면하고 사유를 하게 만든다. 그래서 아렌트는 "우리가 다른 사람들과 서로 소통할 수 있는 공동체 안에서 생각하지 않는다면, 우리는 얼마나 많이 그리고 얼마나 정확하게 생각할 수 있을까"라고 묻는다.(아렌트 2000 : 89)

아렌트의 말처럼 정치 공간은 사이 공간in-between space에서만 존재한다. 그동안 우리의 정치는 그런 사이 공간을 파괴해 왔지만 "사람들이 함께 모이는 곳마다 그들 사이에는 세계가 출현하며, 모든 인간사가 일어나는 곳은 바로 이러한 사이에 존재하는 공간 가운데"이기 때문이다.(아렌트 2007 : 146) 지금 우리에게 필요한 것도 바로 이 사유와 정치적인 장이라고 얘기하면 너무 이상적일까? 하지만 내겐 이것이 너무 현실적이다.

참고문헌

김원, 「노동―노동문제 인식과 담론 비판」, 『역사비평』 통권 63호, 2003.

김종철, 「일리치의 혹」, 『녹색평론』 통권 111호, 2010.

박승옥, 「촛불, 민주주의, 석유문명」, 『녹색평론』 통권 101호, 2008.

오현철, 「한국 시민사회 보수화론 비판」, 『역사비평』, 2003 여름.

______, 「진보적 사회상을 추구하는 보수적 민주주의론」, 『경제와 사회』 통권 제 79
        호, 2008.

윤해동, 「식민지 근대와 대중사회의 등장」, 임지현 · 이성시 편. 『국사의 신화를 넘어
        서』, 서울 : 휴머니스트, 2004.

이승원, 「'하위주체'와 4월혁명―'하위주체'의 참여형태를 통해 본 민주화에 대한 반
        성」, 『기억과 전망』 통권 20호, 2009.

조희연, 「정치사회적 담론의 구조변화와 민주주의의 동학」, 조희연 편, 『한국의 정치
        사회적 지배담론과 민주주의 동학』, 서울 : 함께 읽는 책, 2003.

최장집, 「한국 민주주의의 반성과 과제」, 민주항쟁기념관 민주주의사회연구소 제1회
        심포지움 자료집, 2000.

______, 「'해방 60년'에 대한 하나의 해석」, 『시민과 세계』 제 8호, 2006 상반기.

______, 「최장집, 그는 민주주의를 어떻게 말하는가」, 최장집 · 박찬표 · 박상훈, 『어
        떤 민주주의인가』, 서울 : 후마니타스, 2007a.

______, 「한국 민주주의, 무엇이 문제이고 무엇이 문제가 아닌가」, 최장집 · 박찬표 ·
        박상훈. 『어떤 민주주의인가―한국 민주주의를 보는 하나의 시각』, 서울 : 후
        마니타스, 2007b.

선드호슨, 울프, 김정현 역, 「농민과 민주주의―산마리노 공화국의 교훈」, 『녹색평
        론』 통권 98호, 2008.

에스테바, 구스타보, 이희재 역, 「발전―두 개로 나뉜 세계」, 『반자본발전사전』, 서울
        : 아카이브, 2011.

강준만, 『지방은 식민지다』, 서울 : 개마고원, 2008.

김상봉, 『서로주체성의 이념』, 서울 : 길, 2007.

______, 『기업은 누구의 것인가』, 서울 : 꾸리에, 2012.

김원, 『87년 6월 항쟁』, 서울 : 책세상, 2009.

김종철, 『땅의 옹호―공생공락의 삶을 위하여』, 대구 : 녹색평론사, 2008.

박명규, 『한국 근대국가 형성과 농민』, 서울 : 문학과지성사, 1997.

최장집, 『한국현대정치의 구조와 변화』, 서울 : 까치, 1989.

______, 『민주화 이후의 민주주의』, 서울 : 후마니타스, 2002.

______, 『한국 민주주의 무엇이 문제인가』, 서울 : 생각의나무, 2008.

______, 『소명으로서의 정치』, 서울 : 후마니타스, 2011.

최정운, 『오월의 사회과학』, 서울 : 풀빛, 1999.

하승우, 『민주주의에 反하다』, 서울 : 낮은산출판사, 2012.

듀이, 존, 홍남기 역, 『현대 민주주의와 정치주체의 문제』, 서울 : 씨아이알, 2010.

랑시에르, 자크, 양창렬 역, 『정치적인 것의 가장자리에서』, 서울 : 길, 2008.

마키아벨리, 니콜로, 강정인 · 안선재 역, 『로마사 논고』, 파주 : 한길사, 2003.

무페, 샹탈, 이행 역, 『민주주의의 역설』, 인간사랑, 2006.

샤츠슈나이더, E. E, 현재호 · 박수형 역, 『절반의 인민주권』, 서울 : 후마니타스, 2008.

스콧, 제임스, 전상인 역, 『국가처럼 보기』, 고양 : 에코리브르, 2010.

아렌트, 한나, 김선욱 역, 『칸트 정치철학 강의』, 파주 : 푸른숲, 2000.

__________, 홍원표 역, 『혁명론』, 파주 : 한길사, 2004.

__________, 제롬콘 편, 김선욱 역, 『정치의 약속』, 파주 : 푸른숲, 2007.

오웰, 조지, 이한중 역, 『위건부두로 가는 길』, 서울 : 한겨레출판, 2010.

윤건차, 장화경 역, 『현대 한국의 사상흐름―지식인과 그 사상 1890~90년대』, 서울 :
　　　당대, 2000.

작스, 볼프강, 이희재 역, 『반자본 발전사전』, 서울 : 아카이브, 2010.

진, 하워드, 문강형준 역, 『권력을 이긴 사람들』, 서울 : 난장, 2008.

카터, 에이프릴, 조효제 역, 『직접행동―21세기 민주주의, 거인과 싸우다』, 서울 : 교
　　　양인, 2007.

하버마스, 위르겐, 장춘익 역, 『의사소통행위이론 1―행위합리성과 사회합리화』, 파
　　　주 : 나남출판, 2006.

Young, Iris Marion, "Communication and the Other-Beyond Deliberative Democracy",

Seyla Benhabib(eds.), *Democracy and Difference -Contesting the boundaries of the political*, Princeton : Princeton University Press, 1996.

Avritzer, Leonardo, *Democracy and the Public Space in Latin America*, Princeton : Princeton University Press, 2002.
Lummis, Douglas, *Radical Democracy*, New York : Cornell University Press, 1996.
Mouffe, Chantal, *The Return of the Political*, London : Verso, 1993.

7장 | 민주주의-정체와 그 외부

고병권

1. '민주화 이후'라는 말

최장집의 『민주화 이후의 민주주의』가 출간되었을 때 개인적으로 무척 흥분했던 기억이 난다. 그 제목 때문이었다. 이 책은 2002년에 출간되었지만 나는 그 한 해 전에 일어난 장애인들의 이동권 투쟁에 강한 인상을 받았던 터였다. 지하철 역사에서 한 노인이 추락 사망한 사건을 계기로, 많은 장애인들이 장기간에 걸쳐 버스와 지하철, 도로와 철로를 점거하는 시위를 벌였다.[1]

---

[1] 2001년 4호선 오이도역에서 한 할머니가 휠체어 리프트를 통해 이동하다가 추락하는 사고가 일어난 것이 계기였다. 장애인의 생명을 위협하는 부실한 시설이 직접적 문제였지만 투쟁은 곧이어 장애인들의 이동 제약 전반에 대한 것으로 확대되었다. 곧이어 지하철의 모든 역사 엘리베이터설치 요구, 저상버스와 장애인 콜택시 도입을 요구하는 투쟁이 이어졌다. 이후 이 운동은 장애인차별금지법과 장애인교육법 제정, 활동보조인제도, 장애인의 탈시설 요구 투쟁으로, 최근에는 장애등급제 폐지와 부양의무제 폐지를 요구하

당시 장애인들의 격렬한 시위는 소위 '민주정부'를 향해 일어난 민중운동이라는 점에서 내게 인상적이었다. 시위자들은 냉전 이데올로기에 사로잡힌 극우 인사들이 아니라, 굳이 분류하자면 진보 진영의 사람들이었다. 시위 주체라는 면에서도 장애인들의 시위는 새로웠다. 장애인들은 과거 한국의 사회운동, 특히 시위 현장에서는 좀처럼 표상되지 않던 소수자들이었다. 이들의 시위는 처음에 지하철의 안전문제에 대한 항의로 시작되었지만 곧바로 장애인들의 '이동권' 일반, 더 나아가 비가시적이고 비가청적인 영역에 추방되어 있었던 장애인들의 삶의 형식 일반의 문제로 확대되었다. 특히 이때 장애인들이 요구한 '이동권'이라는 권리는 민주주의에서 자유권이나 시민권의 예시로 등장하는 권리들의 목록(언론, 출판, 집회, 결사의 자유 등등)에서는 좀처럼 보지 못한 이름이었다. 시위방식도 그랬다. 이들은 다수적 대표체계(다수성에 근거한 대표체계)에서 구조적으로 배제되어왔기 때문에, 자기 목소리를 들리게 하기 위해서, 몸을 쇠사슬로 묶고는 '난입'이나 '점거' 같은 직접 행동의 방식을 취했다. 돌이켜 보면 이들의 시위는 2000년대 일어날 여러 시위들의 상징적 시발점이 아니었나 싶기도 하다.[2]

내가 막연히 이 운동의 정체에 대해 고민하고 있을 때, 이것이 '민주화운동'일 수 있다는 생각을 갖게 해준 것이 '민주화 이후의 민주주의'라는 말이었다. 주지하듯 1990년대 이래로 한국 사회운동에서 '민주화운동'이라는 말은 거의 사라졌다. 학생운동, 노동운동, 농민운동, 시민

는 점거 투쟁으로 이어지고 있다.

2 실제로 몸에 쇠사슬을 감고 행진하는 이들의 모습은 곧이어 일어난 KTX 여승무원들의 투쟁에서 똑같이 나타났다. 뿐만 아니라 특정 장소에 대한 난입이나 점거는 2000년대 사회운동들에서 자주 반복되는 투쟁 형식이다.

  최장집의 한국 민주주의론

운동 등 그 어떤 운동도 1990년대 이후에는 자신을 '민주화운동'이라는 말로 부르지 않았다. 왜 1990년대 이후 운동들은 스스로를 민주화운동이라고 칭하지 않았을까. 그것은 아마도 민주주의를 통치권력의 선출과 운영에 대한 일련의 제도 설립과 동일시했기 때문이 아니었나 싶다. 한국 사회에서 민주화는 이미 지나간 과제라는 인식이 은연중에 퍼져 있었던 것 같다. 그런데 최장집의 말은 이런 암묵적 인식을 비판적으로 검토할 수 있게 해주었다. 그에 따르면 민주주의는 민주화 이후에도 여전히 문제로 남아 있다. 사실 '민주화 이후의 민주주의'라는 말은 매우 역설적이다. '민주화 이후'라는 것은 이미 민주주의에 이르렀다는 말이다. 그런데 '민주화 이후'에 다시 '민주주의'라는 말을 붙인 것은 우리가 여전히 민주주의에 이르지 못했음을, 다시 말해서 우리에게는 민주주의가 여전히 과제로 남아 있음을 뜻한다.

'민주화가 되었다'는 말과 '민주화가 되지 않았다'는 말이 동시에 성립하는 셈이다. 나는 이 말에서, 매번 자기완성과 대결해야 하는, 다시 말해서 매번 새로운 사건과 운동으로 자기를 문제삼아야 하는 독특한 체제로서 민주주의를 사고할 수 있다는 생각을 했다.

그런데 정작 최장집의 책을 읽었을 때 받은 인상은 내가 그 제목에서 짐작하고 열광했던 바와는 사뭇 달랐다. 2000년대의 시작과 함께 내가 민주주의를 다시 사고해야 한다고 느낀 대목은 장애인 시위와 같은 새로운 투쟁이었지만, 최장집이 그 필요를 느낀 대목은 소위 '민주정부'의 실패와 민주주의에 대한 대중의 냉소였다. 그러니까 내게는 과거의 틀로 이해하기 힘든 운동의 출현이 민주주의를 다시 사고하게 했지만, 최장집에게는 통치권자로서 민주화 세력이 보인 무능과 민주

주의에 대한 대중의 실망이 그 배경이 되었다.[3] 한마디로 민주주의를
문제화하는 장소가 달랐던 것이다.

『민주화 이후의 민주주의』의 개정판 후기(2005)에서 최장집은 자신
이 말하려 했던 바를 이렇게 정리했다. "이 책에서 말하는 민주화 이후
의 민주주의의 핵심 문제는 민주정부를 강하고 능력있게 만드는 일이
다. 이를 위해서는 정치가 민주주의적 정치 과정에서 중심적 역할을
해야 하며, 그 중심적 메커니즘이 정당정치이므로 정당과 정당체제를
바로 세우고 튼튼한 사회적 기반을 갖게 만들어야 한다는 것이다."[4] 그
는 민주주의에 대한 사람들의 눈길을 통치 면으로, 정당 쪽으로 옮기
려고 했다. 이후의 논문들을 계속 읽어나가면서 나는 그가 아주 다른
쪽에서 민주주의를 찾고 있다는 걸 깨달았다. 민주주의를 다른 쪽에서
찾는다는 것은 찾고 있는 민주주의가 다른 것일 수 있음을 말해준다.

지금부터 대략 20년 전 쯤 쓴 글에서 그는 "민주주의는 언술의 수준
에서 여러 가지로 정의될 수 있고, 또 지배적 언술이나 이데올로기를
통하여 특정 형태로 정의될 수 있기 때문에, 실제에 있어서 민주화의
과정은 민주주의를 어떻게 정의하느냐를 둘러싼 정치적 경쟁이나 투
쟁이 아닐 수 없다"[5]고 했다. 민주화 과정은 '민주주의에 대한 정의'를

3　최장집은 『민주화 이후의 민주주의』의 서문에 이렇게 썼다. "이제 민주주의는 더 이상
　　사람들의 기대와 열정을 만들어내는 단어가 아니다. 일반 국민은 물론이고 민주주의를
　　위해 투쟁한 사람조차 한국 민주주의의 현 상황에 대해 무관심하고 냉담하며 비판적이
　　되었다. 무엇보다 그것은 민주주의를 통해 기대했던 것과 한국 민주주의가 실제로 가져
　　온 결과 사이의 격차가 만들어낸 실망의 표현이라고 할 수 있다. 더욱이 이 같은 실망이
　　현실 정치에 대한 환멸을 동반하면서 한국 민주주의를 위기로 몰아가고 있는 것이 오늘
　　의 현실인 것이다."(최장집 2002 : 6)
4　최장집 2005 : 280.
5　최장집 1994 : 4.

둘러싼 정치적 투쟁이라는 말인데, 이는 지금 이글의 입지점을 가장 적절히 말해주는 것 같다.

일반적인 경우 '정의' 자체가 이견을 만들어내지는 않는다. 그가 '검정'이라는 말로 '빨강'을 가리킨다고 해서 그와 논쟁할 수는 없다. 검정이라는 말이 빨간색을 가리킨다는 것을 알면 그만이다. 하지만 최장집이 말하듯, 민주주의는 세력 간의 갈등을 전제하며, 객관적 사실에 대한 진술을 넘어서 규범적인 것이기에 사정이 다르다. 즉 민주주의를 어떻게 정의하느냐에는 '민주주의가 어떤 것이어야 하느냐'라는 가치 지향을 담고 있다. 정의 자체가 당파성을 갖는 것이다.[6] 그리고 이 당파성은 사물을 비추는 조명처럼 우리가 경험하는 사실들을 전혀 다른 색깔로 보게 한다. 즉 당파성은 사실들에 대한 해석 투쟁이라고 할 수 있다.[7] 그러므로 민주주의(혹은 '민주화 이후 민주주의')를 어떻게 정의하느냐는 2000년대 우리가 경험한 일들을 어떻게 평가할 것이냐를 규정한다.

이 글은 2000년대 이후 한국 사회에서 일어난 일들이 우리로 하여금 민주주의를 다시 사고하게 한다는 점에서 '민주화 이후 민주주의'라는 최장집의 문제설정을 받아들인다. 그러나 이 글에서 '민주화 이후의 민주주의'라는 말로써 사유하고자 하는 민주주의는 최장집이 이해하는 바와는 아주 다르다. 이 글에서는 특히 민주주의 이행에 대한 그의

---

6 최장집은 "연구자의 가치와 규범적 개입 없이 순전히 객관적으로 민주주의가 진술될 수는 없"다고 말하면서, "정치학도는 그 깊은 의미에서 파당적"이라고 주장했다.(위의 책, 위의 면)

7 '사실들에 대한 해석 투쟁'이라고 했지만 '사실' 자체가 '해석' 속에서 드러나기 때문에 이는 사실을 구성하는 것 자체에 대한 투쟁이라고 할 수도 있다.

사고가 '사건적'(혹은 시간적)이기보다 '도식적'인 것임을 보이려고 한다. 아울러 2000년대 이후 한국 사회에 대한 최장집의 해석과 진단을 비판적으로 검토하면서 '민주화 이후의 민주주의'라는 말 속에 담긴 민주주의의 다른 의미를 도출해보고자 한다.

2. 민주주의 이행의 도식

다음은 1985년에 최장집이 쓴 어느 글의 토막들이다. "두 차례에 걸친 노동당 정부가 별다른 정책이나 업적을 남기지 못했던 것은 자유당의 항구적인 비토권 위협 때문이 아니라 노동당 정부 자체가 구체적인 정책 대안을 발전시키지 않았던 것에 큰 원인이 있다고 하겠다." "분명히 두 차례의 노동당 정부 기간에 실업자의 수는 감소하지 않았다. 실업보험과 연금이 실업, 저임금, 퇴직 등을 보상하기에 충분하였다고 보기에도 어렵다. 그들은 노사정책은 진정한 보수당의 그것보다 더 보수적일 수 있다는 사실을 보여주기도 했다." "영국 노동당 정부의 실패는 (…중략…) 외부의 제약에서가 아니라 내적 제약에 기인한 것이었다. 영국의 노동당 정치가들은 자본가들이 이윤위기에 빠지지 않도록 하는 데 보수당이나 자유당 지도자에 못지 않은 관심을 가졌다."[8]

20세기 초반 영국의 노동당 정부에 대한 평가인데, 21세기 초반 한국의 '민주정부'(민주당과 열린우리당 정부)에 대한 평가와 사실상 동일한

---

[8] 최장집(1989 : 342~343 · 358~359), 「노동계급의 체제 참여와 그 한계」(1985.10).

내용이다. 민주정부하에서 삶의 질이 나빠지고 친재벌정책이 수정되기는커녕 슈퍼재벌이 탄생했으며, 사회경제적 격차는 더욱 확대되었다는 것. 사회경제적 균열을 대의하지 못하는 것도 똑같다. "선거에서는 경쟁하지만 중심 문제에서는 암묵적 합의를 유지했다"[9]는 것은 20세기 초반의 영국의 '노동당-보수당'에 대한 평가이지만 또한 21세기 초반 '신자유주의' 이념에 충실했던 한국의 '민주당(열린우리당)-한나라당'에 대한 평가이기도 하다.

최장집이 오래전부터 한국 민주주의의 문제로 지적했던 것은 '대의제의 미성숙' 혹은 '사회경제적 균열을 대의하지 못하는 정당체제'이다. 그리고 이런 정치 구조를 만들어낸 주된 이유가 '정당체제가 기반한 이념적 기반의 협애성'에 있다는 지적도 마찬가지로 오래되었다. 가령 그는 1986년에 쓴 어느 글에서 한국 사회의 이행을 어렵게 하는 첫 번째 요인이 "정치에서 극도로 낮은 수준의 이익 대표 기능"이며, 그 구조적 측면은 반공을 이의제기가 불가능한 헤게모니적 이데올로기로 만든 '남북대결'에 있다고 했다.[10] 국면에 따라 조금씩 강조점이 달라지기는 했지만, 그의 '민주화 이후의 민주주의' 논의의 핵심은 민주화 이전에 이미 정립되어 있었던 셈이다.

이는 최장집에게 '민주화 이후의 민주주의'에 대한 인식이 '민주화 이후'에 새롭게 나타난 것이 아님을 의미한다. 『민주화 이후 민주주의』의 개정판 후기(2005)에서 그는 '민주화 이후'에 민주주의의 진전 문제는 정도상의 차이를 가리킨다고 했다. "중요한 것은 얼마나 민주화

---

9 위의 책 : 363.
10 위의 책 : 231, 「군부권위주의 체제의 내부 모순과 변화의 동학 1972~1986」(1986.11).

되었느냐, 사회경제적인 요구와 이슈를 해결해 가는 데 있어서 실질적으로 얼마나 많은 진전이 있었느냐 하는 데 있다. 즉 민주화 이후의 민주주의는 스펙트럼상에서 정도의 문제로 이해될 수 있는 것이다."[11] 그가 '민주화 이후의 민주주의' 문제를 정도의 문제라고 본 것은 자신이 생각한 민주주의의 이행이 '사건적'(자기 단절적 사건을 함축한다는 의미에서)이라기보다는 '도식적'이기 때문일 것이다. 일단 도식상의 이행이 일어나면 그때부터는 정도의 문제만이 남는다.

그의 논문들에서 우리는 민주주의 이행에 대한 몇 가지 도식을 발견할 수 있다. 먼저 1990년대에 그는 '자유민주주의'에서 '민중민주주의'로 이행한다는 도식을 가지고 있었다. 그는 시민 기본권의 확대와 다원적 민주주의의 원리와 제도를 근간으로 하는 '자유민주주의'의 기본 원리를 안고 가면서도, 민중의 힘을 통해 사회경제적 평등을 이루어내는 '민중민주주의'를 발전시키는 것이 한국 민주주의의 과제라고 했다.[12]

그는 이와 비슷한 또 하나의 도식을 말하기도 했는데 그것은 '형식민주주의'에서 '실질민주주의'로의 이행이다. 형식민주주의가 '절차적 수준'에서 정의되는 민주주의라면, '실질민주주의'는 사회경제적 수준에서 정의되는 민주주의이다. 가령 2005년에 쓴 「민주주의와 노동의 문제」라는 글에서 그는 '민주화 이후' 선거의 공정성이나 정책결정 과정에서의 시민참여공간의 확대 등 절차적 수준에서는 "세계 어디에 내놓아도 빠지지 않을 만큼 크게 발전했다"고 말한다. 그러나 "민주주의가 사회경제적 수준에서 무엇을 이루어냈느냐 하는 실질적 민주주의

---

11 최장집 2005 : 280.
12 최장집(1994 : 374), 「한국 민주주의의 이론과 실천」.

의 기준에서 볼 때, 한국 민주주의의 발전은 매우 초라할 뿐만 아니라, 오히려 현저하게 퇴보했"다고 평가한다.[13]

2000년대 중반 이후에는 '민주화운동'과 '제도적 실천'을 구분하면서 앞서와는 다른 이행의 도식을 보여주기도 한다. '운동으로서의 민주화'에서 '민주주의 제도적 실천'으로의 이행이 그것이다.[14] 가령 2008년에 그가 제시한 구분에 따르면 민주주의는 "구체제를 해체하는 변화 내지는 변혁적 과정으로서의 민주화"와 "민주화 이후의 민주주의를 새롭게 건설하는 제도화와 이를 위한 실천의 과정"을 의미한다.[15] 민주주의는 '민주화'와 '제도화'(제도적 실천)로 이루어져 있고, 민주화를 이룬 사회는 민주주의의 제도적 실천으로 나아가야 한다는 식이다.

그는 이때부터는 형식적(절차적) 민주주의에서 실질민주주의로의 이행이라는 도식과도 일정한 거리를 둔다. 실질민주주의에 대한 강조가 절차적 민주주의에 대한 관심과 그 중요성을 가라앉히고 민주주의를 사회경제정책 차원으로 축소시킬 우려가 있기 때문이다.[16] 오히려 그는 절차적 차원, 특히 대표제도의 발전을 통해서 사회경제적 평등이 더 많이 성취될 수도 있고 사회경제적 평등이 대표제도의 발전을 가져오기도 하기 때문에 일종의 '구성적 순환고리'를 만드는 것이 중요하다고 말한다.[17]

---

13 최장집(2006 : 136), 「민주주의와 노동의 문제」(2005).
14 2006년에 쓴 「한국 민주주의는 지금 어디에 서 있나」(『민주주의의 민주화』, 후마니타스, 2006에 수록)가 그렇고, 2008년에 펴낸 『한국의 민주주의 무엇이 문제인가』(생각의나무, 2008)에서는 이런 시각이 더욱 두드러진다.
15 최장집 2008 : 24.
16 최장집 · 박찬표 · 박상훈 2007 : 100.
17 위의 책, 위의 면.

그러나 자유민주주의에서 민중민주주의, 형식민주주의에서 실질민주주의, 정치적 권리에서 사회경제적 평등으로의 이행에 대한 앞서의 주장을 고려해본다면, 이 '구성적 순환고리'에 대한 언급은 제도적 차원, 특히 대표(대의)제도의 중요성에 힘을 실어주는 언급이라고 할 수 있다.

최장집의 새로운 이행 도식 속에서 형식적(절차적) 차원은 실질적 차원과 대립하지 않으며, 그 대신에 제도적 차원이 운동적 차원과 대립한다. 이행의 도식이 바뀌면서 그의 논의에서 '운동'은 매우 부정적인 것으로 나타난다. '운동'은 이행의 과거 항이며 극복 대상이기 때문이다. 이 도식에 입각했을 때 '민주화 이후'라는 말은 '운동으로서의 민주화' 시대가 끝났다는 뜻이다. 이 언명은 현실적 진단의 형식을 취하고 있지만 실상은 당위적인 것이다. 즉 '끝났다'는 말은 '끝나야 한다'는 뜻을 담고 있다. 그는 운동을 통해 민주주의를 다시 시작하려는 논의를 '백패스만 일삼는 공격수'에 비유했는데, 새로운 이행 도식 아래서 '운동'은 과거 항이기에 문자 그대로 '퇴행'이고 '백패스'라고 할 수 있다.[18] 앞서 나는 최장집의 민주주의 이행론이 '사건적'이라기보다는 '도식적'이라고 했다. 그가 말하는 '이후'라는 것은 사건의 경험이 아니라 도식의 전개를 가리키기 때문이다. 그에게 민주주의는 두 항으로 구성되어

---

18 다음 언급을 참조. "진보파들은 과거에도 그러했듯이 지금 다시 운동으로 돌아가 민주주의를 재활성화해야 한다고 주장하고 있다. 그러나 그것은 지나치게 쉬운 선택이다. 운동의 재활성화가 변화된 현실에서 얼마나 가능할지도 회의적이거니와, 설사 가능하다 하더라고 민주주의적 제도적 틀을 회피할 때 그것이 어떤 결과를 낳을 것인가? 안타깝지만 퇴행의 사이클은 다시 또 다시 반복될 것이다." "운동을 통해 민주주의를 다시 시작하자고 하는 논리는, 결국 백패스만을 일삼게 되는 공격수에 비유될 수 있을지 모른다."(최장집(2006 : 41~42), 「한국 민주주의는 지금 어디에 서 있나」)

있고 이행은 전자에서 후자로 가는 것이라 할 수 있다. 그것은 한때 자유민주주의에서 민중민주주의로의 이행이었고, 형식민주주의에서 실질민주주의로의 이행이었으며, 최근에는 운동으로서의 민주주의에서 제도적 실천으로서의 민주주의로의 이행이다. 그래서 그에게 '민주화 이후의 민주주의'의 문제는 어떻게 '후자'를 정착시키느냐의 문제가 된다. 그러나 이는 역사가 아니라 도식이다. 즉 '이행'으로서 민주주의를 사고하는 것이 아니라 민주주의의 이행을 미리 구성된 도식에 맞추는 것이다. 그러므로 조금 야박하게 말한다면, 그의 '민주화 이후 민주주의론'은 역사적 시간으로서 '민주화 이후'와 관련이 없다. 어느 시기에도(20세기든 21세기든) 민주주의의 이행을 말할 때마다 적용할 수 있는 도식이기 때문이다.

그런데 이 도식을 해석의 방편이 아니라 실제 역사의 진행과 동일시하면 심각한 문제가 생겨날 수 있다. 실제 일어나고 있는 일들을 도식에 짜 넣으면서 단순화할 수도 있고, 도식에 맞지 않은 사태를 퇴행적이라고 평가절하해 버릴 수도 있다. 돌이켜보면 2000년대 한국 사회에서 일어난 일들은 최장집의 기대와 잘 맞지 않았다. 가령『민주화 이후의 민주주의』(2002)를 펴낼 당시 김대중 정부의 지지율은 매우 낮았다. 1990년대 이후 뚜렷해진 민중운동의 퇴조 경향도 바닥에 있을 때가 아니었나 싶다. 그러나 이 책이 출간된 직후 한국 사회에서는 거의 매년 수만 명에서 수십만 명이 참여하는 대규모 시위가 끊임없이 일어났다(미군장갑차에 의한 여중생 사망사건 관련 시위(2003), 대통령탄핵반대시위(2004), 평택미군기지건설반대시위(2006), 한미 FTA반대시위(2007) 등). 규모는 작았지만 사회적 충격은 못지않게 컸던 비정규직 노동자들의 점거시위도 있었다(KTX승무원(2005), 홈에버노동자들의 매장점거(2007) 등).

최장집의 기대와 실제 사태의 전개가 특히 달랐던 것은 2008년이었다. 그의 『한국의 민주주의 무엇이 문제인가』(2008)는 노무현 정부에서 이명박 정부로 넘어가던 시기에 쓴 책이다. 이때에도 '민주정부'에 대한 대중들의 지지율은 엄청 낮았다. 그 결과 보수적인 이명박 정부가 압도적 표차로 당선되었다. 최장집은 이때 이렇게 말했다. "오늘의 시점에서 볼 때, 한국 민중운동에 대해 제기할 수 있는 질문은 1980년대를 통해 그것이 어떻게 광범위하고 급진적으로 성장해서 권위주의를 붕괴시켰느냐 하는 것보다, 그토록 격렬하고 광범했던 민중운동이 왜, 어떻게 그렇게 빨리 사라졌는가 하는 점이다."[19] 이명박 정부 출범에 맞춰 쓴 글에서는 2007년 대선을 통해 민주화 시대의 '열망과 좌절의 사이클'(민주화에 대한 열망은 크지만 그 지지로 집권한 정부의 능력에 실망하는 일을 반복하는 것)이 더 이상 작동하지 않으며, 이로써 "민주화 20년이라는 한 시기가 종결"되었다고 선언하기도 했다.[20] 2007년 대선을, 87년으로 상징되는 민주화의 종결로 본 것이다(이제야 진정한 '민주화 이후'인가!). 그러나 '민중운동은 왜 그렇게 빨리 사라졌는가'를 묻는 이 글을 쓴 지 얼마 되지도 않아 수십만 명의 사람들이 2개월 남짓, 저녁마다 서울 시청 앞을 점거했던 '2008년 촛불시위'가 일어났다. 그리고 다음해 용산참사(2009)와 쌍용자동차사태(2009)가 일어났고, 2011년에는 '희망버스'가 나타났다. 논리 전개상 당연하게도 그는 2000년대 대중들의 촛불시위를 달갑게 보지 않았다. 그것들은 그에게 한국의 민주주의가 살아있다는 표시라기

---

19 최장집 2008 : 28.

20 위의 책 : 96, 「이명박 정부에 대해 우리는 무엇을 생각하게 되나?」.

보다는 민주주의가 실패했음을 보여주는 사례였다. 제도들이 작동했다면 운동에 대한 필요는 없을 것이라고 생각하기 때문[21]이다(이는 그 진단이 옳고 그름을 떠나 그가 민주주의를 어떻게 정의하는지를 보여준다).

그는 어떤 운동이 왜 일어났고, 대체 어떤 사람들이 어떤 방식으로 참가하는지를 깊이 따져 묻지 않는 것처럼 보인다. 시위 현장에서는 과거 운동가들이 도저히 이해하기 힘든 일들이 계속 일어나는데 그는 '과거의 운동'이 또 돌아왔다고 쉽게 단정 짓는다. 나는 그가 '운동에서 제도로'의 이행 도식을 전제한 상태에서, 2000년대 이후 한국 사회에서 일어난 일들을 '제도화가 실패하니 다시 운동으로 퇴행하고 있다'는 식으로 본 것은 아닌가 의심한다. 도식의 전개를 실제 역사적 사건의 진행과 동일시할 때의 위험이 이런 게 아닐까 싶다. 어떻든 2000년대 일어난 일들이 한국 민주주의의 실패를 가리키는지 아니면 최장집의 한국 민주주의에 대한 설명의 실패를 가리키는지는 좀 더 따져봐야 할 것이다.

3. 대의제의 미성숙에서 오는 고통과 성숙에서 오는 고통

2000년대의 광범위한 사회 갈등들이 한국의 대의체제에 어떤 문제가 있다는 것을 보여주는 것은 사실이다. 그런데 대의제도를 골간으로 하는 정체polity에서 그 위기가 대의제의 문제로 현상한다는 것은 어찌

---

21 위의 책 : 144.

보면 당연하다. 마치 화폐경제에서 모든 경제 위기가 일차적으로는 화폐문제로 현상하듯 말이다. 그러나 화폐질서의 혼란은 상품의 수요공급 불일치로 인한 상업공황에서 기인할 수도 있고, 채권채무의 결제와 관련된 신용공황의 문제일 수도 있으며, 자본의 이윤율의 저하에서 기인한 문제일 수도 있는 것처럼, 표상(대표) 질서의 혼란은 증상이나 징후이지 그 자체로 원인과 동일시될 수는 없다. 대의가 잘 안 되니 대의제를 강화해야 한다는 것은 문제를 처방으로 제시하는 것이 될 수 있다. 게다가 대의로부터의 일탈문제가 대의제의 미비가 아니라 대의제 자체의 요소에서 기인할 수도 있음을 생각하면 문제가 더욱 간단치 않다.

앞서 나열했던 2000년대의 주요 갈등들을 보면 하나의 공통점이 있다. 미군장갑차에 의한 여중생 사망사건에서 한미 FTA 문제까지, 장애인이동권에서 비정규직문제까지, 대중들에게는 폭발을 일으킨 사안들이 여야 정치적 대표자들이 사이에서는 큰 이견을 형성하지 않았다. 큰 틀에서는 정치적 대표들끼리 합의consensus를 이룬 사안들이 대중들 사이에서는 강력한 이견dissensus의 대상이었다. 대의기구들이 대중과 상관없이 움직였던 셈이다.

이 문제는 최장집 역시 지적하고 있다. "한국의 정치와 정책 결정구조는 일상적인 정치경쟁에서 흔히 나타나는 담론이나 행태, 이미지와는 달리 적대적 정치가 아니라 압도적으로 합의적인 양태를 보이고 있다. 그러나 이보다 더 중요한 특징은 한국의 정치와 정책결정구조가 이중적 성격을 띠고 있다는 사실이다. 정당체제로 제도화된 정책결정구조는 신자유주의 성장정책에 대해 합의적인 경향을 보이는 데 반해, 이들 체제 내 정치세력을 한편으로 하고 정당체제 밖에서 대표되지 못하고 있는 노동자들을 포함한 소외 계층을 다른 한편으로 하는 양자 사이의 요구와 이익은 대립적인 구조를 보인다."[22]

그의 말처럼 정당체제로 제도화된 '체제 내 정치세력'을 한편으로 하고, 그 바깥에 있는, '대표되지 못하고 있는' 세력을 다른 한편으로 해서 갈등이 벌어지고 있다는 것은 2000년대 일어난 갈등 구조의 중요한 특징임에 틀림없다. 그렇다면 정당을 비롯한 대의기구들은 왜 자신이 대의해야 할 사람들과 따로 움직였으며, 왜 민주화와 더불어 대의시스템의 합리화가 진행되었음에도 대의체제 바깥에 놓인 사람들이 더 증가했을까.[23] 최장집은 그것이 "협애한 이념적 대표체제의 범위 안에서 보수독점적 엘리트 카르텔의 성격을 갖는 정당체제가 민주화 이후에도 크게 변화하지 않고 유지되어 온 것의 결과"[24]라고 이해했다. 그는 "정치에서 가장 중요한 사회경제적 정책과 이를 뒷받침하는 이념의 기준에서 열린우리당이나 민주당을 좌파정당으로 볼 수는 없다"고도 했다.[25] 그러나 2000년대의 갈등들이 이념적 스펙트럼이 넓었다면 풀릴 수 있었던 문제일까. 요즘 해외 사례를 보면 그렇게만 볼 수도 없는 것 같다. 공산당의 설립까지 자유로운 미국이나 유럽의 나라들에서도 사회적 양극화문제가 생겨나고 월가 점거운동에서 보듯 대의 정당 바깥에서 대중운동이 강력히 부상하고 있기 때문이다(게다가 이들 운동에서는

---

22 최장집 2009 : 165.
23 최장집도 비슷한 지적을 한 적이 있다. 일반적으로는 민주주의 발전과 더불어 불평등과 차별이 완화되어야 하는데 전혀 그렇지 않았다는 것이다. "이즈음 내가 발견한 것은 절차적 차원의 민주화는 계속 진전되어왔음에도 불구하고 사회경제적 차원에서 민주주의 이념에 반하는 불평등과 계급화는 더욱 심화되었다는 사실이다."(최장집 2006 : 160)
24 위의 책 : 111, 「한국 민주주의의 제도디자인 서설」(2003).
25 최장집 2009 : 58.

상반된 이념을 가진 기존 정당들이 함께 비난받고 있다).

더 중요한 것은 대의기구의 위기가 정치적 대의기구인 정당에만 국한된 것도 아니라는 점이다. 1980년대 민주화운동이 이름뿐인 대의제를 진정한 대의제로 바꾸는 시도였다면(정치적 대의에 대한 요구에서 대통령직선제, 여론의 참된 대의를 위한 언론민주화운동과 국민주 신문으로서『한겨레신문』창간, 이익과 운동의 대의기구로서 민주노조와 민주학생회 설립 등), 2000년대의 시위들은 이와는 확연한 차이가 있다. 2008년 촛불시위에서 가장 극명하게 드러났듯이 정치적 대의기구인 주류 정당이나 언론은 시위 참여 자체가 거부되었고, 시민단체나 노동조합도 대중들에게 자주 따돌림을 당했다. 대중들은 자신을 대의할 기구를 요구하는 운동을 벌이기보다 직접 행동을 실천하려는 경향을 여러 영역에서 보였다. 그러나 이 직접 행동이 개별 행동이었던 것은 아니다. 일상을 조직하고 가꾸어온 다양한 코뮌들이 여기서 큰 역량을 발휘했다.

이런 경향은 장애인운동과 같은 새로운 운동에서만이 아니라 전통적인 반미시위에서도 나타났다. 가령 미군장갑차에 의해 두 명의 여중생이 사망하는 사건이 일어났던 2002년, 여러 운동단체에서 이에 항의하는 시위를 기획했으나 월드컵 열기에 묻혀 성공하지 못했다. 그러나 1년 후 한 익명의 네티즌이 촛불을 들자고 말했을 때(이후 촛불시위는 한국 시위의 전형이 되었다) 그것은 삽시간에 퍼졌고 수많은 대중들이 미군에 항의하는 시위를 벌였다. 시위를 제안한 이는 물론이고 보도하고 퍼뜨린 이들도 기존의 대의기구들(시민단체, 언론, 정당 등)이 아니었다. 2011년 한국 사회를 흔들었던 '희망버스'의 경우에는 노동운동과 사회운동의 경계가 허물어지는 것처럼 보이는 일들도 일어났다. 이 사례에서 노동조합은 회사 쪽과 타협하려 했지만, 크레인 점거 농성을 벌인 노동자와 연대한 것은 시민들이었다. 최장집은 이런 운동들을 퇴행적이라고 비난할지 모르겠지만, 나로서는 비난은 차후 문제이고 이 운동들을 이해하는 것도 간단치 않았다.

우리는 정당에 대해 할 수 있는 이야기를 노동조합에 대해서도 할 수가 있다. 오랫동안 한국의 노동운동은 상층 대표 기구의 강화를 위해 노력해왔다. 한국노총을 대체하는 민주노총을 만들기 위해서, 그리고 협상력 강화를 위해 산별노조를 건설하기 위해서 큰 힘을 기울여왔다. 개별 노사관계에서 상대적으로 자유로운 상층기구를 만들고 거기에 힘을 실어주면, 작은 노조들이나 노조에서 배제된 노동자들의 투쟁을 효과적으로 지원할 수 있을 것이라고 생각했을 것이다. 그러나 현실이 그렇게만 전개되지는 않았다. 내가 만나본 현장의 활동가들은 상층기구를 강화한 것이 오히려 현장으로부터 멀어지는 결과를 초래하고, 작은 노동조합이나 노동조합 바깥에 있는 노동자들의 목소리보다는 대기업 노동조합의 목소리가 관철되는 통로가 되고 있다고 토로했다.[26] 물론 그렇다고 민주노총 같은 상층 노조기구를 만들지 말았어야 한다는 이야기는 아니다. 대의기구의 권력을 키우는 것이 자동적으로 민주주의의 확대로 이어지지 않는다는 말을 하는 것이다.

최장집이 최근에 펴낸 『노동 없는 민주주의의 인간적 상처들』(2012)에도 비슷한 장면이 나온다.[27] 그는 현대자동차 노조 간부와의 대화

---

26 가령 2007년 비정규직노동자들의 매장점거로 한국 사회를 떠들썩하게 했던 이랜드 사태의 경우, 노조 위원장은 내게 민주노총은 파업을 지원한 게 아니라 관리했고 심지어 방해했다고 했다. 이랜드 싸움의 긍정적 동력은 오히려 지역이나 다른 사회단체들과의 연대에서 왔다고도 했다. (고병권 · 김경욱 2008)

속에서 회사 내 노조의 권력이 "상상했던 것보다 훨씬 컸다"고 했다. 하지만 그와 동시에 '비정규직 지원 센터'를 운영하는 활동가로부터 "현대차 노조의 노동운동은 끝났다"는 말도 들었다고 했다. 그는 한국 노동운동의 본산이라 할 현대차 노조가 이제는 "정규직 조합원들의 이익 실현에 전념하는 이익집단적 성격이 강한 노조가 되어 있음을 느꼈"다고 했다. 최장집은 '노조 없는 생산체제'를 발전시킨 현대차를 비판하는 것으로 논의를 맺어버렸지만, 노동조합이 합법화되고 그 영향력이 확대되는 것이 곧바로 문제의 해결책이 될 수 없다는 것은 이런 곳에서도 잘 드러난다.

대의가 잘 안 되는 것이 대의기구가 충분히 발전하지 못해서 그렇다는 것은 말 자체로는 옳아 보인다. 그러나 이런 생각은 대의제 원리 안에 대의로부터의 일탈 요소가 들어 있음을 보지 못하게 한다. '대의제 민주주의'라는 말의 최초 용례를 만들어낸 18세기 말의 미국 연방주의자들은[28] 민주주의의 실현수단이 아니라 민주주의를 일정하게 제어할 '보조조치'로서 대의제를 도입했다.[29] 인민주권의 원리에 기초하지만 동시에 인민들의 개입으로부터 정체를 방어하는 성격을 가진 것이 대의제이다. 한편으로는 인민의 의사를 대변해야 하지만 다른 한편으로는 인민의 의사와 거리를 두는 체제라는 것이다.

최장집은 '보나파르티즘'을 분석한 예전의 논문에서 이 쟁점을 지나가듯 가볍게 언급한 적이 있다. 그는 맑스의 「루이 보나파르트의 브뤼

---

27 최장집 2012 : 24~31.
28 로장발롱에 따르면 '대의제 민주주의'라는 용어는 1777년 해밀턴Hamilton이 모리스Morris 지사에게 보낸 편지에 처음 등장한다.(Rosanvallon 1998 : 14)
29 해밀턴, 알렉산더·매디슨, 제임스·제이 존 2009(특히 51번째 편지를 참조).

메르 18일」을 해설하면서 이렇게 말했다. "「브뤼메르 18일」에 서 맑스의 관점은 프롤레타리아가 이중의 고통을 받는다고 주장하는 것으로 이해된다. 즉 하나는 그 통치의 방법이 부르주아 대의제 민주주의인 부르주아 지배에 의한 압제와 착취로부터이고, 두 번째는 대의제 민주주의 자체의 미숙한 발전 때문이다. 여기에서 우리가 보다 관심을 갖는 것은 두 번째 측면이다."[30] 요컨대 맑스는 대의제의 발전에서 온 고통과 대의제의 미발전에서 온 고통을 함께 지적한 셈인데 자신은 후자에 주목한다는 것이다.

그런데 맑스가 정작 이 논문에서 더 잘 보여주고 있는 것은 대의제 아래서 대의하는 자가 어떻게 대의되는 자와 분리되는지, 심지어 어떻게 대의와 무관하게 발전해 나갈 수 있는 지이다. 당시 공화정에서 독재를 휘두르던 의회 정당도, 그것을 무너뜨린 독재자 대통령도 모두 보통 선거를 통해서 그 권력을 획득했다. 사실은 히틀러와 나치정당도 마찬가지다. 그들은 대의제, 정당체제가 붕괴되었을 때 출현한 것이 아니라 그 안에 들어 있는 '나쁜 가능성'이 현실화된 것에 불과하다. 즉 독재는 대의제의 중단이 아니라 대의제 안에 배태된 가능성이기도 하다는 것이다.[31] 정당은 더 많은 표를 얻기 위해 최대한 대의를 늘리고 사회적 불평등을 완화하고 소수자들을 잘 배려하는 쪽으로 나갈 것이라고, 대의제 민주주의는 그런 경향을 가졌다고 생각하는 것은 지나치

---

30 최장집(1994 : 125), 「보나파르티즘의 전개와 이론」.
31 이명박 정부의 독재적 행태에 대해 많은 이들이 '민주주의의 후퇴' 내지 '독재의 회귀'라는 주장을 폈다. 그러나 나는 이 독재적 행태가 1980년대 이후 한국 민주화의 부정이 아니라 그것의 가능한 결과라고 생각한다. 따라서 나는 우리에게 필요한 것이 '민주주의의 복원'이 아니라 '민주주의의 새로운 발명'이라고 생각한다. 이에 대해서는 고병권 2011 참조.

게 순진한 것이다.

맑스는 대중이 스스로를 조직할 수 없을 때 대의기구는 언제든 주인 행세를 할 것이라고 경고했다. 스스로를 조직할 수 없는 대중은 정당이든 의회든 그 어떤 대의기구를 통해서도 자기 이해를 관철시킬 수가 없다는 것이다. "그들은 스스로를 대표할 수 없고, 누군가에 의해 대표되어야 한다. 그들의 대표자는 동시에 그들 위에 군림하는 권위로서, 그들의 지배자로서, 그리고 그들을 다른 계급들로부터 보호하고 그들에게 위로부터 비와 햇빛을 보내 주는 무제한의 통치 권력으로서 나타날 수밖에 없다."[32] 정당의 기반이 설령 대중들의 선택에 있다고 해도, 대중의 힘이 크지 않고, 정당이 다른 곳에서 표를 획득할 수 있는 자원(돈이나 이념, 조직 등)을 확보할 수 있다면, 정당에게는 대중을 무서워해야 할 이유가 없다(게다가 다수 대중을 획득하는 과정이 소수자 차별의 과정이 되기도 한다). 심지어 정당이 진정으로 국민을 위한 정치를 할 때조차, 대중의 힘이 약한 곳에서는 정당이 대중에게 은혜를 베푸는 절대적 통치자의 모습으로 나타나는 것이다. 이렇게 보면 대중의 힘과 능력이야말로 민주주의의 관건이라고 할 수 있다.

그렇다면 2000년대 한국 사회의 현실은 무엇을 보여주고 있는가. 대의제가 더 발전해야 민주주의 달성되는가, 아니면 민주주의가 대의제의 이탈에 브레이크를 걸어야 하는가. 촛불시위로 상징되는 한국의 사회운동은 대의제의 미성숙을 보여주는 퇴행적 사건인가, 아니면 대중과 무관하게 발전해가는 대의제에 브레이크를 건 민주주의의 표출인가.

---

[32] 맑스 1993 : 267.

4. 민주주의와 민주주의

  민주주의가 대중의 힘에 달려 있다는 말은 사실 동어반복이다. 민주주의(데모크라티아)라는 말은 글자 그대로 '데모스demos의 힘kratos'이기 때문이다. 최장집은 2000년대의 한국 현실에서 '대중의 힘'보다는 '무력함'을 자주 본다. '대중의 무력함'을 표현하는 대표적인 단어가 '포퓰리즘'이다. 그는 강한 국가(대통령)와 약한 정당체제를 가진 사회에서는 대통령의 의사가 결정되면 시민사회의 여론을 동원하는 경우가 나타나기도 하고, 시민사회의 헤게모니적 견해가 대통령의 비전에 투영되어 정부정책의 목표가 되기도 하며, 이 둘이 아니라면 공론장에서 광범위한 논의나 합리적 여과 없이 일시적으로 표출되고 동원되는 집단적 감정과 에너지로 정부 주요 정책이 결정되는 현상이 나타날 수 있다고 말한다. 이들은 모두 '구조적 포퓰리즘'을 보여주는 것으로, 그 어느 경우에서든 대중들은 '한낱 지푸라기' 같은 존재로 전락한다.[33] 최장집은 촛불시위의 의의를 완전히 부정하지는 않지만 그것에 포퓰리즘의 혐의를 둔다. 그에 따르면 촛불시위는 약한 대의제도, 특히 약한 정당체제에서 기인했다는 점에서 한국 민주주의의 허약함 내지 제도 발전의 실패 결과이다.[34]

  물론 나는 2000년대 촛불시위가 포퓰리즘이라는 생각에 동의하지 않으며 오히려 그것에서 대중의 나약함이 아니라 그동안 삶의 자기지

---

[33] "구조적 포퓰리즘의 전개 과정에서 인민 혹은 시민은 대규모 동원의 대상으로만 취급된다는 점에서 그들은 한낱 지푸라기 같은 존재가 된다." (최장집 2009 : 109)

[34] 최장집(2008 : 143 · 147), 「촛불집회가 제기하는 한국 민주주의의 과제」.

배력을 키워온 힘이 일정 부분 나타났다고 생각한다. 나는 또한 포퓰리즘이 대의제가 미발전해서 생겼다거나 정당의 역할이 강해지면 해결될 것이라고 생각하지도 않는다. 포퓰리즘을 이끌어내는 것은 실상 정당인 경우가 많고,[35] 대통령제가 아니라 의회중심제를 택하고 있는 나라의 경우에도, 심지어 수시로 의회가 해산되고 새로운 선거가 이루어지는 경우에도, 대의정당들과 대의되는 대중의 괴리는 심각하게 나타나기 때문이다(가령 원전에 대한 대중의 입장의 차이가 제대로 반영되지 않는 최근 일본의 정당들을 보라).

그런데 내가 여기서 드러내고 싶은 것은 이런 개별 쟁점에 대한 인식의 차이가 아니라 그 근저에 놓여 있는 '민주주의' 개념의 차이다. 앞서 나는 '민주화 이후의 민주주의'라는 말이 역설적이라고 했다. '민주화가 이루어졌다'는 말과 '민주화가 이루어지지 않았다'는 말이 동시에 성립하기 때문이다. 최장집은 이행 도식을 설정함으로써, 다시 말해 민주주의를 두 항으로 분해함으로써 이 역설을 해소해버렸다. 가령 '운동으로서의 민주화' 단계와 '민주주의의 제도적 실천' 단계라는 식으로. 그래서 '민주화'란 전자의 단계를 가리키고, '이후의 민주주의'란 후자의 단계를 가리키는 게 되었다. '민주화가 이루어졌다'는 말은 전자의 단계가 성취되었다는 말이 되고, '민주화가 이루어지지 않았다'는 말은 후자의 단계가 과제로 남았다는 말이니 역설이 없어진 것이다.

---

[35] 오현철은 오히려 최장집의 민주주의론이 '정당 집착 민주주의'의 위험이 있으며, 포퓰리즘은 정당이 만들어내는 경우가 더 많다고 지적한다. "오늘날 한국에서 포퓰리즘은 누가 만들어내는가? 포퓰리즘은 광장의 토론이 아니라 대의제의 꽃이라는 선거 시기에 가장 극단적으로 나타난다. 한국에서 포퓰리즘을 만들어내는 사람들은 바로 정당인이 아닌가."(오현철 2008 : 285)

하지만 나는 '민주화 이후의 민주주의' 혹은 '민주주의의 민주화'라는 말에 들어 있는 '역설'을 하나의 오해로서 해소하기보다 민주주의가 가진 본래적 성격으로 사유해야 한다고 본다. 이 말에는 민주주의 자체의 영원한 자기 분열이 들어 있다. 민주주의의 한계는 항상 새로운 민주주의를 불러온다. 아니, 새로운 민주주의의 도래는 항상 기존의 민주주의를 한계짓는다. 민주주의는 묘하게도 자기를 한계지을 사건의 도래에 자기를 개방해야 한다는 역설적 요구를 받는다.

민주주의의 이런 측면은 플라톤 같은 고대 학자에게도 포착되었다. 그는 『정체』(폴리테이아)에서 민주주의를 논하면서 "이 정체는 멋대로 할 수 있는 자유로 인해 온갖 정체들을 지니고 있어서", "나라를 수립코자 하는 사람들은, (…중략…) 마치 정체들의 잡화점에 찾아간 사람처럼 고를 수 있다"고 했다.[36] 민주주의를 조롱하듯 한 말이지만 여기에는 민주주의의 중요한 특징이 들어 있다. 즉 민주주의는 하나의 '정체'이지만 또한 특정한 '정체'로 환원되지 않는다는 것을 말하고 있기 때문이다. 민주주의는 정체이면서 또한 정체가 아니다. 민주주의는 하나의 정체이지만 동시에 모든 정체들과 관계를 맺고 있다.

칼 맑스도 비슷한 취지의 말을 했다. 물론 플라톤과는 달리 매우 적극적이고 긍정적인 의미에서 그랬다.[37] 그는 민주주의를 군주제와 같은 종種이 아니라 "체제의 유類"이고 "모든 체제의 수수께끼의 해결"이라고 불렀다. '체제의 유'라는 말은 플라톤의 '정체들의 잡화점'이라는 말과 통하는 면이 있다. '유'가 '종'에 대해 그렇듯이, 맑스는 민주주의

---

36 플라톤 1997 : 537~538.
37 맑스 2011 : 81~83.

가 모든 국가체제들과도 관계한다고 주장했다. 그의 말을 빌면, "민주제는 모든 나머지 국가형식들에 대해서 그것들의 오래된 성서로서 관계한다." 아마도 그것은 민주주의가 "체제가 국민을 창조하는 것이 아니라 국민이 체제를 창조한다는 사실", 다시 말하자면 체제와 관련해서 근본적인 것은, 그것이 어느 체제이든, '데모스의 힘'이라는 사실을 말하고 있기 때문일 것이다. 그래서 군주제의 경우에도 민주주의문제가 들어 있으며, '민주제'라는 이름을 가진 정체에도 당연히 민주주의 문제가 들어 있다. 즉 정체로서 민주주의는 군주제 바깥에 있겠지만, '데모스의 힘'으로서 민주주의는 모든 정체들에 내재한다(당연히 민주주의 안에도!).**38**

나는 '민주화 이후의 민주주의', '민주주의의 민주화'라는 말 속에 '정체(폴리테이아politeia)'로 환원되지 않는, 대중의 힘과 능력으로서의 민주주의, 다시 말해서 대중들이 자기 삶을 가꾸고, 제도를 만들기도 하고 중단시키기도 하는 민주주의, 제도와는 독자적 차원에 존재하는 민주주의가 표현되어 있다고 생각한다. '제도'와 무관한 어떤 '이상'으로서 민주주의가 있다는 말이 아니라, 제도와 밀접히 관련된, 하지만 제도와는 독립적인 차원을 형성하는 민주주의가 있으며, 그것이 제도적 차원보다 훨씬 중요하다는 것을 말하려는 것이다. 대표자의 선출이 대중의 투표를 통해 결정되고, 심지어 그 아래서 대중들의 복리가 크게 향상된다고 해도, 데모스 자신의 힘이 없다면, 다시 말해 대중이 '좋은 목자'

---

38 굳이 비교하지만 군주제에서는 '데모스의 힘'이 '군주의 힘'에 대한 외적 한계이지만, 민주제에서는 그것이 내적 한계, 즉 '데모스의 능력과 그 한계'로 나타난다. 이 때문에 나는 민주제하에서 민주주의 이론은, 스피노자의 경우가 그랬듯이, 대중에 관한 이론(대중의 한계를 어떻게 대중이 극복할 것인가의 이론)일 수밖에 없다고 생각한다.

를 만난 '양'에 불과하다면, 우리로 하여금 그것을 민주주의라 부를 수 없게 하는 차원이 존재한다.

　조시아 오버J. Ober는 고대 그리스의 정체들을 연구한 논문에서 민주주의는 무엇보다 '역량capacity'의 이름이었음을 환기시킨다.[39] '역량'에 기초해서 분류된 몇 개의 정체들 중에서도 민주주의는 독특한데, 가령 '최선자들의 정체(귀족정aristokratia)'와 달리 데모스는 힘을 행사할 어떤 기반(혈통이나 재산, 지식 등)을 갖고 있지 않기 때문이다. 오버에 따르면 민주주의는 "혁명의 순간에 데모스의 자기권리 주장과 더불어 출현한 정체"이다. 혁명이란 권리와 자격을 규정하던 정체의 제도들이 기능하지 못하는 상태이다. 다시 말해 민주주의는 정체의 제도들을 중단시키거나, 그것이 기능하지 못할 때, 그것을 문제삼거나 고칠 수 있는 역량이라고 할 수 있다. 그러나 나는 이것이 반드시 혁명과 같은 비상상황에서만 행사되었다고 생각지 않는다. 가령 스트롱Strong에 따르면 고대 그리스 정치의 위대함은 훌륭한 법이나 제도가 아니라 치열하게 경쟁하면서 발휘된 시민들의 덕과 힘에 있었다.[40] 탈레스나 엠페도클레스 같은 위대한 정치가들은 폴리스의 법과 제도보다는 이러한 힘을 상실하지 않도록 지혜를 발휘했다고 한다. 왜냐하면 이 힘을 잃지 않는다면 법과 제도, 문화는 계속 좋은 방향으로 재창조될 수 있기 때문이다.

---

[39] 오버는 고대 그리스 정체들을 두 그룹으로 나누었다. 한 그룹은 정체의 직무와 그것을 관장하는 사람의 숫자에 관계해서 명명된 정체들이고(아르케arche 그룹), 다른 한 그룹은 능력 내지 역량에 기초해서 명명된 정체들의 그룹이다(크라토스kratos 그룹). 그가 말한 '아르케' 그룹은 '군주제(1인통치제monarachia)', '과두제oligarchia', '무두제(아나키anarchia)'가 있고, '크라토스' 그룹은 '최선자정체aristokratia', '민주제demokratia', '평등제isokratia'등이 있다. Ober 2008.

[40] Strong 1975 : 193~196.

최장집이 운동의 중요성을 부인하지 않지만 민주주의가 궁극적으로는 정당 등의 제도에 달려 있다고 믿는 것은, 갈등을 다루는 일련의 제도적 장치를 가진 통치체제로서 민주주의를 정의하기 때문일 것이다. 물론 그는 민주주의가 제도이면서 동시에 규범적 개념이고, 또 '실제 민주주의'의 제도만으로는 민주주의 가치가 충분히 발현될 수 없다고도 말한다. '이상적 민주주의'도 일정 부분 역할을 한다는 것이다.[41]

그러나 내가 '민주주의 이후의 민주화' 내지 '민주주의의 민주화'라는 말에서 읽어내는 '두 개의 민주주의'는 결코 '현실'과 '이상'의 차원을 말하는 것이 아니다. 정체와는 다른 차원에서 내가 드러내고자 하는 (그러나 정체와 밀접히 관련되는) 민주주의는, 가령 최장집이 시대착오적인 것으로 비판하는 '직접민주주의'와는 상관이 없다. '인민주권의 직접적 실현'이라는 '직접민주주의'에 대한 열망은 사실 '대의제 민주주의'의 탄생과 함께 생겨난 것이다. 그것이 실현하고자 전제하는 근대 '인민'이나 '주권' 개념은 그 탄생에서부터 이미 '대표(표상, 대의)' 개념과 맞물려 있기 때문이다('인민'의 탄생은 이질적 인구집단을 대표(표상)가능한 동질적 집단으로 만들어낸 역사적 결과이다). 대의제 민주주의는 '인민주권'의 존재를 개념적으로 전제하지 않고 성립할 수 없으며, 인민주권 역시 '대표'(표상, 대의) 개념을 통하지 않고 상정될 수가 없다. '대표' 없는 '인민주권'의 실현은 '인민'과 '주권' 개념 자체를 부인하는 일이다.[42]

---

41 그는 가령 로버트 달의 말을 빌어 '실제 민주주의'의 제도만으로는 민주주의의 가치가 충분히 발현되기 어렵다고 말한다. 그래서 '이상적 민주주의의 기준'이라는 것이 의미가 있다는 것이다. 그는 달이 말한 '계몽된 이해'의 필요성에 공감하면서, "아무리 정치참여의 자유와 투표의 평등이 보장된다 하더라도 시민 개개인이 자신의 선호가 어떤 것인지를 이성적으로 자각하고, 또 사안에 대해 이성적으로 판단해서 투표할 수 있는 조건이 갖춰지지 못할 때 나쁜 민주주의가 될 수 있음"을 인정한다. (최장집 · 박찬표 · 박상훈 2007 : 65)

오히려 내가 이 글에서 말하려는 '대의제'의 한계는 인민주권이 '충분히' 실현되지 못하는 부분이 아니라, '인민'이라는 동질성이 깨짐으로서 '주권' 행사 자체가 문제되는 영역, 가령 난민의 형상으로서 '이주노동자' 같은 사례들에서 드러나는 것이다(그리고 이런 '난민'의 형상은 대의체제 바깥에 놓인 사람들이 부분적으로 공유하는 것이기도 하다). 인민주권과 그것을 대의하는 대표로 구성된 현재의 체제는 원리적으로 이 문제에 무력할 수밖에 없다. 그들은 대의제 바깥에 있지만 대의불충분성이 아니라 대의불가능성으로 존재하고 있기 때문이다. 그럼에도 불구하고 민주주의라는 이름으로는 이 문제를 다루라는 요구가 가능하며, 이것을 제기하고 풀 수 있는 역량이 민주주의이기도 하다.

5. 민주주의의 군주

과거 한국의 민주화운동이 정당을 중심으로 한 대의권력을 차지하기 위해 노력해 온 것은 주지의 사실이다. 그리고 지금도 선거 때마다 많은 이들이 거기에 민주주의 운명이 걸린 양 행동하고 있다. 그러나 우리는 2000년대에 정당과 같은 대의제도 바깥에서, 스스로를 조직하고 교육하며 삶을 함께 꾸려온 대중의 코뮨들이 새롭게 성장해왔다는 것을 알아야 한다. 글머리에 소개했던 장애인 운동가들이 그러했다. 이들은 오래전부터 장애인 야학을 비롯해서 여러 생활 코뮨들을 만들

---

42 이 문제에 대한 자세한 내용은 고병권, 『민주주의란 무엇인가』의 제2장을 참조.

어 활동해왔다. 그리고 이 코뮌들이 이들의 삶의 기반이면서 동시에 운동의 기반이 되어주었다. 한국의 첫 세대별 노동조합인 '청년유니온'도 그렇다.[43] 그동안 노조 바깥에 있던 '시간급 아르바이트' 노동자들을 조직한 것도, 온라인을 중심으로 한 조직형태도, 이들이 내건 이슈들도 과거와는 크게 다르다. 이런 코뮌들과 운동의 탄생을 한국 민주주의가 제대로 작동하지 못해서 나타나는 퇴행적 현상으로 볼 필요는 없다. 오히려 여기에는 정당으로 제도화되지 않았지만 문제를 제기하고 풀어나가는 민주주의, 데모스의 힘이 표현되어 있다.

2000년대의 여러 점거 현장들도 그랬다. 용산참사 이후 1년 동안 주민들과 활동가들은 한편으로는 정부에 맞서 싸웠지만 다른 한편으로는 '카페 레아'를 대안적인 삶을 실험하는 장소로 만들었다. 홍대 '두리반'이라는 칼국수집을 지켜낸 싸움도 그랬다. 처음에 그곳은 철거에 반대하는 투쟁의 장소였지만 젊은 예술가들이 결합하면서 대안적 공연 공간이 되기도 했다. 4대강 개발 관련해서 가장 격렬하게 저항했던 '두물머리'의 경우에도, 농부들과 활동가들은 함께 농사를 지으며 생태 친화적인 농사방식을 함께 고민했고 이후 정부 측과의 협상에서 두물머리 개발에 이런 측면이 일정 부분 반영되도록 했다. 쌍용자동차 해고노동자들의 투쟁의 경우도 마찬가지다. 특히 시민들이 해고노동자의 가족들과 함께 만든 '와락'은 노동자와 가족들의 치유공간이지만, 놀이와 교육의 공간이기도 하고, 무엇보다도 시민들이 협력해서 만든 대안적 삶의 공동체 역할을 하고 있다. 이런 형식의 투쟁들은 현재 진

---

[43] 최장집 2012 : 71~77.

행 중에 있는 제주의 강정마을(해군기지건설반대)이나 경남 밀양(송전탑 건설반대)에도 나타나고 있다.

우리 주변에서 지금 일어나고 있는 이 모든 일들을 '통치체제'라는 측면에서만 본다면 '민주주의의 실패'라고 하겠지만, '데모스의 힘'이라는 견지에서 본다면 이들 모두 한국 민주주의의 중요한 역량이 표현된 것들이다. 반복해서 말하지만 민주주의를 특정한 제도들을 가진 '정체'와 동일시하고 '정당'에 그 적극적 지위를 부여해버리면 우리는 이런 일들을 보지 못하거나 평가절하하게 된다.

나는 정당을 향한 최장집의 질책에는 백 번 동의한다. 정당들은 대중의 다양한 목소리들을 정치적으로 표출하고 번역하기 위해 노력해야 한다. 그리고 우리 사회의 제도들이 잘못 기능하거나 한계를 보이는 곳에서, 새로운 제도와 정책을 개발하기 위해서도 노력해야 한다. 그렇지 않으면 정체가 위기에 처할 것이다. 내가 최장집의 이론에 거북함을 느낄 때는 민주주의 문제를 정당의 몫으로 돌리는 듯한 뉘앙스를 풍길 때이다.[44] 나는 민주주의가 대중이 대중에게 건네는 말이고, 대중이 정당에 건네는 말이지, 정당이 대중 대신에 하는 말이라고 생각지 않으며, 정당이 대중에게 명하는 말이라고는 더더욱 생각지 않는다. 그래서 나는 정당을, 최장집이 그람시의 표현을 빌려 말한 것처럼, 민주주의의 '현대판 군주'거나 '엔진'이라고 생각지 않는다.[45]

---

[44] 촛불시위에 대한 최장집의 언급을 두고 제기한 오현철의 다음 항변은 이 점에서 일리가 있다. "정당이 제 기능을 수행하지 않아서 촛불집회에 참여한 사람들에게 정당이 의회에서 해결하도록 맡기라고 충고한다. 정당이 시민의 의견에 귀 기울이도록 질책해야 함에도 오히려 시민에게 정당에 의지하라고 힐난한다. 넌센스다."(오현철 2008 : 283)

[45] 최장집 2005 : 284. 참고로 나는 그람시가 말하는 민중적 이해의 총괄적 대변자로서 '유기적 지식인'이나 현대의 군주로서 '정당'의 지위가 현재의 조건에 설정될 수 있는지 그

오히려 정당은 민주주의의 군주, 즉 데모스의 목소리에 귀를 기울여야 하며, 데모스의 힘에서 나온 동력을 전달받아 움직여야 한다고 생각한다. 행여 좋은 민주주의의 이미지를, 대중을 잘 돌보는 정당에서 찾는다면 이는 큰 잘못이라고 생각한다. 그 돌봄이 아주 훌륭해서 보통 사람들의 삶의 질이 크게 개선되는 경우조차, 이는 '데모스의 힘'이 아니라 '엘리트의 힘', 다시 말해서 민주주의가 아니라 엘리트주의이기 때문이다. 지금 한국 사회의 정당에 많은 채찍질이 필요한 것은 틀림없는 사실이다. 그러나 그것은 민주주의에 대한 의탁이 아니라 민주주의로부터의 명령이다.

리고 그것이 바람직한 것인지에 대해 비판적 견해를 갖고 있다. 그러나 이에 대한 논의는 이 글의 범위를 넘어서므로 다른 기회를 빌리고자 한다.

참고문헌

고병권 · 김경욱, 「정규직과 비정규직, 그 생존의 연대―김경욱 이랜드 일반노조 위
　　원장 인터뷰」, 『R』 2호, 그린비, 2008.
오현철, 「진보적 사회상을 추구하는 보수적 민주주의론」, 『경제와 사회』 통권 제79
　　호, 2008 가을.

고병권, 『민주주의란 무엇인가』, 그린비, 2011.
최장집, 『한국현대정치의 구조와 변화』, 까치, 1989.
＿＿＿, 『한국 민주주의의 이론』, 한길사, 1994.
＿＿＿, 『민주화 이후의 민주주의』, 후마니타스, 2002.
＿＿＿, 『민주화 이후의 민주주의』(개정판), 후마니타스, 2005.
＿＿＿, 『민주주의의 민주화』, 후마니타스, 2006.
＿＿＿, 『한국의 민주주의 무엇이 문제인가』, 생각의나무, 2008.
＿＿＿, 『민중에서 시민으로』, 돌베개, 2009.
＿＿＿, 『노동 없는 민주주의의 인간적 상처들』, 폴리테이아, 2012.
＿＿＿ · 박찬표 · 박상훈, 『어떤 민주주의인가』, 후마니타스, 2007.

맑스, 칼, 「루이 보나파르트의 브뤼메르 18일」, 임지현 · 이종훈 역, 『프랑스 혁명사 3
　　부작』, 소나무, 1993.
＿＿＿, 강유원 역, 『헤겔 법철학 비판』, 이론과실천, 2011.
플라톤, 박종현 역, 『국가―정체』, 서광사, 1997.
해밀턴, 알렉산더 · 매디슨, 제임스 · 제이 존, 김동영 역, 『페더랄리스트페이퍼』, 한
　　울아카데미, 2009.

Ober, Josiah, "The Original Meaning of 'Democracy'-Capacity to Do Things, not Majority
　　Rule", *Comstellations*, Vol. 15, No. 1, 2008.

Rosanvallon, Pierre, *Le peuple introuvable-Histoire de la representation democratique en France*,
　　Gallimard, 1998.

Strong, Tracy B., *Fridrich Nietzsche and the Politics of Transfiguration*, University of California Press, 1975.

8장 | 추첨제 관점에서 본 최장집의 제도민주주의론 비판*

이지문

1. 들어가며

1987년 민주화 이후 한국 민주주의를 학문적 차원에서 '위기'라고 단정적으로 진단한 것은 최장집의 『민주화 이후 민주주의』(2002)에서 처음 찾아볼 수 있다. 그는 이 책 본문을 "이 책을 통해 내가 말하고자 하는 것을 압축적으로 표현한다면 한마디로 한국 민주주의는 위기라는 것이다"라고 시작하고 있다.(최장집 2002 : 17) 한국 민주주의 '위기'의 근

---

* 본고는 필자의 박사논문 「한국 민주주의의 질적 고양을 위한 추첨제 도입 방안 연구」, (2011년 8월, 연세대)의 일부를 이 책의 성격에 맞춰 발췌하여 수정·보완한 것이다. 본고에서는 민주주의 위기를 극복하기 위한 대안으로서 선거개혁을 기반으로 정당강화를 중시하는 최장집(이하 존칭 생략)을 비판하되, 전반적 기조는 추첨제 논의에 초점을 맞추었다. 이는 이 책의 의도가 단지 최장집의 담론을 비판하는 것에서 그치는 것이 아니라 한국 민주주의를 심화·발전시키기 위한 다양한 학문적 모색에 보다 의미를 부여한다고 판단했기 때문이다. 1987년 고려대 정치외교학과 첫 수업으로 '프랑스혁명' 원서 강의를 최장집으로부터 들었던 제자로서 이 책에 동참할 수 있게 되어 기쁘게 생각한다.

거로 절차적 민주주의를 성취하는 데는 성공했지만 실질적인 민주화를 성취하는 데 실패했다는 점, 1987년 이후 한국의 정치적 대표체계가 보수독점 상태에 있다는 점, 정당체제의 사회적 기반이 없다는 점을 들고 있으며,(위의 책) 대안으로서 정당의 역할을 강조한다. 즉, "민주주의란 한 공동체 내에서 공적 결정을 만드는 틀이라 할 수 있다. 민주주의에 내용을 불어넣고 만드는 것은 그 틀에 참여하는 복수의 정당이기 때문에 우리는 정당을 중심 메커니즘으로 하는 민주주의를 생각한다"(최장집 · 박찬표 · 박상훈 2007 : 27)라고 하면서 정당이 중심이 되는 민주주의를 중시한다. 이를 위해서 정당체제의 민주화를 가져와야 하며 이것은 기존의 보수독점적인 양당체제를 해체하는 것에서 시작해야 한다면서, 국회의원 선거제도를 단순다수제에서 비례대표제의 방향으로 바꾸는 것을 제시한다.(최장집 2002 : 219) 그 연장선상에서 2008년 촛불집회를 계기로 제도정치와 사회운동에 대한 사회적 논의가 진행되던 당시 최장집은 "촛불집회는 민주주의 제도들이 무기력하고 작동하지 않고 그 중심적 메커니즘으로서 정당이 제 기능을 못할 정도로 허약할 때 그 자리를 대신한 일종의 구원투수 같은 역할을 수행했다"면서도 "운동만으로 민주주의를 수호하고 발전시키는 일은 불충분하다"고 말했다. 또한 "현대 민주주의는 대의민주주의이며, 운동에 집중하느라 정당을 강화하는 데 무관심하면 반대편에서 파시즘을 불러들이는 우를 범할 수 있다"(『한겨레21』 2008)라고 덧붙임으로써 사회운동보다 제도정치의 역할에 방점을 두고 있다.

필자는 최장집이 한국 민주주의가 위기라고 단정하면서 바로 이어 덧붙인 "한국 사회에서 민주주의가 사회의 다양한 갈등과 이익을 정치적으로 표출하고 대표하여 대안을 조직함으로써, 한편으로 대중 참여의 기반을 넓히고 다른 한편으로 정치체제의 안정에 기여하는 본래의 기능을 하지 못하고 있다는 것이다. 그 결과 특권적 기득구조와 계급구조는 심화되었고 사회의 공동체적 기반은 더욱 약화되었으며 개인의 삶도 황폐화되었다."(최장집 2002 : 17)라는 인식에 동의한다. 또한 현존하는 한국 정당들이 시민생활에 직접적인 영향력을 행사하는 정책결정 과정과 입법 과정에서 시민 의사의 정당한 대표자일 수 있는가 하는 문제, 즉 '대표성의 위기'를 부각시키면서, 한국 정치의 최대균열은 사회적 기반이 없는 정치적 대표체제와 이에 대표되지 못하고 저항하고 있는 비투표 유권자 사이의 균열로 파악함으로써(위의 책 : 17 · 34) 민주주의 위기의 중요한 원인으로 '대표성의 위기'를 제시하는 것에도 공감한다. 특히 조희연 · 김동춘 · 유철규(2008 : 107~108)가 한국 민주주의 위기를 극복하기 위해서 "선거민주주의 도입과 같은 차원을 뛰어넘어 사회적 하위주체들의 주체화 과정, 정치적 지위 변화 등을 분석으로 끌어들이는 분석틀의 확장을 도모해야 한다. 민주주의 공고화는 민주화 과정에서 사회경제적 하위주체들이 수용 가능한 수준으로 독재하에서의 사회경제적 독점이 민주화될 때 비로소 가능하다"라고 하면서 '하위주체들이 주류 정치의 장으로 진입함으로써 다중정치의 시대를 열어야 한다'라는 당위론적 결론으로 마칠 뿐 구체적인 방안을 찾아볼 수 없는 추상적 논의로 국한하는 것에 비해서 '대안은 구체적이어야 한다'는 최장집의 인식은 보다 구체성을 갖는다는 점에서 유의미하다. 그러나 그가 해법으로 제시하는 선거제도 개혁을 기반으로 한 정당의 역할을 강조하는 '제도민주주의' 입장에는 비판적이다. 그가 지적하는 것처럼 대표성의 문제는 한국 민주주의 위기에서 본질적이지만 선거제도 개혁을 통한 대표성 제고에 주목하는 것은 위기를 극복할 대안으로서 한계가 있기 때문이다. 즉, 선거제도를 비례대표제 차원을 포함하여 투표자의 의사를 최대한 반영할 수 있는 방향으로 개혁할 경우 그가 강조하는 보수와 진보를 좀 더 반영하는 차원이 됨으로써 대표성을 일정 부분 증가시킬 수 있을 것이나, 기존 제도정치 내에서의 대표성을 제고하는 데 불과하게 되어 다양한 사회 계층을 반영하는 진정한 대표성을 확보할 수 없다. 무엇보다도 국민의 정치 참여를 여전히 '투표'를 통한 대표자 선택에 한정함으로써 투표하는 일반 국민과 선출되는 정치 엘리트 사이의 간극은 달라지지 않는다는 점을 지적하지 않을 수 없다. 이는 정치 엘리트 사이의 교체일 뿐이지 일반 국민의 정치 참여는 여전히 지금과 다르지 않을 것이기 때문이다. 이는 단순히 개개인 의원들의 문제나 단수다수대표제와 같은 선거제도에서 비롯된 것이 아니라 대의민주주의에서 대표자를 선택하는 유일한 방식이 되어버린 '선거제' 자체에 기인한 것이라는 점에서, 최장집의 선거제도 개혁을 기반으로 하는 정당강화 차원은 본질적 한계가 있을 수밖에 없다. 본고에서는 민주주의 위기에 대한 대안으로 '선거제'가 아닌 '추첨제 sortition'을 통한 의회권력 창출을 제시하고자 하며, 이를 통해 최장집의 제도민주주의적 입장을 극복하고자 한다. 이와 함께 추첨 의회가 정당을 약화하기보다 오히려 강화할 수 있으며, 사회운동의 제도정치화의 실현가능한 장場이 될 수 있다는 점에서 최장집이 의도하는 정당과 제도정치 강화와는 다른 차원의 의의가 있음을 덧붙이고자 한다.

2. 선거제와 추첨제,
어느 선출 방식이 민주주의에 부합하는가?

　추첨을 통한 정치적 대표자 선택은 고대 아테네 민주주의 운영의 핵심 기제였다. 직접민주주의의 원형이라 불리는 고대 아테네 경우 민회가 모든 중요한 정치권력을 행사했다고 인식되고 있으나, 평의회, 시민법정, 행정관이 중요한 정치적 기능을 수행했으며, 그 구성원들을 선택하는 데 일부 행정관을 제외하고는 추첨제가 거의 300년 동안 널리 사용됐다.[1](Dowlen 2008a : 31; Dowlen 2008b : 32) 이 점이 아테네 민주주의의 '직접'민주주의의 핵심이다. 대표자가 있다는 점에서 대의민주주의이지만 대표자를 시민으로부터 추첨 방식을 통해서 '직접' 선택했다는 점에서 직접민주주의를 포괄하고 있기 때문에 대의민주주의와 직접민주주의의 보합이었다. 그러나 추첨제가 아테네에서 보편적으로 시행됐고 대의민주주의와 직접민주주의를 보합하는 수단이라고 해서 오늘날 재도입을 주장하는 것은 적절하지 않다. 선거제와 추첨제 중 어느 대표자 선택 방식이 민주주의에 부합하느냐가 관건이 되어야 할 것이며, 이를 위해서는 무엇보다도 민주주의의 핵심 가치들을 기준점으로 한 비교가 전제되어야 할 것이다. 본고에서는 민주주의 핵심 가치들로 민주주의 정의로부터 도출한 자유, 평등, 대표성, 통합, 공공선, 합리성, 시민 덕성을 제시한다. 즉, "자기결정의 자유와 정치적 평등을 누리는 사회 구성원 전체인 모든 국민이 참여하여 공정하고 합리적인

1　보다 구체적인 내용은 마넹 2007 : 23〜61을 참조.

제도와 절차를 거쳐 다양한 사회적·경제적 계층을 대표할 수 있도록 정치적 대표체를 형성함으로써 권력을 공유하고 이 과정을 통해서 사회적으로는 공공선을 추구하고 법치에 기반을 둔 통합을 달성하며 개인적으로는 인간 발달을 가져올 수 있는 체제"라는 필자의 민주주의 정의로부터, 자기결정의 자유에서 '자유'를, 정치적 평등을 누리는 모든 국민이 참여하여 권력을 공유하는 과정에서 '평등'을, 공정하고 합리적인 제도와 절차를 거쳐 다양한 사회적·경제적 계층을 대표할 수 있도록 정치적 대표체를 형성하는 것에서 '합리성'과 '대표성'을, 사회적으로는 공공선을 추구하고 법치에 기반을 둔 통합 달성에서 '공공선'과 '통합'을, 마지막으로 인간 발달을 가져올 수 있는 것에서 '시민 덕성' 가치를 도출해냈다. 이들 가치들을 중심으로 선거제와 추첨제를 통한 대표자 선택 방식을 비교함으로써 선거에 기반을 둔 제도 개혁이 아니라 추첨제 의회 도입이 진정한 대안이 될 수 있음을 논증하고자 한다.

1) 자유

자유는 민주주의 사회의 가장 중요한 특징들 중 하나로, 모든 민주정치의 가장 큰 목표다. '자유'에 대한 고대 아테네인들의 정의가, 사적 차원에서는, "한 사람으로서 기쁘게 사는 것"이었고, 공적 차원에서는, "자유롭게 번갈아 가며 지배하고 지배 받는 것이었다"(헬드 2010 : 61)에서도 볼 수 있듯이 자기 통치self-rule를 자유로 인식하였다. 이는 모든 시민들이 단지 피치자로서 존재가 아니라 누구든지 치자로서도 지배에 참여하는 것이며, 광범위한 집합적 정치활동에 제한 없이 참여할 수 있다는 것으로 시민들이 통치에 적극적으로 관여하며 그 결과로 실행되는 법이 시민들 자신의 의사를 반영하는 것이다.(문지영 2009 : 79~80) 그러나 근대 이후 대규모 민족국가가 탄생하면서 자기통치 차원의 자유의 개념 대신 대표자에게 위임하는 방식으로 축소되었으며 선거를 유일한 대표자 선택 방식으로 채택한 지금의 대의민주주의하에서는 시민권의 자유와 선거 및 피선거권의 자유라는 정치적 자유로 제한되었다. 그 결과 루소의 "국민들은 그들의 대표자를 허용하는 순간 그들의 자유를 상실한다"라는 경고에서도 볼 수 있듯이(바버 1992 : 223) 대의민주주의하에서의 선거의 자유로 한정된 정치적 자유는 한편으로서는 자유를 부여하지만, 또 한편으로는 자기지배, 자치의 자유를 상실하는 '자유의 딜레마'에 빠지게 되었고 일반 국민은 자기 통치의 자유를 누리지 못하는 소극적 객체로 전락하였다. 이처럼 투표의 자유로 협소화되고 자기 결정의 자유를 누릴 수 없는 현실에서는 투표권 행사를 통한 효능감 역시 낮아짐에 따라 민주화 이후 1980년대 중반부터 지속적으로 투표율이 급격하게 감소하는 추세를 보이고 있다. 특히 2008년 4월 제18대 총선 당시 투표율이 46.1퍼센트까지 떨어지기도 하였다.[2](중앙선거관리위원회 2008) 비록 2012년 4·11 제19대 총선에서는

---

2 역대 국회의원 선거 투표율

대	초대	2대	3대	4대	5대	6대	7대	8대	9대	10대	11대	12대	13대	14대	15대	16대	17대	18대	19대
연도	1948	1950	1954	1958	1960	1963	1967	1971	1973	1978	1981	1985	1988	1992	1996	2000	2004	2008	2012
율	95.5	91.9	91.1	90.7	84.3	72.1	76.1	73.2	73.0	77.1	78.4	84.6	75.8	71.8	63.9	57.2	60.6	46.1	54.3

출처 : 중앙선거관리위원회 발간 『대한민국선거사』 제1집부터 제6집;『제16대 국회의원선

54.3퍼센트로 제18대에 비해서는 상대적으로 높아졌다고 하나 여전히 절반 가까운 유권자들이 투표에 참여하지 않았다. 반면 고대 아테네처럼 교대에 기반을 둔 추첨제에서는, 마넹의 논의처럼 "모든 시민들이 동시에 통치할 수는 없지만, 자신을 통치할 사람을 선출할 수 있는 자격이 모든 사람에게 평등하게 주어지고, 모두가 공직에 진출할 수 있는 체제, 이러한 체제에서 시민들은 선택자로서 정치적으로 자유롭고 평등할 수 있다"(마넹 2007 : 172~173)라는 점에서 자유를 증진할 수 있다. 즉, 정치적 대표자가 되어 '직접' 자기 통치의 주체가 될 수 있는 확률에서는 선거와 차이가 없다 하더라도 지금처럼 아예 기회를 가지지 못하는 것과 다른 차원이며 또한 자신과 비슷한 사회경제적 배경을 가진 사람들이 대표가 되는 것을 목격함으로써 선거제하에서보다는 보다 자기통치의 감정과 '치자와 피치자의 동일성' 차원의 효능감 역시 제고될 것이다. 따라서 대의민주주의하에서 소극적 의미의 자유를 극복하고 시민 스스로 자기 통치라는 적극적 자유를 증진하는 데 기여할 수 있다.

2) 평등

민주주의의 가정 중 하나는 모든 인간은 평등하다는 것이다. 이러한 가정에 근거하여 민주주의 목표는 모든 사람을 동등하게 대우하는 것

거총람』;『제17대 국회의원선거총람』;『제18대 국회의원선거총람』, 선거통계시스템에서 투표율을 확인하여 정리함.

이다. 따라서 평등은 정치적 대표자로 선택되어질 실질적 평등 보장이어야 한다. 그러나 근대의 정치적 대의제가 확립되면서, 고대 아테네에서처럼 관직을 가질 평등한 기회를 가진 시민이 아니라 단지 관직을 배정하는 사람으로 간주되기 시작하였으며, 초기 선거의 불평등성과 달리 19세기 이후 보통선거권 확대로 모든 시민이 선거권을 가지는 '1인 1표 주의'가 확립되고, 재산 자격 요건으로 한 피선거권 제한이 사라지고 모두가 합법적으로 공직에 진출할 자격이 주어졌기 때문에 대의민주주의하에서도 어느 정도 정치적 평등이 달성되었다고 주장되기도 한다.(비담 · 보일 1999 : 25) 이처럼 정치적 평등을 단지 '모든 시민이 선거에서 투표권을 행사할 수 있고, 공직에 출마할 수 있어야 하는 것'(민주화운동기념사업회 2008 : 31)으로만 한정하는 것은 평등이 갖고 있는 민주주의 이상에서도 벗어날 뿐 아니라 선거 자체가 본질적으로 불평등성을 내포하기 때문에 선거권 및 피선거권 평등조차도 달성하기 어려운 것이 정치 현실이라는 점에서 선거제하에서 기회의 평등은 단지 허울에 불과하다. 즉, 선거제하에서의 기회의 평등이 피선거권의 평등, 즉 출마의 평등을 보장하고 있지만 실질적으로 출마하여 대표자가 될 수 있는 이들은 선거에서 절대 유리한 재정적 여유를 바탕으로 지역 조직 활동에 열심이거나 전문직 종사자로 전국적 인지도를 갖춘 유명 인사이거나, 또는 정당 관료나 활동가가 아니면 정당 보스와의 긴밀한 인연을 맺고 있을 때 가능한 것이 현실이다. 특히 가장 큰 문제는 선거에 막대한 자금이 들어가기 때문에 보통 시민들이 감당하기 힘들다는 것이다. 선거공영제를 실시하고 있고 선거비용 상한액을 고시하고 있지만, 후보로 등록하기 위해서는 일정 액수의 기탁금을 부담해야 한다는 점과 일정 비율의 득표를 얻지 못하면 기탁금을 포함한 선거비용을 돌려받지 못한다.[3] 제18대 총선 때도 1, 2당인 한나라당과 민주당을 제외하고는 보전 확률이 상당히 낮다는 것을 확인할 수 있다.[4] 이처럼 소속정당에 따라 확연하게 선거보전대상 비율이 다른 것은 다음과 같은 다른 차원의 돈 선거 문제를 야기한다. 보전대상이 높다는 의미는 결국 그만큼 당선 가능성이 높다는 것으로 공천을 받기 위한 당내 경쟁이 본선거보다 더 치열하기 때문에 경선 과정에서 막대한 비용이 들어간다. 당내 경선 관련 여론조사와 경선대회 개최 등에 들어가는

---

3 공직선거법에서는 대통령 선거는 5억 원, 국회의원 선거는 1,500만 원, 시·도의회의원 선거는 300만 원, 시·도지사 선거는 5,000만 원, 자치구시·군의 장 선거는 1,000만 원, 자치구·시·군의원 선거는 200만 원을 후보 등록 시 납부해야 한다. 또한 대통령 선거, 지역구 국회의원 선거, 지역구 지방의회 의원 선거 및 지방자치단체의 장 선거 기준으로 후보자가 당선되거나 사망한 경우와 유효투표총수의 100분의 15 이상을 득표한 경우에는 기탁금 및 선거비용 전액을, 후보자가 유효투표총수의 100분의 10 이상 100분의 15 미만을 득표한 경우에는 기탁금 및 선거비용의 100분의 50에 해당하는 금액을 보전 받을 수 있다.

4 18대 총선 정당별 선거비용보전대상 후보자 현황은 다음과 같다.

| 정당명 | 후보자수 | 보전대상 후보자 | | | | 1인당 평균 보전액 (천 원) |
		100%	비율	50%	비율	
계	1,119	513	45.8	63	5.6	103,968
통합민주당	197	169	85.8	17	8.6	106,828
한나라당	245	215	87.8	4	1.6	109,022
자유선진당	94	25	26.6	8	8.5	102,575
민주노동당	103	11	10.7	12	11.7	63,872
창조한국당	12	1	8.3	0	0	87,971
친박연대	53	18	34.0	9	17.0	74,998
진보신당	34	5	14.7	3	8.8	75,124
평화통일가정당	245	0	0	2	0.8	39,822
무소속	127	69	54.3	8	6.3	110,287

출처 : 『제18대 국회의원선거총람』(중앙선거관리위원회 2008 : 124) 자료를 바탕으로 보전 대상후보자 비율을 추가하여 재정리함.

비용은 참여하는 예비후보자들이 일정금액을 기탁금 형식으로 정당에 납입하여 이루어지고 있다. 특히 정당 경선에서 여론조사가 많이 반영되기 때문에 이미 잘 알려져 있는 후보나 현역 의원과 경쟁하는 정치신인들 입장에서는 자신의 돈을 들여 여론조사를 빙자한 사전 전화홍보에 막대한 비용을 사용하고 있으며 최소한 1년 전부터는 지역에 사무실을 열고 조직 활동에 들어갈 수밖에 없다는 점을 고려하면 결국 돈 있는 사람들만 선거운동을 할 수 있을 뿐이다. 예비후보자들도 법적으로는 후원회를 둘 수 있다고 하나 공천이 유력하거나 인맥이 상당한 후보가 아닌 경우 후원금을 모금하기에는 한계가 있고 당내 경선의 경우 선거공영제처럼 보전되는 비용이 있는 것이 아니기 때문에 거의 전적으로 선거 비용을 부담해야 한다. 이러한 현실에서 능력은 있지만 자금이 충분치 못한 사람들은 당선 여부를 둘째 치고 공천 자체도 불확실한 선거에 뛰어들 수 없게 된다는 점에서 피선거권의 평등은 사실상 의미가 없게 된다. 결국 참정권의 확장과 의원 자격 요건의 폐지에도 불구하고 선거에 기초할 경우, 공직을 가질 동등한 기회를 모든 시민이 가질 수 없고, 대표 지위는 일반 시민과 다른 재력 있거나 전국적 인지도에서 유리할 수 있는 보다 높은 사회계급의 구성원으로 국한된다. 이는 다음에서 논의하는 대표성의 문제와 직결된다. 결과적으로 사회적 양극화로 대변되는 실질적 민주주의 미정착의 출발점이 되는 것이다. 반면 추첨제하에서는 출마할 기회의 평등 차원이 아니라 실질적으로 대표자를 맡을 가능성의 평등을 제고한다는 점에서 선거제하에서 발생하는 두 가지 차원의 불평등을 해소할 수 있다. 즉, 일반 시민들 사이에서도 선거에서 절대 유리한 자원을 확보하고 있는 이들과 그렇지 않은 이들 사이에서 발생하는 불평등과, 그 결과 발생하는 정치 엘리트와 일반유권자 사이에서 고착되는 불평등을 해결할 수 있다는 점에서 추첨제는 정치적 평등에 기여할 수 있다.

3) 대표성

정치적 대표체제의 핵심은 사회균열이 정치적 균열로 반영되고 있는지의 문제와 연결된다. 다양한 집단들은 대표자를 통해 그들의 이익과 의견을 의회나 정책결정 과정에 전달하고 협의·조정 과정을 거치므로 제대로 대표되지 않는 집단은 정책결정 과정에 참여한다고 할 수 없다. 따라서 정치적 대표성의 관점에서 보면, 정치충원은 그 사회의 다양한 구성원들을 대표할 수 있어야 한다. 따라서 이익 대표성에 보다 부합하기 위한 전제인 기술적descriptive 대표성이 확립되어야 하며, 이는 민주주의의 원칙인 '치자와 피치자의 유사성의 원칙'이기도 하다. 그러나 제18대 국회를 보면 성별에서는 유권자 절반을 차지하는 여성의원이 13.7퍼센트를, 연령별에서는 유권자의 40.9퍼센트인 30대 이하 젊은 연령층(19세부터 39세) 의원은 2.3퍼센트에 불과하다.[5] (중앙선거관리위

---

5 제19대 총선에서는 여성 국회의원이 총 47명으로 15.7퍼센트다(지역구 246명 중 19명으로 7.7퍼센트, 비례대표 54명 중 28명으로 51.9퍼센트다). 이는 제18대 당선 당시에 비해서 조금 늘어났다. 한편 연령별로 보면, 20대와 70대 이상은 전무하며, 다만 30대(30세 이상 39세 미만)가 지역구 3명, 비례대표 6명이 당선되어 총 9명이다. 이는 300명 의원 중 3퍼센트로 18대 2.3퍼센트와 비교해도 큰 차이는 없다(중앙선거관리위원회 선거통계시스템). 직업별·학력별 상세한 통계는 본고 작성 당시 제19대 국회의원선거총람 미발간 및 개별 국회의원 홈페이지 미구축 등으로 확인할 수 없어 생략한다.

원회 2008) 학력별에서는 출신대학을 중심으로 살펴보면, 서울대가 절반에 가까운 47.2퍼센트며 서울대를 포함한 상위 3개 대학 출신이 63.2퍼센트에 육박하고 있다.(『일요신문』 2008) 또한 직업 및 경력별에서도 현직 국회의원이 43.8퍼센트, 정치인 28.1퍼센트로 절대 다수를 차지하고 있는데, 이들의 전직을 살펴보면 법조인 출신이 60명으로 전체 국회의원의 20.1퍼센트로 가장 큰 비율을 차지하고 있으며, 다음으로 정당인(45명, 15.1퍼센트), 공무원(42명, 14.0퍼센트), 언론인(36명, 12.0퍼센트) 순이다. 반면 노동자 출신은 3명(1퍼센트), 농민 출신 1명(0.3퍼센트)에 불과하다.[6] 이처럼 성별, 연령별, 학력별, 직업별 대표성이 왜곡되고 있으며, 지방자치 차원에서도 관변단체 출신을 비롯한 토호세력들이 과다 대표되고 있다. 이것은 단지 기술적 대표성 문제로 끝나는 것이 아니라 저대표되는 집단 및 계층의 이익이 제대로 반영되지 않는 실질적 대표성 문제로 이어지고 있다. 이는 앞서 논의한 정치적 불평등의 귀결이라고 할 수 있으며, 사회 내 다양한 이익과 계층이 정치적으로 조직되지 않고 특정 이익과 계층만 대표된다면, 특정 세력의 독점 내지 과점이 이루어지는 것으로, 다음에서 논의하는 공공선 추구의 기반 자체를 왜곡한다. 이처럼 선거제는 대표성의 왜곡으로 국민의 의사와 그들이 지지한 대표자들의 의사 사이에 존재하는 격차를 지속적으로 확대하고 있으며 전체 공동체를 대표하는 데 실패하는 입법부를 만들고 있다. 반면 추첨제는 대표를 선택하는 쉽고도 저렴한 방식인 추첨이라는 과학적 통계기법을 활용함으로써 거의 확실히 인구의 모든 일부를 포함할 것이며, 기술적 대

---

6 『제18대 국회의원선거총람』(중앙선거관리위원회 2008)과 국회의원 홈페이지상 경력사항을 통해서 확인하였다.

표의 가능성을 제공하게 됨에 따라 국민의 정확한 축소판, 사회 전체를 있는 그대로 반영할 수 있게 되어 '진정한 국민의 목소리'를 전할 수 있다는 점에서 선거로 선출된 의회가 부족한 민주적 정당성의 근거를 제공한다. 또한 기술적 대표성 확보를 통해 실질적 대표성과 상징적 대표성을 일정 부분 담보할 수 있으며, 특정 계층의 배제가 아니라 다양한 사회경제적 배경을 가진 구성원들을 차별 없이 포함시킴으로써 민주적 대표성에도 기여할 수 있다. 소수자들의 경우도 사회에서 그들의 수에 정확한 비례로 대표되어질 것이기 때문에 비례대표제의 확립과 운용을 위한 중요한 정당화가 될 수 있다. 비록 정당 비례대표를 통해서 일부 소수집단이 원내로 진입할 여지가 있다고 하지만 선거를 통해서는 경제적·사회적·정치적 차별이나 불이익의 위험이 있는 집단이 안정적으로 그들의 대표성을 보장받을 수 없다는 점에서, 추첨제는 비례대표 의미를 구현하는 가장 확실한 수단이 될 수 있다.

4) 통합

정치의 대표적 기능 중 하나는 사회의 다양한 이해와 갈등을 효율적으로 통합하는 것이다. 스멘트Rudolf Smend는 "정체政體의 기능은 시민들을 공동체로 통합하는 것이다"라고 강조하였다. 그러나 정치적 통합의 직무는 정체로 제한되지 않으며, 모든 정치적 제도들은 이러한 기능을 수행해야만 한다는 점에서 대표자를 충원하는 제도 역시 통합에 충실할 수 있어야 한다.(Gohler 2010 : 99) 또한 통합을 위해서는 법에 의한 '통치인 법치와 함께 투명성 제고를 통한 정치 신뢰 회복 역시 중요하다. 그러나 선거 과정에서 발생하는 관권개입, 금권선거, 흑색선전, 지역주의 등 연고주의 조장과 같은 선거 부정은 여전히 한국 선거에서 위력을 발휘하고 있다. 과거에 비해서 중앙 정부 차원의 관권개입은 사라졌다고 하나 지난 2012년 12월 제18대 대선 당시 국가정보원 직원의 여론 조작 댓글을 통한 선거 개입 파문에서 볼 수 있듯이, 관권개입이 여전히 존재한다고 봐야할 것이다. 또한 금권선거 역시 많이 줄어들었다고 하나 여전히 돈 선거의 폐해는 근절되지 않았고,[7] 인터넷 활성화를 계기로 오히려 흑색선전, 인신공격 등이 확산되는 기미마저 보이고 있다. 지역감정 조장과 학연·지연·혈연을 비롯한 군대, 종교 관련 인맥까지 동원되고 있다. 특히 돈 선거는 단지 선거만의 문제로 끝나는 것이 아니라 행정부패의 정치적 출발점으로 작용하게 되며, 선거법을 어기게 된다는 점에서 법치가 지켜지지 않는다는 것을 의미한다.(신명순·진영재 2001 : 15) 그리고 무엇보다도 선출된 대표자들이 선거법 위반으로 당선무효되거나 뇌물 수수 등으로 그 직을 상실하는 모습을 보면서 정치에 대한 불신이 심화되고 있다. 『시사저널』 2009년 8월 4일자 직업 신뢰도 조사를 보면 33개 직업 중 정치인은 신뢰도 11.7퍼센트로 한국인이 가장 신뢰하지 않는 직업이었다. 이러한 정치인에 대한 극도의 불신

---

7 중앙선거관리위원회가 18대 총선 유권자의식조사에서 불법선거운동 경험 여부를 묻는 질문 중 금품·음식물·선심관광 기부행위를 경험한 경우는 7.6퍼센트로 17대 5.9퍼센트보다 오히려 증가하였다는 것은 위반행위 단속건수 자체는 줄어들었지만 금품·음식물제공관련 선거범죄가 줄었다보기 보다는 그 수법이 갈수록 은밀화되고 지능화되어 적발에 어려움이 있다는 것을 보여준다.(박민용 2009 : 59~60) 참고로 2010년 6·2 지방선거에서 금품·식사 접대 등을 받아 적발된 유권자는 1,018명(148건)이고, 이들이 낸 과태료는 6억 4천 889만 원에 달한다.(『연합뉴스』 2010)

은 정치 자체에 대한 환멸로 이어지고 있으며, 2008년 총선에서 국민의 절반 이상이 투표에 참석하지 않는 이유도 여기에 있다.(손석춘 2010 : 195 ~196) 반면 추첨제는 선거제 자체를 대체하기 때문에 선거 과정에 나타나는 선거 부정과 연고주의 병폐뿐만 아니라 정치자금 확보를 위한 정경유착으로 행정 및 권력형부패로 이어질 개연성이 없다는 점에서 정치 부패 통제에 효과적이며, 정치 불신을 해소할 수 있다는 점에서 선거로 인한 갈등과 분열을 봉합하여 통합을 이끌어낼 수 있게 된다. 그러나 추첨제를 아테네 직접민주주의의 '직접성'이라고 제시하였던 마넹조차도 선거비용의 상한선과 이 상한선의 엄격한 집행, 그리고 선거운동 자금의 공적 충당과 같은 방식으로 선거에서의 부의 효과를 제거하는 것으로 나아가야 한다는 주장(마넹 2007 : 199)을 하는 등 선거제도 개혁과 민주화 진전으로 충분히 선거 부정을 포함한 정치 부패를 해결할 수 있기 때문에 추첨제를 도입할 필요가 없다는 입장이 있을 수 있다. 그러나 미국의 예에서 볼 수 있듯이 자본주의와 신자유주의 심화에 따른 기업을 비롯한 이익집단의 영향력이 더 커지는 상황에서 정치 엘리트와 이익집단 간의 유착은 피할 수 없다는 점에서 선거개혁은 돈의 영향력을 줄일 수 있을지 몰라도 아주 약간 줄일 수 있을 뿐이다. 따라서 선거 부정을 포함한 정치 부패를 전면적으로, 그리고 공정하고 민주적 방식으로 해결할 수 있는 수단으로 추첨제는 유용하다.(Callenbach · Philips 2008)

5) 공공선

공공선은 정치공동체 각 구성원들과 각 계층 간의 의결 조율을 통해 공동의 이익을 추구하는 공존의 이념으로, 오늘날 민주주의 국가의 본질적인 목적 중 하나가 되었다. 특히 의회의 핵심 기능이 "정치공동체의 다양한 이해관계와 공익을 대표하고, 서로 상이한 입장들을 조정해 공공정책을 결정하며, 국가권력의 자의적인 행사를 견제하고 감독하는 것"에서도 알 수 있듯이(서복경 2009 : 160) 이러한 기능을 잘 수행한다는 것은 사회 전체의 공공선 추구라는 목표를 달성하기 위한 것이다. 그러나 윤종빈(2008 : 30)이 한국 대의민주주의 위기로 대표성의 부족, 참여의 부족과 함께 공공선 결핍을 제시하면서 "'전체' 국민을 위해 작동되어야 함에도 불구하고 실제로는 '부분'의 이해관계에 따라 움직인다는 한계를 노출한다. 사회 전체 구성원을 위한 공공선 개념은 사라지고 강한 소수 집단의 이해관계 대변에만 충실하게 된다는 한계를 가지게 된다"라고 설명하고 있는 것처럼 의회가 무능력한 것은 무엇보다도 국민과 사회 전체의 공공선보다는 정파 이익과 지역구 및 이익단체에 매몰되기 때문이다. 또한 앞서 대표성의 위기에서도 기술했듯이 다양한 사회계층이 아니라 특정 계층 위주로 의회가 구성되기 때문에 사회 전반을 반영하지 못하고 정치엘리트 위주로 충원되어 하위계층을 포함한 일반 시민의 입장을 충분히 이해하지 못하고 있기 때문이다. 그 결과 자신이 제대로 반영되지 못한다고 인식하는 유권자들의 소외감을 증대시켜 투표율 저하에 따른 참여의 위기로 이어진다. 반면, 추첨제로 구성되는 의회는 공공선 추구에 보다 적합할 수 있다. 첫째, 정당의 이익을 우선할 필요가 없다. 공천을 위해서 눈치를 봐야 하는 대통령이나 정당 보스가 없다는 점에서 독립적인 판단을 더 할 수 있다. 따라서 특정 법안이나 현안을 여야 간 입장 차이가 극명하게 나뉘어 토론의 여지조차 없이 대통령이나 정당 지도부의 지시에 따라 일방적으로 처리하는 것이 아니라, 심의 과정을 통해서 합의를 도출하고 결정함으로써 의회 본래의 모습에 충실해질 수 있게 되고 결과적으로 공공선 추구에 기여할 수 있다. 둘째, 지역구 이익에 봉사할 필요가 없다. 재선 자체를 고려할 필요가 없기 때문에 지역구 관리를 위한 활동에 막대한 시간을 투여할 필요가 없으며, 보좌진 역시 선거를 위한 인원을 포함하거나 선거운동에 동원할 필요가 없이 정책 및 법안 보좌 중심으로 구성할 수 있는 이점이 있다. 셋째, 이익단체로부터 상대적으로 독립적일 수 있다. 선거 결과에 영향을 미치기 위해 돈을 쓸 기회가 사라진 이익단체들은 추첨으로 선출된 의원들 대상으로 지금처럼 로비를 시도할 수 있다고 하더라도 선거 자금이나 선거 때 지지가 필요치 않은 추첨 의원 경우 상대적으로 선거로 선출된 의원 대상으로 하는 지금처럼 효과적이지 않을 것이다. 넷째, 의회가 전문적인 정치가들 또는 유사한 배경과 포부를 가진 사람들로 제한된 사람들에 의해서 지배되기보다는 '보다 풍부한 혼합richer mix'을 추첨을 통해서 창조할 수 있다.(Dowlen 2008b : 44~45) 즉, 연령, 성, 직업, 소득수준 등 우리 사회를 포괄하는 모든 계층에서 선택된 사람들의 범위와 다양성과, 그들이 정치적 과정에 가져올 수 있는 가치에 의해서 미처 알지 못했을 수 있는 새로운 관점의 추가와 다채로운 삶의 경험과 통찰력을 이용함으로써 다양성이 부족한 선거 의회보다 사회 전체의 공공선 추구에 보다 기여할 여지가 있는 것이다. 끝으로, 치자와 피치자 교대 차원에서의 이점이다. 선거제하에서는 늘 피치자의 입장밖에 되지 못하는 절대다수 보통사람들도 교대와 결합된 추첨제하에서는 일시적이지만 일종의 통치자로서 그 역할을 할 수 있게 되기 때문에 피치자의 입장을, 그 원하는 바를 좀 더 정확하게 알고 반영하고자 하는 데 선거 의회보다 보다 충실할 수 있다는 점이다. 이와 함께 의회를 구성하는 개개인 의원들의 능력 경우 단순히 도구적 지식 차원이 아니라 도덕적 판단까지 포괄하는 것이며, 도구적 지식 측면에서도 교육수준이 높아지고 지적 수준을 확보하고 있다는 점에서 추첨으로 선택되는 의원의 수준이 낮을 것이라고 단정할 필요가 없으며 일반인 역시 심사숙고할 시간과 충분한 정보를 갖게 되면 최소한 선거 의원만큼의 역할을 할 수 있을 것이라는 점에서 추첨제의 가장 큰 반대 이유인 능력 부족이 당연한 것은 아니다. 물론 최근 추첨을 통해 대표자를 선택한 사례가 없기 때문에 선거와 비교해 이런 주장을 하는 것이 타당할지 의문의 여지가 남지만, 2008년 1월 1일부터 시행하고 있는 국민참여재판제 실행 사례를 통해 일정 부분 그 답을 찾아볼 수 있을 것이다. 2년 동안의 시행 성과를 평가한 대법원 자료를 보면 배심원의 평결 결과가 판결 결과와 90.6퍼센트 일치했으며, 항소심 파기율은 27.9퍼센트로 같은 기간 일반 사건의 원심 파기율 41.5퍼센트보다 낮았다. 일반 국민 배심원이 상식에 기초해 내린 판단이 전문적인 법률 지식을 갖춘 법관의 판단과 큰 차이가 없었다. (『대법원 뉴스레터』 2010; 『서울신문』 2009)

6) 합리성

민주주의의 가장 기본적인 가정 가운데 하나는 "인간이란 이성을 가지며, 그것을 적용함으로써 자기의 문제를 해결하고 자기의 운명을 개척할 수 있는 합리적 존재라는 것이다"라는 진술에서도 볼 수 있듯이 합리성은 자유, 평등, 국민주권과 함께 민주주의 핵심 이념으로 제시되고 있다.(김하룡·한배호·김용기·서진영·강성학 1982 : 200) 그러나 선거제에서는 두 가지 차원의 비합리성을 내포한다. 첫째는 개인의 투표행태에서 볼 수 있는 비합리성으로, 이는 투표 선택에서 객관적·고정적·보편적 기준이 없기 때문에 유권자의 지지후보 선택에서 지역감정이나 인정 등 비합리적인 요인이 강하게 영향을 미쳐 후보자의 공약이나 자질, 능력에 대한 평가에 입각한 합리적인 투표가 이루어지지 않는 것을 의미한다.(정영태 2009 : 30) 이처럼 투표자 개인의 지극히 일상적인 선호에 따라 결정되며, 그러한 기준이 있다 하더라도 정확한 판단을 할 수 없으며, '합리적 무지'로 인해 시간을 투여하지 않고 판단을 하는 경우가 발생한다. 따라서 '개인의 합리적인 선택에 의한 탁월한 사람의 선택'이라는 선거제의 원칙은 무의미해진다. 둘째는, 선거제도 자체의 비합리성으로, 이는 설령 유권자들이 최대한 합리적 선택을 한다고 가정하더라도 선거제도 자체에 내재한 속성으로 하나의 사회적 선호로 전환되지 않거나 선거제도에 따라 그 결과가 달라지기 때문이다.[8] 이와 함께 누가 투표하느냐에 따라 결과가 달라질 수 있으며

---

8 파울로스의 전원당선 모델을 보면, 비록 극단적인 설정일 수 있지만 선거 제도에 따라 1위 표를 가장 많이 얻은 후보자가 당선하는 단기 투표, 과반이 되지 않을 때 상위 2위까지

특히 특정 계층이 상대적으로 투표하지 않음에 따라 '유권자들의 선호의 집락'이라는 원칙 역시 왜곡된다.[9] 즉, 전반적으로 저조한 투표율 속에서도 특히 가난한 사람들, 경제적 약자들의 투표 참가는 더욱 낮아지고 있으며 이는 이들이 투표에 참여했을 때 다른 결과를 이끌어 낼 수 있음을 의미하기도 한다는 점에서 선거 결과를 유권자 전체의 합리적인 선택의 결과로 수용하기에 더욱 어려워진다. 물론 이러한 이유에서 선거제도 개혁이 주요한 정치개혁의 일환으로 추진되고 있고 혼합형 비례 대표제를 비롯한 결선투표제 도입과 같은 대안들이 제시되고 있으며 이를 통해 선거제하에서 보다 합리적인 선택 방식을 구현할 수 있기 때문에 추첨제를 선택할 이유가 없다는 반론이 있을 수 있다. 그러나 대안으로 제시되는 선거제도 역시 그 나름의 한계가 존재하며 여전히 특정 집단의 투표 불참에 따른 선거 결과의 비합리성 역시 남는다. 이 점에서 유권자 개인의 합리적 선택 가능성을 함께 고려했을 때 완전히 합리적인 선거제도 자체는 존재할 수 없으며 따라서 선거제만이 합리적이라고 주장될 이유는 없을 것이다. 반면 추첨제는 선거제가 갖고 있는 이러한 비합리성을 해결할 수 있다. 선거의 경우

벌이는 결선 투표, 1위 표가 가장 적은 후보자를 제외하고 재투표를 반복하는 토너먼트 결선 투표, 1위 5점, 2위 4점 방식의 순위 평점, 후보자를 일 대 일로 비교하는 라운드 로빈 토너먼트 중 어느 것을 선택하느냐에 따라 후보자 6명이 각각 당선된다.(다카하시 쇼이치로 2009 : 51~54)

9 손낙구(2010 : 20~22)의 2002~2008년 7년간 네 차례 선거 분석을 보면, "투표율이 낮은 동네는 주로 집 없이 셋방을 떠도는 사람이 많은 곳, 단독·다세대·연립주택 등 비아파트 거주자가 많은 곳, 1인가구나 (반)지하 거주자가 많은 곳, 집을 여러 채 가진 사람이 적게 사는 곳, 대학 이상 학력자가 적은 곳, 종교가 없는 사람이 많은 곳으로 이 동네에서 투표에 참가한 사람들은 한나라당보다는 민주당이나 열린우리당, 민주노동당이나 진보신당을 선택한 사람이 많다는 점을 볼 때 만약 투표율이 높아진다면 이들 정당을 찍을 가능성이 높은 동네라 할 수 있다"고 단정하고 있다.

어떠한 제도를 채택하더라도 국민 지지를 있는 그대로 반영하는 것이 현실적으로 어렵다는 점에서 비합리적이지만, 추첨제에서는 보다 공정하면서도 전체 국민의 의사가 반영되는 의회 창출이 가능하다는 점에서 집단적 차원의 합리성이 가능하다. 추첨은 표본이 모집단과 동일한 변이를 갖게 하는 확률표집probability sampling 방식을 이용하기 때문에 적은 수의 표본으로 전체 모집단의 의사를 추정할 수 있는 있게 된다.(손우정 2008 : 34) 따라서 당선자의 득표율과 국회 의석수의 불비례성과 같은 문제로 인해 국민의 지지가 그대로 반영되지 못하는 선거보다 추첨을 통한 방식이 국민의 의사를 보다 정확하게 반영할 수 있게 된다는 점에서 합리적이다. 즉, 선거제도 및 투표율에 따른 민의의 왜곡과, 보편적인 기준과 합리적 무지 등에 따른 비합리적 선택 대신 시간과 비용 절감을 하면서도 조작이나 왜곡 없이 사회의 단면을 있는 그대로 창출할 수 있다는 점에서 합리적이다. 한편 선거의 경우 막대한 선거관리비용이 소요되고 있다. 2008년 제18대 국회의원 선거 당시 선거관리비용으로 총 예산액 2,873억 원 중 74.6퍼센트인 2,143억 원을 집행하였다.(중앙선거관리위원회 2008) 더욱 문제인 것은 이러한 정기 선거 이외 당선 무효 등으로 치러지는 재보선 관리비용 역시 만만치 않다는 점이다. 2010년 국정감사 당시 중앙선거관리위원회 자료에 따르면, 2003년 이후 2010년 9월 말까지 재보선에 소요된 비용만 1,445억 원에 달하는 것으로 매년 약 180억 원 가량이 소요되고 있다. 재보선 경우는 막대한 예산이 들어간다는 점에서도 문제지만, 선거가 실시될 때까지 몇 개월 동안은 대표자가 부재한 상황을 만들며, 설령 선거를 통해 새로운 대표자를 선출하더라도 역대 재보선 투표율은 상당히 낮았다는 점에서 대표성 논란 역시 불거져 나오게 된다.[10] 이러한 점에서 추첨제는 선거와 달리 막대한 비용을 절감하면서도, 당선무효와 임기 약속을 저버리고 상위 선거를 위해서 사임하는 경우가 절대 다수를 차지하는 재보선 자체를 필요로 하지 않기 때문에 추가 선거관리비용이 들지도 않을뿐더러 대표자 공백 없이 바로 대체할 수 있어 시간 절약의 효과 역시 갖고 있다는 점에서 선거보다 효율성이라는 측면에서 합리성을 갖고 있다.

7) 시민 덕성

정치적 공동체의 시민으로서 갖추어야 할 '시민 의식'을 의미하는 시민 덕성virtue은 다양한 의미로 이해할 수 있다. 민주화운동기념사업회에서 펴낸 시민교육현장 지침서에서는 다원주의적 현대 사회에서 필요한 대안적 시민성으로, 동료 시민과의 연대와 공감, 인권(자유, 평등)과 정의 존중, 합리적·비판적 사고력, 책임과 참여, 다양성 포용과 배려를 제시한다.(민주화운동기념사업회 교육사업국 2010 : 32~33) 최근 우리 사회에서도 시민들의 민주주의 정치교육이 결여되어 있다는 인식에서 민주시민교육이 강조되고 있으나, 민주주의에 대한 추상적인 개념

---

10 최근 국회의원 재보선 투표율을 보더라도 17대 경우 18.1퍼센트를 기록한 곳이 있는 등 유권자 절반은 고사하고 3분의 1이 투표하지 않은 경우가 16대 20곳 중 11곳(55퍼센트, 50퍼센트 이하는 18곳으로 90퍼센트), 17대 19곳 중 9곳(47퍼센트, 50퍼센트 이하는 16곳으로 84퍼센트), 18대 21곳 중 6곳(29퍼센트, 50퍼센트 이하는 20곳으로 95퍼센트)이었다.(중앙선거관리위원회 대상 정보공개 청구하여 2011.5.12 수령한 자료 정리)

이나 이론의 학습이나 선거를 통해서 대표자 선택 차원에서의 학습 수준에 머물러 있다. 이처럼 실질적인 민주시민으로서 덕성을 함양할 수 있는 기회 자체가 단지 투표 이외에는 현실적으로 없기 때문에 참여를 통해서 시민 덕성을 발달시킬 수 있는 기회가 적을 뿐만 아니라 정치적 효능감 역시 낮아 투표율이 갈수록 떨어지고 있다. 평상시 공동체의 의사결정에 직접 참여하지 않고 선거 때만 정치에 참여한다면 민주시민으로서 자질도 부족하고, 나도 정치에 영향을 미칠 수 있다는 자신감을 의미하는 정치적 효능감도 낮아 선거 참여를 꺼려하거나 비합리적인 투표를 함으로써 정치적 민주주의조차 제대로 작동하지 않을 수 있게 된다.(Pateman 1970) 반면 추첨제는 시민 덕성 발달을 위한 실질적이자 대표성을 확보할 수 있는 참여적 제도가 될 수 있다. 추첨을 배제한 일상적인 참여민주주의 제도화는 크게 보면 두 가지 문제가 제기된다. 하나는 개인적으로도 사회적 여건상 참여가 고학력자, 고소득자 중심으로 전개될 수 있으며, 집단적으로도 대기업이나 전문직 협회와 같은 이익단체의 목소리로 왜곡될 수 있다. 즉, 참여의 대표성과 공정성 시비가 발생할 수 있다. 다른 하나는 전자민주주의와 국민투표와 같은 직접민주주의적 기제의 결합에 의한 보다 직접적인 참여의 방식의 경우 심의에 기반을 두지 않은 개개인의 즉각적인 선택이 될 수 있기 때문에 민주주의의 질이 저하될 수 있으며 마찬가지로 대표성 역시 문제가 될 수 있다. 추첨제는 특정 계층의 과다 및 과소 대표됨이 없이 평등한 정치 참여를 통해서 모든 시민들의 시민 덕성을 함양할 수 있으며, 또한 개개인 차원의 직접성이 아닌 다른 시민들과의 심의 과정을 통해 시민 덕성을 구성하는 여러 가치들을 학습할 수 있게 된다는 점에서 의의가 있다. 또한 참여 기회가 실질적으로 늘어나고 자기 자신도 대표자가 될 수 있다는 가능성의 제고로 정치 및 지역에 관심을 가지게 된다. 실제 참여를 통해서 민주주의에 요구되는 자질을 배울 수 있게 되어 민주주의가 요구하는 시민 덕성 발달을 촉진할 수 있다.

시민 덕성의 연장선상에서 함께 추가로 논의하고자 하는 것이 '책임성' 문제다. 추첨제를 반대하는 논리 중 하나가 선거 경우 재선을 위해서 그 책임을 다할 것이라고 기대할 수 있지만, 추첨 의원들은 그러하지 못하기 때문에 의정활동에 충실하지 않을 것이라는 것이다. 또한 선거로 의원이 된 이들은 본인 스스로 원해서 막대한 시간과 비용을 들이면서 노력했기 때문에 주어진 과업에 대한 의무감이 존재할 수 있지만, 추첨으로 선택된 이들은 아무런 노력도 없이 선택된 것이기 때문에 의정활동에 전념할 의무감, 사회적 책임감을 느끼지 않을 수 있다는 주장이 있다.(Carson · Martin 2008 : 23; Engelstad 1989 : 32) 이것이 전적으로 잘못되었다고 볼 수 없지만, 다음 사례를 통해서 일반 시민들의 책임감을 확인할 수 있다. 선거제도를 개혁하기 위해 선거구마다 남녀 한 명씩 두 명씩을 추첨으로 선출하여 구성했던 캐나다 브리티시컬럼비아 선거개혁시민총회 경우에서는 열한 달이라는 기간 동안 161명의 구성원 중 오직 1명만이 중도하차하였고, 출석률은 거의 100퍼센트에 가까웠다. 이와 함께 시민총회는 참여한 시민들이 어려운 이슈에 대하여 높은 수준의 능숙함을 발전시켜나가는 것을 확인할 수 있었다.(Ferejohn 2008 : 192~213) 또한 구성원들은 새로운 개념들과 기술들을 배우는 데 인상적인 헌신과, 그들의 토론에 서로 존경을 통해 고양된 시민권의 질을 보여주었다는 점에서 일반 시민들이 중요한 직무가 주어졌을 때 어떻게 하는지를 잘 보여주었으며 따라서 추첨으로 선택된 시민들의 책임성을 낮게 평가할 이유가 없을 것이다.(British Columbia Citizen's Assembly on Electoral Reform 2004)

8) 논의 요약

추첨제는 선거제와 비교한다면 민주주의의 일곱 가지 핵심가치들을 제고하는 데 있어서 상대적 가치가 더 큼을 알 수 있으며 결과적으로 추첨제가 민주주의 자체에 부합함을 설명하였다. 이러한 논의를 통해 최장집의 선거제도 개혁을 기반으로 하는 정당 강화는 본질적 한계가 있음을 간접적으로 입증하였다. 한편 민주주의의 일곱 가지 가치들은 각각 독립적이기보다는 상호 긴밀하게 연관되어 있음을 확인할 수 있다. 즉, 평등한 정치 참여를 통한 자기 결정의 자유를 제고할 수 있다는 점에서 자유와 평등이 함께 증진되는 것이며, 참여를 통한 학습 및 관심 증대는 시민 덕성 발달로 이어진다. 또한 배분적 정의가 실현되는 평등한 정치 참여를 통해 실질적으로 기술적 대표성을 담보할 수 있으며, 다양한 사회경제적 계층 및 집단들의 목소리가 정치에 반영됨으로써 공공선 추구의 기반이 된다. 한편 과학적 사회통계기법이 활용되어 사회 전체를 있는 그대로 반영할 있는 추첨제의 합리성은 그 결과로 기술적 대표성을 가져올 수 있게 된다. 선거제하에서 일상화되었던 정파 간의 갈등 및 정치부패 역시 사라지기 때문에 통합을 증진할 수 있으며 정치 불신이 사라지기 때문에 정치 자체에 대한 관심 증대를 가져올 수 있다는 점에서 시민 덕성 발달과 연결된다. 그러나 실제 추첨을 통해서 선발된 사람에게만 직접적으로 국한될 수 있다는 점에서, 자기결정의 자유 및 정치적 공직을 맡을 평등과 시민 덕성 함양의 경우는 다른 가치들과 약간 다른 점이 있다. 물론 일종의 '정치적 효능감'의 차원에서 '나도 동등하게 참여할 가능성의 기회를 가지고 나와 비슷한 사회경제적 배경을 가진 사람들이 대표자가 되어 내 목소리를 반영할 수 있다'는 점에서 분명 선거제에 비해서 긍정적일 수 있으며, 좀 더 정치와 사회에 대해서 관심을 갖게 하는 계기를 제공한다는 점에서 무시할 수 없지만, 시간이 흐를수록 본인이 직접 선택되는 가능성이 거의 없다는 것을 알게 된다면 그러한 효능감 내지 관심 역시 급속히 떨어질 수 있다는 점을 간과할 수 없다는 점이다. 즉, 추첨을 통해서 선택될 평등한 기회를 부여받는다고 하더라도 선택 가능성의 낮음으로 여전히 선택된 이들과 간격은 존재할 수밖에 없다는 점과, 자기결정의 적극적 자유 의미가 퇴색될 뿐 아니라, 참여를 통한 학습의 기회를 가짐으로써 시민 덕성의 발달 여지가 상당히 줄어드는 문제가 여전히 남는다. 이 점에서 의원 개인만을 추첨으로 대체하는 수준을 넘어서서 국회시민의원단, 각각 광역의회별 시민의원단, 그리고 각각 기초의회별 시민의원단을 창출함으로써 추첨제 일반에서 상대적으로 부족할 수 있는 자유 및 평등, 시민 덕성 함양 가치 역시 보완할 수 있다.[11]

---

[11] 국회 경우는 국회의원 정수에 50명씩을 곱한 인원을 추첨을 통해서 선출하여 정수만큼의 국회시민의원단을 구성한 후 각각의 시민의원단에서 한 명씩을 추첨하여 이들을 각각의 소속 시민의원단을 대리하여 임기 동안 국회의원 역할을 맡기는 방식이다. 국회의원으로 선출된 이들은 독자적인 판단을 하는 것이 아니라 소속 시민의원단 논의를 거쳐 결정한 내용을 국회에 전달하게 된다. 지방의회 역시 마찬가지 방식이다. 이 방식하에서는 시민의원단원으로 선택될 확률은 급속히 제고된다. 구체적 확률을 포함한 시민의원단의 구체적 선출방식 및 기능 등에 대해서는 이지문 2011 : 276~337을 참조.

다만 행정 권력까지 추첨으로 선출하지 않고 의회권력으로 한정한 것은 다음과 같은 이유다. 첫째는, 입법부처럼 수십 명에서 수백 명 단위로 구성되는 경우에서는 추첨을 통해서 선발되는 의원 중에서 설령 문제 있는 사람들이 포함되더라도 의회 전체로 봐서는 그 반대로 상당한 도구적 기술과 도덕적 능력을 갖춘 사람들 역시 선택될 수 있다는 점에서 상쇄될 수 있지만 대통령이나 지방자치단체장처럼 1인 경우 추첨을 통해서 객관적인 기준에서 무능력자나 문제가 있는 사람이 선택되는 경우에 의회와 같은 상쇄기능이 발휘되지 않기 때문이다. 둘째는, 입법부의 경우 그 구성에서 대표성이 제고되어 다양한 사회경제적 계층들의 목소리가 반영될 수 있지만 1인의 경우 그러한 대표성은 의미가 없어지기 때문이다. 셋째는, 손우정(2008 : 41)의 논의로, 민주주의 제도의 여백을 리더십을 통해 채우기 위함이다. 이러한 '리더십'의 인정은 고대 아테네에서도 찾아볼 수 있다는 점에서 역사적으로도 타당성이 있다. 즉, 500인 평의회와 시민법정 배심을 비롯하여 대략 700명 행정관 중 600명은 추첨제를 적용하였지만, 100명 정도의 행정관들은 민회에서 선거를 통해서 선출하였으며 추첨제와 달리 임기 제한이 없었다. 이는 전문가적 기술과 경험이 요구되는 것이라는 이유로, 총사령관들, 장군들과 같은 군사적 지도자들뿐만 아니라 재정 감사관처럼 재정 관리와 관련되는 특정한 공직자들은 선거되었다.

3. 함의

1) 사회운동의 제도정치화의 장場으로서 추첨제

추첨제 의회가 민주주의 가치들을 제고함으로써 민주주의에 부합한다는 논의에 이어 2008년 촛불집회를 계기로 활발해진 제도정치와 사회운동에 대한 사회적 논쟁에 보다 현실적이며 구체적인 대안이 될 수 있음을 밝히고자 한다. 이는 최장집의 제도정치 강화론에 대한 비판인 동시에 현실성이 결여된 직접민주주의 이행과 관념적 사회운동 역할론에 대한 비판이기도 하다. 들어가는 글에서도 살펴본 것처럼 촛불집회 당시 최장집의 논의는 일종의 대의민주주의 수렴론으로 받아들여져 많은 반론이 제기됐다. 오창은(2008 : 36~37)은 최장집이 제도정치에만 갇혀 있다면서 광장의 정치가 요구하는 제도의 변화를 주목하지 않은 채 제도정치로의 수렴을 요구하는 것은 모순이며 오히려 정치학자는 '광장의 정치인 촛불집회'의 요구를 수용할 만한 새로운 제도의 변화가 어떻게 이뤄져야 하는가를 탐구하는 것이 올바르다면서 비판하였다. 한편 김동성(2008 : 230)은 "촛불이 풀어야 할 과제는 직접민주주의를 어떻게 상시적으로 작동시켜 국민의 의견이 국가정책이 되도록 하는 것이냐이다. 이제 이만했으면 되었으니 이후는 국회에 맡겨보자는 것은 사태의 본질을 흐리는 행위이다. 직접민주주의의 상시적인 실현은 국민을 정치적 주체로 세우는 과정임을 촛불은 보여주고 있다"라면서 직접민주주의로 나아가기도 한다. 조희연 · 김동춘 · 유철규(2008 : 19 · 59 · 96 · 107)는 민주주의를 제도정치 중심으로만 파악해서는 안 되고, 제도

정치와 사회운동의 관계로 인식해야 한다면서 제도정치를 특정한 사회적·계급적 지형 내에서 유권자의 지지를 획득하기 위한 경쟁적 행위라고 규정한다면, 사회운동은 그러한 지형 자체를 변화시키는 행위라고 할 수 있다면서, 민주주의는 지형변화를 추구하는 '사회운동적 각축 활동'과 그 지형 내에서 지지를 획득하고자 하는 '제도정치적 각축 활동'의 상호관계 속에서 구성된다고 할 수 있으며 이 점에서 제도정치와 사회운동은 민주주의의 두 축이라고 규정하였다. 한편 일종의 중간적 차원의 주장으로, 정상호는 "정당정치와 운동정치 사이의 소통과 연계가 강화돼 민주주의가 한 단계 발전한다는 것이 보편적 패턴이다. 서유럽의 경우는 사회경제적 의제가 정당을 통해 관철되고, 생활정치나 지역정치를 통해 직접민주주의의 기제들이 일상에서 작동되고 있다"고 말했다.(『한겨레21』 2008) 본고는 제도정치와 사회운동 어느 한 쪽을 우선하지도 않으며 또한 부정하지 않으면서 '사회운동의 제도정치화'를 목적으로 한다. 바로 이 점에서 추첨제 의회가 실질적으로 제도정치와 사회운동을 보합하는 역할을 할 수 있다는 입장이다. 조희연·김동춘·유철규의 논의 핵심인 정치적 탈독점화를 통한 하층계급을 포함한 다중정치의 시대를 여는 것은 사회운동만으로 가능하지 않으며, 최장집의 논의는 기존 제도정치 내에서의 비례성을 일정 부분 증가시킬 수 있을지 몰라도 조희연·김동춘·유철규가 기도하는 모든 사회계층을 포괄하는 대표 체제를 창출할 수 없다. 이 점에서 본고는 비록 입법부 대체 수준은 아니지만 비상설 시민의회를 추첨을 통해 구성하자고 제시하는 김상준(2009 : 306)의 다음 논의를 수용한다. 그는 "2002년 미선·효순 사망 항의, 2004년 탄핵 반대, 2008년 쇠고기 재협상 요구 촛불집회에서 확인한 것처럼 밑에서 올라온 문제 발견의 신호를 시민의회 소집을 통해서 시민들이 느끼는 문제의 지점들을 파악하고 공정한 문제 해결의 방향을 적극적으로 설득력 있게 제기할 수 있다는 점에서 공공 의제에 민감하고 시민사회에 역동적으로 대응할 수 있다"[12]고 제시함으로써 대중운동을 제도정치권 안으로 가져오고자 했다. 이것은 최장집이 '촛불집회'와 같은 운동이 대안형성이 어렵고, 이슈의 위계질서를 세워 일상적으로 정책을 추구하기 힘들며, 정책 이슈 때마다 거리 시위에 나설 수는 없는 일이고 장기적으로 유지될 수 없다고 비판한 내용(오창은 2008 : 37)을 포섭할 수 있다는 점에서 의의가 있다. 그러나 비상설 시민의회 수준으로는 제도정치와 사회운동을 통합하는 데는 한계가 있다. 반면 추첨제 의회는 일상적인 사회운동의 제도정치화를 가능케 하고 이를 통해서 정치적 탈독점을 통한 '다중 정치' 시대를 현실 정치에서 구현될 수 있다. 그렇다고 해서 사회운동이 위축되는 것은 아니다. 추첨 의원들은 사회운동의 요구들을 제도정치에서 즉각적으로 반영할 수 있으며 추첨 의원들을 대상으로 다양한 이슈와 정책에 대해서 의견을 제시하고 이들을 추동할 수 있다는 점에서 그 역할이 더 강화될 수 있으며 현실 정치에서 반영될 여지가 지금보다 더 커질 수 있기 때문이다. 이 점에서 제도정치와 사회운동 간의 불필요한 논란 없이 사회운동이 지향하는 목표를 제도정치 내로 수렴하면서도 사회운동 존재 의미는 강화될 수 있다.

---

[12] 그의 시민의회 논의는 2007년이었고, 일부 내용을 추가하여 2009년 수정하였다.

2) 정당정치 강화의 수단으로서 추첨제

최장집이 중시하는 정당정치가 오히려 추첨제 의회에서 강화될 수 있음을 덧붙이고자 한다. 행정 권력의 장인 대통령과 지자체장은 선거를 통해서 선출하지만, 의회권력을 구성하는 국회의원과 지방의원은 추첨으로 대체하자고 하는 본고의 제안은 정당의 핵심 기능과 배치되기 때문에 정당약화를 가져올 수 있을 것으로 생각되어질 수 있으나 오히려 약화된 현대 정당정치를 강화시키는 계기가 될 수 있다. 현대 정당이 일반 대중과 괴리된 정치엘리트와 전문가 중심의 정당이며, 당원과 일반 유권자는 정당 지도자나 정치엘리트가 정치권력을 장악하는 도구나 수단에 불과하게 됨에 따라 대중적 지배 방식을 의미했던 정당민주주의가 청중민주주의로 전락한 지 이미 오래되었고 이로 인해 정당에 대한 불신과 불만족 증대, 당원의 감소, 투표율 저하 등이 확산되고 있는 추세다.(김영태 2009 : 134~135) 특히 한국에서는 당리당략과 정치권력에 따라 정당이 작동한다는 비판이 주를 이루고 있다. 선거철만 되면 기존의 정당이 해체되거나 분열해서 새로운 정당이 결성되기도 하는 등 정치인들은 자신의 이해관계에 따라 이합집산하기 때문에 한국의 정당은 철새정당, 선거정당이라는 오명을 듣고 있으며, 정치권력을 장악하기 위해서라면 지역감정에 호소함으로써 결과적으로 지역정당으로 전락하기도 한다. 나아가서 한국 정당은 1인의 지도자 내지 소수의 계파 보스가 절대적인 권력을 쥐는 정당 형태를 취하고 있음으로써 당내 민주주의를 불가능하게 만들고 있고 공천과 관련된 정치부패의 원인이 되기도 한다.(김비환 2002 : 151) 당원 역시 속칭 종

이당원인 명목상 당원이 주를 이루며, 당원에 대한 정치교육은 민주시
민교육 차원보다는 상대 당에 대한 비난의 학습화 수준에서 멈추고 있
는 현실에서 각종 선거운동 시 일선 선거운동원 역할 이상 기대하기
어려운 것이 현실이다. 이러한 문제는 보수정당에 집중되는 것이긴 하
지만 진보정당의 경우는 당내 정파 간의 갈등과 대립으로 분당되거나
분당된 정당 안에서도 또한 정파 갈등이 첨예하게 갈리는 가운데 평당
원의 역할이 상대적으로 위축됨으로써 또 다른 당내 민주주의 문제가
제기된다. 이러한 정당 내부의 문제뿐만 아니라 선거를 통해서 구성되
는 의회를 보면 앞서 살펴본 것처럼 결과적으로 지역주의에 기반을 둔
보수정당 일변의 의회구조를 산출함으로써 대표성 반영에도 실패하
고 있다. 이러한 정당의 현실에서 단지 정당이 중요하기 때문에 강화
해야 하고 그러기 위해서는 선거제도를 비례대표제로 바꾸어 사회 균
열을 반영할 수 있어야 한다는 최장집의 논의는 기본적 한계가 있다는
입장이다. 왜냐하면 다음 세 가지 점 때문이다. 하나는 정당이 더 이상
특정 계층이나 계급의 이익을 반영할 수 없기 때문이다. 물론 여전히
한국 사회에서 이념적으로, 그리고 계층적으로 나누어질 수 있고 상대
적으로 이러한 균열을 반영하고자 하는 정당이 존재하고 있고 그 필요
성을 무시하는 것은 아니지만 다양한 이슈가 존재하는 현대 사회에서
유권자가 특정 정당을 고정적으로 지지하기는 어려우며, 정책 이슈에
따라 정당을 달리 지지할 수도 있기 때문이다. 또 하나는 정당이 중요
하다고 하더라도 정당이 대표자 충원의 유일한 통로가 될 수 없기 때
문이다. 대표자가 되고자 하는 개인들 중에서는 상기와 같은 이유로
특정 정당을 선택하지 않을 수도 있고, 당내 민주주의가 활성화되지

않은 정당구조하에서 공천이라는 현실적 제약 때문에 무소속 출마를 할 수 있으며, 유권자 역시 무당층을 지지할 수 있다는 점에서 정당비례대표제 취지는 선거권 및 피선거권의 평등을 명백히 훼손하기 때문이다. 셋째는, 정치엘리트 사이의 교체일 뿐이지 일반 국민의 정치 참여는 여전히 지금과 다르지 않을 것이기 때문이다. 본고의 제안의 경우 의회권력에서 정당의 역할 자체가 없어지기 때문에 정당약화로 이어질 수 있다고 반론을 제기할 수 있으나, 행정 권력의 장은 선거로 선출하기 때문에 정당의 존립 기반은 여전히 유효하다. 더욱이 한국적 현실에서 3권분립을 표방한다고 하더라도 상대적으로 의회권력보다 행정 권력이 강하다는 점에서, 그리고 정당의 목표가 '정권 획득'이라는 것을 고려한다면 의회권력을 추첨제로 대체한다고 하더라도 정당이 급속히 쇠퇴할 것으로 보기 어렵다. 오히려 정당들이 유일한 선거로 남게 된 행정권력 선거에서 승리하기 위해서 추첨으로 구성된 의원들을 설득하고 나아가 일반 국민들에게 이익이 되는 방향으로 더 노력할 수밖에 없게 되기 때문에 정당 간의 경쟁이 보다 강화될 것이다. 이러한 경쟁은 지금처럼 미디어를 통한 광고와 여론 조작 차원이 아니라 1차적으로는 추첨의회를 통해서, 2차적으로는 직접 국민과 대화를 통해서 이루어지기 때문에 정책 개발에 더 충실하게 되어 진정한 '정책정당'으로서 역할을 할 수 있다.[13] 그리고 누구든지 의원이 될 수 있기 때

---

[13] 다만 이러한 반론이 제기될 수 있다. 의회가 정당을 기반으로 하지 않고 추첨으로 구성되는 상황에서 집권당(대통령과 각각의 지자체장 소속 정당) 이외에는 추첨 의원들을 상대로 정당 입장을 개진할 수 없게 된다는 지적에 대해서 정책이나 법률안 등에 대해서 정당의 입장을 의회에 전달할 수 있는 장치를 마련함으로써 일정 부분 해소할 수 있을 것이다. 예를 들면 지금의 교섭단체 대표연설처럼 정당 대표의 연설을 유지하고 서면 제출 방식 등으로 의회에서 다루는 이슈에 대해서 의견을 피력할 기회를 제공한다.

문에 선거 때가 아니더라도 평소 일반 국민을 대상으로 지속적으로 정당 입장을 홍보할 필요가 있게 된다. 이와 함께 지금처럼 지역에 기반을 둔 보수정당들의 일방적인 우세가 아니라 진보정당들을 지지하는 추첨 의원들이 지금보다는 상대적으로 많아짐으로써 정당 강화론자들이 줄기차게 제기하는 보수독점을 실질적으로 깰 수 있다는 점에서 보수-진보 중심으로 정당 개편을 가져올 수 있는 계기가 될 수 있으며, 이는 대표성의 중요한 한 측면을 제고하게 된다. 또한 의회 차원의 추첨제 이외에도 정당 내부 차원에서 대의원 배정 시 추첨제를 선택한다면 당내 민주화를 촉진할 수 있게 된다.[14] 지금처럼 일반 당원들이 정당의 중요한 문제를 논의하고 결정하는 과정에서 배제되고 오히려 세력화된 정파나 계파의 이해관계와 의사에 따라 운영되는 정당이 아니라, 대의원이 된 일반 당원들의 의사가 정당의 정책과 노선, 그리고 공직출마 후보들을 결정하는 데 결정적 역할을 하기 때문에 당내 민주화를 실질적으로 이끌어낼 수 있게 되며 당원들 역시 선거운동에 동원되는 협소한 역할에서 실질적인 정당의 주인으로서 기능을 할 수 있는 계기가 마련된다. 이 점에서 추첨제는 정당을 강화하면서도 의회를 지금처럼 정당 간 갈등과 대립의 장이 아닌 심의와 토론의 장으로 전환시켜 공공선 추구에도 기여할 수 있으며 당원들이 대의원으로 선정되어 정당 참여를 할 수 있게 되기 때문에 정치학습을 통한 시민 덕성 함

---

[14] 진보신당은 대의원 중 10퍼센트를, 녹색당은 대의원 전체를 추첨으로 선발하는 규정을 두었으나, 양당은 2012년 4·11 총선 결과 한 석도 얻지 못하였고 유효투표 역시 2퍼센트에 미달함으로써 정당법 제44조에 따라 등록이 취소되었다. 녹색당이 녹색당 더하기로 재창당하면서 대의원 전체를 추첨으로 선발하여 2013년 3월 16일 대의원대회를 개최하였다.

양으로 이어질 수 있게 된다.

4. 나오며

한국 민주주의 위기 극복 차원에서 추첨제를 제안하는 본고를 통해서 선거제도 개혁을 기반으로 정당정치 강화를 주장하는 제도민주주의적 입장인 최장집 논의를 비판하였다. 다만 본고는 한국 민주주의 위기를 정당정치 강화, 선거제도 개혁 등 기존 선거라는 틀 속에서 해결하고자 하는 최장집에 대한 비판에 국한하는 것이 아니라, 국민투표·국민발의·국민소환과 같은 직접민주주의제적 기제 도입이나 전자민주주의와 결합한 국민투표 방식의 직접민주주의 논의에 대한 비판과 함께, 참여민주주의 활성화 논의 역시 자문 수준이 아닌 결정 권한을 보유한 구체적 제도화 방안이 아닌 원론적인 정당성에 대한 논의에서 벗어나지 못하고 있는 현실에 대한 비판을 전제로 하고 있다. 또한 추상적이며 관념적인 주제 논의와 지나친 사회운동 강조론 역시 해답이 될 수 없다는 것을 기본 인식으로 하고 있다. 이러한 점에서 향후 민주주의 연구에서 추첨제가 중요한 역할을 할 수 있을 것으로 기대한다. 다만 추첨제 자체가 오늘날에는 영미권 국가 위주의 사법 배심제를 제외하고는 공적 영역에서의 시행을 찾아볼 수 없고 국내뿐만 아니라 외국에서도 연구가 아직 왕성하지 않은 상황에서 본고의 논의는 한계가 있을 수밖에 없다. 특히 무능력과 무책임을 거론하면서 추첨제 자체를 반대하는 논리에 대한 보다 적실성 있는 반론을 제기하기 위해

서는 보다 심층적인 연구와 함께 2008년부터 시행되고 있는 국민참여
재판제도 사례 연구 역시 병행되어야 할 것이다. 이와 함께 정당 및 노
조 등 결사체에서 대의원 선정을 비롯하여 지자체 단위에서의 주민참
여예산제 및 시민배심 등 추첨을 활용한 참여의 제도화 등을 통해서 사
례 연구 대상이 증가한다면 긍정적인 측면과 우려되는 지점에 대한 보
다 면밀한 논의가 가능해질 것이며 이를 바탕으로 추첨제 의회로까지
나아갈 수 있는 이론적 기반과 실증적 근거를 확보할 수 있을 것이다.

참고문헌

김동성, 「촛불과 함께, 공공부문 사유화 저지와 사회화 투쟁을」, 이철호 · 박영균 · 남구현 · 이광일 · 김동성, 『대한민국은 민주공화국이다?』, 서울 : 메이데이, 2008.

김영태, 「정당과 민주주의」, 민주화운동기념사업회연구소 편, 『민주주의 강의 3 — 제도』, 서울 : 민주화운동기념사업회, 2009.

박민용, 「선거범죄양태 및 예방에 관한 연구」, 전북대 법무대학원 형사사법학과 석사논문, 2009.

서복경, 「의회와 민주주의」, 민주화운동기념사업회연구소 편 『민주주의 강의 3 — 제도』, 서울 : 민주화운동기념사업회, 2009.

손우정, 「추첨을 통한 위임권력 창출」, 흥사단 편 『모든 권력은 국민으로부터 나오는가? 시민토론회 자료집』, 서울 : 흥사단, 2008.

신명순 · 진영재, 「돈 쓰는 선거의 경험적 분석 — 제16대 총선을 중심으로」, 한국행정학회, 『한국행정학보』 제35권 제4호, 2001.

오창은, 「지식인은 촛불과 함께 진화하고 있는가」, 이병천 편, 『촛불이 민주주의다』, 서울 : 해피스토리, 2008.

윤종빈, 「대의민주주의의 위기와 직접민주주의」, 『국회도서관보』, 2008. 8.

이지문, 「한국 민주주의 질적 고양을 위한 추첨제 도입 방안 연구」, 연세대 대학원 박사논문, 2011.

정영태, 「민주주의와 제도」, 민주화운동기념사업회 연구소 편, 『민주주의 강의 3 — 제도』, 서울 : 민주화운동기념사업회, 2009.

조희연 · 김동춘 · 유철규, 「'민주화 이후 민주주의'의 복합적 갈등과 위기에 대한 새로운 접근」, 조희연 · 김동춘 편, 『복합적 갈등 속의 한국 민주주의』, 파주 : 한울, 2008.

김비환, 『데모크라토피아를 향하여』, 서울 : 교보문고, 2002.

김상준, 『미지의 민주주의』, 서울 : 아카넷, 2009.

김하룡 · 한배호 · 김용기 · 서진영 · 강성학, 『정치학원론』(개정판), 서울 : 박영사, 1982.

문지영, 『자유』, 서울 : 책세상, 2009.

민주화운동기념사업회, 『민주주의의 요소』, 서울 : 민주화운동기념사업회, 2008.

민주화운동기념사업회 교육사업국, 『시민교육 현장 지침서』, 서울 : 민주화운동기념
　　사업회, 2010.
손낙구, 『대한민국 정치사회지도―수도권편』, 서울 : 후마니타스, 2010.
손석춘, 『민주주의 색깔을 묻는다』, 서울 : 우리교육, 2010.
중앙선거관리위원회, 『제16대 국회의원선거총람』, 2000.
＿＿＿＿＿＿＿＿＿, 『제17대 국회의원선거총람』, 2004.
＿＿＿＿＿＿＿＿＿, 『제18대 국회의원선거총람』, 2008.
＿＿＿＿＿＿＿＿＿, 『대한민국 선거사』 1집(재판), 1981a.
＿＿＿＿＿＿＿＿＿, 『대한민국 선거사』 2집(재판), 1981b.
＿＿＿＿＿＿＿＿＿, 『대한민국 선거사』 3집, 1986.
＿＿＿＿＿＿＿＿＿, 『대한민국 선거사』 4집, 2010a.
＿＿＿＿＿＿＿＿＿, 『대한민국 선거사』 5집, 2010b.
＿＿＿＿＿＿＿＿＿, 『대한민국 선거사』 6집, 2010c.
최장집, 『민주화이후 민주주의』, 서울 : 후마니타스, 2002.
＿＿＿＿・박찬표・박상훈, 『어떤 민주주의인가』, 서울 : 후마니타스, 2007.

다카하시 쇼이치로, 박재현 역, 『이성의 한계』, 서울 : 책보세, 2009.
마넹, 버나드, 곽준혁 역, 『선거는 민주적인가』, 서울 : 후마니타스, 2007.
바버, 벤자민, 박재주 역, 『강한 민주주의』, 서울 : 인간세상, 1992.
비담, 데이비드・보일, 케빈, 이창호・윤병순 역, 『민주주의를 이해하는 여든 가지
　　물음』, 서울 : 오름, 1999.
헬드, 데이비드, 박찬표 역, 『민주주의의 모델들』, 서울 : 후마니타스, 2010.

British Columbia Citizen's Assembly on Electoral Reform, *Making Every Vote Count-The Case
　　for Electoral Reform in British Columbia*, British Columbia, Canada. 2004.
Callenbach, E. ・Phillips, M. A, *Citizen Legislature,* London : Imprint Academic, 2008.
Carson, L. ・Martin, B., *Random section in politics,* Westport, CT : Praeger Publishers, 2008.
Dowlen, O, *The political potential of sortition*, London : Imprint Academic, 2008a.
＿＿＿＿＿＿, *Sorted-Civic Lotteries and the Future of Public Participation,* Toronto : MASS LBP,
　　2008b.
Engelstad, F., "The Assignment of Political Office by Lot", *Social Science Information* 28, 1989.

Ferejohn, J., "Conclusion-The Citizens' Assembly Model", Mark E. Warren · Hilary Pearse(eds.), *Designing Deliberative Democracy-The British Columbia Citizens' Assembly*, Cambridge : Cambridge University Press, 2008.

Gohler, G., "Controlling Politics by Sortition", Delannoi, G. · Dowlen, O. *Sortition*, London : Imprint Academic, 2010.

Pateman, C., *Participation and Democratic Theory*, Cambridge : Cambridge University Press, 1970.

「'18대 국회의원 299명' 학맥 · 부동산 완전 해부」, 『일요신문』, 2008.6.10.

「대법원, 시행2년을 맞이한 국민참여재판에 대한 업무성과 분석」, 『대법원 뉴스레터』 제58호, 2010.3.25.

「도입2년, 국민참여재판 성과와 한계」, 『서울신문』. 2009.12.15.

「선거법 위반 줄었으나 금품선거는 여전」, 『연합뉴스』, 2010.6.1.

「시민인권선언부터 개헌까지」, 『한겨레21』 제719호, 2008.7.17.

중앙선거관리위원회 대상 정보공개청구 수령자료, 2011.5.12.

중앙선거관리위원회 홈페이지 선거통계시스템.

9장 | 최장집의 민중-민주주의와 자유주의 |

황병주

1. 민주주의와 주체

한국전쟁 이후 한국 정치의 기본 구도는 민주주의를 중심축으로 하는 것이었다. 주지하듯이 한국에서 자유민주주의는 지배담론으로 출발했다. 북한의 공산주의와 대칭 구도를 이루면서 남한의 자유민주주의는 지배체제 정당화의 기본적인 이데올로기적, 담론적 자원으로 기능해왔다. 지배담론으로서의 자유민주주의가 저항담론으로 확장되는 과정이야말로 한국 정치의 가장 중요한 변곡점 중의 하나라고 할 수 있을 것이다. 4·19 이후 지배와 저항 모두 민주주의를 정치적 정당화의 기본 요소로 채택하게 되었다.

민주주의의 확장 또는 확산 과정의 원인과 배경은 그 자체로 중요한 분석대상이기는 하지만, 어쨌든 민주주의를 빼놓고 한국 정치를 논의하는 것은 불가능해졌다. 민주주의의 확산 과정은 다른 측면에서 복수화를 의미하는 것이기도 했다. 복수화된 민주주의, 그것은 곧 지배담론으로서의 자유민주주의가 저항 담론으로 확산되면서 희석되고 오염되는 과정이었다. 지배담론이되 지배적일 수 없었던 자유민주주의는 반공주의로 스스로를 보호해야만 했다. 거꾸로 선 공산주의에 불과한 반공주의는 자유민주주의의 보호막이자 동시에 감옥이기도 했다. 반공주의 밖은 위험하고 불온하며 예측불가능한 타자들의 세계로 재현되었고 자유민주주의는 반공주의가 제공하는 안전한 주체의 감옥으로 유폐되어야 했다. 게토화된 자유민주주의는 역설적으로 야생의 민주주의를 꽃피우는 조건이 되었다.

민주주의는 사실 모호하고 불확정적인 비결정 상태로서의 흐름에 열려있는 것이다. 대의민주주의와 직접민주주의 사이의 무수한 스펙트럼은 물론이고 절차적, 제도적 차이 또한 하나로 고정될 수 없는 민주주의의 변이들을 만들어낸다. 루소의 일반의지에 대한 다양한 해석이 가능한 만큼이나 인민주권, 데모스의 지배 역시 비결정 상태로서만 정치적 효과를 낼 수 있을 뿐이다. 아울러 민주주의는 정치적 심급을 넘어 일상과 관습의 영역으로도 확장되었다.

민주주의의 확산에 따라 다양한 의미로 변이가능해진 민주주의는 기표와 기의의 분리를 숙명적으로 받아들여야 했다. 정치와 일상의 세계에서 모든 언어는 특정의 맥락 속에서만 의미화될 수밖에 없게 된다. 민주주의의 기표와 기의가 분리되고 끊임없이 미끄러지게 됨으로써 그것은 텅 빈 기호체계처럼 되어버렸다. 요컨대 너무 많은 민주주의, 과잉민주주의의 딜레마를 돌파하기 위한 시도들은 '진정한 민주주의'에 대한 주장들로 나타났다.

물론 진정성 경쟁은 진공상태에서 이루어지는 것은 아니었다. 한국 전쟁 이후 구조화된 이데올로기 지형을 비롯해 민주주의는 특정의 역사적 맥락, 특정한 방식으로 패인 홈을 벗어나기 곤란했다. 한국에서 자유민주주의가 누리는 특권적 위치는 고유한 역사적 결을 간직하고 있는 것임에 틀림없다. 접두어 '자유'가 누리는 특권에 대한 도전은 다양한 수준에서 시도되었는데, 민중은 자유에 대한 가장 강력한 도전 가운데 하나였다.

민주주의가 보편적 정치언어처럼 기능하고 있는 상황에서 결국 문제는 어떤 민주주의인가와 함께 누구의 민주주의인가가 제기될 수밖에 없었다. 민주주의의 내용을 둘러싼 해석의 전쟁이 전개되는 와중에 주체문제는 민주주의를 전유하는 다른 심급의 전략과 실천을 요구하는 것이었다.

민주주의는 그 자체로도 불가피하게 주체문제와 연루될 수밖에 없다. 어원 그대로 민주주의는 '데모스의 지배'인 것인바, 여기서 문제는 데모스는 과연 누구인가라는 것이다. 근대 이후 데모스로 재현되는 집단 주체는 통상적으로 인민people이었고 '인민주권'은 근대 민주주의의 기본 원리로 인정되었다. 주권과 인민의 결합은 그 자체로 거대한 사건임에 틀림없었다. 주권의 근거를 인민에게서 구하게 된 근대 정치의 가정법은 인민의 획정을 정치의 기본 문제로 삼게 되었다.

먼저 인민의 획정은 근대 국민국가라는 특정의 정치공동체 구성원임을 전제하는 것이었다. 따라서 인민은 무엇보다 국민nation으로 획정되어 시민권자로 등록되어야 하는 것이었다.[1] 국적이 곧 정치적 권리를 규정했던 것이다. 문제는 이러한 법적, 제도적 형식 규정으로 인민의 획정이 종결될 수 없다는 것이었다. 형식적 평등에도 불구하고 실제 현실에서 인민은 복잡한 분할선을 따라 산포된, 인민의 잠재태로만 존재했다. 칼 슈미트의 결단주의를 인정할 수 없다면, 일반의지로서의 인민을 구성해내야만 되었다. 설령 주권자의 결단을 인정한다 해도 그것은 인민의 의지로 재현되어야 했다. 결국 근대 정치의 가정법은 인민의 구성을 선차적 과제로 제시하는 것이었다.

인민의 구성이 존재론적 차원의 문제가 아님은 분명했다. 제도적 형식이나 사회경제적 존재 구속성이 인민을 자동적으로 보장해줄 수는 없었다. 인민의 구성은 곧 재현의 정치가 근대 정치의 기본 문법이 되어야 했음을 말해준다. 스스로를 인민으로 재현하기 위한 정치적 실천이야말로 근대 정치의 소실점 같은 것이 되었다.

재현의 정치는 곧 기표와 기의의 분리를 전제하는 것이었다. 데모스라는 기표의 지시대상으로 끊임없이 재현되는 주체들의 경합과 교체 속에서 데모스는 항상 텅 빈 기표로 남아있어야 되었다. 즉 데모스는 끊임없이 재현되어야 하지만 그것은 충족될 수 없는 불가능한 기획이어야 했던 것이다.

데모스가 이와 같이 텅 빈 기표가 되었다는 것은 접두어 민주주의의

---

1 국가가 민족형태로 구성되는 현실 민주주의에서 인민은 곧 국민 / 민족nation과 다르지 않다. 이는 현실 민주주의의 데모스demos가 '봉기적 대중'이 아니라, 국민 / 민족 국가에 의해 구획되고 재구성된, 법률에 따라 등록된 시민citizen이라는 것을 의미하는 것이며 현실 민주주의는 봉기적 대중이 수동적 대중으로, 국민 / 민족을 구성하는 시민으로 전환되는 한에서 작동하는 것임을 뜻한다. 엄밀히 말해서, 한 국가의 시민이 아닌(법적이든 정치적인 이유든) 시민 범주 외부의 '타자'일 경우, 그 / 녀에게 민주주의는 없다. (김정한 2005 : 26)

출현으로도 반증된다. 주체를 포함하되 주체가 사라진 민주주의는 다시 한 번 주체의 규정력으로 대리보충되어야 했다. 민주주의를 전유할 인민, 민중, 시민이 등장해 민주주의와 접합됨으로써 민주주의의 주체 문제를 해소하려 한 것이다.

이는 곧 민주주의가 주체가 소거된 그 무엇으로 전환되었다는 것을 의미했다. 즉 민주주의는 형식적 절차와 실질적 내용으로 분리되었고 그것은 주체가 소거된 보편적 형식과 내용으로 재규정된 것이었다. 이제 민주주의는 모든 주체를 가로질러 횡단하는 비주체적 실천의 무대 또는 심급이 되었다. 다른 말로 특수한 주체를 포기함으로써 보편적 형식을 취하게 된 것이기도 했다. 현대의 데모스는 누구인가라는 질문에 데모스는 불가능한 주체라는 답변이 돌아왔고 민주주의는 주체를 떠난 형식으로 귀착되었다.

애초 민주주의가 데모스라는 분명한 주체의 자기 지배방식을 표현한 것이었다면, 근대의 민주주의는 형식과 내용이라는 비주체적 틀로 전화되었던 것이다. 이러한 '주체 없음'의 상황은 민주주의의 확산이자 보편화로 연결될 수 있는 것이긴 했지만, 다시 한 번 주체와의 접합을 불가피하게 한 것이기도 했다.

이러한 상황을 제도적 형식으로 돌파하고자 한 것이 정당일 것이다. 데모스의 재현은 불가능했으며 형식적 주체로서의 시민권자 또한 무차별적 국민으로 함몰해버림으로써 실질적으로 민주주의는 주체없는 형식과 제도로 전화되었고 그 제도 공간의 주체로 등장한 것이 정당이었다. 정당이 민주주의의 형식적 주체이자 실질적 행위자로 등장하면서 데모스의 지배는 정당의 권력 장악으로 대체되었고 데모스는 주권자에서 유권자로 재규정되었다. 데모스의 직접행동 대신 유권자의 투표행위가 등장한 셈이었다.

보통선거를 제도적 핵으로 하는 근대의 대중 민주주의는 양화의 정치, 다시 말해 다수결의 정치를 의미한다. 대중은 다른 그 무엇보다 양적 우위를 기본적 특징으로 성립했다. 대중을 질적 수준으로 측정하거나 정의내릴 수 있는 방법은 지금까지 거의 실패한 기획이 되었다. 대중의 질적 규정은 오직 동질화된 양적 다수 이상으로 나아갈 수 없다. 즉 타인들과 구별되지 않는다는 점이 유일한 구별 기준이 되는 존재가 대중인 것이다.[2]

대중의 출현 자체가 부르주아에게는 거대한 공포였다. 나아가 대중의 정치적 진출은 '대중의 반역'으로 여겨졌다. 더 이상 소수에게 온순하지 않고 스스로가 주권자임을 믿게 된 대중의 출현은 근대 부르주아 정치를 위기로 빠뜨리는 것처럼 보였다.[3] 과거의 대중은 소수 엘리트의 선택을 받아들이는 것, 엘리트가 제시한 이러저러한 프로그램 중 하나를 선택하는 것에 지나지 않았다면, 이제 사태는 전혀 달라지게 되었다.(오르테가 이 가세트 2005 : 67) 그것은 보통선거권이라는 타협책으로 봉합되기도 했지만, 여전히 불안의 근원이 해소된 것은 아니었다.

집합적 인민으로 구성되어가는 대중에 대한 공포는 개체 수준의 배

---

2 대중이란 평균인el hombre medio이다. 단순히 양적인 의미의 군중이 이제 질적 특성을 지닌 존재, 곧 공통의 자질과 사회적 무소속성을 특징으로 하는 존재, 자신을 타인들과 구별하지 않고 오히려 일반적 유형을 되풀이하는 사람으로 전환된다.(오르테가 이 가세트 2005 : 19)

3 가세트는 1930년대에 '관대한 민주적 영감이 담긴 평등권들이 이제는 이상과 열망의 차원을 넘어 무의식적 욕구와 가정으로 바뀌었다'는 현실 진단 아래 대중의 반역을 우려했다.(위의 책 : 32~33)

제와 포섭전략으로 연결된다. 즉 집합적 주권자로서의 인민 대신 개체로서의 개별 피 / 선거권자의 재현이 중요해지게 된 것이다. 개개인이 주권자가 됨으로써 정치적 공동체의 구성원으로 포섭되었다면 주권은 이미 평범한 것, 다시 말해 국가권력의 강제력과는 다른 수준의 상징적 주권으로 격하된 것을 의미했다. 동질적이고 평등한 주권자의 무리는 실상 축군의 무리와 별반 다를 것이 없는 존재였다. 개체 수준에서 무의미해진 주권은 곧장 국가 수준으로 집중될 것임이 분명하다. 평등한 주권자들과 불균등한 주권 권력의 배분이 야기할 모순과 위기는 다시 한 번 재현의 정치를 통해 정당화되어야 했다.

균질적이고 동등한 주권자들 중 누가 주권 권력의 불균등한 배분에서 더 많은 몫을 차지할 것인가. 재현의 정치가 발견한 최고의 제도적 장치는 선거와 투표였다. 그것은 평등한 주권자들을 선거권자와 피선거권자로 분할하며 나아가 능력별 위계서열로 주권의 불균등한 배열을 완성한다. 다양한 우여곡절과 여러 변수에도 불구하고 선거 경쟁의 승리자는 유능력한 존재로 수렴되고 패배는 무능력의 결과로 수렴된다.

이러한 과정은 정치를 필연성이 관철되는 세계로 만들어버렸다. 가끔 이변으로 표현되는 현상이 나타나기도 하지만 정치는 유능력자들의 선출 권력으로의 전화 과정을 정당화하는 것으로 고정된다. 결국 평등한 주권자들이 불평등한 주권 배분을 구성하는 자기모순적 실천의 주체로 배치된 것이다. 이 층위에서 민주주의는 집합 주체의 정치적 실천이 아니라 개별 주체의 능력 발휘의 무대가 된다.

정치적 평등이 능력-무능력의 분할선을 따라 불평등한 주권 배분으로 귀결되는 과정은 외적 강제와 모순의 결과가 아니라 자유롭고 평등한 존재들 사이의 능력의 불균등을 반영한 것으로 나타난다. 사람들 사이의 능력차는 곧 평등한 차별을 정당화해주는 것이 된다. 모든 사회적 차별과 적대는 오직 인간의 내적 본질로 환원되어 설명될 뿐이다. 그 내적 본질의 본질은 곧 정신, 지능이 될 것이다. 이러한 맥락에서 랑시에르가 말하는 '지능의 평등'이야말로 정치적 평등, 나아가 사회적 평등의 전제 조건이 되어야 할 것이다.[4]

이는 자유주의와 개인주의 차원에서 강조된 인간의 평등과는 겹쳐지면서도 갈라지는 것이었다. 인간 지능의 차이와 차별이 자유주의적 개인의 전제 조건처럼 기능한다는 점에서 그것은 평등한 차별에 가까운 것이다. 롤즈가 더욱 정교화했던 기회의 평등으로 실질적 불평등을 무마하고자 한 기획은 자유주의가 도달할 수 있는 지점을 잘 보여준다.

자유주의의 불안 속에 호모 사케르가 나타났을 것이다. 아감벤에 따르면 국민국가의 시민권을 얻는다는 것, 다시 말해 정치적 주체로 인정된다는 것은 곧 생명을 담보로 한 정치화에 다름 아니다. 즉 주권 권력에 의한 면책살해의 대상이 되는 호모 사케르가 근대 국민국가의 인민, 국민, 시민인 것이다. 시민권은 벌거벗은 생명에게 발급되는 면사첩 같은 것이지만 그것은 언제든지 회수될 수 있다는 조건으로 특징된다. 호모 사케르와 시민은 동일한 개체 안의 이중화된 주체성의 근원인 것이다. 목숨을 담보로 정치적인 것과 연루되는 것, 이것이 근대 민주주의가 제공한 정치적 주체의 존재양식인 것이다. 주권권력에게 생

---

4 랑시에르는『무지한 스승』에서 인간 지능의 평등을 강조한다. 그는 자코토를 통해 그 평등함을 경험적 사실인 것처럼 강조하지만, 사실상 인간 지능의 평등은 경험적으로 확인된 사실이라기보다 정치적 주장에 가까운 것으로 보인다. 즉 그것은 자명한 진리가 아니라 정치적 실천을 통해 구성되어야 할 평등인 것이다. (랑시에르 2008)

사여탈권을 장악당한 정치적 주체로서의 인민은 근대 이후 '내부의 차이가 극단적으로 제거된 동질적 집단'으로 재현되어야 했다. 요컨대 "나치의 절멸작전은 독일민족을 근원적인 생명정치적 분열을 극복한 인민으로 만들기 위해서였"던 것이다.[5]

민주주의가 대중과 접합되면서, 달리 말해 민주주의를 통한 대중의 정치적 주체화는 일종의 소크라테스의 독배와 유사한 것이다. 그것은 언제 어디서나 생명의 회수를 조건으로 한 정치적 주체로서의 삶을 보장해 준다. 대중은 민주주의를 통해 자신의 생명의 보호, 정치적 정당성의 근원을 확보했다고 생각했지만, 그것은 그 반대편의 죽음, 정치적 부당함을 조건으로 작동하는 것이다.

여기서 민주주의의 기표와 기의의 분리 문제를 재고할 필요가 있을 것이다. 민주주의가 텅 빈 기표로 등장한다면, 무수히 많은 기의와의 조우는 불가피할 것이다. 기의의 복수성은 민주주의의 역동성의 근원이기도 하지만, 불안정성의 조건이기도 할 것이기에 당대의 데모스 또는 재현 주체의 불안의 근거가 되기도 할 것이다. 기표의 개방성과 예측 불가능성을 기의의 해석 또는 재현으로 봉쇄하는 것이 곧 스스로를 데모스로 재현하는 전략의 핵심이 된다. 스스로를 데모스로 재현한다는 것은 그것의 바깥 경계선을 획정할 수 있게 된다는 것이며 데모스의 삶-사회와 그 바깥의 죽음-자연에 대한 권력을 실천한다는 것이다. 요컨대 데모스의 이름으로 호모 사케르가 구성되는 것, 주권자의 호명으로 타자들이 출몰하는 것 이것이 민주주의 기표 효과와 연동되

---

5 아감벤 2008 : 336~338. 나치 인종주의 논리에 충실했던 페르슈어는 '정치란 달리 말해서 (…중략…) 인민의 생명에 일정한 형식을 부여하는 것'이라고 주장했다.(위의 책 : 283)

는 것이다.

　기표 효과를 통제하기 위한 기의의 제한과 통제, 민주주의에 대한 해석 권력의 작동을 통한 정치가 가장 역점을 두는 것이 바로 제도화, 제도적 실천 메커니즘의 자연화이다. 기표가 제도 밖으로 확산되는 것은 불가피하기에 제도는 언제나 기표 효과라는 위험한, 계산 불가능한 자연상태의 안티 테제로 등장해야 한다. 그러나 이러한 제도적 실천이 저항을 완전하게 봉쇄한다는 것은 불가능하다. 다시 말해 역사상 자주 반복되었듯이 지배 이데올로기가 대항 이데올로기로 전화되는 과정은 특정 정세하 주체적 실천을 매개로 기표와 기의의 미끄러짐을 조건으로 하는 것이었다.[6]

　정당은 민주주의 제도화의 중요한 세팅 요소임에 틀림없다. 즉 민주주의의 제도화는 선거-제도와 정당-제도를 두 축으로 작동한다. 선거-제도가 텅 빈 권력을 상징한다면, 정당-제도는 그것을 채워주는 주체 효과의 핵심으로 배치된 것이다. 텅 빈 권력 기표로 돌진해 간 정당-제도는 곧 국가권력으로 재구성된다. 요컨대 선거-제도와 정당-제도는 국가-제도-권력의 정치적 생산양식으로 나타난 것이다.

　정치적 생산양식의 생산성, 효율성을 보장하기 위한 '정치적 노동계급'의 구성이야말로 대중 민주주의의 핵심 기제로 등장했다. 여기서 대중은 이중의 노동계급으로 구성되는 것이다. 1인 1표의 정치적 평등을 조건으로 한 정치적 생산양식은 투입량과 산출량의 양적 등가를 전제로 하는 것처럼 보이지만 자신의 노동으로부터 소외되는 것 또한 불

6　김정한은 광주항쟁과 천안문 사건을 비교해 지배 이데올로기를 통한 저항이 어떻게 가능했는가를 분석했다. (김정한 2009)

가피하다. 투입-산출의 등가성 또한 재현의 정치를 통해 비틀린다. 1인 1표라는 양적 등가성은 재현의 정치를 통해 부등가 교환으로 치환되어 일반의지화된 권력의 등록상표 값으로 지급될 뿐이다. 평등한 주권성이야말로 계약론의 홈 패인 수로를 따라 주권 권력의 바다로 수장될 운명에 처한 호모 사케르의 멋진 이름표일 뿐이다.

요컨대 양적 평등화의 정치는 주권 권력의 질적 지배를 위해, 주권 권력의 생산을 위해 투입되는 노동 시간의 평등에 다름 아니다. 노동 시간의 양적 균질화야말로 자본-임노동 생산체제가 작동할 수 있는, 자본의 비밀이었다면, 정치적 생산양식으로 투입되는 균질적, 등가적 주권자의 노동-투표야말로 부르주아 정치, 대의민주주의가 작동할 수 있는 근대 정치의 비밀일 것이었다.

우리는 민주주의가 초래한 거대한 변화를 기억한다. 민주주의의 이름으로 거대한 대중투쟁이 이루어졌는가 하면 그것을 통해 이루어진 정치적 주체화의 경험은 인민의 역사적 형성 과정이기도 했다. 그러나 또한 우리는 그 과정이 야생의 대중을 길들이는 과정이기도 했다는 점을 기억해야만 할 것이다. 민주주의가 정치적 주체화 형식이자 부르조아의 지배를 관철시키는 제도적 실천이기도 했다는 점을 기억할 때, 우리는 다시 한 번 주체문제를 고민하지 않을 수 없다. 민주주의가 보편 형식으로 확산될수록 주체의 문제설정은 더욱 절실해질 수밖에 없을 것이다. 20세기 후반기 한국의 민주주의는 민중 개념을 빼놓고 설명하기 힘들다.

2. 민중-민주주의와 민중 인식의 변화

최장집의 학문적 활동은 미국 유학을 마치고 돌아온 1980년대 초중반부터 시작된다. 이 시기 그의 연구 초점은 서구 및 해외 정치학계의 이론틀을 도입해 한국 현대 정치를 분석하는 것이었다. 코포라티즘에 입각해 박정희체제기 국가의 노동통제와 노동운동을 분석한『한국 노동운동과 국가』를 비롯해 알라비H. Alavi의 과대성장국가 개념을 원용해 해방 이후 한국의 국가형성 과정을 분석한 것 등이 대표적 사례일 것이다. 이러한 작업은 그전까지 주로 발전주의적 근대화론에 입각해 있었던 기존 정치학계의 연구관행과 뚜렷이 대비되는 작업이었다고 보인다.

이 시기까지 그의 주된 분석대상은 국가 또는 '권위주의'였다고 보인다. 최장집의 관심은 해방 이후 한국의 국가형성 과정을 집중 분석하는 것이었다. 기본적 관점은 국가-(시민)사회 틀을 기본으로 하고 주제와 대상에 따라 다양한 이론들을 활용하는 방식이었다.[7]

이러한 최장집의 작업은 두 층위의 정세를 조건으로 하여 이루어졌다고 보인다. 하나는 근대화론 도식이 주류를 이루던 기존 정치학계였다. 즉 근대화론은 '정치적 권위주의'를 촉진하게 된 현상에 대해 효과적인 설명력을 가지지 못한다는 것이다.[8] 또 하나의 수준은 1980년대라고 하는 시대적 조건이었다. 주지하듯이 1980년대는 한국전쟁 이후

---

[7] 최장집은 1980년대에는 주로 한국이 직면한 권위주의 현실에 대해 읽고 생각했고 민주주의에 대한 공부는 민주화 이후 새로 하게 된 것이라고 회고했다. (최장집 외 2007 : 15)
[8] 최장집 1985b : 9.

저항운동이 최고조에 도달했던 시기였다. 혁명론과 변혁론이 난무했고 반공 이데올로기의 두터운 지층을 뚫고 사회주의와 맑스레닌주의, 심지어 주체사상이 운동진영에 대중적으로 관철되었던 시대였다.

특히 맑스주의의 본격적 유입은 학문세계에도 엄청난 충격파를 던졌다. 현실운동과 밀접한 관련하에 맑스주의에 입각한 다양한 연구성과들이 쏟아져 나왔고 분과학문별 연구자 조직이 결성되었으며 1988년에는 학단협이 만들어지게 되었다. 맑스주의의 유행은 최장집의 연구에도 커다란 영향을 미쳤다고 하겠다.

이러한 정세하에서 1980년대 중후반 최장집의 이론적 자원은 구미 정치학계의 연구성과와 함께 맑스주의 관련 연구성과가 2대 지주를 형성했다고 보인다. 전자의 경우 코포라티즘, 권위주의, 자유다원주의 등이 중요했고 후자의 경우 시민사회, 정치사회, 수동혁명 등의 개념을 통해 확인되듯이 그람시의 영향이 두드러졌다고 보인다. 전자의 영향이 해방 이후 과대성장국가 형성, 박정희 정권의 국가 코포라티즘을 통한 노동통제, 권위주의 산업화와 노동배제 등의 구체적 연구결과로 나타났다면, 후자의 경우 민중 개념으로 집약되었다고 보인다.

그런데 이 시기까지 최장집의 글에서 민주주의가 집중적으로 분석되는 경우는 거의 없었다. 해방 이후 미국의 압도적 규정력하에 보통선거제로 대표되는 '조숙한 민주주의'가 도입되었다는 설명이 있기는 하지만, 민주주의가 직접적이고 핵심적인 분석대상으로 취급되지는 않았다. 민주주의가 주요한 관심 대상으로 떠오른 것은 확실히 1987년 이후였다. 6월 항쟁으로 군부 권위주의가 해체되고 절차적 민주주의가 어느 정도 확립되었다는 판단하에 최장집은 본격적으로 민주주의로 눈을 돌리기 시작했다.

1990년대 초를 전후해 최장집의 민주주의에 대한 입장은 민중민주주의로 나타났다. 주지하듯이 1980년대 운동진영의 민주주의가 바로 민중민주주의였다. 그런데 한국어 표기로는 동일한 민중민주주의였지만 영어 표기는 분명하게 구분되는 것이었다. 최장집은 people's democracy 대신 popular sector-based democracy라는 낯선 표기를 사용했다.[9] 전자의 표기방법은 이미 세계사적으로 사회화된 인민민주주의의 영어 표기법이었으며 한국에서도 민중민주주의의 영어 표기로 사용되고 있었다. 인민민주주의와 민중민주주의 간의 구별 또한 중요한 논쟁점이겠으나, 여기서 문제는 최장집이 왜 별도의 영어 표기를 부기한 민중민주주의 개념을 사용했는가이다.

people's democracy로 표기할 경우 그것은 인민민주주의와 민중민주주의 양자 사이 어딘가에 자기 위치를 잡는 것이 될 것이다. 그러나 popular sector-based democracy라는 표기는 엄밀한 개념이라기보다 민주주의에 대한 특정한 해석 정도로 이해될 수 있다고 보인다. 즉 '대중에 기반한 민주주의' 등과 같이 서술적으로 이해될 수 있는 것이다.

최장집이 굳이 이와 같은 영어 표기를 부기한 이유는 무엇일까? 먼저 생각해 볼 수 있는 것은 그가 1980년대 운동진영의 민중민주주의와 자신의 그것을 어떠한 방법으로든지 구별하고자 했다는 파악이 가능하다. 그런데 그는 위 글이 발표되기 1년 전 대담에서 다음과 같이 주장했다.

---

9 최장집 1991b : 327.

민중적 사회주의 경제체제의 정치적 프로그램 내지 제도가 민중 민주주의라고 저는 봅니다. 그래서 기초적인 것은 기존의 자본주의적 생산체계에 대한 확실한 대안의 출발점은 기존의 독점 자본 체제나 사적 소유 체제에 대한 근본적인 재고가 수반되어야 …… [10]

인용문의 발언만 놓고 보면 최장집의 입장은 당시 운동진영의 논리와 큰 차이가 없는 것처럼 보인다. 사적 소유체제에 대한 근본적인 재고를 주장하면서 사회주의 경제체제의 정치적 프로그램으로 민중민주주의를 위치시키는 것은 당시 정세를 감안한다 해도 상당히 급진적 입장이라고 할 수 있을 것이다. 그런데 그는 바로 이어서 정치질서의 출발점으로 부르주아민주주의 또는 시민민주주의라고 불리는 "대의제 민주주의"가 출발점이 되어야 한다고 강조했다. 즉 대의제 민주주의의 '투표'를 통해서 정치적 헤게모니가 결정되는 것이라는 주장이었다. 모든 사회세력들이 자유롭게 정치적으로 조직화될 수 있는 전제조건이 충족된다면 다수결 원칙에 따른 자유민주주의의 선거주의를 수정 보완 없이 그대로 받아들인다는 태도였다. [11]

민중민주주의를 통해 최장집이 주장하고 싶었던 것은 자유민주주의와 실질적으로 동일한 내용을 가진 민주주의가 아니었을까 추정된다. 「민중 민주주의의 조건과 방향」에서 그가 강조한 것은 두 가지 층위로 구분될 수 있었다. 즉 서구의 자유민주주의의 역사적 의미와 보편성에 대해 비교적 자세한 설명을 한 다음, 문제는 한국의 경우 서구

---

[10] 최장집 외 1990 : 84.
[11] 위의 글 : 84~85.

의 자유민주주의를 주도했던 상승기의 부르주아가 존재하지 않았다는 점을 강조했다. 그에게 자유민주주의의 보편성은 자유주의의 보편성으로 확인되는 것이었다. 즉 '부르주아에 의해 주도된 자유주의는 자유, 평등, 박애라는 인간의 보편적 기본권의 가치를 함축하기 때문에 진보성을 띤다'는 것이었다. 또한 민주주의는 "자본주의 사회의 성장이 먼저 있은 다음"에 발생했다는 강조도 뒤따랐다.(최장집 외 1990 : 327)

이러한 민주주의의 제도적 발전의 핵심은 1인 1표의 보통 투표권의 확대로 설명되었다. 즉 '자유민주주의는 시민사회와 시장에서의 자본가와 노동자 간의 압도적인 힘의 불균형 상태가 1인 1표라고 하는 평등한 민주적 제도에 의해 제어되고 균형될 수 있는 체제로 현실화된 것'이라는 것이 그의 결론이었다.(최장집 1991a : 328)

그런데 문제는 한국의 부르주아지의 반동적 성격이었다. 그가 보기에 한국의 부르주아지는 서구에서와 같은 진보성을 발휘할 수 없는 존재들이었다는 것이다. 그들은 해방 이후 현재까지 헤게모니를 가지며 진보적, 자유민주주의적 태도와 가치를 가진 적이 없었고 군부독재의 속성과 같이 권위주의적, 노동억압적, 반공적, 보수적, 가부장적 성격을 강하게 띠었다는 것이다.(위의 글 : 328)

한국의 부르주아지가 진보적 역할을 감당할 수 없었다면 자유민주주의의 진보적 성격 또한 보장될 수 없는 것이었다. 역사적으로 한국의 자유민주주의는 반공주의와 동의어에 가까운 것으로서 냉전논리에 기반해 노동억압적이고 배제적인 이데올로기에 불과했다는 것이다. 자유민주주의라는 이념형과 제도보다 중요한 것은 그 이념과 제도에 기반한 주체의 정치적 실천인 것이다. 그렇기에 최장집이 보기에 한국의 자유민주주의는 다른 호명체계를 필요로 하게 된 것이었다. 부르주아를 대신해 진보적 위치에서 자유민주주의를 이념과 제도의 차원에서 대리 실천할 수 있는 새로운 주체, 그것이 바로 민중이었다.

그런데 문제는 최장집이 새로운 자유민주주의의 실천 주체로 상정한 민중 개념이 이미 특정한 가치와 용례를 가진 사회화된 용어였다는 점이었다. 다시 말해 민중 개념의 오염이 상당한 정도로 진행된 상황이었다는 점이었다. 그것이 바로 people's democracy의 번역어로서의 민중민주주의였다.

최장집의 입장은 1980년대 운동권의 그것과 같을 수 없었다. 민중 개념의 위력과 영향력을 고려하건대 다른 주체 개념의 사용은 매우 곤란한 상황이었고 그렇다고 이미 사회화된 민중 개념을 그대로 차용할 수도 없는 상황 속에 놓이게 된 것이었다. 결국 남은 방법은 민중 개념을 사용하되 그것의 의미를 비틀고 변형시켜 자신의 이론 구도 속으로 전유하는 것이었다.

그렇다면 최장집의 민중민주주의를 규정하고 있는 핵심 개념인 민중에 대한 입장은 어떠했는가. 그의 민중 이해는 결국 민중민주주의 이해의 관건일 것이기 때문이다. 최장집이 민중 개념에 대해 최초로 언급한 것은 1985년 출판된 『한국현대사』 편집자 서문으로 보인다. 그는 "산업화와 권위주의화 과정에서 소외되고 배제된 민중이라는 새로운 사회집단의 출현의 중요성"을 강조하면서 "고도산업화가 창출하여 놓은 무정형적이고 무조직적"인 존재를 민중으로 설명했다.(최장집 1985a : 4~5)

즉 급격한 도시화와 더불어 대규모의 도시 중산층, 노동자 계층, 도시 주변계층 등이 급팽창하게 되었는바 이익과 이데올로기적 일체성을 공유하는 사회적·정치적 집단으로 조직·재통합되지 못하고 비판적 시각에서 '민중'이라고 지칭하게 되는 대규모의 무형적 대중을 창출하게 되었다는 것이다.(위의 글 : 10) 이러한 인식은 같은 해에 출판된 다른 글에서도 유사하게 반복되었다. 민중은 세계자본주의체제의 모순을 커다란 충격과 아픔으로 흡인한 중심적인 사회집단이기에 민중적 시각은 제3세계의 종속적 자본주의의 재생산 메커니즘을 문제삼게 되는 것이라는 주장이었다. 그러나 민중이라는 말은 비조직적이고, 비기능적이고 혐오스럽고, 무질서하고, 속류적인 어떤 특성을 갖는 무정형적 사회집단이라는 의미라고 설명되었다.(최장집 1985b : 13)

이러한 민중은 '객관적 실체를 갖는 사회집단'이자 의식 공동체임을 강조했는데, 그 근거 또한 두 가지로 제시되었다. 첫째는 공동의 체험을 통하여 사회 내에서의 자신들의 집단적 위치를 스스로 의식하고 있다는 점과 둘째, 새로운 도시 중산층 지식인 집단이 스스로의 사회적 역사적 위치를 민중과 이성적으로 일치시키려 한다는 점이 그것이었다.[12]

이 시기 최장집의 민중 인식은 엄밀한 규정을 통해 자신만의 개념으로 나아가지 못했던 것으로 보인다. 소외와 배제를 키워드로 민중을 설명하는 방식은 이미 1970년대 민주화운동 진영에서 언급되었던 것을 반복하는 것이었고 무정형성과 무조직성을 강조하는 것도 역으로 적극적인 개념규정이 없었음을 반증하는 것으로 보인다. 요컨대 산업

---

[12] 최장집은 이러한 민중이 해방 직후 이데올로기 투쟁의 승자로서, 또 한국전쟁의 직접적인 체험자로서 구성된 기성세대층과 구별되는 전혀 새로운 사회집단이며 의식공동체임을 강조했다. 양 집단 사이에는 삶의 내적 체험시간에서 깊은 단절이 있었다는 것이며 정치의 권위주의화가 민주주의의 이상이나 규범과 배치되면 될수록 그 단절은 심대한 것이 될 수밖에 없었다고 설명했다.(최장집 1985a : 5)

화 효과로 갑자기 등장하게 된 거대한 군중집단으로 이해한 측면이 강했다.

본격적인 민중 개념의 정립으로 보기에는 힘들었지만 이후에도 지속되는 두 가지 특징이 나타났다는 점은 주목을 요한다. 먼저 최장집은 계급 개념으로 민중을 포착할 수 없음을 강조했다. 그 근거로 드는 것은 첫째, 민중이 사회주의 이데올로기를 집단이념으로서 수용하지 않는다는 점과 함께 둘째, 민중은 '과학적 사회주의' 이념체계에 의해서 이론적으로 범주화될 수 없다는 점이었다. 즉 민중은 비계급적 대중집단으로 규정되었다. 이후로도 지속적으로 확인되는 것이지만, 최장집은 1980년대 가장 강력한 영향력을 미치고 있었던 맑스레닌주의와 일정한 거리를 유지했다.[13] 당시 운동진영 주류는 맑스레닌주의를 본격적으로 수용하고 있었던 상황이었고 민중 개념 또한 1970년대적 규정을 쁘띠 부르주아의 입장이라고 비판하면서 계급연합 개념으로 이해하고 있었다. 최장집은 이러한 상황을 잘 알고 있었을 것이며 그것과 구별되는 자신의 입장을 분명히 밝힌 것이다.

한 가지 독특했던 것은 사회주의 수용 여부를 기준으로 민중 개념을 정의하고자 했다는 점이다. 맑스가 이데올로기론에 입각해 즉자-대자 계급 개념을 통해 실체와 의식 간의 괴리를 설명하고자 한 것은 잘 알려진 사실인데, 최장집도 사회주의 수용 여부가 민중 규정에 중요한

---

13 최장집은 맑스주의의 약점 중의 하나로 정치적 실천의 이론이 취약함을 꼽고, 특히 레닌의 이론이 스탈린이즘이라는 공식적 이데올로기로 결정화되어 버렸다고 비판했다. 그렇기에 현대 자본주의적 생산체제에 기초한 기본적인 사회관계로부터 파생되는 인간의 정치적 사회적 삶의 복합적인 관계의 구조를 설명하기 어렵고, 실천적 지침을 끌어낼 수 없다고 단언했다.(최장집 1991a : 333)

기준으로 적용된 것이었다. 그런데 사회주의 수용 여부를 가지고 계급적 정체성을 논할 수는 있겠지만, 그것이 계급 대신 민중 개념을 사용해야 하는 이유가 된다고 하는 것은 논리적으로 적절치 않아 보인다.

1980년대 기본적 지향을 드러내긴 했지만 모호한 상태에 있던 민중 인식은 1990년대 들어 보다 구체적인 규정을 가지면서 틀이 잡히기 시작했다. 1991년 발표된 「민중 민주주의의 조건과 방향」(이하 「조건과 방향」)이 대표적이었고 1990년에는 「민중 민주주의란 무엇인가」라는 좌담에 참석하기도 했다.[14] 좌담에서 최장집은 민중 개념을 포괄적 동태적으로 규정하겠다고 전제하고 첫째, 종속적 자본주의 산업화 과정에서 배제된 대상, 둘째, 권력 아래서 정치적인 억압과 탄압의 대상이 되는 사회적 집단, 셋째, 민족자주를 지향하고 열망하는 사회집단 등 세 층위의 준거를 제시했다. 준거 제시 후에 평면적 정의라는 자기평가와 함께 역사적인 형성 과정에 있는 개념으로 볼 것을 제안하면서 조선조 후기부터 식민지기 독립운동에 참여했던 집단적인 경험의 주체로서의 민중을 부기했다.(최장집 외 1990 : 67~68)

최장집은 자신의 민중 개념 이해가 상당히 포괄적인 것임을 인정하면서 그 이유로 1970년대 이래 민중 이해의 다양함과 함께 운동 진영 내부의 폭넓은 스펙트럼, 세대 차이 등을 고려한 것이었다고 설명했다.(위의 글 : 75~77) 즉 최근 젊은 세대들이 맑시즘을 수용하고 있지만 그것으로 환원될 수 없는 다양한 운동 흐름과 민중인식을 고려해 최대한 포괄적인 개념규정을 시도했던 것으로 보인다. 이는 달리 말해 그

---

14 전자는 『사회비평』 6권에, 후자는 『철학과현실』 봄호에 게재되었다.

가 맑시즘과는 다른 차원에서 민중을 이해하고자 했음을 말하는 것이었다.

이러한 틀은 사실상 1990년대 내내 지속된 그의 민중인식의 기본 구상을 밝혀준 것으로 보인다. 1991년 「조건과 방향」에서는 좌담에 언급된 내용을 기초로 좀 더 정연한 언어로 제시한 정도였고 1993년 『한국 민주주의의 이론』에서도 이는 그대로 반복되었다.

「조건과 방향」에서 주목되는 것 중 하나는 '계급 1과 계급 2'의 구분법이었다. 이는 그의 민중인식의 기본을 구성하고 있었던 객관적 실체이자 주관적 의식공동체라는 이중의 규정이 가지는 난점을 해결하기 위한 논리장치로 보인다. 즉 객관적으로 존재하는 차원을 계급 1로 명명하고 사회정치적 수준에서 계급의식을 갖는 실천의 주체로서의 차원은 계급 2로 규정하면서 후자는 정치적 실천에 의해서만 가능한 것으로 설명했다. 그렇지만 최장집은 존재론적 규정보다 의식적, 실천적 측면을 매우 강조했던 것으로 보인다. 계급 1과 2 사이에는 '커다란 괴리와 간극'이 있음을 언급하면서 쉐보르스키를 인용해 '계급형성을 위한 계급투쟁'을 강조했다. 실천적 맥락에서 보자면 중요한 것은 결국 계급 2일 수밖에 없을 것이다.(최장집 1991a : 334) 이러한 맥락에서 그는 "계급과 민중은 끊임없이 형성, 재형성되고, 그것은 정치적 실천의 효과이지 경제적 생산관계의 반영이 아니라고 주장했던 것이다.(위의 글 : 346)

이러한 계급 인식에 기반해 민중은 곧 '계급 1과 계급 2 사이에 현실적으로 광범하게 실재하는 경제적, 정치적, 사회적 집단의 범주'이자 사실상 "계급의 현실적 존재 양태"라고 주장했다.(위의 글 : 334~335)

여기서 최장집은 일정한 동요를 보여주었던 것으로 보인다. 맑스주의의 한계를 논하고 현실 운동진영의 입장과의 차이를 강조하면서도 그 영향으로부터 자유로울 수는 없었던 것으로 보인다. 계급 1과 2의 구분법은 사실상 맑스의 즉자–대자 계급 구분과 내용상 유사한 것이었고, 민중민주주의를 인민민주주의people's democracy와 구분하여 popular sector-based democracy로 명명하고자 했지만, 최소한 한국어 용어에 있어서 민중민주주의를 채택했던 것은 그가 당대의 이론적, 실천적 지형의 영향을 강하게 받고 있었다는 반증으로 보인다. 요컨대 1990년대 초반까지 최장집은 맑스주의와 비맑스적 인식 사이에서 일정한 동요를 보여주었던 것이다.

민중론 내지 민중민주주의에 대한 최장집의 동요가 일정한 방향을 잡고 나름대로 일관된 틀을 갖추게 된 것은 1993년 출간된 『한국 민주주의의 이론』이었던 것으로 보인다. 「조건과 방향」은 이 책에 「한국 민주주의의 이론과 실천」(이하 「이론과 실천」)이라는 제목으로 재수록되었는데, 전자와 비교해 의미심장한 변화가 반영된 것이었다.

먼저 제목 자체의 변화가 주목된다. 「조건과 방향」에서는 바람직한 민주주의를 민중민주주의로 못 박고 제목에도 이를 반영했지만, 「이론과 실천」에서는 '일반화된 자유민주주의 이론이나 실천이 아니라, 다른 어떤 민주주의'가 추구되어야 할 필요성을 제기하는 식으로 변모하였다.(최장집 1993a : 367) 이후로 최장집의 글에서는 더 이상 민중민주주의를 찾아볼 수 없게 되었다. 민중적 민주주의 등의 유사한 용어가 출현하기는 하지만, 이미 1990년대 초반의 무게와 비중은 아니었다. 즉 자유민주주의와 대칭 구도를 이루었던 민중민주주의는 사라지고 대신 '자유민주주의가 아닌 그 무엇'으로 대체된 것이었다.

1991년과 1993년의 차이를 보여주는 또 다른 지점은 계급 및 사회주의 관련 용어와 서술이 변경된 것이었다. 예컨대 1993년 「이론과 실천」에서는 1991년 논문에는 있었던 "민중은 사실상 계급의 현실적 존재 양태라고 볼 수 있다"라는 문장이 삭제되었다.(최장집 1991a : 384) 이 문장이 포함된 구절은 거의 그대로 반복되었지만 유독 이 한 문장만 삭제된 것이었다. 이는 민중을 계급과 연루시켜주었던 가장 분명한 표현을 없앤 것이 된다. 민중이 계급의 존재양태라는 것은 결국 민중이 계급의 연장선상에 있는 존재이자 개념이라는 것인바 이는 그의 민중 인식이 계급론으로 연결될 수 있는 여지를 남기는 것이었다.

또한 1991년에는 3당, 즉 여당, 야당 그리고 대중적 민중정당 간의 3당체제를 상정했지만(위의 글 : 351) 1993년에는 개혁주의적 민주정당이 여당에 대립하는 양당 구도를 상정하고 있었다.(최장집 1993a : 397) 이는 곧 민중의 독자적 정치세력화 대신 야당과의 제휴 전술을 전면화하는 것으로 읽힌다.

이러한 변모는 1992년 대선이라는 정치일정을 거치면서 제도정치권의 역할과 영향력을 다시 한 번 절감하고 운동진영의 무기력을 목도하게 된 상황과 무관하지 않다고 판단된다. 그러나 더 큰 맥락에서는 1990년대 초반 역사적 사회주의의 몰락과 한국 이론지형의 급속한 변동 과정에 강하게 영향받은 것이 아닌가 추정된다. 특히 최장집은 운동진영의 최대강령적 입장을 비롯해 제도정치적 현실을 무시하는 경향을 강하게 비판하기 시작했다는 점이 주목된다.[15]

---

[15] 최장집은 1993년 「이론과 실천」에 '한국 민주주의 실험―원칙과 현실'이라는 소절을 추가하고 운동진영의 논리와 행태를 비판적으로 검토했다.(최장집 1993a : 371~378)

이러한 변화 속에 민중 개념은 어떠한 변용을 겪었는지 살펴보자. 「이론과 실천」에서 최장집은 민중 개념을 네 가지로 정의했다. 첫째, 자본주의 생산 관계와 노동분업 내에서 피지배적 지위에 객관적으로 위치하고 있는 사회집단으로 노동자를 중심으로 농민과 하층 서민 계층까지를 포함하는 것이다. 이는 경제적 수준에서의 민중이라고 규정했다. 둘째, 정치 과정에서 소외되거나 배제된 집단이며 이는 정치적 수준에서의 민중을 의미하는 것이었다. 셋째, 제국주의적 외세, 특히 미국의 영향을 부정적으로 담지하는 존재이고, 마지막으로 민중은 언술의 수준에서도 존재하는 것으로 상정되었다. 즉 민중은 계급적 언술을 대신할 수 있는 지극히 한국적인 것으로서 현재적 언표이자 일제하 민족독립운동, 해방 후 자주적 민족국가수립운동 과정에서 '억압의 경험에 대한 기억'을 공유하는 전통으로서의 역사 속에서의 집단적 행위자로도 파악되었다. 네 가지로 구분하여 규정하기는 했지만 첫 번째 요건은 반드시 포함되어야 할 중심적인 요소라는 점이 강조되었다.(최장집 1991a :335~336)

경제, 정치, 냉전 및 분단 그리고 언설 등 네 층위로 구성된 최장집의 민중 개념 규정은 엄밀한 내포와 외연을 가진 것으로 보이지는 않는다. 당대의 정치, 경제 및 현실적 모순의 피억압자 이상의 내용규정을 찾기가 힘든 것이 사실이다. 특히 주목되는 것은 당시 운동진영의 대표적 민중 개념 이해방식이었던 '계급연합적 측면'을 무시하는 듯한 태도이다. 계급 대신 사회집단 내지 계층이란 용어를 사용하는 것도 그러려니와 맑스의 계급이론만으로 설명될 수 없는 한국의 독특한 집단 주체라는 설명을 보더라도 그의 민중이해는 운동진영과 분명하게 구분된다. 즉 "민중은 계급으로서 언표화되기보다 민중으로 되어 왔다"
는 것이다.[16] 물론 최장집도 첫 번째 규정 즉 생산 과정 내 위치를 가장
중요하고 또 핵심적인 것으로 인정함으로써 맑시즘의 일정한 영향을
엿보게 하면서 당대 정치, 이론 지형의 규정하에 있었음을 보여주었
다. 그러나 그는 그것을 비틀고 변형시킴으로써 자신만의 독특한 민중
개념을 구성하고자 했으며 그 방향은 확실히 운동진영 주류의 그것과
는 다른 것이었다.

『한국 민주주의의 이론』에서 최장집의 민중 개념 이해는 이전과 별
로 달라진 것이 없었고 민중적 민주주의라는 용어도 사용되고 있었지
만, 확실히 민중민주주의는 더 이상 표제어의 위치에 있을 수 없었다.
민중 개념을 포함해 민주주의의 내용적 차원에서의 지속성에도 불구
하고 이러한 변화는 상당한 의미가 있는 것으로 판단된다. 최장집은
본격적으로 1980년대 운동의 영향으로부터 벗어나고 있었다는 징후
로 읽힌다.

한 가지 짚고 넘어가야 될 것 중의 하나는 최장집이 1990년대 초반
운동 및 이론진영을 휩쓸었던 '포스트 이론'들에 대해서는 상당한 거부
감을 보였다는 사실이다. 1992년에 진행된 한 토론에서 그는 포스트
맑시즘이 "우리 현실에서 우러나오는 이론의 구성이라기보다는 상당
히 서구의 문제틀을 무비판적으로 수용하는 게 아니냐" 하는 판단하에

---

16 최장집은 그 이유를 맑스의 계급이론만으로 서는 설명되기 어려운 한국의 역사적 사회
  구성체의 특수성 때문에, 정치적, 사회적 수준 등 여러 수준에서의 사회계급 간 경계의
  포괄성, 포섭성, 유도성 때문에, 계급적 언술이 반공을 지도이념으로 하는 권위주의체제
  하에서 중심적 억압의 대상이 되기 때문에, 민중이라는 언술의 형성은 지극히 한국적인
  것이라고 설명했다. (최장집 1991a : 336)

"불편한 느낌"을 드러냈다.(최장집 외 1992 : 14) 그의 이야기를 좀 더 살펴
보자.

> 이제 모든 운동은 시민운동이라는 개념으로 변하고 있고, 얼마 전까지도
> 우리 민중이 주체가 되는 민중 언술이 지배적이었는데, 그것은 어디론가
> 다 사라져버리고 노동운동도 이젠 별 논의가 없고, 어딜가나 시민운동이
> 지배적인 논의의 주제가 되고 있단 말이죠. 그 시민운동이라고 하는 것 속
> 에서 (…중략…) 중산층-교육받은 도시 신중산층의 중심적 역할이 강조되
> 는 경향을 읽을 수 있습니다.
>
> — 최장집 외 1992 : 19

인용문에서 보이듯이 최장집은 도시 신중산층 중심의 시민운동에
도 상당한 거부감을 숨기지 않았다. 또한 "신자유주의적인 헤게모니
하에서의 시장 중심의 자본주의 질서가 오래간다고 보지 않"는다는 인
식하에 그는 "맑시즘에는 쉽게 방기될 수 없는 합리적, 휴머니즘적 내
용이 풍부하다"는 입장을 개진했다. 맑시즘의 정신이 현실적으로 구현
된 유럽의 민주주의 플러스 사회주의, 그리고 국유화, 합리화 계획 등
의 의미를 적극 강조했다.

그렇기에 노동운동이 특수이익 대변이기에 중심성을 가질 수 없다
고 부정하면서 보편성에 기반한 시민운동의 중요성을 강조한 경실련
의 이각범을 비판하면서 그것이 결론적으로 "부르주아 헤게모니 프로
젝트의 산물"이라고 단언했다. 최장집은 "계급으로 분화된 사회이기
때문에 노동문제가 중심이 될 때만이 의미 있고 힘 있는 사회운동이

된다"는 판단을 고수했다. 심지어 그는 노동운동의 분해나 쇠퇴가 모든 운동의 조락을 가져올 것이라고 강조하면서 그렇게 되면 "운동의 정치는 소멸하고 강고한 권위주의적, 기술관료적 체제가 헤게모니적 지배를 관철"하게 될 것임을 주장했다.

물론 이 글에서도 최장집의 기본 입장이 완전히 다른 것은 아니었다. 시민운동에 대해 '민주화 없는 다원주의의 때 이른 정착 과정'이 아닌가 의심하면서도 '투표의 게임을 기본으로 하는 제도적 정치의 수준에서, 노동운동과 신중산층 간의 결합이 민주적 개혁을 위해 불가결한 요소'라는 인식하에 "프로그램의 온건화는 필수적으로 수반"되어야 함을 역설했다.(위의 글 : 23~44)

이 토론에서 일차적으로 확인되는 것은 최장집의 입장이 포스트 이론과는 분명한 선을 긋고 있다는 점이다. 그것은 포스트 이론과 1980년대 사이에 끼인 모습으로 보인다. 그 사이에서 최장집은 민중으로부터 시민으로의 전화를 예비하고 있었다고 하겠다.

1990년대 초까지 최장집의 애초 표현은 민중민주주의였다가 1993년을 전후해 민중이 탈락하게 된다. 민중의 탈락 다음에 새로운 접두어가 곧바로 나타나지는 않았다. 민주주의에서 민중이 탈락한 것은 다만 민주주의에 대한 새로운 고민으로 국한되는 문제가 아니었다. 그것은 민중 개념의 점차적 변화와 함께 급기야 시민 개념으로의 이행과 연결되는 것이었다. 민중 개념을 아예 폐기하는 것은 아니었지만 그것은 부차적이고 또 역사기술적인 차원으로 격하되었으며 새롭게 시민 개념이 중요한 핵심어로 등장하게 된 것이었다.

이는 곧 민주주의의 운동과 제도적 실천 사이의 단계론적 인식과 일

맥상통하는 것이다. 최장집은 (민중)운동으로서의 민주주의를 민주화로 설정하고 그 이후의 과정을 단계적으로 분명하게 구별하고 있다. '민주주의의 민주화'라는 규정은 단계론적 인식을 단적으로 보여주는 것이다. 민주주의에 대한 단계론적 인식은 곧 주체의 변화로 연결될 수밖에 없는 것이다. 피해자적 주체로 재현된 민중이 운동의 주체였다면 이제 제도적 실천의 주체는 합리적, 이성적 사유와 행위의 주체인 시민으로 대체되어야 했다. '민주 사회에 부합하는 시민의 출현과 형성은 이 민중(운동)을 매개로 한 것'이라는 언급이 이를 잘 보여준다.(최장집 2009 : 178)

이에 따라 민중 개념의 변화가 나타났다. 그전까지 경제, 정치, 제국주의, 언설 등 네 수준에서 민중 개념을 규정했다면 2000년대 후반에 이르면 두 가지 준거로 단순화되었다. 즉 하나는 '특정의 정치적·사회경제적 지위를 갖는 구체적이고 실체적인 사회적 인구집단을 가리키는 서술적 개념'으로서의 민중과 다른 하나는 '담론으로서의 민중'이 그것이다. 후자의 경우 그것은 '특정의 민주주의관을 공유하는 추상화된 사회집단 내지 그러한 의미 지평과 가치관, 세계관을 공유하는 일종의 운명적 의미공동체'라고 설명되었다.(위의 책 : 179~180)

실체와 담론 두 층위로 단순화된 민중 개념은 그만큼 포괄적이고 성근 개념규정이라고 보인다. 즉 최장집의 민중 개념은 개념 자체의 발전이나 심화 과정은 잘 보이지 않았고 정세에 따른 변화, 다시 말해 좀 더 느슨하고 포괄적인 규정으로 변화된 것으로 판단된다. 이는 1980년대에 강조했던 실체와 의식이라는 구도로 회귀한 것이기도 했다. 실체와 의식의 결합은 현실에서 사회적 실체로서의 민중과 민중운동 담론

형성자, 즉 '도시의 교육받은 중산층적 배경을 갖는 대학생과 지식인' 들 간의 연대로 규정된다.(위의 책 : 180)

이러한 규정이 최장집의 독특한 규정인 것만은 분명했다. 민중을 계급연합으로 보거나 피억압, 피착취 집단으로 보거나 간에 지식인, 중간층이 민중에 포함되는 것인가의 여부가 중요 쟁점이 되었던 상황을 보건대, 양자 사이의 연대라고 하는 규정은 상당히 독특한 관점을 보여주는 것임에 틀림없다. 그러나 이는 민중 개념의 불안정성과 모호함을 증폭하는 것이기도 했다. 민중은 사회적 실체이자 중간층 지식인과 민중 간의 연대이기도 한 이중적 층위로 분할됨으로써 실체로서의 민중의 의미는 대단히 모호해지거나 그 의미가 반감될 수밖에 없게 된다.

또한 민중이 실체적 민중과 지식인 집단 사이의 연대라고 하는 상태적 개념 규정은 민중의 불안정성과 과도성을 부각시키게 된다. 양 세력 간 연대가 영원할 것이라는 보장은 어디에도 없으며 정세 변화에 따라 절합될 것이기에 민중은 불연속적이고 단속적 상태로 현전하게 될 것이다.

더욱이 양자 사이의 연대가 어떻게 민중이라는 특정의 상태를 구성하게 되는지에 대한 설명은 부재하다. 실체로서의 민중이 몸통을 이루는 식이라면 중간층적 지식인은 담론을 담당하게 될 텐데, 이러한 불균등성과 이질성에 입각한 연대의 안정성은 대단히 의심스러울 수밖에 없다. 양자 사이의 관계를 정치하게 설명하는 대신 최장집은 지식인 집단의 이데올로기적, 정서적 특징을 집중적으로 분석할 따름이다.

최장집이 바라보는 운동권의 이념과 비전은 낭만성과 급진성으로 요약 가능하다. 이미 1980년대부터 그는 운동권의 최대강령적 주장을 끊임없이 비판해왔거니와 낭만적이고 민족주의적인 민중관도 주요한 비판이 대상이 되었다. 운동권의 이념적 정향, 정조, 수사, 담론 등은 급진성과 전투성을 보여주었지만 보수적 지배체제에 대응하는 정치세력화는 물론이고 제대로 된 대안도 구성해내지 못했다는 것이다. 요컨대 그가 보기에 운동권은 "지나치게 낭만적이고 집단주의적이었으며, 급진적이고 추상적이었고, 민족주의적이고 국가주의적이었다."(위의 책: 187~188)

'민주화 이후'라고 하는 정세하에서 운동권이 민주주의 발전에 기여하기 어려웠던 이유는 그들의 존재론적 한계와 급진주의에서 구해진다. 즉 운동권은 실제 민중이 아니라 중산층적 배경을 가진 존재들이었고 이러한 조건과 밀접하게 관련되는 급진주의적 경향이었다.(위의 책: 192) 이러한 설명방식은 그의 민중 개념 이해와 대조된다. 그는 민중이 사회적 실체와 지식인 간의 연대라고 규정했는데, 여기서는 지식인이 민중이 아니라 중산층이었기에 문제였다라고 하는 자기모순적 진술을 하고 있다. 존재론적으로 구분되는 양 집단 간 연대로서의 민중 개념의 불안정성과 모순성이 드러난 셈이었다. 이는 민중 개념의 전화 내지는 정정이 아니라 자기모순에 의한 소멸에 가까운 것이었다. 실제로 그는 민중에서 시민으로의 전화를 주장하기 시작했다.

그러면 민중을 대체하는 새로운 주체로서의 시민은 어떻게 설명되고 있는가. 최장집은 먼저 시민이 '민중의 연속선상'에 있다고 전제했다.(위의 책: 201) 시민의 형성과 출현은 민중(운동)을 매개로 한 것이며 민중으로 불릴 수 있는 사회경제적 인구집단은 산업화를 통해 엄청나게 확대됐다고 설명했다.(최장집 2008: 18)

민중과 시민 모두 아직 시민권을 얻지는 못한 상황이지만, 민중 개념은 주체와 담론은 물론 실천의 역사를 가지고 있는 반면 시민은 여전히 추상적인 개념에 머무르고 있다고 진단했다. 그가 보기에 민주주의는 '개별 시민들이 가진 능력의 자유롭고 충분한 발전을 전제'로 하는 것이기에 이러한 상황은 민주주의의 내용을 빈곤하게 만드는 핵심적 원인이 된다.(최장집 2009 : 204~206)

그런데 최장집은 민중과 시민 개념의 분명한 구분과 분리로 나아가지 못하는 상황으로 보인다. 예컨대 그는 광주항쟁을 분석하면서 민족·민주·민중이라는 세 개의 중심 언어가 창출되었음을 강조했는데, 그중에서도 민중이 가장 중요한 언어임을 강조했다. 즉 민중은 '민주적 가치와 이상을 담지하고, 그 실현을 통해 시민권의 획득과 쟁취를 지향하면서 민주화 투쟁에 참여하는 사회집단을 대변'한다는 것이었다. 흥미로운 것은 여기서 민중은 "시민-민중 또는 민중-시민"으로 호명된다는 점이었다.(위의 책 : 226)

최장집은 민중과 시민 둘 다 포기할 수 없는 딜레마에 빠진 것처럼 보인다. '민중에서 시민으로'라는 주장은 여기서 '민중에서 시민까지'로 정정된 것처럼 보인다. 이러한 절충이 시도된 것은 시민 개념의 불확실성과 민중 개념의 위력 때문인지도 모른다. 실제로 그는 서구의 개인적 자유와 권리의 담지자로서의 시민이라는 개념이 한국적 맥락에서는 존재하지 않거나 극히 약했던 반면, 민중은 민주주의 및 사회와 역사를 이해하는 방법에 큰 영향을 미쳤다고 인정했다.(위의 책 : 246~247)

여기서 최장집은 역사 속에 강한 민주주의와 약한 자유주의를 대립시켜 후자의 현재적 필요성과 의미를 강화하고자 하는 전략을 취한다.

즉 한국에서 시민사회는 약한 자유주의적 내용과 매우 강한 민주주의적 전통을 특징으로 한다는 것이다.(최장집 2002 : 184) 요컨대 한국에서 자유주의는 보수 세력에 의해 오염되고 비판적 운동세력에 의해 버림받았다는 것이 그의 판단이다.(위의 책 : 197)

낡은 것은 사라지고 있는데 새로운 것은 아직 나타나지 않고 있는 상황, 이것이 최장집이 처해있는 집단주체 개념의 상태인 것으로 보인다. 결국 그는 두 개념의 접합 내지는 어색한 동거를 택한 것이다.[17]

두 개념의 동거라고 했지만, 실질적으로 그것은 시민적 가치와 내용으로 민중 개념을 전유하는 것이라고 해야 할 것이다. 즉 '현대 민주주의 체제에서 민중이라 불리는 시민'이라는 규정은 이를 상징한다.(최장집 2006 : 6) 전유의 기본 구도는 1980년대 이래 민중 개념의 실질적 소유권과 해석권을 행사해온 운동권의 급진주의를 기각하고 자유주의적 전망하에 민중 개념을 재정의하는 것으로 파악된다.

이러한 전략은 역사 인식과 밀접히 관련된다. 즉 민중과 시민 모두 한국사 또는 세계사적 전망 속에서 재현되고 의미화되는 집단 주체이기에 두 개념을 이해하기 위해서는 그의 역사 인식을 살펴볼 필요가 있다.

---

17 그 동거는 민중 개념의 이중적 이해로 나타나기도 한다. 즉 민중의 두 측면을 포괄하는데, 하나는 정치적 수준에서의 민주시민을 의미하는 것이고 다른 하나는 사회적 수준에서 사회경제적 시민권을 향유하는 개인이라는 것이다. 이 중 후자가 핵심이라는 규정이 부가된다.(최장집 2009 : 227~228)

3. 보편사적 역사 인식

집단주체와 민주주의에 대한 최장집의 인식은 역사를 이해하는 관점과 밀접히 관련된다. 집단주체와 민주주의 모두 철학적 논의의 대상이라기보다 현실의 정치적인 것과 밀접히 관련된다는 점에서, 그리고 양자 모두 역사적 형성과 변화에 열려있는 대상이라는 점에서 그의 역사 이해방식은 중요하게 파악될 필요가 있다. 특히 "역사의 객관적 실재는 그것이 과거에 있었던 그대로의 사실이라기보다는 인식 주체적인 삶의 조건 그 내용 자체를 반영하는 것"이라는 그의 언명을 보건대 역사는 곧 현실인식의 연장에 다름 아니었다.(최장집 1985a : 4)

최장집의 역사인식에서 먼저 살펴볼 수 있는 것은 단계론적 인식이다. 한국 현대사를 정리한 초창기 성과라 할 수 있는 1985년의 『한국현대사』에서 그는 해방후사를 해방과 시민사회의 팽창, 과대성장국가의 형성, 과대성장국가에서 관료권위주의체제로, 고도 산업화에 의한 정치균열의 형성 등으로 정리했다. 이러한 인식은 그의 현대사 이해의 기본적 시각을 반영한 것이었으며 이후의 서술들은 이에 준거했다고 보인다. 예컨대 1996년 발간된 『한국 민주주의의 조건과 전망』에서는 '1945년 이후 근대화 프로젝트'를 '분단 상태에서의 근대국가 형성, 자본주의 산업화, 민주화' 세 단계로 구분했다.(최장집 1996 : 17)

단계론적 인식은 단순한 시기구분이나 편의적인 분할로 그치는 것이 아니었음이 주목되어야 할 것이다. 단계론은 곧 인과율적 역사이해로 연결된다. 즉 그는 '자본주의 발전'이 '민주주의의 충분조건은 아니지만 의심의 여지없이 필요조건'이 된다고 규정했다.[18] 나아가 "기본적으로 자본주의 산업화 없이 민주주의가 존재할 수 없다"고 단언했다.(위의 책: 30) 그렇기에 자본주의 산업화 이전의 민주주의는 그 유명한 "조숙한 민주주의"가 되는 것이다. 물론 그는 이러한 규정이 서구 중심주의로 오해될 가능성을 염려해 그 이유를 국내 정치세력이 주도한 것이 아니라는 점을 강조하기 위한 것이라고 설명했지만, 사실상 서구가 표준이 되는 민주주의였음을 숨길 수 없었다. 즉 그는 조숙한 민주주의가 "민주주의가 토착적 기반을 갖지 못한 상태에서 그 제도적 형식만 들어온 필연적 결과"임을 분명히 하면서 "그 내용을 채울 역사적 · 정신적 · 이념적 면을 결여하게 되었다"는 것을 강조했다.(최장집 2002 : 58)

이러한 단계론적 시기 구분과 인과율적 이해는 지속적으로 그의 문제의식을 규정했다. 2006년에 출판된 『민주주의의 민주화』에서도 세 시기 구분을 유지하면서 그 특징으로 "인과적으로 연결되어 있는, 누적적이고 중첩적인 관계를 형성"하는 것으로 설명했다.(최장집 2006 : 261) '인과적'이라는 중화된 표현을 사용하기는 했지만 앞에서 보았듯이 그는 산업화와 민주화 간의 관계에 대한 인식을 보건대 단계 구분과 인과율적 관계로 이해한다는 혐의가 짙다. 역사의 인과율적 이해는 도식화와 단계적 인식으로 연결될 가능성이 클 뿐 아니라 역사를 필연과 법칙의 세계로 오도할 위험성이 다분하다. 특히 시간적 인과율을 부과한 역사는 현재화된 역사의 필연성을 강조할 수 있기에 보수적인

---

18 그가 보기에 자본주의는 자유주의와 민주주의의 이념을 추동할 수 있는 산업 부르주아지뿐만 아니라 중산층, 노동자, 도시대중들을 성장시켜 시민사회를 발전시키고 민주주의의 사회적 기반을 만드는 것이었다.(최장집 1996 : 20~21)

현실 정당화 논리 장치로 기능할 가능성이 큰 것이다.

서구를 전범으로 한 단계론적 구도는 단계에 따른 주체의 의미와 행위 규준까지 규정하는 것이었다. 최장집은 1985년의 시점에서 다음과 같이 주장했다.

> 지금은 부르조아지로 하여금 그들 스스로 헤게모니를 갖도록 해야 할 때이다. 그들은 스스로가 중산층과 제휴하여 정치적인 연합을 형성할 수도 있으며, 그들 스스로가 사업장 수준에서 국가의 강권적 개입을 요청함이 없이 자유로이 조직되고 선출된 노동조합 대표들과 교섭을 통하여 노사문제를 해결할 수 있어야 한다. 사회의 구성단위가 스스로의 이익과 주장을 조절하고 유기적 의존관계를 형성하게 된다면 이는 자본주의가 성숙할 수 있는 보다 바람직한 사회적 조건이 될 것이다.
>
> — 최장집 1989 : 109

부르주아 헤게모니론을 연상시키는 이러한 주장은 단계론의 분명한 징후라고 보인다. 인간 행위는 물론 진공상태에서 이루어지는 것이 아니기에, 죽은 것들을 어깨에 짊어진 산자들의 실천이기에 특정 국면에서 인간행위는 제반 조건 및 상황과 유기적으로 연동될 수밖에 없다. 그러나 인간행위의 가능성은 주어진 조건에 속박되지만 또한 그것에 대한 실천적 효과로서 의미화되어야 하는 것이다. 단계론의 문제는 특정 단계 속으로 주체의 행위 가능성을 함몰시킨다는 것이기에 오히려 비역사적일 뿐만 아니라 비현실적인 도그마에 가깝게 된다.

민주주의가 토착적 지반을 가지지 못했고 내용을 채울 역사적, 정신적, 이념적 근거가 박약했다는 주장은 묘하게도 박정희체제의 그것과 논리적으로 연결되는 것이기도 했다. 주지하듯이 박정희체제는 줄기차게 '민주주의의 토착화'를 강조하면서 한국적 민주주의를 부르짖었다. 그 핵심은 서구의 민주주의는 한국의 현실과 괴리된 것이기에 토착화가 필요하다는 특수주의적 인식이었다. 이에 대립한 당시 반박정희 진영의 핵심 논리는 유보와 조건 없는 민주주의의 보편성을 강조하는 것이었다. 1970년대 민주주의를 둘러싼 특수주의 대 보편주의의 대립 구도를 보건대 최장집의 논리적 귀결은 특수주의와 연동되는 듯하다.

그런데 또한 최장집은 특정 시점에서 정의된 이념의 한계를 논하면서 시민적 자유, 복지, 평화와 같은 보편적 가치를 강조했다.(최장집 2006 : 284) 보편성에 대한 강조는 결국 근대성의 문제로 연결되었다. 그는 "지상의 모든 국가들은 근대화 과정을 회피할 수 없다"고 단언했으며 "근대화는 선택의 문제가 아니며 문제는 얼마나 적은 대가를 치르느냐는 것"이라고 강조했다.(최장집 1996 : 29~30) 그가 생각하는 근대화는 또한 산업화로 집약되는 것이기도 했다. 그는 "근대화가 여러 사회수준의 변화를 총합한 것이라 하더라도, 그것의 가장 중요한 변화는 역시 경제발전"임을 분명히 했다.(최장집 2006 : 283) 경제발전이 근대화의 핵심이 된 이상 그것을 집행한 체제에 대한 그의 입장은 거의 상찬에 가까운 것이었다.[19] 최장집은 박정희 정부를 권위주의 때문에 엄청난 대

---

19 최장집(1996 : 29)은 박정희체제의 경제개발정책에 대해 "정부도 정치 엘리트들도 국민도 근대화의 준비가 되어 있지 않았던 개발 초기의 박정권은 권위주의적인 방법을 통해 국민적 에너지를 국가가 주도하는 자본주의 산업화에 동원할 수 있었다"고 설명했다. 사실 근대화론은 1950년대 미국에서 주조된 것이고 『사상계』 등을 통해 엘리트 지식인들에게 광범위하게 퍼져 있었고 쿠데타 주도세력은 주로 『사상계』를 참조해 이른바 '혁명공약'을 작성했으며 지식인들을 통해 근대화 담론을 학습했음을 고려하건대 군부세력이

가를 치르기는 했지만 한국 역사상 '최초의 근대적 정부'라고 평가했다.(최장집 2002 : 74) 즉 박정희체제의 의미는 "상대적으로 적은 비용을 치르고 다른 나라에 비해 대단히 짧은 시간 내에 근대화를 이룰 수 있었다는 점에서 긍정적 평가"의 대상이 된다는 것이었다.(위의 책 : 87)

경제발전은 근대화의 핵심이자 민주주의의 근간으로 설정된 시민사회를 구성하게 해주는 근본 토대가 되기도 한다. 근본적으로 시민사회라고 하는 것은 시장의 확대와 경제발전에 토대를 둔다고 할 수 있다.(위의 책 : 197)

근대화를 절대적이며 보편적인 것으로 설정하게 된다면 그것은 불가피하게 본질주의적 혐의로부터 자유로울 수 없게 된다. 역사가 근대화를 외길로 하는 단선적인 것으로 고정된다면, 근대성의 보편화가 세계사의 절대정신이라면 역사는 이미 종말로의 천로역정일 뿐이다. 그렇다면 역사는 미리 결정된 것이다. 그것은 아직 오지 않은 과거일 뿐이다. 세계사의 보편적 발전의 길을 예약하고 있기에 단계는 불가피한 것이 되는 것이다. 보편적 발전의 단계에 비추어진 모든 역사는 시간적 인과율의 감옥에 갇히게 될 것이다. 분할된 선형적 시간 흐름, 이것이 단계의 또 다른 이름이 된다.

이 흐름에 비추어 한국의 역사는 국가형성과 산업화와 민주화라는 분할된 단계로 절취되었으며 각 단계의 고유한 본질과 속성 또한 주어지게 되었다. 조숙한 민주주의는 단계를 거스르는, 일종의 시대착오일 텐데 이러한 비정상성의 극복 내지 치유가 역사적 임무로 주어지게 될

경제개발의 독자적 추동력인 것처럼 이해하는 것은 지극히 일면적이고 파편적인 인식의 소산으로 보인다.

것이다.

이 임무는 단계, 즉 보편적 역사발전의 흐름에 따라 거의 자동적으로 수행될 것이었다. 이미 1980년대 중반 최장집은 '권위주의적 통제를 통하여 지배하기에는 우리 사회는 이제 지나치게 대중화되고 산업화되기에 이르렀'다고 규정하고 "위로부터 집권계층이 그들의 권력을 유지하기 위한 합리적 시도의 결과로서 민주화에로의 전환이 가능함"을 강조했다.

나아가 민주주의는 일종의 치유로 등장했다. 그는 '민주주의가 갈등을 제도화함으로써 극단주의를 순화시키는 힘'이 있음을 주장하면서 "다수의 소외된 사회의 하위계층을 정치체제로 수용하여 통합시키는 것"의 의미와 가치를 강조했다.(최장집 1985a : 60~61) 지배자에게 보편적 발전의 길을 계몽하면서 그것이 그들의 지배의 안정화를 위해서도 바람직한 것임을 설명하는 것의 의미는 무엇일까? 여기서 민주주의는 누구를 위한 것인가? 이러한 인식하에서는 민주주의가 양날의 칼이 될 것이다. 지배와 저항 모두를 위협하는 이 위험한 민주주의를 통해 그가 추구하고자 하는 것은 무엇일까? 그는 어디선가 자신은 두 부류를 의식하면서 글을 쓴다고 했다.(최장집 2007 : 76) 주류와 운동권, 양날의 칼이 겨누고 있는 대상이 이로써 분명하다고 할 텐데, 누가 피를 흘릴 것인가?

양날의 칼이 된 민주주의는 무엇보다 절대화될 필요성이 있었다. 최장집은 한국의 현대사는 물론이고 근대사까지도 "민주주의를 향한 전개 과정"이라고 못 박았다. 민주주의를 향한 그의 열정을 확인해주는 진술이기는 하지만, 이렇게 역사를 목적론적으로 정리하는 것은 일종의 폭력이다. 물론 그는 그 과정이 "사전에 어떤 진행 과정이 누구에 의해서 또는 외부로부터 부여된 것이 아니라 민중들 스스로가 사회 내부로부터 만들어가는, 그리고 다양한 방향이 선택될 수 있는 열린 역사의 진행"이라고 부연설명을 했지만 이는 일종의 자기모순 어법에 가까운 것이 되고 말았다. (최장집 2006 : 275)

미국을 한국의 제도 창설자로 보면서 민주주의가 외부에서 도입된 것임을 분명히 한 상태에서 민중의 자율적이고 내적인 민주주의를 향한 과정이란 성립하기 곤란할 것이다.[20] 또한 열린 역사의 진행이라는 진술은 이미 민주주의를 향한 전개 과정이라는 단정적 규정과 배치될 수밖에 없다. 개항 이후 한국의 민중이 민주주의를 향한 목적론적 역사 진행을 추동해왔다는 진술은 민주화운동의 선동일수는 있겠지만, 역사 서술의 냉정함을 저버린 것이기도 하다. 이미 민주주의가 목적론적으로 전제된 상황에서 "열린 역사"는 곧 민주주의의 닫힌 역사를 지시하는 아포리아일 뿐이다. 민중의 역사적 행위를 선험적 입장에서 민주주의라는 기준으로 재단하는 것은 화백제도가 민주주의의 기원이라는 주장과 그리 큰 거리가 있어 보이지 않는다.

물론 인민의 자기통치라는 민주주의의 어원에 충실하다면 근현대사를 민주주의를 위한 여정으로 정의하는 것이 가능할 수도 있을 것이다. 그러나 그는 민주주의를 "폭력을 배제한 갈등과 타협에 기초한 정

---

20 최장집은 미국은 대한민국의 창설자이자, 제도형성자였으며 민주주의와 자유주의의 가치와 규범을 이입하게 한 전수자였다고 규정했다. 나아가 한국의 입장에서 미국은 의존적 관계에 있는 단순한 외국 그 이상이다. 미국은 한국민이 갖고 있는 심리적인 의존성을 포함하여 한국의 사회생활 모든 측면에 깊이 내재화되어 있다. 말하자면 한국 사회는 넓고도 깊게 미국화Americanized되어 있는 것이라고까지 규정했다. (최장집 2003 : 97~98)

치체제"로 규정내리는 입장을 가지고 있다.(최장집 2009 : 186) 또한 그는 스스로가 현실주의자임을 강조하면서 이상적 혁명가가 아님을 강조했다.[21] 1894년의 농민전쟁으로부터 광주항쟁까지 폭력을 배제한 민주주의의 역사를 어떻게 논할 수 있을런지 의심스럽다.

민주주의가 한국 근현대사를 규정할 수 있게 되는 것은 인류 역사의 보편적 방향성에 입각한 것으로 설명되었다. 최장집은 민주주의가 "역사를 통해 인류가 합의에 이르게 된 사회운영의 원리"라고 주장했다. 나아가 "민주주의에 기초를 둔 국가만이 어느 한 하위체제의 과도함을 제어하며 하위 체계 간의 자율성과 균형을 유지시키면서 전체 사회의 복리와 발전을 도모할 수 있다"라고까지 강조했다.(최장집 2002 : 180)

요컨대 국민국가-산업화-민주화로 구성되는 역사의 보편적 모델이 완성된 것이며 각 단계는 인과적으로 결합되어 있는 것이기에 거의 필연적 과정처럼 이해된다. 따라서 한국 민주주의의 특징은 근대적 제도와 전근대적 전통이 결합되어 나타난 제도와 실제 운용, 규범과 실천 사이의 커다란 괴리로 정리된다. 그 괴리는 자유민주주의라는 기본 이념과 권위주의 간의 분열증적 특성으로 발현되기도 하는 것이다.(최장집 2000 : 4)

이것은 곧 미국, 유럽 등 민주주의에 대한 서양의 역사적 경험을 준거삼아 한국의 그것을 이해하고자 하는 것에 다름아니었다. 최장집이 보

---

21 그는 자신이 "시인도, 이상주의자도 혁명가도 아닙니다. 정치의 현실주의자로서 나는 민주주의 제도가 허용하는 경계를 끊임없이 넓히려는 시도와 함께, 정당이라는 중심 수단을 활성화하는 문제에 관심을 가지며, 현실의 삶 속에서 발생하는 문제를 정치의제로 전환하여 실천하는 정치의 과정이 확대되고 발전되어야 한다고 믿는" 사람임을 강조했다. (최장집 2009 : 44)

기에 미국의 경우에는 헌법 제정에 참여한 지도자들의 탁월한 지혜와 시민적 덕에 힘입어 헌법이 만들어졌고 공화주의적 원칙을 준수하고, 그 원칙에 따라 스스로 통치할 수 있었던 미국민의 실천이 뒤따랐기 때문에 의미 있는 것이었다. 프랑스 인권선언의 조문들은 '혁명이 동반한 폭발적인 대중동원과 거대한 정치위기의 상황 속에서도 아카데믹한 토론에서나 봄직한 놀라울 정도로 깊이 있는 철학적 토론'을 통해 나온 것이기에 '민주주의를 희구하는 모든 사람들의 암기의 대상'이 되는 것이었다. 반면 한국의 경우 많은 사람들은 헌법 자체에 대하여 커다란 관심을 갖지 않았으며 결국 그것은 '민주적 제도와 권위주의적 실천 간의 괴리를 드러내는 문건'에 불과한 것이었다.(최장집 2002 : 62~63)

최장집은 서구 민주주의를 세 가지 전통에 근거한 것으로 정리한다. 즉 직접민주주의, 공화주의 그리고 자유주의가 그것이다. 그런데 한국에서는 자유주의와 공화주의 전통이 매우 약한 것이 문제라고 파악한다. 즉 민주주의가 모든 것을 포괄하는 '단원론적 민주주의'처럼 이해되어 왔다는 것이다. 그렇기에 최장집에게는 자유주의의 전통, 특히 "내면성의 가치"를 중심으로 한 자유주의의 전통을 뿌리내리게 하는 것이 핵심적인 문제가 된다. 여기서 최장집은 특히 '스스로의 가치와 내면의 정신세계'를 가진 개인을 강조했다. 여론 헤게모니에 휩쓸리지 않을 자아의 내면성이야말로 민주주의 발전의 핵심 조건이라는 것이다. 그렇기에 그의 프로젝트는 '자유-민주주의'라는 말로 등장하게 된다.(위의 책 : 222~226)

한편 공화주의는 공익 우선의 가치이며 사익의 공적 영역 침해를 방어하는 논리로 설명되었다. 나아가 자유주의의 경쟁 논리 대신 참여의 윤리를 강조한다고 설명했는데, '경쟁과 참여는 민주주의를 끌어가는 두 개의 축'이라고 주장했다.(위의 책: 227) 그는 이러한 공화주의가 한국의 전통에서도 많이 발견된다고 했다. 향토애, 민족애는 물론이고 1960년대 이래 민주주의를 위한 운동의 전통 속에서도 발견된다고 한다.

그런데 한국의 민주주의운동 세력은 보편적 공화주의의 요소보다 급진적이고 도덕적이며, 폐쇄적이고 향리적인 면을 더 강하게 드러냈다는 문제점이 있음을 강조했다. 즉 강한 권위주의와의 투쟁은 개인의 자율성과 내면적 자유를 중시하는 자유주의적 가치나, 시민적 휴머니즘을 핵심으로 하는 공화주의적 가치를 발전시킬 여지를 줄 수 없었다고 설명했다.(위의 책: 228~229)

최장집은 한국의 대표적 운동 이념이자 계보였던 NL-PD의 문제를 현실의 구체적 기반이 약하며 민주주의를 최대강령적 이념의 관철로 이해하는 관념적 혁명성의 한계를 노정했다고 비판한다. 그가 보기에 민주주의는 항시적인 민중동원과 운동을 통해 작동하는 체제가 아니기 때문에 최대강령적 혁명을 추구하는 운동권의 지향은 민주주의의 작동과 병립하기 어렵다. 즉 민주주의는 경쟁하는 이익의 평등한 참여가 보장된 제도의 틀 안에서, 갈등하는 이익들 간의 경쟁이 허용하고 타협하도록 이끄는 체제이며 일상성 속에서 일상적 관심사와 더불어 작동하는 체제이기에 최소강령적 이념이 효과적일 수밖에 없다는 것이다. 이러한 인식하에 그는 NL-PD론이 유럽의 사민주의 이념이나 실천, 또는 자유주의 이론으로부터 분기한 '자유주의적 평등주의'와 같은 보편적인 이념을 통해 정정되어야 한다고 주장한다.(최장집 2006 : 276~277) 이는 곧 대의제를 특징으로 하는 현대 민주주의의 제도적 역동성을 이해하지 못했다는 설명으로 연결되는 것이었다. 그가 보기에 민주주의는 가치이면서 동시에 제도적 실천인데 운동진영은 후자의 측면에서 약점을 노정했다는 것이다.(위의 책 : 33)

NL-PD론으로 대표된 운동진영의 문제는 곧 민주화운동의 한계와 문제를 지적하는 것이기도 했는데, 그 핵심은 자유주의적 전환의 계기를 갖지 못했던 것으로 설명되었다. 즉 자유주의 철학의 핵심 주장으로 설정된 국가권력의 견제 문제가 시민의 의식 속으로 들어오지 못했다는 주장이었다.(최장집 2009 : 103)

결국 이러한 입장으로는 운동을 분석하기가 대단히 곤란해질 것이다. 이것은 정치를 경쟁과 타협의 제도적 실천 과정으로 이해하는 기본적 문제의식으로부터 파생되는 거의 필연적 과정이라고 할 수 있다.

민주주의를 기준으로 보자면 최장집이 구분하는 정치의 역사는 단 두 단계이다. 운동으로서의 민주주의와 제도(적 실천)으로서의 민주주의가 그것이라 할 수 있는데, 전자는 후자로 소멸해야 될 운명에 놓여있는 것이기도 하다. 사실 전자는 불확정적이고 예측 불가능한 것이기에 엄밀히 말해 그가 생각하는 민주주의의 범주 안에 포함되기 대단히 곤란한 것이기도 하다.

예컨대 1970~1980년대 한국의 저항운동은 맑스주의와 자유민주주의라는 이념적 스펙트럼은 물론이고 개인적 저항에서 대중봉기에 이르기까지 매우 다양한 양상으로 전개된 바 있다. 이 복잡하고 환원불가능한 실재계를 단 하나의 상징계, 민주주의로 환원해버리는 폭력적 과정을 거치지 않고서는 사실상 민주화 운동사는 쓰일 수 없는 것이다. 운동이라는 불확정적인 과정으로서의 민주주의는 제도로서의 민주주의와 불연속과 단절의 측면이 훨씬 더 크다는 점을 인정해야만 할 것이다. 따라서 최장집의 민주주의 구도에서 이는 압축되고 환원되어 서술가능한 민주화 운동사로만 존재해야 한다.

이것을 잘 보여주는 것이 광주항쟁에 대한 분석과 서술이다. 최장집은 광주항쟁을 "보편적인 민주화를 지향하는 모든 사회 세력과 시민사회의 민주화 운동을 상징하고 대변함으로써 민주 대 반민주라는 대립축을 설정케 했던 역사적 계기"였다고 못 박았다.(최장집 2002 : 117) 광주항쟁을 오직 민주화운동으로만 환원하고 심지어 민주-반민주 구도를 형성시킨 계기로 설명했다. 일단 이는 역사적 사실과도 부합하지 않는다. 일반적으로 민주-반민주 구도는 1970년대, 특히 유신체제 성립 이후 중요한 정치적 대립 구도로 등장했다고 할 수 있기에 광주항쟁이 그 계기였다는 설명은 재고의 여지가 있다.

더 중요한 문제는 광주항쟁 자체를 민주화운동으로만 설명하려는 입장이다. 광주항쟁은 한국전쟁 이후 유일무이한 무장항쟁이라는 독특한 위치를 점하는 것에서부터 1980년대 급진주의 이념 및 실천의 확산에 결정적인 역할을 하기도 하는 등 민주주의, 그것도 절차적 민주주의로 왜소화된 범위에 한정될 수 없는 거대한 역사적 사건이었다. 물론 광주항쟁이 당시 지배 이데올로기였던 '자유민주주의'에 근거해 자신의 정당성을 구축하고자 했던 것은 사실이다. 시민군은 태극기를 휘날리며 애국가를 불렀다. 그러나 항쟁의 진행 과정을 통해 대중항쟁의 최고 형태라 불리는 무장투쟁까지 이어지면서 이데올로기적 지형은 중요한 변형을 보여주었던 것도 사실이다. 즉 이데올로기와 주체 간의 균열이 발생하면서 항쟁은 자유민주주의를 초과해버리는 차원

을 드러내기 시작했던 것이다.(김정한 2009)

항쟁의 주체들이 지배 이데올로기를 초과해버리는 균열의 경험을 통해 그것이 1980년대 급진주의적 변혁 이념과 실천으로 연결되었음은 주지의 사실이다. 따라서 광주항쟁은 민주화운동으로 국한될 수 없는 역사적 맥락 속에 위치하는 것이며 대중의 혁명적 행위 가능성에 열려있는 것이었다. 최장집이 우려하고 있는 부분이 바로 이 지점이었다. 그는 권위주의 정권이 광주항쟁을 "민주화 운동이 아닌 급진 좌파적 민중봉기로 채색"하여 반호남 지역감정을 부추기는데 이용했다고 주장했다.(최장집 2002 : 117)

보편사적 전망하에서 '급진 좌파적 민중봉기'는 자기 자리를 배정받기 곤란한 것으로 보인다. 그것은 산업화, 민주화로 이어지는 계기적 발전의 부수적 피해로 자리매김될 뿐이다. 한국 현대사에서 민주주의가 대단히 중요한 이데올로기적, 담론적 역할을 수행했음은 분명하지만 또한 그것으로 환원될 수 없는 역사들이 있었음도 분명했다고 한다면, 광주와 민주화운동은 뫼비우스의 띠처럼 연결된 것이지 않을까 한다. 이렇게 보편사적 전망하에서 민주주의의 절대화가 가속화되었다.

4. 민주주의와 자유주의

최장집의 민주주의 인식에서 드러나는 두드러진 특징은 그것을 절대화한다는 것이다. 앞에서 보았듯이 그는 민주주의가 "역사를 통해 인류가 합의에 이르게 된 사회운영의 원리"라고 규정했다. 이렇게 그가 절대화하고자 하는 민주주의는 과연 어떤 것인가? 최장집도 민주주의가 간단하게 정의되기 힘들다는 점을 인정한다. 즉 그는 민주주의는 어떤 면에서 '민주주의를 어떻게 정의할 것인가를 둘러싼 갈등'이라고도 볼 수 있다는 입장을 보여주었다. 그러나 곧이어 민주주의는 이론, 철학적으로 잘 정립된 정치이념이 아니라고 전제하면서도 "인민주권의 원리에 기초를 둔 절차적으로 정의된 정치체제의 운영원리"임을 분명히 했다. 즉 '실체적 내용을 가진 이념'이 아니라 절차적 운영원리임을 강조한 것이었다.(최장집 외 2007 : 24) 요컨대 민주주의는 절차적 민주주의로 환원되는 것으로 보인다.

절차적 민주주의에 대한 강조는 다른 방식으로도 이루어졌다. 그는 민주주의를 "사회의 성원들이 정치참여를 통해 민주주의의 가치들을 습득하고, 다른 한편 정치적 제도와 절차적 민주적 정치문화에 의해 뒷받침됨으로써 결과적으로 사회구성원들이 광범하게 지배에 참여하는 사회적 이상"이라고 설명했다.(최장집 2002 : 66)

민주주의 가치를 습득한다고 하는 것의 의미는 무엇일까? 또 정치적 제도와 절차적 민주적 정치문화는 무엇을 의미하는 것인가. 그것이 선거라는 절차와 정당이라는 제도임은 어렵지 않게 확인된다. "정치의 무게 중심이 일순간 거리에서 선거 공간으로 이동하면서 힘의 중심은 일거에 운동으로부터 기존의 정당으로 이동한다"는 언명이 이를 확인해준다.(위의 책 : 118)

절차적 민주주의의 강조는 역사해석을 통해서도 확인된다. 최장집은 한국에서 '진정한 민주주의의 시작'으로 4·19를 상정하는데, 그것이 가능했던 것은 절차적 민주주의의 규범이 한국 사회에서 그만큼 중요한 가치가 되었다는 사실을 의미한다고 설명했다.(위의 책 : 100) 역사 속에 존재했던 운동권의 문제 또한 이러한 절차와 제도에 대한 무능력과 급진주의로 요약되면서 주요한 비판의 근거가 되었다. 즉 운동권의 이념적 급진성은 선거경쟁 자체에 대한 부정적 인식과 함께 선거불참여주의적 경향 또는 선거에 소극적인 태도를 갖게 했다는 것이며 이것이 사회로부터의 고립, 비현실적 인식을 초래해 정치세력화에 실패했다는 것이다. 요컨대 그는 '운동권의 이념적 급진성은 운동권의 강함의 반영이 아니라 약함의 반영'이었다고 주장한다.(위의 책 : 119)

절차적 민주주의를 강조하는 입장이 정당의 강조로 연결되는 것은 자연스러운 것이었다. 절차와 정당을 통해 그가 성취하고자 하는 것은 '안전한 정치'에 다름 아니었다. 그는 정치 욕구가 정당을 통해 표출되고 동시에 규율되지 않는다면 민주주의는 인간의 파괴적인 경향을 자극하는 기제가 되고 정치는 극단적인 권력투쟁으로 희생되고 말 것이라고 예측했다.(최장집 외 2007 : 28) 여기서 인간의 파괴적 경향이라는 인간 본성까지 언급하면서 극단적 권력투쟁을 경계하고 있는데, 그 현실적 함의는 규율화된 기존 정치질서의 보존으로 연결될 수 있다고 보인다.

정치는 파국까지 포함하는 것으로 보아야 할 것이다. 혁명과 반동, 폭력과 비폭력, 전쟁과 평화까지 포함해 인류 역사 속에 나타난 정치적인 것은 잘 정돈된 절차적 민주주의로 환원될 수 없을 것이다. 정치를 잘 정돈된 제도와 관습적 실천, 즉 절차적 민주주의라고 표현된 근대 서구의 정치시스템으로 고정시켜 전제하고 그 이외의 모든 것을 반정치 내지 반민주주의적인 것으로 규정해버린다면, 이는 정치에 대한 지나치게 좁은 관점일 뿐만 아니라 민주주의에 대한 편협한 이해에 다름 아니다.

절차적 민주주의의 강조는 민주주의를 누구도 이의를 제기하기 힘든 공정한 게임의 룰처럼 이해하게 만드는 것으로 연결된다. 즉 민주주의는 '시민들의 정치참여의 평등을 통해 정치경쟁을 조직하고 제도화하는 방법으로 집단적 이해관계를 정치적으로 실현할 수 있기 때문에, 특정 집단이 정치 과정에서 패자가 될 때 그 책임을 승자에게 전가하기가 어'려운 특성을 갖는다는 것이다.(최장집(2008), 「머리말」)

민주주의는 누구라도 권력을 장악할 수 있다는 잠재적 가능성을 열어놓는 것이기에 민주주의의 권력은 텅 빈 권력으로 보인다는 특징이 있다. 즉 인민주권과 선거경쟁이라는 조건하에서 권력은 주기적 교체 가능성에 열려있는 것이 되고 원리상 권력의 자리에 모든 주권자가 배치될 수 있다는 형식적 무차별성을 보장하고 있는 것이다. 그렇기에 논리적 측면에서 보자면 민주주의는 권력 재생산에 관한 한 외부를 상정하기 곤란한 특징을 갖는다. 형식상 모든 구성원에게 제한 없는 선거 경쟁 참여가 보장되기에 그 외부적 가능성을 모색하는 것은 정당성과 근거를 갖기 힘들게 된 것이다.

그런데 문제는 외부가 없는 민주주의는 커다란 함정의 역할을 하는 것이라는 점이다. 외부가 없는 민주주의는 곧 절대적 정치질서가 되고 모든 것이 내부적으로 해소되어 버린다는 점에서 내부의 정치 과정 또한 절대화되고 최장집의 주장처럼 패자들은 패자의 위치를 벗어나기 곤란해지는 것이다. 이것은 민주주의가 일종의 함정이자 감옥의 역할을 하게 됨을 의미한다. 공정한 게임의 장을 보장하는 것처럼 보이지만 그 외부로의 탈주는 불가능한 감옥 안의 게임이 되는 것이다. 한번 선택하면 스스로가 그 게임의 구성 부분이 되고 게임 룰의 자장을 벗어날 수 없게 되는 것이다.

민주주의의 형식논리적 공정성은 폭력의 배제라는 중요한 조건을 달게 되는데, 이 또한 양날의 칼로서 기능하게 됨을 주목해야 한다. 폭력은 권력의 최종심급의 문제라고 할 수 있는데, 데리다의 표현을 빌리자면 법 정초적 폭력과 법 보존적 폭력의 구분이 필요한 문제이기도 하다.

민주주의를 지나치게 좁게 사유하는 그의 특징은 민주주의를 국가 단위의 제도적 정치질서로 국한하는 것으로도 나타난다. 그는 모든 사회 단위에서 민주주의가 구현될 필요는 없다고 하면서 정당 내 민주주의가 무조건 관철될 필요는 없다고 한다. 그에 따르면 너무 작은 단위까지 민주주의를 관철할 경우 오히려 공동체의 갈등을 조장하고 파괴할 수도 있다는 것이다.(최장집 외 2007 : 50~53)

민주주의를 좁게 해석하는 경향은 정치와 경제의 분리라는 주장과 관련된다. 최장집은 '기본적으로 사익을 추구하는 시장의 원리와 1인 1표라는 보통선거권의 평등성에 기초한 민주주의의 작동원리는 근본적으로 상이하다'는 전제하에 경제로부터 분리된 정치가 민주주의 작동의 기본 조건임을 강조했다.(최장집 2002 : 144~145) 즉 그는 시장경제와는 전혀 다른 원리로 작동해야 되는 정치적 공간을 상정하고 있는 것이다.

시장이 공동체 또는 사회를 잠식하는 모습은 근대 자본주의 이래 주요한 현상이었고 이에 대한 비판도 다양한 각도에서 이루어져왔다. 다양한 형태의 사회주의는 물론이고 아렌트나 하버마스도 시장에 의한 공공성의 훼손 내지 파괴에 대한 강한 우려를 드러낸 바 있다. 심지어 케인즈조차도 시장의 무정부성에 대한 개입 필요성에 근거해 자신의 경제이론을 발전시켰다고 하겠다.

그러나 또 한편으로 경제와 정치의 분리는 근대 사회의 고유한 현상이자 특징이기도 하다. 엄밀히 말해 경제와 정치의 분리라기보다는 경제의 특권적 지위로의 돌출이라고 하는 것이 정확한 설명이 될 것이다. 근대 자본주의는 경제논리로 사회를 압도한 역사상 최초의 체제임에 틀림없다. 굳이 맑스의 분석을 빌릴 필요도 없이 자본주의는 경제 외적 강제가 통하지 않는 최초의 경제를 구성했다.

그런데 이러한 사태에 대한 대응이 경제로부터 정치 또는 사회를 분리하는 것으로 국한될 수는 없다. 이는 정치와 경제의 분리라는 고전적 자유주의의 명제를 반복하는 것으로 국한될 수 있는 문제가 아닐 것이다. 이광일이 적절하게 지적했듯이 박정희체제를 정치와 경제를 분리해 판단하는 것만큼 우스꽝스러운 것도 없을 것이다. 정치와 경제의 모순, 다시 말해 1인 1표와 1주 1표라는 모순은 어느 한 쪽이 다른 쪽을 배제함으로써 해소될 수 있는 것이 아니다. 근대 자본주의와 근대 자유 민주주의 질서는 이 고유한 모순을 통해 작동되는 것임을 주목해야 할 것이다.

최장집의 주장대로라면 정치는 경제와 완벽히 분리된 다음 다시 경제를 규율해야 되는 것인데 이러한 주장은 사실상 불가능할뿐더러 사태를 호도할 가능성이 매우 크다. '정경유착'이라는 현상을 자본주의 내지 근대 정치질서의 일탈 내지 타락으로 규정하고 정경의 엄격한 분리를 주장하는 것이야말로 지극히 비현실적이고 이상주의적인 발상에 불과할 것이다. 최장집 스스로 얘기하고 있다시피 도덕주의적 문제 설정은 정치발전에 별로 도움이 되지 않을 것이다.

결국 이러한 문제의식의 도달점은 (신)자유주의라고 보인다. 최장집은 현 정세를 신자유주의와 탈냉전을 핵심 계기로 설명한다. 현재는 '포스트 자유주의적 이익추구의 경제적 인간이 지배하는' 세계이자 '낭만주의적인 민족주의가 시대착오적 이념이 되어 버린 탈냉전과 지역 간 상호 의존의 증대'로 특징되는 것이었다. (최장집 2009 : 188~189) 이러한 시대변화 속에 운동권의 논리는 "근대화라는 거시적 사회 변화의 수준에서 한국의 전통적 인간형을 새로운 근대적 인간 유형으로 변화시키는 계기 내지 촉매"로서는 거의 의미가 없는 것이었다. 즉 운동권의 논리와 담론은 "개인주의 주체성과 주관성을 본질로 하는 현대의 자유주의적 인간 유형, 이러한 개인성으로 기초로 한 새로운 (탈)현대적 인간관계, 개인의 도덕적 자율성에 입각한 개인적인 내면의식의 중요성을 포괄하는 개인적 인간형으로의 변화를 가져오는 데는 거의 아무런 기여도 하지 못했다"는 것이 최장집의 결론이었다. (위의 책 : 189)

다시 말해 최장집은 한국의 민주화운동의 특징을 집단주의, 국가주의, 민족주의 등 강한 공동체주의적 가치와 이상으로 분석하면서 그 폐해를 시정하기 위해 자유주의적 가치를 강조하게 된다. 즉 '한국 민주주의는 사적이익 추구를 이념의 중심으로 하는 자유주의적 현실주의를 수용하지 않으면 안 되는 상황에 직면'하고 있다는 것이다. 요컨대 한국 민주주의의 발전은 '자유주의와 민주적 절차의 제도화 문제'에 달려 있다는 것이다. (최장집 2000 : 23)

최장집의 자유주의 이해는 과도하게 이상적이다. 스스로가 이상주의자나 혁명가가 아니라 현실주의자로 규정했음에도 자유주의에 관해서는 이상하리만치 이상적인 입장을 견지하고 있다. 그는 자유주의를 고전적 자유주의로 고정시켜 이해하는 경향을 보인다. 신자유주의와 자유주의를 엄격히 구분해 종류가 다른 이념이라고 규정하고 자신은 회의적 자유주의자라고 규정했다. 그가 생각하는 자유주의의 가장 긍정적 부분은 인간의 평등을 철학적으로 규정하는 천부인권과 불가양도의 자연권 사상이라고 한다.(최장집 외 2007 : 46)

자유주의를 이상적으로 사유하는 것은 나아가 서구의 이상화 내지 전범화하는 것으로 연결되는 것이었다. 그는 서구의 산업과 금융 엘리트들은 국가의 민족주의적, 보호무역주의정책에 반대하면서, 자유무역, 자유시장을 추구했다고 주장하면서 서구의 자유주의적 경제 엘리트들과 한국의 경제 엘리트들이 얼마나 큰 차이가 있는가를 강조했다.(최장집 2000 : 19) 장하준에 따르면 완전한 자유시장은 존재했던 적이 없었다. 서구 자본 또한 자신들이 유리할 경우에만 자유 시장경제를 옹호했을 뿐이며 이윤을 위해서라면 대포와 군함을 동원했던 것이다.

서구를 이상화하는 그의 입장은 민주주의에 대해서도 마찬가지이다. 그는 서구의 자유민주주의를 "제한 없는 민주주의"로 파악하고 그에 비해 한국의 민주주의는 '냉전 반공주의의 정치적 자유에 대한 제약'으로 불구화된 것으로 묘사된다.(위의 글 : 16) 서구 자유민주주의가 제한 없는 민주주의인지는 지극히 의심스럽다. 유럽의 파시즘은 물론이고 9·11 이후 미국 상황만 보더라도 제한 없는 민주주의와는 거리가 멀다고 할 수밖에 없다.

한국의 근대화 과정에서 자유주의적 계기가 약했음은 많은 연구자들이 지적하는 바이다. 특히 1960년대 이후 경제개발 과정은 강력한 국가주의와 집단주의에 의해 추동된 것이었다. 이러한 맥락에서 자유주의가 한국의 근대화 과정에 대한 치유의 역할을 할 수 있음도 어느 정도 사실일 것이다. 그러나 다른 한편으로 한국의 자유주의는 과잉상태이기도 하다. 산업화 과정은 결국 시장의 자유, 경제적 자유주의가 어떻게 한국 사회를 지배하게 되었는가를 보여준다. 자신이 가진 모든 것을 투여해 시장의 자유 경쟁에 뛰어들어야만 했던 많은 이들에게 자유는 투표권의 자유 이전에 굶어죽을 자유로 다가왔을지도 모를 일이다. 신자유주의와 다른 자유주의, 경제적 자유주의와 다른 정치적 자유주의는 이들에게 구분 불가능한 것일지도 모른다.

시장의 자유가 망가뜨린 공동체와 사회의 삶을 정치적 자유가 만회할 수 있을까? '시장과 민주주의의 조화로운 발전'을 내걸고 '산업화 세력과 민주화 세력의 연합'을 실천한 '민주정부'의 경험은 그것이 결코 쉬운 일이 아님을 보여주었다. 그것은 자유주의로 자유주의를 치유하는 것의 현실적 함의가 무엇인지를 보여준 것으로 보인다. 야당의 혁신, 정당정치의 활성화, 이익 대표체계의 가동, 시민적 덕성의 함양 등등 자유주의의 정치적 전망은 사실 매우 오랫동안 주장되었고 또 많은 진전이 있었던 것도 사실이었다. 그러나 상황은 점점 더 절망적인 것으로 보인다. 자유주의 정치의 발전과 신자유주의 시장 질서의 발전은 어쩌면 동일 궤도일지도 모른다.

민중, 인민, 서발턴, 시민 등등 그 명칭이 무엇이 되었든 시장 속의 주체는 호모 이코노미쿠스적 주체이기도 하다. 정치와 경제가 분리불가능한 것이라면, 정치 행위자는 동시에 시장의 호모 이코노미쿠스이기도 할 것이다. 시장의 자유를 만끽하고 있는 이들에게 정치의 자유는 무엇을 의미할 것인가.

역사를 통해 확인 가능한 것은 봉기대중의 주기적 출몰이다. 봉기대중의 출현은 기존의 정치적 질서와 날카롭게 대비될 것이다. 기존의 정치가 포괄할 수 없는, 제도적 정치 실천을 초과해버리는 봉기대중의 존재야말로 정치적인 것의 알파와 오메가일 것이다. 한국의 민주주의가 정치적인 것이 되고자 한다면 이들 봉기대중을 통해 재검토될 필요가 있을 것이다. 기표로서의 민주주의가 봉기대중을 통과해 도달했던, 또 도달하게 될 기의를 추적하는 것, 이것이 인민주권의 민주주의가 정치적인 것으로 현전할 수 있는 가장 중요한 매개가 될 것이다.

참고문헌

김정한, 「현실 민주주의와 정치적 행위」, 『정치비평』 상반기, 2005.
______, 「대중운동의 이데올로기 연구」, 서강대 정외과 박사논문, 2009.
이병천, 「다시 우리 시대 진보를 말한다」, 『황해문화』, 2006 가을.
최장집, 「편집자 서문」, 『한국현대사』, 열음사, 1985a,
______, 「편집자 서문」, 『한국자본주의와 국가』, 한울, 1985b,
______, 「광주항쟁의 역사적 성격과 80년대의 반미자주화 투쟁」, 『역사비평』 7호, 1989.
______, 「민중 민주주의의 조건과 방향」, 『사회비평』 6권, 1991a.
______, 「'가능의 정치'로서의 해방후사 연구-서중석의 『한국현대민족운동연구』에 대한 비판적 검토」, 『역사비평』 16호, 1991b.
______, 「한국사회 변화와 사회운동의 진로」, 『정세연구』 49호, 1993b.
______, 「운동의 전통과 민주주의의 모델」, 『아세아연구』 103호, 2000.
______, 「한미관계의 미래-"반미감정"에 대한 단상」, 『아세아연구』 46권 1호, 2003.
______, 「민주주의와 자유주의 사이에서」, 최태욱 편, 『자유주의는 진보적일 수 있는가』, 폴리테이아, 2011.
최장집 외, '좌담' 「민중민주주의란 무엇인가」, 『철학과현실』 1990 봄.
________, '토론' 「한국사회와 맑스주의」, 『동향과 전망』 17, 1992.

최장집, 『한국의 노동운동과 국가』, 열음사, 1988.
______, 『한국 현대정치의 구조와 변화』, 까치, 1989.
______, 『한국 민주주의의 이론』, 한길사, 1993a.
______, 『한국 민주주의의 조건과 전망』, 나남, 1996.
______, 『민주화 이후의 민주주의』, 후마니타스, 2002.
______, 『민주주의의 민주화』, 후마니타스, 2006.
______, 『한국 민주주의 무엇이 문제인가』, 생각의나무, 2008.
______, 『민중에서 시민으로』, 돌베개, 2009.
______ 외, 『어떤 민주주의인가』, 후마니타스, 2007.

랑시에르, 자크, 양창렬 역, 『무지한 스승』, 궁리, 2008.
아감벤, 조르지오, 박진우 역, 『호모 사케르』, 새물결, 2008.
오르테가 이 가세트, 황보영조 역, 『대중의 반역』, 역사비평, 2005.

10장 | 최장집의 민주화 기획 비판 |

정당정치와 사회운동의 새로운 결합을 위하여

김정한

1. 민주주의의 탈민주화

최장집이 한국의 대표적인 민주주의 이론가라는 데에는 이견의 여지가 없다. 그는 정당민주주의 이론을 체계적으로 소개하여 혼란스런 격동의 한국정치(사)를 일관된 틀로 이해할 수 있는 커다란 지적 자산을 쌓아올렸다. 심지어 한국 정치에 관한 최장집의 이론과 해석은 '교과서'이자 '원론原論'이라고 평가되기도 한다. 하지만 보수독점적 헤게모니가 지배하는 정당체제의 개혁이 유실되고 있는 현 상황에서, 정당의 기능과 역할을 강조하는 논변은 오히려 대중들의 정치 참여를 껄끄럽게 여기는 기성 정당들의 알리바이로 전락할 위험이 있다. 대중들의 새로운 정치에 대한 열망을 대표하지도 포섭하지도 못하는 한국의 양당체제에서 여당이든 야당이든 정당민주주의 이론에 의존하여 자신

들이 여전히 새로운 정치의 주연主演으로서 정치의 중심에 있어야 한
다고 강변하고 있는 형국이다. 이는 최장집의 민주주의론이 그의 의도
와는 달리 보수독점의 정치적 대표체제를 변호하는 데 사용될 수도 있
음을 잘 보여준다. '정당으로 돌아가라'는 최장집의 고언은 현 정당체
제에서 대중들에게 '적극적인 정치 행위를 자제하라'는 전언으로 변환
되기 쉽다.

이와 같은 전도는, 보수적 정당체제에서 기득권을 가진 정당들이 자
신들에게 유리한 정당체제를 스스로 개혁해야 한다는 정당정치론의
순환론적 해법이 가진 한계와 무관하지 않다. 수렁에 빠진 사람이 자
신의 두 팔로 자신의 몸을 수렁에서 건져내야 한다는 주장은 필사적인
허우적거림이 아니라면 정치적으로 공허하다. 미완의 정당체제를 정
상화시키려면 '좋은 정당'이 출현해야 하며, 그것이 급진적인 새로운
정당의 형성이 아니라 기존 정당의 개혁을 통해 온건하게 이루어질 수
있을 것이라는 최장집의 기대는 『민주화 이후의 민주주의』을 펴낸 지
10여 년이 지난 지금까지 실현되지 못했다. 이는 최장집의 민주화 기
획에 어떤 전환점이 필요한 시점이 되었음을 예시한다.

그러나 더 큰 문제는 '민주주의의 민주화'가 아니라 '민주주의의 탈민
주화'라고 부를 수 있는 거대한 변환에 자리하고 있다.[1] 요컨대 기업권

---

1 오늘날 탈민주화의 특징은 크게 다섯 가지로 정리해볼 수 있다.(브라운 2010 : 88~93)
첫째, 기업권력과 국가권력의 융합이다. 예컨대 국가의 주요 기능이 기업에 아웃소싱되
고, 투자은행가나 CEO가 정부의 요직에 임명되며, 정부기관이 은밀하게 금융자본의 상
당 지분을 소유한다. 둘째, 선거와 투표가 마케팅 경영에 좌우되는 것이다. 그에 따라 시
민의 정치적 삶은 기업 미디어와 광고가 지배하고, 민주주의 원리보다 홍보 전문가들의
전략과 포장이 중요해진다. 셋째, 신자유주의적 합리성으로 인해 자유민주주의의 기본
원리가 비용과 수익, 능률, 효율성 등과 같은 시장의 기준으로 대체된다. 이는 국가를 인
민의 지배가 아니라 경영관리의 운용체로 변형하고, 입헌국가의 제도들을 회사 모델로

력과 시장 논리가 제도정치의 운영과 관리를 주도하면서 민주주의 원리를 구현하는 제도들이 무기력해지는 현상이 곧 탈민주화이다. 이런 상황에서 현대 민주주의의 핵심 기제라는 정당정치의 퇴조는 너무 분명하다. 노동자를 포함한 시민의 권리를 대표하기는커녕 사회적 갈등을 조정하는 기능조차 기대하기 어렵기 때문이다. 세계적으로 민주화가 아니라 탈민주화de-democracy가 주요 연구 과제로 부상하는 이유도 여기에 있다. 예컨대 비교 연구의 대가인 찰스 틸리조차 말년에는 한때 세계적인 물결을 일으킨 민주주의의 확산이 아니라, 민주화가 탈민주화로 변화하는 동학에 대한 연구로 전환했다. 그는 민주화가 '아래로부터' 국가와 시민사회의 공공정치public politics를 확립하는 장기적인 과정의 산물이었다면, 탈민주화는 '위로부터' 급속히 빠른 속도로 진행된다고 경고한다. 민주화는 권위주의 체제에 저항하는 대규모 대중동원으로 가능했지만, 탈민주화는 민주주의에 대한 대중의 환멸이나 불만 때문이 아니라, 공공정치를 위한 협약에서 이탈하는 권력 엘리트들의 변절defection 때문에 발생한다는 것이다.(틸리 2010 : 67·322~323)

　포스트민주주의post-democracy라는 개념이 담고 있는 문제의식도 이와 다르지 않다. 크라우치는 민주주의의 절차와 제도가 유지되고 있지만, 민주화 이전 시대와 유사하게 특권적인 엘리트들의 지배와 통제가

가공하는 기업가적 원리를 안착시킨다. 넷째, 일국적·국제적 법원의 권력과 활동 영역의 확장이다. 정치적 갈등과 쟁점이 법원에 이양되고, 법 전문가들이 복잡하고 난해한 자신들만의 언어로 정치적 결정을 내리며, 인민주권의 토대인 입법에 대한 사법의 종속이 뒤집힌다. 다섯째, 세계화로 인해 국민국가의 주권이 침식되고 있다. 특히 자본의 초국적 흐름은 국가의 신자유주의적 통치화와 결합하여, 한정된 독립적 정치체에서만 실행될 수 있는 인민 주권을 무력화하고, 국가권력을 민주적으로 통제할 수 있는 길을 차단한다.

재확립되고 사회적 불평등이 심화하는 현상을 포스트민주주의라고 부른다.(크라우치 2008 : 11) 대중의 요구를 정치에 반영하기보다 제도정치 세계의 일원으로서 자신의 이해관계를 추구하고 자신이 속한 정당의 보존과 유지에 치중하는 '정치계급'과, 금융세계화로 인해 국가의 통치력을 벗어난 대기업의 이윤 활동을 대변하는 '경제계급'이 결합하여 지배 엘리트 집단을 형성하고 권력과 부를 축적하며, 그와 더불어 현대 민주주의의 핵심적인 제도인 정당정치 모델은 붕괴하고 있다.

포스트민주주의 모델하에서도 선거는 분명 존재하고 정부를 교체할 수도 있다. 그러나 선거의 공적 논쟁은 설득 기술에 능란한 전문가들로 구성된 경쟁적 선거 운동 본부에 의해 운영되는 치밀하게 통제된 스펙터클일 뿐이며, 이런 선거 운동 본부에 의해 취사선택된 협소한 쟁점들만 고려에 넣는다. 시민 대중은 수동적이고, 조용하고 심지어 냉담한 역할을 할 뿐이며, 그저 그들에게 주어진 신호에 반응할 뿐이다. 선거 게임이라는 이 호화로운 구경거리의 수면 아래에서, 선출된 정부와 기업 이익을 압도적으로 대변하는 엘리트들 간의 상호 작용을 통해 진짜 정치가 만들어진다.

― 크라우치 2008 : 7

정당정치는 정당들의 공정한 상호 경쟁을 통해 유권자들의 지지를 획득하고, 선거에서 더 많은 득표를 차지해 정치권력에 접근하는 데 일차적인 목적이 있다. 이 모델은 더 많은 유권자들의 지지를 얻고 득표율을 높이기 위해서는 필수적으로 유권자들의 이해와 요구를 반영하고 대표하는 정치 활동을 전개할 수밖에 없다는 논리를 전제하고 있으며, 이것이 민주주의를 작동시키는 기본 동력이라고 강조한다. 그러나 정당 간의 공정한 경쟁과 자유선거를 보장하는 규칙과 제도가 민주주의의 형식으로 확고하게 자리를 잡았다고 해도, 이것이 시민들의 이해를 대변하고 공공정치를 실현하리라고 기대하기는 거의 불가능한 조건으로 변모했다. 무엇보다 선거 경쟁에서 대중매체와 여론조사기관에 영향력을 행사하는 선거 전문가, 정책 자문가, 로비스트들의 기능이 중요해지고, 막대한 정치자금이 필요한 정당 활동과 고비용 선거 유세에서 대기업의 후원에 의존하지 않을 방법이 없으며, 자연히 정당의 근간이 되는 당원들과 지지자들의 역할과 위상은 무너지고 있다. 이런 상황에서 정치계급이 노동자들이 아니라 경제계급의 이익을 대표하는 것은 차라리 자연스럽고, 한 정당에 귀속감을 갖는 당원과 지지자들이 비중 있게 정치에 참여하는 것은 불가능에 가깝다. 오히려 민주주의의 형식이 민주주의를 보장하지 못하는 포스트민주주의의 조건에서는 권력 엘리트들에 의해 위로부터 급속한 탈민주화가 진행될 가능성이 높아진다.

이와 같이 정당정치가 붕괴하는 현실에서 최장집처럼 정상적인 정당정치의 중요성을 재차 강조하는 일이 전혀 무의미하지는 않을 것이다. 여하튼 정당정치는 현실 민주주의를 구현하는 역사적 제도들 가운데 하나이기 때문이다. 그러나 권력 엘리트들이 안주하고 있는 양당체제에서 그것은 언제까지나 희망사항 이상이 되기 어렵다. 기성 정당들은 정치 개혁에 관한 온갖 그럴듯한 미사여구를 동원함에도 불구하고, 실제로는 새로운 정당세력의 출현도, 시민들의 적극적인 정치 참여도 원하지 않을 뿐 아니라 적극적으로 배제하고 있다. 이 때문에 최장집의 정당정치론에 대한 반론은 대부분 사회운동에 의한 민주화를 대안으로 삼는 논의로 귀결한다. 하지만 그와 같은 사회운동 중심론은 지난 10여 년 동안 정당정치의 붕괴와 더불어 대부분의 사회운동 또한 무력화되어왔다는 사실을 간과하고 있다. 민주노조운동의 조직적 성과라고 평가되는 민주노총은 특히 비정규직 노동자 문제를 포괄하지 못하면서 노동자운동의 대표성을 상실해왔고, 민주노동당의 분열 이후 사회운동적 진보정당 모델은 실질적인 파산을 선고받았으며, 한때 주목받은 환경·생태와 페미니즘 등 새로운 사회운동들은 뚜렷한 조직력도 사회적 영향력도 보여주지 못하고 있다. '정당으로 돌아가라'는 제안만큼이나 '사회운동으로 돌아가라'는 주장도 현실 정치에서 유효성을 갖기 어렵다고 여겨지는 까닭이 여기에 있다. 이 글의 결론을 당겨서 말하자면, 민주주의의 탈민주화 시대에 우리에게는 정당과 사회운동이 모두 필요하며, 특히 당 좌파party left와 사회적 좌파social left의 연대에 기초해 기존의 정당체제를 내파할 수 있는 '배제된 자들'의 새로운 정치세력화를 모색해야 한다.

2. 최장집의 민주화 기획 – 정당-정부의 의지주의

  민주주의의 탈민주화가 일어나는 정세에서 '민주주의의 민주화'를 기획하는 최장집의 문제의식에는 타당성이 없지 않다. 그것은 현실 사회주의 국가들의 몰락과 함께 과거와 같은 프롤레타리아 혁명 모델이 유효성을 상실한 상황에서 현실적이고 근본적인 관점일 수 있다. (진태원 2012 : 212~214) 또한 다원적 자유민주주의 제도에 기초하여 권력 관계의 헤게모니를 변화시키려는 포스트맑스주의의 '민주주의의 급진화' 전략을 연상시키기도 하며,[2](라클라우 · 무페 2012) 어떤 의미에서는 보수독점적 헤게모니 지형을 변화시키려는 최장집의 기획을 포스트맑스주의의 한국적 토착 판본이라고 부를 수 있을지도 모른다. 그러나 그의 민주화 기획은 한편으로 민주주의와 자본주의의 병행 발전(민주적 시장경제)을 전제한다는 점에서 큰 틀에서 보자면 서유럽의 사회민주주의와 '제3의 길' 사이의 어딘가에 위치할 수 있는 체제를 지향하고 있고, 다른 한편으로 '민주주의의 민주화' 과정에서 사회운동이 수행할 수 있는 독자적인 역할을 인정하지 않은 채, 정당정치를 통해 나쁜 정당체제에서 좋은 정당을 구축해가야 한다고 보는 '정당-정부 의지주의'라고 평가될 수 있다.

최장집의 민주화 기획은 우선 민주주의가 실패했다는 평가에서 시작한다.[3] 전체적인 논리는 '민주화 이후의 민주주의'라는 제목에 잘 드러나 있다.(최장집 2002) 요컨대 선거를 핵심으로 하는 정당 간의 경쟁 규칙을 확립했다는 점에서 '민주화'는 성공했지만, 보수독점의 정치적 대표체제로 귀결했다는 점에서 '민주주의'는 실패했다는 것이다. 여기서 민주화의 성공과 민주주의의 실패 사이의 논리적 연결고리는 사회

---

2 라클라우와 무페는 자신들의 '민주주의의 급진화'와 '민주주의의 민주화'를 구별한다. (라클라우 · 무페 2012 : 19~24) 그들이 비판하는 '민주주의의 민주화'에 해당하는 것은 헤게모니적 권력관계의 변화를 상정하지 않는 제3의 길, 그리고 사회적 적대와 갈등이 아니라 화해와 합의를 중시하는 하버마스주의이다. 최장집의 '민주주의의 민주화' 기획은 사회적 갈등과 균열을 중시하고 그것이 광범위하게 대표될 수 있는 정당체제를 지향한다는 점에서 제3의 길이나 하버마스주의와 다르다. (최장집 2009 : 17~22)

3 이하 이 절의 내용은 김정한 2006a의 서평을 대폭 수정하고 보완한 것이다.

운동이다. 최장집은 한국 민주주의의 핵심적인 특징이 운동에 의한 민주화라고 강조한다. 사회운동이 민주화의 성공을 가져왔지만, 운동에 의한 민주화가 민주주의의 실패를 야기했다는 논리이다.

왜 운동에 의한 민주화가 민주주의의 실패를 가져왔을까? 최장집이 보기에 문제의 핵심에 있는 것은 사회운동의 변형과 무능력이다.(최장집 2006 : 33~38 · 52~54) 여기서 변형이란 운동세력이 이념과 대의를 상실한 채 기존 정당체제에 개별적으로 흡수되는 현상이고, 무능력이란 국가의 구조 · 작동원리를 이해하고 민주주의를 제도로서 운용하는 능력의 부족이다. 전자는 운동세력이 정당을 통해 현실 정치세력으로 발전하지 못했기 때문이고, 후자는 사회운동 특유의 이상주의로 인해 현실적인 대안과 전망을 추구하지 못했기 때문이다. 그 결과가 보수독점 정당체제의 재생산이다.

그렇다면 '민주주의의 민주화'를 위한 대안은 무엇일까? 최장집은 사회운동의 재활성화에서 답을 찾는 것은 후퇴라고 주장한다. 다시 운동으로 돌아가자는 논리는 민주주의의 제도적 틀을 회피하는 퇴행이라는 것이다.(위의 책 : 41) 민주주의의 제도적 틀, 혹은 제도적 실천으로서 민주주의의 핵심은 선거와 정당이다. 그래서 최장집은 '민주주의의 민주화'를 위해서는 사회 균열을 대표할 수 있는 '좋은 정당'을 창출해야 한다고 말한다. 이를 통해 보수독점의 정당체제를 개혁하여 시민사회의 다양한 이해와 갈등을 폭넓게 반영하는 새로운 정당체제를 확립해야 한다는 것이다.

이런 논리에 따라 최장집은 사회운동과 정당을 분리시키고, 전자를 비판하면서 후자를 부각시킨다. 사회운동은 문제를 제기할 수는 있어

도 해결할 수는 없으며, 아무리 폭발적으로 분출할지라도 결국 탈동원
화되어 일상으로 회귀할 수밖에 없고, 과도한 이상주의로 인해 현실적
인 전망을 제시하고 실천하는 데 무능력하기 때문이다. 그는 민주주의
는 곧 정당정치라는 확고한 지론에 의거하여, 한국 사회에서 절차적
민주주의(정치적 민주주의)의 확립에도 불구하고 실질적 민주주의(사회
경제적 민주주의)가 퇴보하는 이유는 시민사회의 이해와 갈등을 대표하
지 못하는 정당체제의 저발전 때문이며, 민주정부의 연속 집권에도 불
구하고 신자유주의가 제도화된 이유도 마찬가지라고 지적한다. 이로
부터 사회운동이 아니라 정당정치의 발전이 민주주의를 확대하고 심
화시킬 것이라는 진단이 나온다.(위의 책 : 38~43 · 275~280)

문제는 사회운동에 있고 해답은 정당에 있다. 또는 운동의 문제는
(운동의 이상주의와 무능력, 그리고 보수세력의 헤게모니 때문에) 정당으로의 정
치세력화에 실패한 데 있으므로, 문제도 정당에 있고 해답도 정당에
있다. 물론 그는 '운동과 정당의 변증법'을 언급하기는 하지만,(위의 책 :
44) 여기서 변증법은 단순한 상호작용이 아니라, 정당(동일성)이 운동(차
이)을 매개하고 포섭하는 변증법이다. 이런 논리에 따르면, 정당에 의
해 대표되지 않거나 대표될 수 없는 운동은 쉽게 기각될 수 있다. 그의
의도와 무관하게, 이는 사회운동이 중대한 기로에 놓이는 특정한 정세
에서 '운동은 이제 그만!'이라는 오랜 보수적 논리의 세련된 판본으로
기능할 수 있다.[4]

---

[4] 실제로 2008년 촛불시위 국면에서 최장집은 당시 촛불집회가 "민주주의 제도의 허약한
발전 내지는 실패의 결과"라고 정확히 판단하면서도, 사회운동이 "민주주의에서 발생하
는 문제를 해결할 수도 없고, 바람직하지도 않다"는 평소의 지론을 반복해서 표명함으로
써 '촛불시위는 이제 그만!'이라는 정치적 효과를 발휘했다. 최장집 2008 참조.

절차적 민주주의로부터 또는 그것을 기초로 실질적 민주주의를 발전시키는 일이, 현재와 같은 선거 경쟁과 대표의 체계를 통한 대의제 민주주의에 의해 가능할 수 있는가? 실질적 민주주의를 위해서는 참여의 범위가 보다 확대되고, 이를 통해 민중적 힘의 투입이 정치과정 내로 넓게 수용되어야 할 것이다. 그것은 참여와 시민사회에서의 운동의 중요성을 말한다. 참여는 투표를 통해 선거에 참여하는 것만을 의미하는 것이 아니라, 실제 노동현장, 직업현장인 사회의 하위조직과 수준에서 성원들의 폭넓은 참여를 말한다. 운동은 제도가 갖는 본래적 보수성, 즉 경직화와 일상화, 민중적 힘을 제약하는 경향성 때문에 민중적 힘이 정치과정으로 투입되는 중요한 채널이다.

— 최장집 2006 : 161

이 인용문은 최장집의 문제설정을 집약적으로 보여주고 있으며, 아마 그가 사회운동에 관해 가장 우호적으로 묘사하는 대목일 것이다. 그러나 이 경우에도 전체적인 논점은 사회운동이 정당의 매개를 통해 정치 과정에 투입되어야 한다는 것이며, 정당의 구성요소 내지 하부기반으로 작동하는 한에서 사회운동을 긍정하는 데 있다.(최장집·박상훈·박찬표 2007 : 30~31; 최장집 2005 : 284~285)

'민주화 이후의 민주주의'와 '민주주의의 민주화'라는 최장집의 두 저서의 제목을 연결시켜서 이상의 논의를 단순하게 도식화하면, '사회운동 → 민주화 → 민주주의 → 민주화'라는 논리 구조로 표현할 수 있다. 사회운동이 민주화(정치적 민주주의)를 확립했지만, 이제 민주주의(정치적 민주주의, 또는 절차적 민주주의)가 민주화(사회경제적 민주주의, 또는 실질적 민주주의)를 성취해야 한다는 것이다. 이런 논리 구조의 근저에 있는 것은 정치적 민주주의의 확립을 통해 사회경제적 민주화를 달성해야 한다는 일종의 '성장전화론'이다. 정치적 민주주의라는 판이 짜이고 게임의 규칙이 제도화되고 나면, 사회경제적 민주주의는 효과적으로 달성할 수 있다는 소박한 믿음이다. 물론 최장집은 절차적 민주주의와 실질적 민주주의의 관계를 서로 구별되는 '단계'로 보지는 않지만,(최장집·박상훈·박찬표 2007 2007 : 20~21) 민주주의의 절차가 경제적 불평등을 최소화하는 '경향'을 갖는다고 강조하는 것은 분명하다. "여기에는 민주주의가 이런 원리(절차적 민주주의의 원리 - 인용자)에 따라 작동할 때 경제적 불평등의 실현에 일정한 효과를 가질 것이라는 가정, 바꿔 말해 선출된 대표·정부는 민주주의를 통해 이런 가치를 실현할 수 있다는 가정이 깔려 있다. (…중략…) 즉 민주적으로 선출된 정부가 좀 더 잘 대표되고 책임성을 가진다면, 사회경제적 불평등의 격차를 완화하는 방향으로 작용할 수 있다는 말이다."(최장집·박상훈·박찬표 2007 : 101) 그러나 주지하듯이 현실은 그 반대였고, 그래서 최장집은 이를 '민주화의 역설'이라고 지칭하면서 '정치적 민주주의에도 불구하고 왜 사회경제적 민주주의가 후퇴했는가'라는 질문을 던진다.(최장집 2006 : 20) 그리고 이렇게 문제를 제기하는 방식은 이미 해답을 예고한다. 최소한의 제도가 구비되어 있는데 원하는 결과가 나오지 않았다면, 당연히 제도를 제대로 운영하지 못한 담당자에게 가장 큰 책임이 있을 것이다. 최장집이 특히 참여정부의 민주주의 제도에 대한 이해 부족과 무능력을 강력히 질타하는 이유가 여기에 있다.

이런 논리 구조는 복합적인 문제들을 발생시킨다. 첫째, 마치 한국 사회에 정치적 민주주의가 확립된 것처럼 여겨지는 착시 효과가 일어날 수 있다. 하지만 단적으로 국가보안법이 존속하고 특정 이념을 법적, 제도적으로 배제하는 "제한적 정치적 민주주의 수준"의 도달해 있을 뿐이다.(손호철 2006 : 91) 물론 최장집도 이에 대해 동의할 수 있을 것이다. 실제로 그는 "오늘날 우리의 과제는 민주주의의 가치와 원리를 실현하기 위해 어떻게 절차적 민주주의를 강화하고 발전시키느냐 하는 문제"라고 지적한다.(최장집 · 박상훈 · 박찬표 2007 : 100) 하지만 한국 사회가 정치적 민주화에 성공했다는 환상은, 때때로 최장집의 모순적인 언급으로 드러난다. "노동운동에 대한 권위주의적 억압장치들이 제거된 민주적 정치 환경에서 노동에 대한 차별과 배제가 지속되기 때문이다. 즉, 노동 부문에서 절차적 수준의 민주화는 이루었으나, 노동을 포괄하는 보편적 시민권의 확대를 통하여 실질적 수준의 민주화를 수반하지 못한 것이다."(최장집 2006 : 149) '노동 없는 민주주의'의 문제가 절차적 수준에서는 해결되었다는 주장은 기본적인 노동자 파업조차 공권력으로 진압되고 이념 공세에 시달리는 조건에서 쉽게 납득하기 어렵다. 이는 정당 간의 공정한 경쟁이라는 게임의 규칙이 확립되었다는 사실을 지나치게 강조하면서 나타나는 사유의 역편향일 것이다.

둘째, 마치 정당체제가 보편적이고 중립적인 제도인양 사유할 수 있는 위험이 있다. 하지만 고전적 맑스주의처럼 국가를 계급독재로 이해하지 않더라도, 정당을 비롯한 정치적 제도들은 국가장치의 일부이며,(알튀세르 2007 : 365) "자본주의 체제 재생산의 중요한 기제이자 헤게모니와 전략 형성의 장이며 동시에 사회적 역관계가 반영되는 계급투쟁의 장이기도 하다."(손호철 2002 : 167) 또한 사회세력의 역관계와 갈등

적 전략들이 응축되어 있는 국가형태와 정치적 제도에는 차별적이고
비대칭적인 편향으로서 '전략적 선택성strategic selectivity'이 내재되어 있
다.(제솝 2000) 이를테면 한국의 정당체제가 보수독점적 헤게모니 형태
라고 한다면, 그만큼 보수 기득권 세력에게 유리한 전략적 선택성이
작동하고 있다고 말할 수 있다. 하지만 최장집이 민주화 이후에 제도
화된 민주주의 틀 내에서 실천하고 목표를 성취해야 한다고 강조할 때,
그는 마치 현 제도가 어떤 세력이든 의도에 따라 능력껏 운용할 수 있
는 중립적인 것으로 취급한다. "운동으로 동원된 사회적 힘이 평상시
민주주의에 기여하는 방식은 과거 민주화 운동과 같은 동원화의 방법
이 아니라, 민주주의가 개방한 정치적 공간에서의 제도적 실천이라는
것을 내 나름대로 강조하고 싶다. 그리고 이를 위해서는 민주주의의
특성과 이를 이해하는 방법을 잘 알아야 한다고 생각한다."(최장집·박
상훈·박찬표 2007 : 76) 하지만 민주주의를 제대로 이해하고 그 제도적
틀 내에서 실천한다고 해서 전략적 선택성이라는 문제가 자연히 해소
되지는 않는다. 최장집은 "다원주의가 지향하는 천국의 문제는 상층계
급의 목소리가 가장 크게 들린다는 것이다"라는 샤츠슈나이더의 '상층
계급 편향성'을 인용하면서,(샤츠슈나이더 2008 : 83) 그것이 대표성과 책
임성의 원리를 구현하는 민주주의의 절차와 형식에는 적용되지 않는
다는 듯이 스쳐지나간다.(최장집 2006 : 106)

　더구나 정당정치에서 게임의 규칙은 이중적으로 기능한다. "정당은
특정한 계급 내지 계급들과 사회세력들의 이해를 증진시키기 위해 이
들을 조직화하여 다원민주주의의 주어진 경기 규칙 내에 들어가 다른
정당들과 경쟁을 벌이는 과정에서 '불확실성의 게임' 속에서 지지세력

의 이해관계를 실현시키도록 도와주지만, 동시에 이들의 투쟁을 일정한 '게임의 규칙'에 묶어 놓음으로써 특정한 방식, 즉 '제도정치권의 정당정치'의 방향으로 구조화시키는 것이다."(손호철 2002 : 168~169) 요컨대 선거라는 게임의 규칙은 정치적 제도의 전략적 선택성에도 불구하고 일정한 불확실성에 열려 있지만, 그 형식적 규칙 자체는 무조건적으로 고수해야 하며 이를 거부하는 자들은 민주주의의 이름으로 배제된다. 하지만 당연하게도 게임의 규칙에 따라 행위하면서 그 게임의 규칙을 바꿀 수는 없다. 민주주의에서 권력의 공간은 텅 비어 있으므로 누구나 공정한 경쟁을 통해 권력의 자리를 점유할 수 있다는 사고는 민주주의에 관한 대표적인 정치적 환상이다.(김정한 2005 : 30) 최장집이 때때로 '더러운 손'을 언급하는 이유도 여기에 있을 것이다. 그것은 "정치 영역에서 행위자가 목적 의지 내지 대의를 달성하기 위해서는 그것이 아무리 정의로운 것이라 하더라도 부도덕한 수단의 사용이 불가피하다는 것이다."[5] 이에 관해 그는 '악마의 힘'이 작용하는 정치 영역에서는 무조건적인 신념윤리가 아니라, 주어진 상황에서 목적과 수단을 적절히 조율하는 책임윤리가 필요하다는 베버의 논리로 정당화하는데,(최장집 2011a : 85~88) 이는 사실상 민주주의의 틀 안에서 제도적 실천만으로는 아무리 민주적이고 정의로운 목표일지라도 성취하기 어렵다는 것을 우회적으로 승인하는 것과 다르지 않다.

이런 문제들은 전체적으로 최장집이 정치, 즉 제도 영역의 정치에 과도한 자율성을 부여하고 있다는 것을 함의한다. 어쩌면 이를 '정당-

---

5 최장집, 「스필버그의 링컨」, 『경향신문』, 2013.3.25.

 최장집의 한국 민주주의론

정부의 의지주의'라고 부를 수 있을 것이다. 이런 점에서 그의 강력한 민주주의 비판에 누락되어 있는 것은 자본주의에 대한 정치경제학 비판이다. 어쩌면 민주주의의 가장 큰 적은 자본주의라고 말할 수 있을 정도로, 자본주의 비판 없는 민주주의론은 사회적 갈등을 포착하고 해법을 찾는 데 실효성을 갖기 어렵다. 예컨대 금융자본 중심의 축적체제라고 할 수 있는 신자유주의와 관련해서도 최장집은, 사회경제적 민주주의가 후퇴하는 원인을 주로 정당체제의 실패나 민주정부의 정책적 실책에서 찾고 있으며, 민주정부의 무능력을 비판할 경우에도 금융세계화에 따른 구조적 무능력, 즉 일국의 집권세력이 정책적으로 대항하기 어려운 세계 금융자본의 힘을 과소평가하는 경향이 있다.

물론 최장집에게 경제 분석이 없지는 않다. 그는 폴라니를 따라 정치와 경제를 외재적으로 이분화한 후 양자의 대립 및 통일(사회와 시장의 이중운동)을 상정한다.(최장집 2006 : 142) 그에 따라 자본주의는 시장경제로 치환되고, 문제는 시장경쟁의 패자들을 통합하는 '사회공동체와 시장경제가 균형을 이루는 공동체적 시장경제(시장경제의 인간화)를 어떻게 확립할 수 있는가'로 전환된다.(위의 책 : 158~159) 이렇게 문제를 제기하는 방식 또한 이미 해답을 예고한다. '균형'이 필요하다면, 그 적절한 지점은 여하튼 '중간'일 것이기 때문이다. 최장집은 이를 "민주적인 부르주아 우위와 사민주의적 헤게모니 양자 사이의 어느 지점"이라고 표현하기도 하고,(최장집 2005 : 483) 또는 민주정부에서 일정하게 대표되었던 NL(민족해방)이 아니라 혁명적 이념인 PD(민중민주주의)를 계승하여, 그것을 실현가능하도록 최소강령적으로 구체화하는 '자유주의적 평등주의'라고 주장하기도 한다.

이 체제에서는 현실적이고도 구체적인 문제 해결을 포괄하는 최소강령적 이념이 효과적일 수밖에 없다. 즉 혁명적 NL-PD는 보편성과 아울러 현실적으로 실현 가능한 이념으로 재구성되어야 한다는 것이다. 이 전환 과정에서 한국의 NL-PD론은 유럽에서 발전한 사민주의 이념이나 실천, 또는 자유주의 이론으로부터 분기한 '자유주의적 평등주의liberal egalitarianism' 와 같은 보편적인 이념과의 대화를 통해 그 내용이 보편화되고 심화될 수 있을 것이라 생각한다."

— 최장집 2006 : 276~277

그가 제시하는 최소강령적 PD의 주요 내용은 노동의 경제적 시민권 획득, 자본주의 시장경제의 존중과 민주적 규제, 재벌 중심 경제구조의 다원화이다. 이것이 혁명적 이념으로서의 PD를 계승하는 것이라고 보기는 어렵겠지만(또한 그가 평가하듯이 NL의 내용이 과연 민주정부에서 구현된 것인지도 의문이지만), 여기까지가 아마 최장집의 민주화 기획이 도달할 수 있는 사회경제적 민주주의의 최대치일 것이다. 여기서 공동체적 시장경제는 '중소기업 중심의 성장 모델'을 추구하는 것이며, 그 방법은 '사회 협약(코퍼라티즘)'이다.(최장집 2005; 최장집 2006) "그러므로 우리 현실에서는 중간급 코포라티즘이 실효적이지 않을까 한다. 즉 여기에서 논의하는 중소기업이라는 산업 부문에서 모델 사례들을 통해 코포라티즘을 단계적으로 확대하는 경로가 훨씬 더 가능성이 크다는 생각이다."(최장집 2006 : 195)

정치경제학 비판이 필요하다는 것은 '좋았던 옛 시절'의 경제결정론으로 회귀하자는 말이 아니다. 정치경제학 비판의 중요한 결론 가운데 하나는 정치와 경제의 상호 내재성이다. 세계체계론을 일부 수용하자면, 여기서 정치는 일국적 민족국가이고 경제는 세계 자본주의이다. 그에 따르면, 신자유주의의 핵심은 자본 이윤율 및 성장률의 하락으로 인해 1980년대 이후 물질적 축적이 금융적 축적으로 변모하는 금융세계화이다.(아리기 2008; 백승욱 2006) 이와 더불어 화폐와 노동력 관리에서 국민국가의 자율성은 크게 약화되고 사회적 갈등을 조정하는 데 무능력을 드러내면서 '정치의 실종' 현상이 만연해진다.

그러나 때때로 자본주의를 시장경제로 치환하는 최장집은 신자유주의를 시장 논리가 전일화하는 시장중심주의로 이해한다. 또한 세계 자본주의의 불균등 발전이나 중심부—반주변부—주변부로 구분되는 '남북 분할'에 대한 문제의식도 거의 나타나지 않는다. 이와 같이 세계 자본주의의 모순이나 갈등에 관한 분석이 부재하기 때문에 최장집은 민주주의와 자본주의를 매끈하게 결합할 수 있는 가능성에 대해 너무 낙관하고 있는 것처럼 보인다. 예컨대 그는 "사적 소유를 바탕으로 한 시장 경쟁을 내용으로 하는 자본주의와, 정치적 평등의 원리에 힘입어 다수의 지배를 실현하고자 하는 민주주의가 양립하는, 이른바 '자본주의적 민주주의'가 실현 가능"할 뿐 아니라, "역사적으로 볼 때 자유의 확대와, 자본주의 시장질서의 총량적 성장에 따른 사회 번영은 병행 발전해왔다"고 평가하며, 그 과정에서 소외되고 배제된 자들의 불만은 사회 구성원에게 시민권(특히 복지권)을 부여하는 민주주의를 통해 사회적으로 통합할 수 있다는 소박한 믿음을 표명한다.(최장집 2012 : 127~128)

물론 그가 제안하듯이, 동일한 자본주의일지라도 그 사회구성(체)은 역사·문화·제도 등의 경로의존성에 의해 다양할 수 있다. "강력한 세계화라는 환경에서도 각국의 경제체제와 제도는 다양성을 유지하고 있으며 (…중략…) 국가가 중심이 되는 자율적 경제정책 영역이 여전히 크게 존재한다는 연구결과들이 오히려 더 큰 흐름을 이루고 있다."(최장집 2005 : 463) 하지만 이런 다양성은 좋은 정책을 추진하는 '정당-정부의 의지주의'로 확보할 수 있는 것이 아니다. 시민사회의 이해를 반영하면서 사회경제적 기반을 확보하는 방법으로 정당의 대표성과 책임성을 논의하기는 하지만, 이 또한 선거 기제에 의한 평가가 제대로 작동할 수 있도록 하는 정당의 일관성과 지속성에서 답을 찾는 일종의 순환논법을 벗어나지 않는다. 이를 제외하면 '어떻게how'에 대한 논의가 거의 없다는 점에서, 최장집이 실현가능한 정책으로 제시하는 '사회 협약을 통한 중소기업 중심의 성장 모델'은 또 다른 '이상주의'에 가깝다. 또한 그 사회경제적 기반이 부재한 가운데 '이상적인' 사회 협약을 주장하는 것은 '현실적으로는' 신자유주의적 사회 협약에 대한 지지 담론으로 작동할 가능성도 크다. 최장집은 1970년대 중반 스페인, 포르투갈, 그리스에서 이루어진 사회 협약을 통한 복지체계 모델을 신자유주의의 대안 사례로 제시하고 있지만,(위의 글 : 469~470) 1980년대 이후 본격화한 신자유주의의 대안 사례를 그 이전 시대에서 발견하는 것이 얼마나 타당성을 가질 수 있을지 의문이다. 요컨대 최장집은 민주주의와 자본주의의 공존을 지향하고 있지만, 역사적 자본주의에 대한 비판적 분석이 취약한 가운데 민주주의의 핵심을 정당정치로 제시할 뿐이며, 이를 통해 지배 엘리트들의 정치권력과 경제권력을 실질적으로 제어하거나 통제할 수 있는 방안을 찾기는 어렵다.

이상의 문제들과 의문들에도 불구하고 탈민주화 시대에 최장집의 민주화 기획은, 서구에서 향유한 정도만큼 한국 사회에서는 실현된 적이 없기 때문에 여전히 유효할까? 그렇지는 않을 것이다. 그러나 현 정세에서 현대 사회의 상징적 좌표인 민주주의라는 보편적 상징을 거부하고서는 어떤 정치적 행위도 가능하지 않다는 점에서 민주화 기획은 쉽게 포기될 수 없다. 다만 또 다른 민주화 기획을 위한 몇 가지 준거들을 설정해볼 수는 있을 것이다.

첫째, 민주주의라는 보편적 상징을 재구성할 수 있어야 한다. '현실주의'라는 명목으로 민주주의를 '선거를 중심에 두는 정당 간 경쟁 규칙의 제도화'로 협소화시킬 것이 아니라, 오히려 민주주의의 핵심적인 가치인 자유와 평등에 대한 권리를 보편적인 시민권으로 정립할 수 있는 이론적·철학적 지표를 세공할 필요가 있다. 이는 민주주의라는 쟁점에서 보수세력의 헤게모니에 맞설 수 있는 중요한 담론 자원이 될 수 있으며, 대중들을 민주주의의 정치적 주체로 묶어내는 데 있어서도 중요하다.[6]

둘째, 민주주의의 정치적 주체에 관한 고민이 필요하다. 어쩌면 정

---

6 이와 관련해서는 인권 담론을 시민권의 정치로 재구성하는 발리바르를 참조할 수 있다. (발리바르 2003; 김정한 2006b : 106) 기존의 인권 담론은 자유와 평등을 분리하거나(자유나 평등이냐의 양자택일), 권리보다 의무를 강조하거나(권리 요구에 선행하는 의무 수행), 도덕성의 차원으로 후퇴하거나(시민권 없는 인권) 하는 한계를 갖고 있었고, 이는 인권 담론이 체제 정당화 담론이라고 비판받는 근거가 되었다. 하지만 발리바르가 제기하는 인권의 정치의 기본 명제는 자유와 평등의 동일성, 인권과 시민권의 동일성이다. 자유와 평등의 동일성(평등한 자유라는 의미의 평등자유égaliberté)은 자유의 억압이나 제한은 불가피하게 평등의 억압이나 제한을 초래하며 그 역도 마찬가지라는 것을 의미하고, 인권과 시민권의 동일성은 시민권이 아닌 인권은 어떤 정치적 현실성이나 가치를 지닐 수 없다는 것을 의미한다. 따라서 자유와 평등의 상호제약성을 부각시켜서 현실의 불완전한 자유와 평등을 불가피한 것으로 수용하거나, 인권과 시민권을 분리시켜서 인권을 전혀 정치적이지 않은 중립적인 도덕 담론에 한정시키려는 기존의 인권 담론과 다를 뿐만 아니라 그보다 훨씬 더 근본적이다. 발리바르는 기존의 시민권을 확장하고 새로운 시민권을 발명하는 부단한 과정을 '민주주의의 민주화'로 이해한다.

당정치 혹은 정당으로의 정치세력화의 가장 큰 실패는 민주주의를 위한 정치적 주체를 새롭게 구성하지 못한다는 데 있을지도 모른다. '주권을 행사하는 유권자'라는 호명은 선거 국면에서 일시적인 열망을 불러일으킬 수는 있어도 선거 이후까지 지속적으로 민주주의를 위한 정치적 주체를 구성해내기는 어렵다. 더구나 기존의 학생운동이 쇠퇴하고 노동자운동이 내부의 갈등으로 분열하고 있을 뿐만 아니라, 최장집이 '시민사회 대 시민사회'라는 명제로 표현하듯이,(최장집 2002 : 191) 시민사회가 민주주의에 무관심하거나 그에 반하는 모습을 보이는 상황에서 민주주의의 정치적 주체를 구성하는 문제는 중요한 정치적 쟁점이 아닐 수 없다.

셋째, 정치적 행위political act의 윤리를 새롭게 확보해야 한다. 진정한 정치적 행위란 무엇인지, 그것을 가능케 하는 것은 무엇인지 등에 관한 문제는 단순히 집합행동론에서처럼 무임승차를 방지하기 위해 적절한 자극과 유인을 제공하는 차원으로 환원될 수 없다. 최장집도 우려하듯이, 국가-정부의 무능력과 주기적인 선거 게임의 성과 없는 반복에 실망한 이들은 냉소적 허무주의에 사로잡혀 있으며, 그 반대급부로 카리스마적 인물의 영웅적인 정치적 행위에 대한 기대가 점차 증대하고 있는 것처럼 보인다. 더구나 진정한 정치적 행위를 고민하는 비정규직, 여성, 이주노동자 등 새로운 사회운동은 흔히 기득권 세력에 의해 민주주의의 이름으로 비판되고 억압된다. 민주적인 절차를 지켜야 한다는 지배적 윤리가 민주화를 위한 정치적 행위와 대립한다는 것은 민주화 기획의 유효성을 침해하는 중요한 문제가 아닐 수 없다.

3. 또 다른 민주화 기획 – '군주도 호민관도 ……'

최장집의 민주화 기획은 정당을 통한 정치적 조직화의 중요성을 일깨우고, 사회운동이 도덕적 잣대로 제도권에서의 정치 활동과 거리를 두는 풍토를 적절하게 비판하는 등 그 성과가 적지 않다. 그러나 한편으로 정당체제로 환원될 수 없지만 민주화에 기여할 수 있는 사회운동의 독자적인 역할을 부정하고, 다른 한편으로 민주주의를 최소수의적 형식으로 협소하게 정의하면서 정당–정부의 자율성에 과도하게 의존하는 방향으로 치우쳤다. 그 대가는 탈민주화 시대에 그의 기획이 오히려 보수독점적 정치체제를 유지하려는 정치계급의 담론으로 활용되고 있다는 얄궂은 현실이다. 정치계급의 역설은 대중들이 정당을 떠나지 않기를 바라지만, 또한 적극적으로 자신들의 일에 관여하거나 정치에 참여하기를 원하지는 않는다는 데 있다. 어디까지나 정치계급과 정당의 수동적인 지지자로 남아 있기만을 갈망하는 것이다.[7]

익히 알려져 있듯이 최장집의 민주주의 이론과 정치적 입장에 관해서는 많은 도전과 크고 작은 논쟁들이 있었고, 그 주요 쟁점들 가운데 하나는 정당정치와 사회운동 간의 관계에 놓여 있다. 하지만 이른바

---

[7] 정치계급의 역설에 의해 발생하는 다음과 같은 정치 현상들은 최근 한국 정치에서도 찾아볼 수 있다. "정치계급은 정당이 하는 일에 유권자들이 아예 관심을 잃어버리거나, 아예 투표를 하지 않거나, 정당에 아무런 정치 자금도 기부하지 않거나, 정당을 아예 무시하는 사태는 두려워한다. 정치계급이 추구하는 해결책은 최대 다수의 최소 참여maximum level of minimal participation다. 정치계급은 유권자의 무관심을 우려하면서, 투표 시간을 늘리고, 전화나 인터넷으로도 투표할 수 있게 하는 방안을 고려한다. 당원 감소를 걱정하면서, 지지자들이 당원 가입서를 쓰도록 독려하는 마케팅 캠페인을 벌인다는 해결책을 내놓는다. 물론 당원이 실제로 됐을 때 매력적이고 가치 있는 활동을 할 수 있도록 보장하는 일은 그 어떤 것도 하지 않는다."(크라우치 2008 : 185)

'최장집 논쟁'의 가장 부정적인 효과는 한쪽에서 정당정치를, 다른 한 쪽에서 사회운동을 변호하고 중시하는 가운데 정당정치와 사회운동을 상호 배제적으로 분리하는 논리가 고착되었다는 데 있다. 이것은 최장집 자신도 의도했던 바는 아닐 것이다. 보수독점적 정당체제를 개혁하기 위해서라도 정당정치와 사회운동의 결합은 필수적일 것이기 때문이다.

물론 이와 같은 논쟁의 귀결은 최장집이 자초한 면이 없지 않다. 이는 민주주의를 뒷받침하는 이념적 자원으로 끌어오는 자유주의와 공화주의에 관한 논의에서도 드러난다. 그는 『민주화 이후의 민주주의』 초판에서 자유주의와 관련해 "우리 사회에 자유주의의 전통, 그 가운데서도 내면성의 가치를 중심으로 자유주의의 전통을 뿌리내리게 하는 문제야말로 한국 민주주의의 토대를 강화하기 위한 핵심적인 문제"라고 진단하면서 "개인의 자율성과 내면적 자유"를 발전시켜야 하고, 공화주의와 관련해 "민주주의가 일련의 절차적·제도적 장치만으로는 제대로 작동하고 발전하기 어렵다는 문제의식"에서 정치적 제도와 시민 및 공직자의 "책임성과 공공성"을 확보해야 한다고 주장했다.(최장집 2002 : 226~229) 자유주의와 공화주의라는 이념과 가치가 민주주의에 기여할 수 있다는 것이다.

그런데 『민주화 이후의 민주주의』 개정판에서는 "오늘의 시점에서 나는 자유주의와 공화주의를 불러들여 한국 민주주의를 강화하고 발전시킬 수 있을까에 대해 회의적이 되었다"고 하여 일정하게 입장을 선회하고 있다.(최장집 2010 : 286) 그 이유는 무엇일까? 자유주의와 관련해서, 최장집은 "자유주의는 현실에서의 이념이 아니라 일종의 해독제로서 불러들여졌다고 할 수 있는데, 그것은 민주화를 추동했던 중심세력의 이념과 관련된 것이다"라고 말한다. 즉 민족주의와 민중주의로 대표되는 사회운동의 강한 이념 지향성을 억제하고 해독하기 위해 고전적 자유주의의 가치들이 필요하다고 생각했다는 것이다. 하지만 사회운동의 열정이 소멸하고 신자유주의가 확산된 상황에서 "고전적 자유주의가 신자유주의의 부정적 효과에 대한 좋은 처방이 될 수 있을지 확신하기 어렵(다)"고 해명하고 있다. 공화주의와 관련해서는, 초판에서 공화주의의 두 원천이 '대한민국은 민주공화국이다'라는 헌정체제와 민중 참여와 평등을 지향한 사회운동에 있다고 했지만, 개정판에서 전자는 정치 전통으로 뿌리 내리지 못했다고 하면서 후자에 대해서도 이렇게 변경한다. "그러나 필자의 생각으로 운동의 과정에서 나타난 이런 정신을 공화주의의 발현으로 이해하는 것은 부자연스러우며 그보다는 민주주의 내지 민족주의로 더 잘 설명될 수 있다고 본다. 더욱 중요한 것은 윤리적 공동체와 그에 복무하는 덕을 강조하는 공화주의 이념에 대한 강조가, 한국적 토양에서는 그렇지 않아도 강한, 정치에 대한 도덕주의적 태도와 가치를 더욱 강화하는 부정적 효과를 낳을 수 있다."[8](위의 책 : 283~286) 요컨대 그가 자유주의 이념을 끌어들인 이유는 사회운동의 '해독제'라는 함의가 컸지만 이제 필요성이 약해졌기 때

---

[8] 반면에 최장집은 공화주의의 제도적 함의에 대해서는 지속적으로 긍정한다. 그는 특히 미국 헌법의 기초를 마련한 매디슨을 높게 평가한다. 공화주의의 견제와 균형의 원리를 삼권분립으로 확립함으로써 민주주의의 원리인 수직적 책임성과 수평적 책임성을 제도화했다는 것이다.(최장집 2009 : 29~30) 매디슨을 포함해 미국 건국의 아버지들이 작성한 「연방주의 교서」가 실제로는 무산자 다수의 정치적 영향력을 견제하고 이들로부터 소수 유산자의 권리(특히 사적 재산권)를 보호하는 데 그 목적이 있었다는 비판으로는 손호철 1993 참조.

문에, 공화주의 이념은 사회운동에 원천이 있다고 생각했지만 사실은 그렇지 않기 때문에 입장을 수정한다는 것이다.[9] 다시 말해서, 초판에서 자유주의와 공화주의를 끌어온 이유도, 그리고 개정판에서 두 이념에 대해 회의적이게 된 이유도 모두 사회운동을 부정적으로 판단하면서 강력하게 비판하는 맥락에 놓여 있다는 것을 알 수 있다.

물론 1980년대 NL과 PD라는 정파성이 강한 사회운동이 남긴 공과에 대한 비판적 성찰은 여전히 남겨진 과제이다. 하지만 최장집이 궁극적으로 겨냥하는 바는 혁명적 급진성과 이념 지향성이며, 따라서 그가 비판하는 사회운동 또한 급진적이고 변혁적인 사회운동에 초점이 맞춰져 있다. 이는 최장집이 정당정치론을 주장한 것만이 아니라, 그 이면에서 매우 적극적으로 '이념 논쟁'도 전개한 것임을 추론케 한다. 그는 말과 글에서 언제나 이상과 현실, 열정과 이성, 신념과 책임을 대비시키는 논법을 취하고 있지만, 사회운동의 급진성과 변혁성에 대한 최장집의 과도한 비판은 정당정치와 사회운동의 선순환에 기여하기는커녕 정당과 사회운동을 분리시켜 사고하도록 하는 효과를 발휘했다.

그러나 최장집의 민주화 기획을 수용한다고 해도 핵심적인 문제는 어떻게 정당체제를 개혁할 수 있는가 하는 것이다. 김대중 정부에서 대통령자문정책기획회 위원장을 역임하며 '민주적 시장경제론'을 주장했고 민주당 계열을 지지해온 최장집의 정치적 행보를 고려하면, 그는 기존 정당의 온건한 개혁을 통한 정당체제의 변화에 더 무게를 두고 있다고 여겨진다. 하지만 '최장집 학파'로 분류되는 박찬표와 박상

---

9 하지만 최근에 최장집은 자유주의를 재차 옹호하는 논문에서 여전히 자유주의를 "변혁적 민주주의관"에 대한 "해독제"로서 요청하고 있다. (최장집 2011b : 101~102)

훈은 다소 다른 대안을 제시한다. 우선 박찬표는 정당정치 개혁의 경로를 두 가지로 정리한다. 하나는 "외부의 압력 또는 공적 개입을 통한 개혁"이다. 하지만 정당에 대한 공적, 법적 규제의 강화는 오히려 정당의 자율성을 침해하고 탈정당화로 귀결할 수 있다. 다른 하나는 "정치사회의 자체적 변화에 의한 것"이다. 하지만 "기존의 보수정당 체제 내에서 이런 변화는 불가능"하며, "새로운 이념과 조직을 추구하는 새로운 정당의 진출이라는 충격이 있을 때나 가능할 것이다."(박찬표 2007 : 262~263) 이와 같이 박찬표는 기존 정당의 개혁이 아니라 새로운 이념과 조직에 기반한 새로운 정당의 형성이 정당체제 개혁의 가능한 방법이라고 주장한다. 박상훈도 이와 다르지 않다. 그는 "정당 민주주의로의 전환은 곧 지금까지와는 '다른 종류의 정당'을 필요로 한다"고 명시한다.

> 민주화를 가져왔던 운동은 정당으로 전환하지 않았고 '통일 전선 운동'에 매몰되어 스스로의 역량을 서서히 소진해 갔는데, 사실상 그 다른 이면은 운동권 엘리트들이 개인적 차원의 결정을 통해 점진적으로 제도권 정치 엘리트로 변화한 것이었다. 그리하여 현실 정치에 운동권이 많이 참여하게 되었지만 현재 존재하는 정당 역시 기존의 정당들과 유형적으로 크게 다르지 않다. 기대를 모았던 민주노동당 역시 넓게 보면 교육받은 중산층의 정치관이 지배하는 엘리트 정당의 유형이 아니라고 말하기 어렵다.
>
> — 박상훈 2007 : 319~320

기존의 정당들로는 정당민주주의로 전화하는 데 한계가 있으며 '다른 종류의 정당'이 출현해야 한다는 것이다. 그렇다면 '다른 종류의 정당'은 어떻게 만들 수 있을까? "누가 어떻게 정당 대안을 만들 수 있나? 많은 사람이 이 문제와 관련해 앞선 역사에서 모델을 찾거나 뭔가 정치학 이론에 답이 있지 않을까 생각하는 것 같다. 그러나 새로운 정당의 충격이 과거 대중정당의 역사적 형태와 동일할 수도 없고 또 동일할 필요도 없다. 우리에게 필요한 것은 한국 현실에 맞는 대안적 정당 모델이고 이는 외부의 어떤 로드맵에 따라 이루어질 수 있는 일이 아니다. (…중략…) 오늘날 한국 사회는 이를 실현하기 위해 제2의 민주화 운동을 요구하고 있으며, 이를 앞서 개척할 선도적 지도부를 기대하고 있는 것으로 보인다."(박상훈 2007 : 320~321) 이처럼 그는 '다른 종류의 정당'을 만들 수 있는 '제2의 민주화 운동'을 요구하고 있다. 즉 새로운 사회운동을 통한 새로운 정당의 구성을 대안으로 찾고 있다.

보수독점적 정당체제를 개혁하려면 그 외부에서 사회운동의 충격이 필요하다는 논변은 정당정치와 사회운동을 상호 배제적인 것으로 사유하지 않을 수 있는 실마리를 제시한다. 사실 사회적 갈등과 균열을 대표하지 못하는 저발전 정당체제가 문제라는 최장집의 지론은, "근대 시민혁명 이후 민주주의가 한 번도 '정당을 통한 대의민주주의'와 일체화된 적이 없으며, 정당이 '대중 자신의 정치'를 모두 대표한 적이 없다"는 말로 반박될 수 있다.(조희연 2012 : 97) 정당은 대중들의 정치와 사회 갈등의 일부를 대표하고 표상하는 하나의 역사적 조직 형태일 뿐이다. 오히려 한국 사회에서 정당체제는 지속적으로 합리화되고 강화되었지만 "대중들 다수는 자신의 부나 권력, 의견을 대변할 조직으로부터 배제되기 시작"했으며, 따라서 "대의제가 덜 발달했다기보다,

대의제의 발달과 대의제로부터 대중 추방이 동시에 일어났다"는 비판이 보다 타당하다.(고병권 2011 : 100)

그러나 반면에 정당정치와 대의제에 대한 정당한 비판이 곧 그것을 포기할 이유가 되지는 않는다. 많은 한계에도 불구하고 정당을 대체할 수 있는 대중들의 정치적 조직 형태는 아직 발명되지 못했기 때문이다. 우리는 포스트민주주의의 조건에서 낡고 쇠퇴해가는 정당 모델을 선택할 것인가, 아니면 현실 정치에서 직접적인 영향력을 갖고 있는 제도정치를 외면하고 사회운동을 선택할 것인가 하는 딜레마에 직면해 있지만, 또한 둘 중 하나만을 선택할 수는 없는 정세 속에 자리하고 있다. 『포스트민주주의』의 저자인 크라우치도 "정당을 버리고 사회운동을 택하는 것은 포스트민주주의의 승리를 더욱 심화시킬 뿐이다. 그렇다고 다시 독점적인 정당의 낡은 모델에 집착하는 것은 되돌아갈 수 없는 과거에 대한 향수로 침잠하는 것에 불과하다"고 지적한다.(크라우치 2008 : 183) 그의 대안은 사회운동의 힘을 키워가면서 정당정치에 끊임없이 개입하고 압박하는 것이다. 이와 유사하게 조희연은 "제도정치가 특정한 계급적·사회적 지형 내에서 이루어지는 활동"이라면, "사회운동은 그 지형 자체를 변화시키는 운동"이며 "기성의 제도화된 민주주의 '외부'의 불온한 투쟁들이 기성의 민주주의를 새롭게 재구성할 수 있는 동력"이라고 지적하고, "근대 민주주의의 작동양식을 존중하면서도 의회정치와 직접행동정치, 제도정치와 비제도정치, 정당정치와 비정당정치의 새로운 상호작용 모델 혹은 협력 모델을 상상해야 한다"고 강조한다.(조희연 2012 : 96·101·106)

물론 한국 민주화의 주요 특징이 '운동에 의한 민주화'였지만, 1980

년대 이후 기존의 사회운동이 퇴조하고 새로운 사회운동이 성장하지 못한 상황에서, 사회운동이 대중들의 정치 조직화를 통해 정당체제 개혁과 민주화로 나아가는 경로가 다시 성립할 수 있을지 낙관하기는 어렵다. 하지만 적어도 당분간은 포스트민주주의의 조건에서 배제된 자들의 사회운동과 정당정치를 결합하는 '민주주의에 대항하는 민주주의 전략'이 유효할 수 있다.(조희연·장훈교 2009) 새로운 정당은 새로운 사회운동의 힘으로 구성될 수 있으며, 새로운 사회운동은 제도정치를 무시하고 기각할 것이 아니라 그에 적극적으로 참여하고 개입해야 한다. 현대의 군주가 정당이고 현대의 호민관이 사회운동이라면, 현 정세에서 우리에게는 군주와 호민관이 모두 필요하다.

오늘날의 상황에서 유일하게 새로운 문제는 어떤 수준에서 권력들에 대한 통제가 실행되어야 하며, 대표가 구성되어야 하는가 하는 점이다. 나에게 답변은 자명하다. **그것은 모든 수준에서 이루어져야 한다.** (…중략…) 지역적 수준 및, 아직 완전히 사라지지 않은 국민적 수준, 그리고 초국민적 수준이 존재한다. 우리가 이로부터 끌어내야 할 결론은, 대항권력, 권력에 대한 통제가 존재하는 한에서, 권력 및 대표가 존재하는 모든 수준에서 실질적인 대표가 존재하는 한에서 시민권이 다시 존재하게 될 것이라는 점이다."(강조는 인용자)

— 발리바르 2011 : 164

발리바르는 "대표는 미리 존재하는 대표의 틀 속에서 자리를 얻는 것이 아니라 그런 대표의 틀을 창출해내는 것이며, 이를 위해서는 기존의 틀을 변형하거나 전복해야 한다"고 주장하면서,(발리바르 2011 : 184) 권력을 통제할 수 있는 '모든 수준에서' 실질적인 대표를 구성해야 한다고 말한다. 우리는 사회운동의 무력화를 극복하기 위해 사회운동적 차원에서 대표의 틀을 재구성하면서, 동시에 정당정치의 차원에서도 기존의 대표의 틀을 전복하고 실질적인 대표를 만들어야 한다. 그리고 이를 위해서는 특히 당 좌파와 사회적 좌파의 연대가 필수적이다.(아르네케르 2003; 김정한 2004 : 191~192) 당 좌파가 정당정치에 집중하면서 의회 진출이나 정권 교체를 통해 사회적 변혁을 도모한다면, 사회적 좌파는 사회운동에 전념하면서 자율적인 풀뿌리 민주주의를 실현하기 위해 노력한다. 하지만 당 좌파는 사회적 좌파가 권력에 대한 현실적인 고민도 대안도 없이 무정부주의를 부추긴다고 비판하고, 사회적 좌파는 당 좌파가 제도정치에 매몰되어 진정한 민주주의의 과제를 회피한다고 비판한다. 물론 국가의 민주화가 필요하다는 당 좌파의 주장이나 국가 중심적 변혁 모델을 탈피해야 한다는 사회적 좌파의 주장은 모두 타당하다. 또한 정치권력과 경제권력을 통제할 수 있는 대안 기획이 부재한 상황에서 사회적 좌파는 국가장치에 개입하고 통제하려는 정당정치를 포기할 수 없다는 것을 받아들여야 하며, 주어진 선거 게임에 집중해야 하는 당 좌파는 의회에 진출하더라도 풀뿌리 대중들의 자율적인 운동과 조직화 없이 사회적 변혁으로 나아갈 수 없다는 것을 인정해야 한다. 당 좌파와 사회적 좌파의 연대는 정당정치와 사회운동을 결합하는 필수적인 출발점이다. 최장집의 민주화 기획이 어떤 전환점에 서 있는 오늘날, 우리에게는 그의 성과와 한계를 넘어 또 다른 민주화 기획을 구성해야 할 과제가 놓여 있다.

참고문헌

김정한, 「대중운동과 민주화—91년 5월 투쟁과 68년 5월 혁명」, 『91년 5월 투쟁과 한국의 민주주의』, 민주화운동기념사업회, 2004.

______, 「현실 민주주의와 정치적 행위」, 『정치비평』 통권 14호, 2005.

______, 「민주화 기획은 유효한가」, 『사회운동』 통권 67호, 2006a.

______, 「민주화세대의 역사적 좌표」, 『황해문화』 53호, 2006b.

박상훈, 「'정당 없는 민주주의는 왜 문제인가」, 『어떤 민주주의인가』, 후마니타스, 2007.

박찬표, 「전문가 정당 정치론 대 대중정당 정치론」, 『어떤 민주주의인가』, 후마니타스, 2007.

손호철, 「미국 '연방주의 교서' 비판」, 『전환기의 한국 정치』, 창작과비평사, 1993.

______, 「'다원민주주의적' 정치질서와 정당」, 『근대와 탈근대의 정치학』, 문화과학사, 2002.

______, 「한국 민주화운동과 민주주의 60년」, 『해방 60년의 한국정치』, 이매진, 2006.

조희연·장훈교, 「'민주주의의 외부'와 급진민주주의 전략」, 『경제와 사회』 제82호, 2009.

진태원, 「최장집과 에티엔 발리바르—민주주의의 민주화의 두 방향」, 『민족문화연구』 제56호, 고려대 민족문화연구원, 2012.

최장집, 「사회적 시민권 없는 한국 민주주의」, 『위기의 노동—한국 민주주의의 취약한 사회경제적 기반』, 후마니타스, 2005.

______, 「촛불집회가 할 수 있는 것과 할 수 없는 것」, 긴급시국대토론회 〈촛불집회와 민주주의〉 개회사, 2008. 6. 16.

______, 「민주주의와 자유주의 사이에서」, 최태욱 편, 『자유주의는 진보적일 수 있는가』, 폴리테이아, 2011b.

고병권, 『민주주의란 무엇인가』, 그린비, 2011.

백승욱, 『자본주의 역사 강의』, 그린비, 2006.

조희연, 『민주주의 좌파, 철수와 원순을 논하다—포스트민주화 시대의 정치혁신과 희망의 대안』, 한울, 2012.

최장집,『민주화 이후의 민주주의』(1판), 후마니타스, 2002.

______, 박상훈 편,『민주주의의 민주화』, 후마니타스, 2006.

______,『민중에서 시민으로 – 한국 민주주의를 이해하는 하나의 방법』, 돌베개, 2009.

______, 박상훈 개정,『민주화 이후의 민주주의』(개정 2판), 후마니타스, 2010.

______,『노동 없는 민주주의의 인간적 상처들』, 폴리테이아, 2012.

______ 편, 박상훈 역,『막스 베버 – 소명으로서의 정치』, 폴리테이아, 2011a.

______ · 박상훈 · 박찬표,『어떤 민주주의인가』, 후마니타스, 2007.

발리바르, 에티엔,「'인간의 권리'와 '시민의 권리' – 평등과 자유의 현대적 변증법」, 윤소영 역,『'인권의 정치'와 성적 차이』, 공감, 2003.

브라운, 웬디,「오늘날 우리는 모두 민주주의자이다」, 김상운 · 양창렬 · 홍철기 역,『민주주의는 죽었는가?』, 난장, 2010.

아르네케르, 마르타,「당 좌파와 사회적 좌파의 연합을 향하여」,『사회운동』통권 34호, 2003.

라클라우, 에르네스토 · 무페, 상탈, 이승원 역,『헤게모니와 사회주의 전략』, 후마니타스, 2012.

발리바르, 에티엔, 진태원 역,『정치체에 대한 권리』, 후마니타스, 2011.

샤츠슈나이더, E. E., 현재호 · 박수형 역,『절반의 인민주권』, 후마니타스, 2008.

아리기, 조반니, 백승욱 역,『장기 20세기』, 그린비, 2008.

알튀세르, 루이, 김웅권 역,『재생산에 대하여』, 동문선, 2007.

제솝, 밥, 유범상 외역,『전략관계적 국가이론』, 한울, 2000.

크라우치, 콜린, 이한 역,『포스트민주주의』, 미지북스, 2008.

틸리, 찰스, 이승협 · 이주영 역,『위기의 민주주의』, 전략과문화, 2010.

◎필자 소개

김용복 金容福, Kim Yongbok

서울대학교 정치학과를 졸업하고 동 대학원 정치학과에서 석사, 박사학위를 받았다. 현재 경남대학교 정치외교학과 교수로 재직하고 있다. 지은 책으로 는 『20세기의 유산, 21세기의 진로―세계 정치경제질서의 위기와 변동』(공저) 등이 있으며, 논문으로 「일본 선거제도개혁과 정당체계의 변화」, 「5·18과 민주화 그리고 한국 민주주의의 위기」, 「정당정치 발전을 위한 선거제도 개혁―비례대표제의 확대와 석패율제도의 도입」 등이 있다. 한국정치연구회 회장, 한국정당학회 부회장을 역임하였으며 현재 한국정치학회 이사, 의회발전연구회 이사를 맡고 있다.

이승원 李勝源, Lee Seoungwon

서강대학교 철학과를 졸업하고 영국 더럼대학University of Durham과 뉴캐슬대학University of Newcastle upon Tyne에서 각각 철학과 국제학을 공부했다. 이후 에섹스대학Univeristy of Essex에서 정치학(이데올로기와 담론분석 과정)박사 학위를 받았다. 성공회대학교 민주주의 연구소 연구교수를 거쳐 현재 서강대학교 국제한국학선도센터 연구교수로 있다. 지은 책으로는 『인문정치와 주체』(열린길, 2012, 공저), 『인간과 정치』(명지사, 2011, 공저), 『유신을 말하다』(나름북스, 2013, 공저) 등이 있고, 옮긴 책으로 『헤게모니와 사회주의 전략―급진 민주주의 정치를 향하여』(후마니타스, 2012)가 있으며, 「민주주의와 헤게모니」, 「하위주체와 4월혁명」, 「소외된 쉼과 소비주체」, 「지구화 시대의 민주주의의 문제」 등이 있다. 『진보평론』과 『데모스』의 편집위원을 맡고 있다.

이광일 李光日, Lee Kwangil

비정규 대학강사. 저서로 『좌파는 어떻게 좌파가 됐나―한국 급진노동운동의 형성과 궤적』, 『박정희체제, 자유주의적 비판 뛰어넘기』 등이 있다.

박영균 朴榮均, Park Youngkyun

고려대학교 철학과를 졸업하고 서울대학교를 거쳐 건국대학교에서 박사학위를 받았다. 현재 건국대학교 인문학연구원 통일인문학연구단 HK교수로 있다. 지은 책으로『맑스, 탈현대적 지평을 걷다』,『마르크스』,『노동가치』,『다시 쓰는 맑스주의사상사』(공저) 등이 있고, 옮긴 책으로『이데올로기와 문화정체성』(공역) 등이 있으며, 논문으로는「스피노자적 실천철학과 맑스주의」,「인권과 연대, 그리고 코뮌」,「욕망의 정치경제학과 현대 도시의 위기」등의 논문을 썼다.『진보평론』편집위원장을 맡고 있다.

진태원 陳泰元, Jin Taewon

연세대학교 철학과와 동 대학원을 졸업하고, 서울대학교 철학과에서「스피노자 철학에 대한 관계론적 해석」이라는 논문으로 박사학위를 받았다. 현재 고려대학교 민족문화연구원 HK 연구교수로 재직 중이다. 스피노자를 비롯한 근대철학에 관심을 갖고 있으며, 요즘은 주로 정치철학과 민주주의론에 관해 연구하고 있다. 엮은 책으로『알튀세르 효과』가 있으며,「국민이라는 노예? 전체주의적 국민국가론에 대한 비판적 고찰」,「어떤 상상의 공동체? 민족, 국민 그리고 그 너머」,「푸코와 민주주의」등을 저술했고,『헤겔 또는 스피노자』,『법의 힘』,『마르크스의 유령들』,『우리, 유럽의 시민들?』『정치체에 대한 권리』등을 옮겼다.

하승우 河昇佑, Ha Seungwoo

경희대학교 정치외교학과를 졸업하고 동 대학원 정치학과에서 박사학위를 받았다. 현재 풀뿌리자치연구소 이음 연구위원으로 있다. 지은 책으로『민주주의에 反하다』,『세계를 뒤흔든 상호부조론』,『도시생활자의 정치백서』(공저) 등이 있고, 옮긴 책으로『아나키스트의 초상』,『사회에 관한 새로운 의견』이 있으며,「지역정치에 부족한 것은 연대」,「협동조합운동의 흐름과 비판적 점검」,「생활정치와 로컬 거버넌스의 민주적 재구성」등의 논문을 썼다. '교육공동체 벗' 이사, 사회적경제연구센터 연구위원을 맡고 있다.

고병권 高秉權, Goh Byeonggwon

수유너머R의 연구원으로 있으며, 『점거, 새로운 거번먼트』(2012), 『민주주의
란 무엇인가』(2011), 『추방과 탈주』(2009) 등을 썼다.

이지문 李智文, Lee Jimoon

고려대학교 정치외교학과를 졸업하고 연세대학교 대학원 정치학과에서 박
사학위를 받았다. 현재 연세대학교 국가관리연구원 전문연구원으로 있다.
지은 책으로 『추첨민주주의 이론과 실제』, 『공익의 호루라기, 내부고발』,
『21세기 한국 행정과 정책의 주요 과제』(공저) 등이 있고, 옮긴 책으로 『추첨
민주주의』(공역)이 있으며, 「내부고발운동 평가와 향후 발전 방향 모색」, 「민
주주의 가치 구현을 위한 추첨제 의회 모색」, "Predicting Employees' Intent to
Confront and Stay Silent about Wrongdoing : Are Kohlberg's Six Stages of Moral
Development Significant?"(공동) 등의 논문을 썼다. 호루라기재단 상임이사,
한국부패학회 연구이사 등을 맡고 있다.

황병주 黃秉周, Hwang Byoungjoo

한양대학교 사학과를 졸업하고 동 대학원에서 박사학위를 받았다. 현재 국
사편찬위원회 편사연구사로 재직중이다. 지은 책으로 『근대를 다시 읽는
다』(공편저), 『대중독재』(공저) 등이 있고 「식민지기 공개념의 확산과 재구
성」, 「유신체제기 안보국가 담론」, 「박정희와 근대적 출세욕망」 등의 논문
을 썼다.

김정한 金廷翰, Kim Junghan

서강대학교 철학과를 졸업하고 동 대학원 정치외교학과에서 박사학위를 받
았다. 현재 고려대학교 민족문화연구원 HK연구교수로 있다. 지은 책으로
『대중과 폭력』, 『1980 대중 봉기의 민주주의』, 『알튀세르 효과』(공저) 등이
있고, 옮긴 책으로 『폭력의 세기』, 『혁명가』(공역) 등이 있으며, 「5·18 광주
항쟁에서 시민군의 주체성」, 「5·18 무장투쟁과 1980년대 사회운동」, 「폭력
과 저항─발리바르와 지젝」, 「한국 라깡주의 정치의 가능성과 조건」 등의
논문을 썼다. 『문화과학』, 『실천문학』의 편집위원을 맡고 있다.